高等职业教育养老服务类示范专业系列教材

老年服务与管理专业改革创新教材

老年服务法律法规与标准

主　　编　刘利君

副 主 编　郑春贤　阮　利　刘利丹

参　　编　于晓辉　金　娜　张雅桦

　　　　　宋　爽　刘翔宇

机 械 工 业 出 版 社

本书包括十二个学习单元，每个学习单元分别包括若干个模块。学习单元分别为：老年法律法规体系初识，老年人家庭赡养与扶养制度，老年人社会保障制度，老年人社会优待制度，老年宜居环境制度，老年人参与社会发展制度，居家和社区养老服务与管理制度，养老机构服务与管理制度，医养结合制度，养老服务队伍建设制度，养老服务劳动法律法规，境外老年服务法律法规。

本书以老年服务与管理工作中所涉及的法律法规、政策规定和相关标准为主要内容，注重提高老年服务与管理人员的遵法守法意识，培养其为老年人服务、维护老年人以及自身合法权益的素质与能力，具有较高的岗位贴合性，对广大高职学生和老年服务与管理从业人员具有较强的适用性。

本书既可作为老年服务与管理专业高职高专教材，又可作为老年服务与管理从业人员岗位培训、交流学习的参考用书。

图书在版编目（CIP）数据

老年服务法律法规与标准 / 刘利君主编．—北京：机械工业出版社，2017.4（2024.9重印）

高等职业教育养老服务类示范专业系列教材　老年服务与管理专业改革创新教材

ISBN 978-7-111-56081-4

Ⅰ．①老…　Ⅱ．①刘…　Ⅲ．①老年人—社会服务—法规—中国—高等职业教育—教材 ②老年人—社会服务—标准—中国—高等职业教育—教材　Ⅳ．①D922.7 ②C913.6

中国版本图书馆CIP数据核字（2017）第030743号

机械工业出版社（北京市百万庄大街22号　邮政编码100037）

策划编辑：聂志磊　　责任编辑：聂志磊　马碧娟　徐永杰

责任校对：马丽婷　　责任印制：邓　博

北京盛通数码印刷有限公司印刷

2024年9月第1版第13次印刷

184mm×260mm・15.75印张・394千字

标准书号：ISBN 978-7-111-56081-4

定价：49.80元

电话服务　　网络服务

客服电话：010-88361066　　机　工　官　网：www.cmpbook.com

010-88379833　　机　工　官　博：weibo.com/cmp1952

010-68326294　　金　书　网：www.golden-book.com

封底无防伪标均为盗版　　机工教育服务网：www.cmpedu.com

高等职业教育养老服务类示范专业系列教材
老年服务与管理专业改革创新教材

编审委员会

序

进入新世纪以来，随着我国人口老龄化形势的日益严峻，老年人的服务需求越来越多样化，养老服务成为关乎老年人晚年生活质量及每个家庭福祉的民生事业。以习近平同志为核心的党中央，高度关注人口老龄化问题，并对加快发展养老服务业做出了系统安排和全面部署。有效应对我国人口老龄化，事关国家发展全局，事关亿万百姓福祉。要立足当前、着眼长远，加强顶层设计，完善生育、就业、养老等重大政策和制度，做到及时应对、科学应对、综合应对。

“十三五”期间，我国处于经济体制深刻变革、社会结构深刻变动、利益格局深刻调整、思想观念深刻变化的阶段，老龄化进程与家庭小型化、空巢化相伴随，与经济社会转型期的矛盾相交织，社会养老保障和养老服务的需求将急剧增加，这给应对人口老龄化增加了新难度。为应对这些新的变化趋势，我国提出推进养老服务社会化的政策。

社会化养老服务一方面带来全社会共同参与养老服务的良好局面，另一方面也面临着人才队伍严重短缺的困境。目前，我国养老服务人才队伍的问题突出表现在人才严重短缺、队伍不稳定、文化程度偏低、服务技能和专业知识差、年龄老化等方面。这些困难严重制约着我国养老服务水平的提高，严重影响老年人多样化的养老服务需求的实现。发展人口老龄化社会迫切需要大量专业化的养老服务与管理专业人才。

“行业发展、教育先行”，人才队伍建设离不开教育，大力推进老年服务与管理相关专业的发展是未来一个历史时期民政部和教育部的重点工作之一。在这样的社会背景下，由全国民政行指委老年专指委、中国养老产业和教育联盟、机械工业出版社组织全国多所大专院校联合开发的“高等职业教育养老服务类示范专业系列教材　老年服务与管理专业改革创新教材”，旨在以教材推进课程建设和专业建设，进而提高老年服务与管理人才培养质量。

在编写思想上，本系列教材充分体现工学结合教学改革思路，突出“做中学、做中教、教学做合一，理论实践一体化”的特点；体现专业教学要求和养老护理员、养老事务员职业标准；注重职业精神、素养（尊老敬老、爱岗敬业、爱心奉献等）和能力的培养，以及健康心理、完善人格、良好卫生与生活习惯的养成。

在编写形式上，本系列教材应用创新的编写体例：采用情境导入、案例分析、项目式编写模式，紧密联系生产生活实际；设计新颖、活泼的学习栏目，图文并茂，可读性强，利于激发学生的学习兴趣。

在编写内容上，本系列教材立足老年服务与管理岗位需求，内容涵盖老年服务与管理岗位人才需要掌握的多项技能，包括老年服务沟通技巧、老年服务伦理、老年服务礼仪、老年人生活照护、老年常见病的预防与照护、老年康复护理、老年心理护理、老年运动与保健、老年人活动策划与组织、老年膳食与营养配餐等多个方面。

在配套资源上，本系列教材力求为用书教师配备演示文稿等资源，并依托养老专业教学资源库，在重点知识处嵌入二维码，以呈现教学资源库成果，以利于教师教学和学生学习。

“十年树木，百年树人”，人才队伍建设非一朝一夕可实现。在此，我要感谢参与编写本系列教材的所有编写人员和出版社，是你们的全心投入和努力，让我看到这样一系列优秀教材的出版。我要感谢各院校以及扎根于一线老年服务与管理人才培养战线的广大教师，是你们的默默奉献，为养老服务行业输送了大量的高素质人才。当然，我还要感谢有志于投身养老服务事业的青年学子们，是你们让我对养老服务事业的发展充满信心。

我相信，在教育机构和行业机构的共同努力下，在校企共育的合作机制下，我国的养老服务人才必定不断涌现，推动养老服务行业走上规范、健康、持续发展的道路。

2017 年春节于北京

前　言

党的二十大报告指出，“推进健康中国建设。”“实施积极应对人口老龄化国家战略，发展养老事业和养老产业，优化孤寡老人服务，推动实现全体老年人享有基本养老服务。”“重视心理健康和精神卫生。”随着我国人口老龄化形势的日益严峻，老年人的养老服务需求越来越多样化，养老服务成为关乎老年人晚年生活质量及每个家庭福祉的民生事业。养老服务事业的发展离不开法律法规及政策的指引。加强顶层设计、不断完善老龄政策是老龄事业发展的重要保障。

养老服务首先应以保障老年人合法权益、提高老年人生活质量为根本点和出发点。《中华人民共和国老年人权益保障法》是老年人权益保障的基本法律。该法于1996年8月29日经第八届全国人民代表大会常务委员会第21次会议通过，是我国第一部保护老年人合法权益、发展老龄事业的专门法律，经过2009年、2012年、2015年三次修订，对老年人家庭赡养与扶养、社会保障、社会服务、社会优待、宜居环境和参与社会发展等做出了具体规定。

近年来，我国养老服务业在政府引导、市场参与的原则指引下得到了快速发展。2013年9月6日，国务院颁发了《国务院关于加快发展养老服务业的若干意见》，对加快发展养老服务业做出系统安排和全面部署。这是我国养老服务业发展史上的一个重要里程碑，是指导当前及今后一个时期我国养老服务业发展的纲领性文件，为养老服务事业的发展做出了总体规划设计。在此基础上，国务院各部门、各地方陆续制定、发布了大量旨在促进和规范养老服务行业发展的政策规定。这些规定是养老服务与管理从业人员在工作过程中必须了解及掌握的内容，是依法提供服务、依法管理机构的重要保障。

当然，养老服务与管理从业人员的合法权益同样应当得到重视。作为劳动者，养老服务从业人员享有《中华人民共和国劳动法》《中华人民共和国劳动合同法》以及其他劳动法律制度中所规定的权利，应当履行法律规定和劳动合同约定的义务。劳动法律制度的贯彻实施有助于吸引、留用高素质的养老服务人才，更好地开展养老服务工作。

基于以上考虑，本书共设置了十二个学习单元。学习单元一是“老年法律法规体系初识”，旨在帮助学习者认识我国养老服务业以及我国老年服务法律法规及标准体系。学习单元二至学习单元六以“老年人权益保障”制度为核心，分别为老年人家庭赡养与扶养制度、老年人社会保障制度、老年人社会优待制度、老年宜居环境制度和老年人参与社会发展制度。学习单元七至学习单元九以“养老服务促进及规范”制度为核心，分别为居家和社区养老服务与管理制度、养老机构服务与管理制度、医养结合制度。学习单元十和学习单元十一以“养老服务从业人员”劳动制度为核心，分别为养老服务队伍建设制度和养老服务劳动法律法规。学习单元十二则是为拓展学习者视野而设置的境外老年服务法律法规。

在本书的编写体例上，编者力求知识性、趣味性及实用性相结合。每个学习单元设置了若干个模块，并设置了单元导读、学习目标、学习情境、情境分析、相关知识、情境反馈、知识链接、案例分析、单元小结和实践强化等不同栏目，引导读者按照“从实践中来、到实践中去”

的思路学习老年服务法律法规与相关标准。本书既可作为老年服务与管理专业高职高专教材，又可作为老年服务与管理从业人员岗位培训、交流学习的参考用书。

本书的顺利完成离不开所有编者的辛勤付出。本书编者来自不同的高等院校、律师事务所或医院，具有丰富的教学科研以及实务经验。主编刘利君是北京社会管理职业学院老年福祉学院教师、中国政法大学法学博士，长期从事养老服务政策法规的教学科研工作。副主编郑春贤、阮利、刘利丹，分别来自于北京劳动保障职业学院（北京天驰君泰律师事务所）、天津城市职业学院和大连医科大学。参编人员于晓辉、金娜、张雅桦、宋爽来自北京社会管理职业学院，刘翔宇来自湖南省肿瘤医院。

各编者分工为：刘利君编写学习单元一中的模块一；张雅桦编写学习单元一中的模块二、模块三及学习单元四；于晓辉编写学习单元二；宋爽编写学习单元三；金娜编写学习单元五和学习单元八；郑春贤编写学习单元六和学习单元十一；阮利编写学习单元七和学习单元十；刘利丹编写学习单元九；刘翔宇编写学习单元十二。刘利君负责统稿。

党的十八届四中全会通过的《中共中央关于全面推进依法治国若干重大问题的决定》指出，“守法是法律实施最重要的基本要求，也是法律实施最普遍的基本方式”，全民守法是建设社会主义法治国家的基本要求。养老服务从业人员必须树立正确的法律观念，具有良好的知法、守法的意识，掌握老年服务法律法规与标准，更好地为老年人提供服务。

由于编者能力有限，书中难免有不足之处，望广大读者批评指正。

编者

目录

学习单元一　老年法律法规体系初识

单元导读

随着我国老龄化社会进程的加快，2015年年底我国老年人数量超过了2.2亿人。“白发产业”受到社会各界的广泛关注。2013年9月，国务院印发了《国务院关于加快发展养老服务业的若干意见》，要求到2020年全面建成以居家为基础、社区为依托、机构为支撑，功能完善、规模适度、覆盖城乡的养老服务体系。近年来，有关支持养老服务业发展的政策措施陆续出台：

（1）用地保障。民政部等四部门明确规定，用于城镇养老服务设施建设的用地、用房，不得挪作他用。非经法定程序，不得改变养老服务设施的用途。各地按照人均用地不少于0.1m^2的标准，分区分级规划设置养老服务设施。

（2）财政支持。中央财政下拨服务业发展专项资金24亿元，支持在吉林、山东等省份开展以市场化方式发展养老服务产业试点，发挥中央财政的“杠杆撬动”作用，促进解决养老服务业发展面临的“融资难”问题。

（3）养老模式。通过税收优惠力促做大企业年金与商业养老保险，以房养老商业保险试点破冰，“医养结合”模式开始积极探索。

（4）社会投资。降低审批标准，允许个人开办养老院，探索在本科教育开办养老服务专业等。

学习目标

知识目标

1. 了解我国养老服务业发展的现状。
2. 掌握我国老年服务与管理法律体系的内容。
3. 掌握我国老年服务与管理的法律法规体系与层次。

技能目标

1. 能够正确认识我国养老服务业的发展状况。
2. 能够正确分析老年服务政策法规。
3. 正确理解老年人合法权益的主要内容。
4. 学会应用老年服务与管理的法律法规帮助老年人维权。

素质目标

1. 树立正确的法律观念，具有良好的知法、守法的意识。
2. 培养养老服务中维护老年人合法权益的服务素质。

模块一　认识我国养老服务业

学习情境

李大爷和张大妈是住在北京市东城区的一对老夫妻。2016年，两位老人分别为68岁和65岁。

年轻时为响应国家关于计划生育的号召，二老只有一个女儿。女儿从小勤奋好学，大学毕业后又去美国深造，之后一直留在美国工作。

随着二老年纪逐渐增大，养老成为摆在这个家庭面前的最为现实的问题。“以前我们俩身体还不错，但是这几年身体的毛病越来越多。你看我老伴，一直有糖尿病、高血压，这段时间心脏也出现问题了，不知道以后岁数再大怎么办！”李大爷说。其实，女儿一直建议父母搬到美国跟自己一起居住，生活上也有个照应。但是两位老人从心底里不愿意去。一是考虑自己年纪大了，女儿工作忙，孩子还小，搬过去住增加女儿的负担；二是不愿意离开家乡，到美国后生活习惯、语言交流都成问题。这成了两位老人无法言表的“烦心事”。

情境分析

近年来，随着我国人口老龄化形势的日益严峻，老年人的养老服务需求日益扩大，传统的家庭养老越来越难以满足老年人的养老需求。这种现实困难促进了社会化养老服务的快速成长。我国养老服务业在“十二五”期间实现了长足的发展，但养老服务供给和需求的矛盾仍然突出。“十三五”期间，我国将进一步推进养老服务这一“民生”事业。

相关知识

一、社会养老服务的含义与社会背景

中国自古以来是一个重孝道、守礼仪的国家。卧冰求鲤、弃官寻母、百里负米、扇枕温衾等美德孝行被代代传颂。社会发展至今，养老仍然是家庭、社会的重要议题之一。养老问题关乎每位老人、每个家庭的福祉，是关乎民生的大事。

（一）社会养老服务的含义与特点

所谓社会养老服务，是指以居家为基础、社区为依托、机构为支撑，为老年人提供生活照料、家政服务、医疗康复、精神慰藉、文化娱乐、法律援助等一系列方式给老年人提供优质全面的社会化服务。广义的养老服务是一个宽泛的概念，涵盖了老年人生活的方方面面，包括生活照料、医疗保健、休闲娱乐等。狭义的养老服务则侧重指为老年人日常生活提供的生活照料服务。社会养老服务具有以下特点：

1. 社会养老服务以满足老年人的养老服务需求为根本目的

社会养老服务面向的是广大的老年群体，解决的是老年人晚年生活中个人、家庭养老困难的风险。随着医疗服务水平的提高，全球人均寿命不断延长，老年人将经历更为持久的老龄阶段。社会养老服务正是应对老年人的养老服务需求而产生。

2. 社会养老服务依托的是社会化的服务体系

社会养老服务是以与传统家庭养老相对称的养老服务供给方式出现的。家庭养老是我国传统的养老方式，即老年人主要在家生活，由家庭成员负责照料老年人，保证老年人的晚年生活。当今社会，家庭结构日益小型化，单纯依靠家庭成员已经越来越难以为高龄老人、失能老人、失智老人提供合适的照料。空巢老人、失独老人等特殊困难的老年人，几乎难以获得来自家庭的养老帮助。社会养老服务运行的核心在于社会化服务体系的建立，以弥补家庭养老的不足。

3. 社会养老服务是一国社会保障体系的重要组成部分

社会保障是指国家和社会通过立法对国民收入进行分配和再分配，对社会成员特别是生活有特殊困难的人们的基本生活权利给予保障的社会安全制度。《中华人民共和国宪法》（以下简称《宪法》）规定："中华人民共和国公民在年老、疾病或者丧失劳动能力的情况下，有从国家和社会获得物质帮助的权利。"社会养老服务以保障老年人基本生活为主旨，其本质上是一国社会保障体系的重要组成部分。

4. 社会养老服务具有福利性和市场性的双重"性格"

一方面社会养老服务是一种社会福利政策，其应纳入一国社会福利体系建设之中。依据社会政策理论，一国社会福利政策大致可以分为制度主义福利和剩余主义福利两种。无论一国采用何种政策取向，社会养老服务均是该国社会福利体系的重要组成部分。另一方面，社会养老服务又以市场为导向，具有市场性。除特殊困难的福利对象，社会绝大多数老年人需要通过市场的手段获得来自社会的养老服务供给。在这个过程中，市场机制成为基本途径。以市场为导向，是我国社会养老服务发展的主要趋势之一。

（二）人口老龄化催生养老服务业

我国自 1999 年步入老龄化社会以来，人口老龄化加速发展，老年人口基数大、增长快并日益呈现高龄化、空巢化趋势，需要照料的失能、半失能老人数量剧增。这是我国构建社会养老服务体系的主要社会背景。

1. 人口老龄化

人口老龄化是指总体人口范围内老年人口所占的比例不断增加或者青少年人口比例不断递减的过程。当说一个国家或地区的人口处于老龄化状态时，就是指这个国家或地区总人口中的成年人，特别是老年人口比例处于上升状态，或者青少年人口比例处于下降状态。人口老龄化反映的是一个国家或地区在一定时期内人口结构的发展趋势，表明的是一个动态发展的过程。老龄化表示该国或地区的人口总体上是在向老年性转变，或者在现有的老年性的基础上进一步发展。通常认为，当一个国家或地区 60 周岁以上老年人口占到总人口的 10% 以上，或者 65 周岁以上老年人口占到总人口 7% 以上时，该国家或地区即为老龄化国家（地区）。据统计，1999 年我国 60 周岁以上人口达到 1.32 亿人，占全国总人口的 10%。截至 2015 年年底，我国 60 周岁以上人口达 22 200 万人，占总人口的 16.1%，65 周岁以上人口达 14 386 万人，占总人口的 10.5%，如图 1-1 所示。

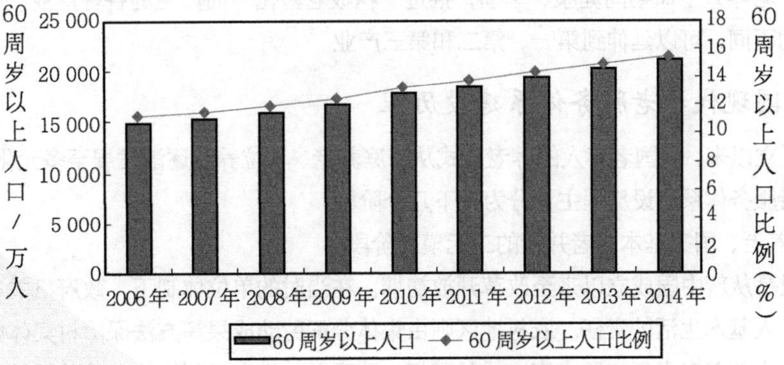

图 1-1 我国老年人口数量及比例

2. 养老需求

我国人口老龄化呈现出明显的“中国特色”，具体表现为基数大、速度快、未富先老以及地区发展不平衡等多个特点。特别是空巢老人、高龄老人、失能老人数量不断增多，养老服务需求迫切。所谓社会养老服务需求，是老年人期望通过社会化的途径获得养老服务的需求和意愿。马斯洛的需求层次理论认为，人类的需要是分层次的，由低到高分别是：生理需求、安全需求、社交需求、尊重需求、自我实现需求。这一理论尤其能清楚地阐释当前我国老年人养老服务需求的主要内容：

（1）老年人的生理需求。生理上的需求是人最原始、最基本的需要。老年人身体机能逐渐退化，部分老年人出现了失能、失智的状况，其基本的自我生存能力出现问题。高龄、半失能、失能、失智老年人对生活照料、医疗护理、康复治疗的需求逐渐增多。

（2）老年人的安全需求。安全需求是人对保障自身安全、生活稳定，免于灾难或风险的需要。老年人的安全需求主要体现在人身安全和财产安全两方面。老年人需要得到家庭成员、社会成员的协助支持，保证其人身安全，避免意外事故对其人身造成的损害。同时，老年人的财产安全需求相较于其他群体更为强烈。老年人往往成为财产犯罪的受害人，而财产权受损往往给老年人带来养老、生活、健康等一系列问题。

（3）老年人的情感需求。情感需求又可以称为归属与爱的需要。老年人心理上需要得到来自家庭、亲友、同事、社会等的关爱，需要有个人归属于群体的情感，希望成为特定群体的一员。这种情感需求如果得不到满足，可能导致老年人出现不同的心理问题，进而影响晚年生活质量。

（4）老年人的尊重需求。老年人虽然已退休，离开了工作岗位，但是仍然希望自己有较为稳定的社会地位，要求自己的能力或成就能够得到他人的认可。这种尊重的需要体现在老年人生活的各个方面。家人、社会需要充分尊重老年人的自主权、选择权，让老年人在生活中获得足够的尊重和满足。

（5）老年人的自我实现需求。自我实现需求是指个人的理想、抱负得到实现，自我价值得到最大程度的实现，并从中获得愉悦的需要。老年人利用自身的知识、技能，参与社会生活、实现自我价值是老年人最高层次的需求。

3. 养老产业

为应对老年人逐渐增多的多样化需求，养老服务行业快速发展，并形成多业态的养老产业。养老产业是为了老年人生命期间健康、幸福，推进“积极老龄化”而产生的各种产业。养老产业根据老年人需求的不同，可以延伸到第一、第二和第三产业。

二、我国现代养老服务体系建设历程

新中国成立以来，我国老年人的养老方式从家庭养老、单位养老逐渐发展至多元化的养老选择。我国现代养老服务体系建设历程主要分为以下几个阶段：

1. 家庭养老、国家基本养老并行的二元模式阶段

这一阶段是从新中国成立以来至改革开放初期。在当时的单位体制下，政府机关、企事业单位负有保障老年人基本生活的责任。农村地区则由集体分配劳动成果等方法保障村集体内老年人的基本生活。老年人的养老责任主要由家庭成员承担。政府办的社会福利机构只接收城镇孤寡老人、农村五保老人。1953 年年底，全国福利机构仅有 920 个，先后收容孤寡老人 10 万人左右。

2. 养老服务多元供给模式初步建设阶段

这一阶段是从改革开放后至2000年左右。这种转变一方面是迫于社会养老服务需求压力加大，另一方面也是“福利多元主义”社会思潮在制度层面上的反映。

第二次世界大战后，西方国家“福利多元主义”的理论思潮对我国当前社会养老服务体系的建设产生了深远的影响。政府不可能包揽全部的养老服务供给，政府、社会、市场相结合的多元化养老服务供给格局成为社会发展的必然结果。在政策层面，我国养老服务的供给逐渐从原有的家庭、国家并存的二元格局，发展至家庭、国家、社会共存的多元供给格局。但这一时期，多元供给模式仍处于初建和探索阶段。

1984年11月，全国城市社会福利事业单位整顿经验交流会召开，会上首次明确社会福利社会办，逐步形成以国家办的社会福利事业为骨干，以集体福利事业为主体，以家庭自我保障为基础的社会福利事业体系。2000年，国务院办公厅转发民政部等部门的《关于加快实现社会福利社会化的意见》（国办发〔2000〕19号），提出“在供养方式上坚持以居家为基础、以社区为依托、以社会福利机构养老为补充的发展方向”，正式提出“社会福利社会化”的发展路径。2006年国务院办公厅转发全国老龄工作委员会办公室（以下简称全国老龄办）和国家发展和改革委员会（以下简称国家发改委）等部门的《关于加快发展养老服务业的意见》（国办发〔2006〕6号），确定“以居家养老为基础、社区服务为依托、机构养老为补充的服务体系”。在一系列政策的引导下，我国养老服务的供给主体不断多元化，包含了家庭、国家、社区、企业、非营利性机构等各种类型。

3. 社会养老服务体系全面建设阶段

此阶段主要是从2012年《中华人民共和国老年人权益保障法》（以下简称《老年人权益保障法》）修订，以及《国务院关于加快发展养老服务业的若干意见》（国发〔2013〕35号）（以下简称35号文）颁布至今。这两个法律、文件的制定和实施，意味着我国开始全面建设发展养老服务业。

2012年，我国施行了16年的《老年人权益保障法》开始大修。修订后的《老年人权益保障法》自2013年7月1日开始正式实施。该法的修订是在我国人口老龄化进一步深化发展的社会背景下进行的，也回应了经济社会发展对法律规范的要求。修订后的《老年人权益保障法》从原来的6章50条扩展到9章85条，新增3章36条，修改38条。新增条款主要集中在社会服务、社会优待和宜居环境三大领域，彰显了“以人为本、立法为民”的民生情怀。2015年4月24日第十二届全国人民代表大会常务委员会第十四次会议对《老年人权益保障法》又进行了修正。

2013年9月6日，35号文发布，对我国2020年养老服务业发展的基本方向做出了指导和要求。35号文提出了深化体制改革、坚持保障基本、注重统筹发展和完善市场机制四项基本原则。自此，我国养老服务业进入“政府为主导、社会力量为主体”的多元化社会养老服务格局全面建设阶段。文件要求，到2020年我国全面建成“以居家为基础、社区为依托、机构为支撑的，功能完善、规模适度、覆盖城乡的养老服务体系”。2013年至今，中央、地方各层面制定了若干促进养老服务业发展的法律法规、规范性文件，深化落实35号文。我国养老服务体系进入全面、快速建设阶段。

三、我国养老服务体系建设的现状

目前我国已经基本建成以居家为基础、社区为依托、机构为支撑的社会养老服务体系。“十二五”期间，我国养老服务事业发展迅速，各类养老服务机构数、床位数以及收住老人数逐年攀升，详见表1-1。

表 1-1 我国“十二五”期间养老服务发展状况

年份 / 年	各类养老服务机构数 / 个	总床位数 / 万张	床位数比上年增长（%）	收住老人数 / 万人	收住老人数比上年增长(%)	每千名老人拥有床位数 / 张	每千名老人拥有床位数比上年增长（%）
2010	39 904	314.9	9.0	242.6	6.6	17.7	10.1
2011	40 868	353.2	11.7	260.3	5.4	19.1	7.3
2012	44 304	416.5	12.8	293.6	12.7	21.5	7.5
2013	42 475	493.7	18.9	307.4	5.5	24.4	13.9
2014	94 110	577.8	17.0	318.4	4.2	27.2	11.5

1. 居家养老服务

居家养老服务是指政府和社会力量为居家的老年人提供的生活照料、医疗护理、精神慰藉、紧急救援等养老服务。居家养老服务在本质上不同于传统的家庭养老。虽然二者均表现为老年人在家生活，但是居家养老服务包含了社会化服务的内涵，即社会化的服务“走进家庭”。

老年人的需求应成为居家养老服务的基本依据。具体包括以下几类：①物质生活方面的需求，如衣食住行用；②精神文化需求，如文化娱乐、保健、医疗卫生等；③情感和心理慰藉方面的需求，如心灵沟通。由于居家养老能够最大限度地保证老年人实现“在地老化”的生活状态，即老年人在熟悉的家庭环境下生活，因此居家养老是国内外绝大多数老年人的养老选择。

2. 社区养老服务

社区养老服务是指依托社区养老服务设施，为社区老年人提供照料服务、上门服务等的社会养老服务方式。所谓社区养老服务设施，是指日间照料中心、老年人活动中心等社区居家老年人服务设施以及包括养老服务在内的社区综合服务设施和站点。社区养老服务既能保证老年人不离开熟悉的生活环境，又能为居家养老困难的老年人，如空巢老人、高龄老人、失能老人等提供近距离的社区照料。

近几年，我国社区养老服务发展迅速。截至 2015 年年底，我国社区留宿和日间照料床位有 298.1 万张，社区养老服务机构和设施有 2.6 万个，互助型养老设施有 6.2 万个。

3. 机构养老服务

机构养老服务是指以养老机构为主导，为老年人解决日常生活困难的社会化养老服务模式。养老机构是指为老年人提供集中居住和照料服务的机构。

“十二五”期间，我国养老机构发展迅速。截至 2014 年年底，我国养老机构共计 33 043 个，各类养老床位达 577.8 万张，比 2013 年增长 17.0%；每千名老年人拥有养老床位 27.2 张，比 2013 年增长 11.5%，较 2010 年上升了 53.7%，如图 1-2 和图 1-3 所示。“十三五”期间，养老机构仍将保持较高的增长率。2015 年年底，全国注册登记的养老服务机构有 2.8 万个，各类养老床位有 672.7 万张，比 2014 年增长 16.4%（每千名老年人拥有养老床位 30.3 张，比 2014 年增长 11.4%）。国务院 35 号文提出，到 2020 年，我国养老机构床位数要达到每千名老年人 35 ～ 40 张。这意味着在未来几年内，我国养老机构床位数至少要增加 272.7 万张以上。

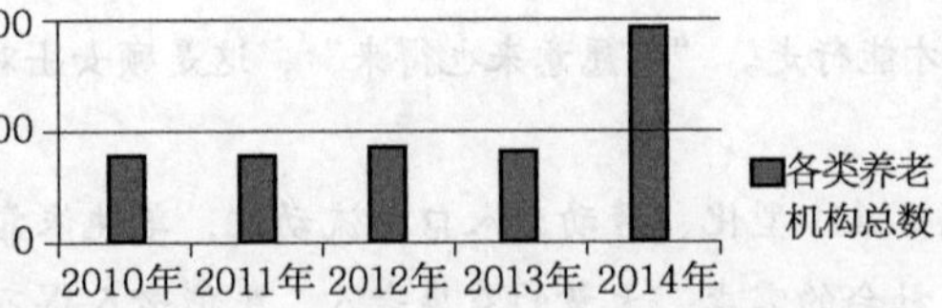

图 1-2　2010 ～ 2014 年我国各类养老机构数量

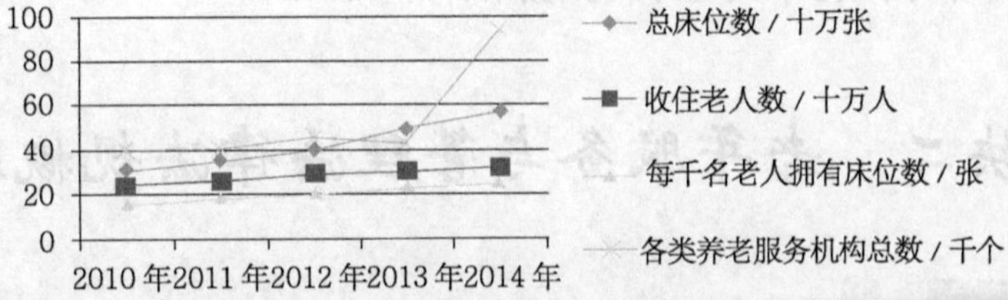

图 1-3　2010 ～ 2014 年我国养老服务机构发展增幅

情境反馈

家庭的小型化、空巢化严重影响了我国传统家庭养老的实现。社会养老服务是我国人口老龄化发展到一定阶段的必然产物。以居家为基础、社区为依托、机构为支撑的养老服务体系是我国当前及未来的发展方向。按照国务院 35 号文的要求，到 2020 年，生活照料、医疗护理、精神慰藉、紧急救援等养老服务覆盖所有居家老年人；符合标准的日间照料中心、老年人活动中心等服务设施覆盖所有城市社区，90% 以上的乡镇和 60% 以上的农村社区建立包括养老服务在内的社区综合服务设施和站点；全国社会养老床位数达到每千名老年人 35 ～ 40 张，服务能力大幅增强。

知识链接

1. 《国务院办公厅转发民政部等部门关于加快实现社会福利社会化意见的通知》：http://www.gov.cn/gongbao/content/2000/content_60033.htm。

2. 《国务院关于加快发展养老服务业的若干意见》：http://www.gov.cn/zwgk/2013-09/13/content_2487704.htm。

3. 《2015 年社会服务发展统计公报》：http://www.mca.gov.cn/article/sj/tjgb/201607/20160700001136.shtml。

案例分析

家住北京的顾女士 83 岁了。一年前，老伴突发疾病去世。“现在的人面对老人的养老问题，无奈会多一些”，这是顾女士唯一的儿子张先生说的话。张先生 56 岁了，一直在美国硅谷的一家公司上班。公司对员工的工作能力和效率要求很高，每年张先生能回家的时间非常有限。2015 年张先生的父亲张老先生去世后，张先生向公司请假一个月回来料理丧事。由于母亲顾女士年纪很大，难以自己在家生活，张先生不得不急着给母亲找一家合适的养老机构。就这样，顾女士还没来得及从丧夫之痛中走出来，就住进了地处昌平区的一家养老机构。前几年顾女士腿脚还算灵便，这两年突然就走不了路了，需要依靠四角拐杖才能行走。"不愿意来也得来"，这是顾女士对自己住养老院的认识。

【分析】

随着我国家庭结构的日益小型化、劳动力人口的流动化，单纯依靠家庭成员"反哺式"的养老方式已经越来越不能适应社会的需求。大量的空巢老人、失能老人得不到子女的照料，对社会化养老服务提出了新的要求。本案例中，顾女士属于高龄、半失能、空巢老人。由于子女照顾能力有限，这类老人对社会化服务需求明显，是我国养老服务保障的重点人群。

模块二　老年服务与管理法律法规概述

学习情境

2013年，70岁王大爷的老伴生病去世，他独自一人生活。他的两个孩子都在外地工作，很少回家，为此，王大爷经常唉声叹气。有一天，社区工作者小王来到王大爷家，告知王大爷，新修订的《老年人权益保障法》正式实施。新法规定，家庭成员应当关心老年人的精神需求，不得忽视、冷落老年人。与老年人分开居住的家庭成员，应当经常看望或者问候老年人。这也被媒体解读为"常回家看看写入法律"，不常看望老年人将属违法。该法同时规定，用人单位应当按照国家有关规定保障赡养人探亲休假的权利。

王大爷却问小王，"咋样叫'常'？一周一次？一月一次？还是半年一次？""'看看'该怎么看？带钱还是带水果、营养品，还是什么都不带，回来一圈扭头就走？""如果一周一次，那是不是说全国很多在外打工的孩子都违法了？""他是为了我们家里生活得更好才出去的，不能因为不'常回家看看'就说他不孝顺啊？"

情境分析

根据《宪法》和《老年人权益保障法》以及其他法律法规的规定，老年人除在政治、经济、文化等方面享有平等权利之外，在民事权利（如个人财产所有权、个人财产处分权、公共财产使用权、财产继承权等财产权利；生命健康权、人身自由权、姓名权、名誉权、著作权等人身权利）、婚姻家庭（婚姻自主权、受子女赡养权）等方面享有广泛的权利。在合法权益受到侵害时，有受保护的权利，可以请求法律保护。

相关知识

一、老年人的界定

老年人权益的主体当然是老年人。一般来说，判断一个人是否是老年人可以有多种标准，包括年代年龄、生理年龄、心理年龄、社会参与年龄等。

年代年龄，即人们通常所说的年龄，是指一个人从其出生至当前，该人的年代年龄跨度，这是人们常用的对一个人年龄的界定方式。生理年龄，即一个人是否进入老年阶段，可以通过该人的生理状态加以反映。人类在不同的年龄阶段，会产生生理上的变化，总体而言，随着年龄的增长，人体在形态和功能上会发生不可逆的进行性、衰退性的变化。通过生理年龄标准去判断一个人的老化程度，有助于我们认识到老年人因其生理机能衰退所导致的种种困难，借此提供行之有效的保障措施。心理年龄，即人的整体心理特征所表露的年龄特征，与实际年龄并不完全一致。人的一生共经历八个心理时期，即胎儿期、乳儿期、幼儿期、学龄期、青少年期、青年期、中年期、老年期。一个人的心理年龄越低，越反映一个人生活积极、情绪稳定和心理健康。社会参与年龄，即一个人参与社会生活、担任社会角色的意愿和能力。社会参与的方式多种多样，包括参与国家政治经济生活、作为劳动者参与劳动、参与社区组织的文化娱乐生活或以其他形式与社会其他人群交流与沟通等。

本书所探讨的老年人一般都是按照年代年龄的标准进行的界定，即老年人。按照目前国际上较为通行的标准，一般将60周岁或65周岁以上的人群定义为老年人。我国对老年人的界定是60周岁以上的人群。

二、老年人合法权益

(一) 老年人权益的相关定义

1. 权益

所谓权益，是指公民受到法律保护的权利和利益。在法律语言环境下，经常可以看到权益的表述，如我国有《中华人民共和国消费者权益保护法》《中华人民共和国妇女权益保障法》等。权利一般是指法律所保护的利益，是法律赋予权利主体作为或不作为的许可或认可，它与义务相对应，是法学的基本范畴之一。

2. 老年人权益

老年人权益则是指老年人作为特殊的社会群体所享有的各项权益。我国《宪法》规定了公民在政治、人身、经济、社会、文化等方面享有的权利，也叫宪法权利，是公民最主要的、也是必不可少的权利。除《宪法》外，我国的民法、经济法、行政法、诉讼法等部门法也规定了各种类型的权利，这就构成了老年人权益的基本法律体系。

老年人属于社会的弱势群体，基于对社会弱势群体的特别保护，法律应当为老年人提供更加充分的法律保护，让老年人能够最大限度地获得来自于家庭、社会、国家的保护，在各方面体现老年人所享有的社会公平。作为社会整体的一部分，老年人享有法律规定的所有公民都应当享有的权利，如生命健康权、名誉权、姓名权、婚姻自由权等人身权，也享有物权、债权、知识产权等财产权。同时，老年人作为社会弱势群体，又享有根据其自身特点和需要的特殊权益，如获得赡养扶助的权利、参与社会发展权、获得养老服务权、获得养老保障权等。

(二) 老年人权益的基本内容

对老年人应该享有的权益，可以从不同的角度进行分类。

1. 老年人的生存权和发展权

根据老年人的需求层次，可以将老年人权益分为老年人生存权和老年人发展权。生存权是发展权的基础，没有生存权就谈不上发展权，发展权又是生存权的延续，没有发展权的生存权是消极的生存权。保护老年人应当既注重保护老年人的生存权，也注重保护老年人的发展权。老年人发展权是指老年人拥有继续为国家、社会和家庭做贡献的权利，是老有所为的具体体现，主要表现为：国家和社会尊重老年人参与社会发展的权利；国家和社会要为老年人参与社会发展创造条件；国家和社会鼓励老年人参与有意义的社会活动。

2. 五个“老有所”

根据《老年人权益保障法》第四条的规定，老年人权益可以概括为如下五个部分：受养权（老有所养）、就医权（老有所医）、参与权（老有所为）、受教育权（老有所学）、娱乐权（老有所乐）。其中既包含人身权利与财产权利，也包含参与社会的政治、经济、文化等活动的权利。

（1）受养权。受养权是老年人的基本权益，如果得不到充分的保障，必然影响其他权益的实现。受养权的内涵，从宏观上看属于《老年人权益保障法》第三条提到的获得物质帮助、享受社会发展成果两个方面；从微观上看，则是养老金的支付、住房安排、生活料理、福利分享等经济性利益。

（2）就医权。严格地讲，就医权属于受养权的一部分。就医费用，除由医疗保险解决基本部分外，还可由赡养费解决不足或由国家补助。因此，国家、社会和家庭都应当采取有效的措施保障老年人就医权的实现。

（3）参与权。参与权就是保障老年人参与社会的政治、经济、文化等活动的权利。

（4）受教育权。老年人的受教育权是保证他们跟上时代发展与社会进步的必要措施。为使此项权利实现，除应发展老年教育事业，办好各类老年学校外，还应为老年人自学提供各种方便条件。

（5）娱乐权。国家促使老年人参与群众性的自娱自乐活动，让他们处于健康向上的文化氛围之中，心情舒畅，积极开朗。

（三）老年人合法权益的具体表现

1. 享受家庭赡养与扶养的权利

（1）享受家庭赡养与扶养的权利。我国老年人养老主要依靠家庭，家庭成员应当关心和照料老年人。子女应当供养父母，尽赡养老人之义务；夫妻之间尽相互照顾的义务。具体包括：①获得基本生活需要的权利，经济上的供养、生活上的照料和精神上的慰藉；②获得特殊需要的权利，主要是指对患病老年人提供医疗费用和护理；③帮助老年人耕种承包的土地，照管老年人的林木和牲畜。

（2）住房权。住房权是指老年人有权居住在条件良好的房屋及拥有自由的或承租的住房的权利。

（3）婚姻自由权。婚姻自由权是指老年人有权按照自己的意愿决定和处理婚姻问题，子女或其他亲属不得干涉老年人离婚、再婚及婚后生活，也不能因为老年人的婚姻变化而不履行赡养义务。

（4）财产所有权。财产所有权是指老年人对自己的财产享有占有、使用、收益和处分的权利，无须征得子女或其他亲属的同意。

（5）继承权。继承权是指老年人有依法继承父母、配偶、子女或者其他亲属的遗产的权利。

2. 获得社会保障的权利

（1）生活保障权。生活保障权是指老年人有从国家和社会获得生活保障的权利，即老年人除拥有从家庭成员中获得赡养和扶养的权利外，也拥有从国家和社会获得生活保障的权利，包括养老保险和社会救助。

（2）健康权。健康权是指老年人有从国家和社会获得医疗照顾的权利，即老年人除拥有从家庭成员中获得医疗照顾的权利外，也拥有从国家和社会获得医疗照顾的权利，包括医疗保险和医疗救助。

（3）文化教育权。文化教育权是指老年人享有继续受教育以及从事科学技术研究、文学艺术创作和其他文化活动的自由，包括继续受教育和享受精神文化生活这两方面的权利。

（4）生活照料权。生活照料权是指老年人有从国家和社会获得生活照料的权利，即老年人除拥有从家庭成员中获得生活照顾的权利外，也拥有从国家和社会获得生活照顾的权利，包括老年福利设施，如老年福利院、敬老院、老年公寓、老年医疗康复中心、老年文化中心；社区服务，如社区养老；特殊优待等。

三、老年政策法规

老年政策法规就是党政机关制定的关于处理老年社会事务工作的文件，一般包括中共中央、国务院及其部门制定的规定、办法、准则以及行业的规范、条例规章等。

20 世纪 90 年代，我国在《宪法》的基础上，形成了以《老年人权益保障法》为主体，包括有关法律法规、地方性规章制度以及相关养老政策在内的养老保障政策法律法规体系框架。进入 21 世纪，为推进社会养老服务事业的发展，国务院及有关部委、各地方政府陆续出台、完善了一系列法规政策。2000 年，中共中央、国务院发布了《中共中央 国务院关于加强老龄工作的决定》。2001 年 7 月，国务院制定了《中国老龄事业发展“十五”计划纲要（2001—2005 年）》，健全了老龄工作体系。2006 年颁布了《中国老龄事业的发展》白皮书。同年，国务院办公厅转发了全国老龄办和民政部等部门《关于加快发展养老服务业的意见》，逐步建立和完善以居家养老为基础、社区服务为依托、机构养老为补充的服务体系。2008 年，全国老龄办、民政部等部门出台了《关于全面推进居家养老服务工作的意见》，该意见指出在城市社区建立形成居家养老网络服务体系。

2011 年，为积极应对人口老龄化，国务院制定了《社会养老服务体系建设规划（2011—2015 年）》，该规划强调，要达到每千名老人拥有养老床位 30 张，提高养老服务标准、加强行业规范和管理制度建设；建立养老机构准入、退出与监管机制；改善老年人宜居环境，增加社区老年活动场所和便利设施。

2012 年对《老年人权益保障法》进行了修订，各地纷纷出台了老年人权益保障条例或《老年人权益保障法》实施办法等地方性法规，部分省份还出台了老年人优待办法等政策性规定。2013 年 7 月 1 日，新修订的《老年人权益保障法》正式施行。2015 年 4 月 24 日又对《老年人权益保障法》进行了修正。

2013 年 9 月 6 日，国务院颁发了 35 号文，对加快发展养老服务业做出系统安排和全面部署。这是我国养老服务业发展史上的一个重要里程碑，是指导当前及今后一个时期我国养老服务业发展的纲领性文件，为养老服务事业的发展做出了总的规划设计。

2014 年，国务院发布《国务院关于建立统一的城乡居民基本养老保险制度的意见》，将新型农村社会养老保险和城镇居民社会养老保险两项制度合并实施，在全国范围内建立统一的城乡居民基本养老保险制度。2014 年 8 月 26 日，财政部、国家发改委、民政部、全国老龄办联合下发《关于做好政府购买养老服务工作的通知》。

2015 年 2 月 3 日，民政部、国家发改委等十部委联合下发《关于鼓励民间资本参与养老服务业发展的实施意见》，积极应对人口老龄化，加快发展养老服务业，充分发挥市场的作用，鼓励民间资本参与养老服务产业，逐步使社会力量成为发展养老服务业的主体。2015 年，国务院颁布《国务院关于机关事业单位工作人员养老保险制度改革的决定》，决定改革机关事业单位工作人员养老保险制度，促进建立更加公平、可持续的养老保险制度。

2015 年 11 月，国家卫生和计划生育委员会（以下简称国家卫生计生委）、民政部、国家发改委、财政部、人力资源和社会保障部、国土资源部、住房和城乡建设部（以下简称住建部）、全国老龄办、国家中医药管理局九个部委联合下发《关于推进医疗卫生与养老服务相结合的指导意见》，提出到 2020 年，符合国情的医养结合体制机制和政策法规体系基本建立，医疗卫生和养老服务资源实现有序共享，覆盖城乡、规模适宜、功能合理、综合连续的医养结合服务网络基本形成，基层医疗卫生机构为居家老年人提供上门服务的能力明显提升。所有医疗机构开设为老年人提供挂号、就医等便利服务的绿色通道，所有养老机构能够以不同形式为入住老年人提供医疗卫生服务，基本适应老年人健康养老服务需求。

四、老年服务政策法规体系

目前，我国已经初步形成了以《宪法》为指导，以《老年人权益保障法》为基础，以法律、行政法规、地方性法规及国务院部门规章、地方政府规章和规范性文件为主要表现形式，以《中国老龄事业发展“十二五”规划》《社会养老服务体系建设规划 2011—2015 年》、国务院 35 号文等可操作性政策，以养老保障政策、老年人医疗卫生政策、为老服务政策、老年人文化教育政策、老年人社会参与政策、老年人权益保障政策等为具体内容的老年服务政策体系框架。

情境反馈

在我国人口老龄化的背景下，2012 年我国对 1996 年制定的《老年人权益保障法》进行了修改。该法第十八条第二款规定“（家庭成员）应当经常看望或者问候老年人”，对此条款，支持者认为将“常回家看看”入法既强调了伦理道德的正义性，又为司法实践提供了依据，体现了法的善意。《老年人权益保障法》明确，国家建立健全家庭养老支持政策，鼓励家庭成员与老年人共同生活或者就近居住，为老年人随配偶或者赡养人迁徙提供条件，为家庭成员照料老年人提供帮助。同时，地方各级人民政府在实施廉租住房、公共租赁住房等住房保障制度或者进行危旧房屋改造时，应当优先照顾符合条件的老年人。

知识链接

1. 《新老年人权益保障法全文（2016 年最新版本）》：http://www.66law.cn/tiaoli/334.aspx。
2. 《国务院办公厅转发卫生计生委等部门关于推进医疗卫生与养老服务相结合指导意见的通知》：http://www.mca.gov.cn/article/yw/shflhcssy/fgwj/201511/20151100877460.shtml。

案例分析

年近九旬的李老伯把女儿李某告上了法庭，因为李某在李老伯不同意的情况下偷偷地将房屋产权证挂失，私自将李老伯的房屋改到了自己名下，并且将李老伯送到了养老院。伤心至极的李老伯知道真相后与亲生女儿对簿公堂，要求她返还住房。

【分析】

《中华人民共和国民法典》规定，财产所有权是指所有人依法对自己的财产享有占有、使用、收益和处分的权利，它是财产归属在法律上的表现，是一种直接与经济利益相联系的民事权利，包括占有权、使用权、收益权和处分权四项权能。无论老年人的身体状况如何，老年人的财产处置必须充分尊重老年人意愿。《老年人权益保障法》明确规定“国家保障老年人依法享有的权益”。李某的行为不仅侵害了李老伯的合法权益，而且有悖我国的道德传统。

模块三　养老服务标准体系

学习情境

“现在住养老院可真是太方便了，我家老人只用一个小时就住进福利院了！”带着母亲来北京市第一社会福利院入住的张女士这样对大家说着。北京市第一社会福利院推行标准化管理以来，服务效率大大提高，老年人办理入院手续所需时间从半天缩减到一个小时。这是因为按照标准化的流程，从家属带着老年人进入福利院接待大厅提交材料登记开始的那一刻，每个流程的衔接时间有明确的要求，每个流程的处置时间有明确的规定，加上信息化的手段，入院手续的办理时间自然大大缩减了。“标准化管理不仅方便了老人入住，也提高了我们的工作效率，让我们能够腾出更多的时间给老人提供更加细致的服务”，福利院的护理员小李也觉得标准化的管理制度给自己的工作带来了便利。

情境分析

养老服务与管理标准化建设工作既关系到养老服务机构的服务和管理水平，也关系到每位老年人的生活品质。我国养老服务标准化工作近年来取得了长足的发展，充分发挥了标准化工作对发展养老服务业的技术支撑作用，营造了安全、便利、诚信的养老服务消费环境。

相关知识

一、标准的相关概念与分类

为了促进经济发展、技术进步，改进产品和服务质量，我国早在1988年就颁布了《中华人民共和国标准化法》（以下简称《标准化法》）。1990年，根据《标准化法》，国务院制定了《中华人民共和国标准化法实施条例》（以下简称《标准化法实施条例》）。

1. 标准的相关概念

标准是指为了在一定范围内获得最佳秩序，经协商一致制定并由公认机构批准，共同使用和重复使用的一种规范性文件。标准化则是指在经济、技术、科学及管理等社会实践中，对重复性事物和概念通过制定、实施标准，达到统一，以获得最佳秩序和社会效益的过程。标准化管理是指机构以外部标准（法律、法规或其他相关规则）和内部标准（企业所倡导的文化理念）为基础所建立的管理体系。

2. 标准的分类

我国的标准可以做出如下分类：

（1）按照适用范围进行划分，标准可以分为国家标准、行业标准、地方标准和企业标准四类。

对需要在全国范围内统一的技术要求，应当制定国家标准。国家标准由国务院标准化行政主管部门制定。对没有国家标准而又需要在全国某个行业范围内统一的技术要求，可以制定行业标准。行业标准由国务院有关行政主管部门制定，并报国务院标准化行政主管部门备案，在公布国家标准之后，该项行业标准即行废止。对没有国家标准和行业标准而又需要在省、自治区、直辖市范围内统一的工业产品的安全、卫生要求，可以制定地方标准。地方标准由省、自治区、直辖市标准化行政主管部门制定，并报国务院标准化行政主管部门和国务院有关行政主管部门备案，在公布国家标准或者行业标准之后，该项地方标准即行废止。企业生产的产品没有国家标准和行业标准的，应当制定企业标准，作为组织生产的依据。企业的产品标准须报当地政府标准化行政主管部门和有关行政主管部门备案。已有国家标准或者行业标准的，国家鼓励企业制定严于国家标准或者行业标准的企业标准，在企业内部适用。

（2）按照是否具有强制执行的效力进行划分，标准可以划分为强制性标准和推荐性标准两类。

保障人体健康，人身、财产安全的标准和法律、行政法规规定强制执行的标准是强制性标准，其他标准是推荐性标准。以下标准属于强制性标准：①药品标准，食品卫生标准，兽药标准；②产品及产品生产、储运和使用中的安全、卫生标准，劳动安全、卫生标准，运输安全标准；③工程建设的质量、安全、卫生标准及国家需要控制的其他工程建设标准；④环境保护的污染物排放标准和环境质量标准；⑤重要的通用技术术语、符号、代号和制图方法；⑥通用的试验、检验方法标准；⑦互换配合标准；⑧国家需要控制的重要产品质量标准。国家需要控制的重要产品目录由国务院标准化行政主管部门会同国务院有关行政主管部门确定。省、自治区、直辖市人民政府标准化行政主管部门制定的工业产品的安全、卫生要求的地方标准，在本行政区域内是强制性标准。

从事科研、生产、经营的单位和个人，必须严格执行强制性标准，不符合强制性标准的产品，禁止生产、销售和进口。

二、标准的识别

标准制定后，均须进行编号。国家标准的代号为大写的“国际”拼音首字母 GB，推荐性国家标准的代号为 GB/T。例如，《养老设施建筑设计规范》的代号为“GB 50867—2013”，《养老机构基本规范》的代号为“GB/T 29353—2012”。

行业标准代号由大写的汉语拼音首字母组成，再加上“/T”组成推荐性行业标准，如××/T。行业标准代号由国务院各有关行政主管部门提出其所管理的行业标准范围的申请报告，国务院标准化行政主管部门审查确定并正式公布该行业标准代号。例如，《养老机构安全管理》作为民政行业标准，标识为“MZ/T 032—2012”。

地方标准代号由大写的“地标”拼音首字母和省、自治区、直辖市行政区划代码的前两位数字（北京市为 11，天津市为 12，上海市为 13 等）组成（DB××），再加上“/T”组成推荐性地方标准（DB××/T），不加“/T”为强制性地方标准。例如，浙江省制定的《养老机构服务与管理规范》的代号为“DB33/T 926—2014”。

企业标准的代号由大写字母 Q 和“/”及企业代号组成（Q/×××），企业代号可由大写拼音字母或阿拉伯数字或者两者兼用所组成。

三、我国养老服务标准体系的现状

养老服务标准体系是指与养老服务密切相关的标准体系，具体包括养老服务与管理基本标准体系、养老服务设施建设标准体系、养老服务评估标准体系、养老服务机构其他专项管理标准等。目前，我国初步建成了以国家标准、行业标准、地方标准和企业标准为一体的养老服务标准体系。

（一）养老服务与管理基本标准体系

我国先后制定了若干对养老服务机构的服务质量、机构管理进行综合性规范的标准，主要包括：

1. 《老年人社会福利机构基本规范》

《老年人社会福利机构基本规范》(MZ 008—2001)是由民政部于2001年编制的养老行业标准。该标准适用于各类、各种所有制形式的为老年人提供养护、康复、托管等服务的社会福利服务机构。该标准首先根据养老机构服务内容的不同，将其分为老年社会福利院、养老院或老人院、老年公寓、护老院等不同的类型。该标准重点对老年福利机构的服务、管理和设施设备进行了规范，对老年福利机构的基本服务项目，包括膳食、护理、康复和心理等做出了要求。在管理方面，老年福利机构必须具有合法的证书和名称，配备基本的人力资源，并强化机构的制度建设，还应具备老人居室、饭厅、洗手间、活动室等基本的设施设备，以保证老年人基本的生活环境。

2. 《养老机构基本规范》

《养老机构基本规范》(GB/T 29353—2012)是由民政部于2012年编制的推荐性国家标准，自2013年5月1日起正式实施。该标准只适用于全日制养老机构的运行和管理，并不适用于非全日制的社区日间照料或托老服务机构。该标准规定了养老机构的基本要求、人员要求、管理要求、环境与设施设备要求和服务内容及要求。

按照该标准，养老机构应当具有独立的发展资质，具有相对独立、固定、专用的场所。养老机构的建筑设施应符合《老年人居住建筑设计标准》的要求；配备必要的管理人员、专业技术人员、养老护理员，并根据实际需要酌情配备社会工作者、康复师、营养师等人员。在管理上，养老机构应制定养老服务合同，制定人力资源管理、财务管理、设施设备管理、质量监督管理等方面的制度性规范。同时，该标准重点对养老机构的服务内容做出了要求，包括生活照料服务、膳食服务、清洁卫生服务、洗涤服务、老年护理服务、心理/精神支持服务、文化娱乐服务、咨询服务、安全保护服务、医疗保健服务十项。

(二)养老服务设施建设标准体系

养老服务设施是指为老年人提供居住、生活照料、医疗保健、文化娱乐等方面专项或综合服务的建筑通称。老年人生理、心理、认知能力以及社会参与状况的特殊性，决定了设施环境对老年人生活品质的重要影响。目前，我国现行的养老服务建筑设施的标准主要包括以下几个：

1. 《老年人建筑设计规范》

《老年人建筑设计规范》(JGJ 122—1999)是由建设部(现住建部)、民政部于1999年批准公布的专门针对老年人建筑设计制定的强制性行业标准。该标准针对老年人体能心态的特点，对建筑物的安全、卫生、适用等方面做出了基本要求。该标准适用于城镇新建、扩建和改建的专供老年人使用的居住建筑及公共建筑设计。该标准重点对基地环境设计、建筑设计和建筑设备与设备设施三方面做出了要求，为老年人建筑设施规范化建设奠定了基础。

2. 《老年人居住建筑设计标准》

《老年人居住建筑设计标准》(GB/T 50340—2003)是由建设部于2003年发布的国家推荐性标准，自2003年9月1日起正式实施。该标准主要适用于专为老年人设计的居住建筑。所谓老年人居住建筑，是指专为老年人设计，供其起居生活使用，符合老年人生理、心理要求的居住建筑，包括老年人住宅、老年人公寓、养老院、护理院、托老所等。该标准对基地与规划设计、室内设计、建筑设备、室内环境做出了要求。着重提出老年人居住建筑设计中需要特别注意的室内设计技术措施，包括用房配置和面积标准；建筑物的出入口、走廊、公用楼梯、电梯、户门、门厅、户内过道、卫生间、厨房、起居室、卧室、阳台等各种空间的设计要求。

3. 《城镇老年人设施规划规范》

《城镇老年人设施规划规范》（GB 50437—2007）是由建设部于2007年发布的国家标准，自2008年6月1日起实施。该标准适用于城镇老年人设施的新建、扩建或改建的规划。该标准所指的老年人设施既包括专为老年人服务的居住建筑，也包括公共建筑。老年人设施的规划，应符合城镇总体规划及其他相关规划的要求；符合“统一规划、合理布局、因地制宜、综合开发、配套建设”的原则；符合老年人生理和心理的需求，并综合考虑日照、通风、防寒、采光、防灾及管理等要求；符合社会效益、环境效益和经济效益相结合的原则。该标准中的3个条款为强制性条款，具体如下：

（1）老年人设施新建项目的配建规模、要求及指标应符合表1-2中的要求。

表1-2　老年人设施新建项目的配建规模要求及指标

项目名称	基本配建内容	配建规模及要求	配建指标	
			建筑面积/（m^2/床）	用地面积/（m^2/床）
老年公寓	居家式生活起居、餐饮服务、文化娱乐、保健服务用房等	床位不应少于80个	≥40	50～70
市级养老院	生活起居、餐饮服务、文化娱乐、医疗保健、健身用房及室外活动场地等	床位不应少于150个	≥35	45～60
居住区（镇）级养老院	生活起居、餐饮服务、文化娱乐、医疗保健用房及室外活动场地等	床位不应少于30个	≥30	40～50
老人护理院	生活护理、餐饮服务、医疗保健、康复用房	床位不应少于100个	≥35	45～60

（2）城市旧城区老年人设施新建、扩建或改建项目的配建规模、要求应满足老年人设施基本功能的需要。其指标不应低于表1-2中相应指标的70%，并应符合当地主管部门的有关规定。

（3）老年人设施场地范围内的绿地率：新建的不应低于40%，扩建和改建的不应低于35%。

4. 《养老设施建筑设计规范》

《养老设施建筑设计规范》（GB 50867—2013）是由住建部于2013年编制发布的国家标准，自2014年5月1日起实施。该标准适用于新建、改建和扩建的老年养护院、养老院和老年日间照料中心等养老设施建筑设计。养老设施建筑应以人为本，以尊重和关爱老年人为理念，遵循安全、卫生、适用、经济的原则，保证老年人基本生活质量，并按养老设施的服务功能、规模等进行分类分级设计。

该标准中有两条为强制性条文：①二层及以上楼层设有老年人的生活用房、医疗保健用房、公共活动用房的养老设施应设无障碍电梯，且至少有1台为医用电梯；②老年人卧室、起居室、休息室和亲情居室不应设置在地下、半地下，不应与电梯井道、有噪声振动的设备机房等贴邻布置。

5. 《社区老年人日间照料中心建设标准》

《社区老年人日间照料中心建设标准》是由民政部于2010年组织编制的行业标准，自2011年3月1日起实施。该标准是社区老年人日间照料中心建设项目决策和合理确定建设水平的全国统一标准，是编制、评估和审批社区老年人日间照料中心项目建议书的依据，也是有关部门审查工程初步设计和监督检查建设全过程的重要依据，适用于社区老年人日间照料中心的新建工程项目，改建和扩建工程项目可参照执行。社区老年人日间照料中心建设应满足日托老年人在生活照料、保健康复、精神慰藉等方面的基本需求，做到规模适宜、功能完善、安全卫生、运行经济。

6.《老年养护院建设标准》

《老年养护院建设标准》是由民政部、全国老龄办组织编制的专门针对老年养护院的建设提出的行业标准，自2011年3月1日起正式施行。该标准中所指老年养护院是指为失能老年人提供生活照料、健康护理、康复娱乐、社会工作等服务的专业照料机构。老年护理院、老年公寓、农村敬老院、社会福利院、光荣院、荣誉军人康复医院等机构相关设施建设可参照该标准相关规定执行。该标准对老年养护院的建设规模及项目构成、选址及规划布局、房屋建筑面积指标、建筑标准、建筑设备和室内环境、基本装备等做出了规范。

（三）养老服务评估标准体系

养老服务评估是为科学确定老年人服务需求类型、照料护理等级以及明确护理、养老服务等补贴领取资格等，由专业人员依据相关标准，对老年人生理、心理、精神、经济条件和生活状况等进行的综合分析评价工作。

1.《老年人能力评估》

2013年，民政部组织编制了《老年人能力评估》（MZ/T 039—2013）行业标准，为老年人能力评估提供统一、规范和可操作的评估工具，科学划分老年人能力等级，作为政府制定养老政策以及为老年人提供适宜养老服务的依据。标准从评估对象、评估指标、评估实施及评估结果等几个方面对老年人能力评估做出了指引。

（1）评估对象：需要接受养老服务的老年人。

（2）评估指标：一级指标共4个，包括日常生活活动、精神状态、感知觉与沟通、社会参与；二级指标共22个，见表1-3。

表1-3　老年人能力评估指标

一级指标	二级指标
日常生活活动	进食、洗澡、修饰、穿衣、大便控制、小便控制、如厕、床椅转移、平地行走、上下楼梯
精神状态	认知功能、攻击行为、抑郁症状
感知觉与沟通	意识水平、视力、听力、沟通交流
社会参与	生活能力、工作能力、时间/空间定向、人物定向、社会交往能力

（3）评估的实施：老年人能力评估应当由2名评估员进行，自申请人提出申请起30日内完成评估。

（4）评估结果：评估员根据老年人在四个一级指标中的评定，综合日常生活活动、精神状态、感知觉与沟通、社会参与这四个一级指标的分级，将老年人能力划分为0（能力完好）、1（轻度失能）、2（中度失能）、3（重度失能）四个等级。

2. 北京市《养老机构老年人健康评估规范》

《养老机构老年人健康评估规范》（DB11/T 305—2014）是由北京市质量技术监督局于2014年发布的地方标准。对老年人健康评估的认定有助于提供老年人健康管理的主要内容和要求，提供入院、转介、出院以及制订老年人照顾计划的依据；提供老年人生活照料服务和医疗护理服务定性的、定量的要求；提供采取规避老年人照顾服务中意外风险措施的依据。

该标准设定的评估指标包括健康史、精神状况、功能活动、社会功能以及其他专门项目的评估。

其将标准分为入院评估、例行评估和即时评估三类，并将健康等级划分为健康完好、健康受损和健康严重受损三个基础等级。根据该标准，入住养老服务机构的老年人均应接受健康评估服务。

3. 上海市《老年照护等级评估要求》

《老年照护等级评估要求》（DB31/T 684—2013）由上海市民政局编制，并于2013年发布并实施。该标准规定了老年照护等级评估的总则、评估机构和人员、主要评估参数项目评判、背景参数项目调查、评估报告、评估质量的监督和改进等方面的要求。该标准适用于上海市行政区域内60周岁以上申请上海市老年照护服务的老年人的照护等级评估。通过对老年人生活自理能力、认知能力、情绪行为、视觉等影响老年人日常生活的项目进行评判，得出其日常生活的能力状况，确定其需要照护的程度及服务内容的活动。具体参数项目见表1-4。

表1-4《老年照护等级评估要求》参数项目

一级参数项目	二级参数项目
生活自理能力	进食、修饰及洗浴、穿（脱）衣、排泄及如厕、移动
认知能力	近期记忆、程序记忆、定向力、判断力
情绪行为	情绪、行为、沟通力
视觉	视觉

同时，该标准要求对老年人的社会生活环境进行背景调查，包括居住状况、家庭支持、社会参与、居住环境等方面。根据主要参数项目的得分，将老年人的照护等级划分为正常、轻度、中度、重度四个等级。

（四）养老服务机构其他专项管理标准

除以上标准外，相关主管部门也另行制定了其他养老服务机构的专项管理性的国家标准、行业标准，主要包括：

1. 《养老机构安全管理》

《养老机构安全管理》（MZ/T 032—2012）是由民政部编制并发布的行业标准。该标准自2012年4月1日起实施。该标准规定了养老机构的安全管理体系、设备设施安全、食品安全、消防安全、医疗护理安全、人身安全、财产安全、信息安全、突发事件应急管理和安全教育与培训的要求。

2. 《养老机构医务室基本标准（试行）》和《养老机构护理站基本标准（试行）》

2014年10月31日，国家卫生计生委办公厅印发了《养老机构医务室基本标准（试行）》和《养老机构护理站基本标准（试行）》。这两项基本标准旨在指导养老机构做好医务室、护理站的建设和管理，促进医养结合的实现。养老机构医务室是设置在养老机构内，为养老机构患者提供老年保健，一般常见病、多发病诊疗、护理，诊断明确的慢性病治疗，急诊救护等服务的医疗机构。养老机构护理站是设置在养老机构内，为养老机构患者提供常见病多发病护理、慢性病护理、康复指导、心理护理、根据医嘱进行处置、消毒隔离指导、健康教育等服务的医疗机构。该标准从人员、房屋、设备以及制度四个方面提出了要求。

四、我国养老服务标准体系建设的原则、目标和主要任务

为贯彻《老年人权益保障法》和国务院35号文的要求，充分发挥标准化工作对发展养老服务

业的技术支撑作用，营造安全、便利、诚信的养老服务消费环境，民政部等五部门于 2014 年 1 月联合发布了《关于加强养老服务标准化工作的指导意见》（民发〔2014〕17 号。

（一）养老服务标准体系建设的原则

1. 政府引导

在标准化体系建设过程中，政府应当起到引导的作用，通过宏观指导和政策协调，加大引导和扶持力度，推动养老服务标准化建设规划，促进标准化建设的进程。同时，政府应当在标准的研究、制定、修订、宣传、执行等方面加强引导，探索通过标准化试点示范的方式，推动标准化工作。

2. 突出重点

养老服务标准的建设应以满足老年人服务需求为根本，以保障其合法权益为重点，着眼于养老服务标准化建设工作的整体性和协调性。要加强基础通用标准研究制定，优先制定和实施老年人服务需求评估、服务规范、服务质量满意度测评、服务质量监管和等级评定、养老服务安全管理等标准。

3. 市场导向

养老服务标准应密切与市场的联系，体现行业特点，及时反映养老服务市场的需求和变化，增强标准的市场适用性，更好地为养老服务业的市场主体提供服务，为市场准入和规范市场秩序提供技术支撑。充分发挥企业和行业组织在标准需求、投入、制定和应用中的积极作用，支持企业加强标准化工作，鼓励企业制定联盟标准。

4. 注重实效

坚持标准实施与规范市场行为相结合，提升服务质量水平，维护老年人、服务提供者和消费者的合法权益。要完善标准评价体系，通过对实施效果的评价，不断总结推广实施标准的方法经验。要将创建产品服务品牌、提高服务质量满意度作为衡量实施效果的重要指标，引导养老服务业向标准化、优质化和品牌化方向发展。

（二）养老服务标准体系建设的目标

养老服务标准体系建设的总体目标是到 2020 年，基本建成涵盖养老服务基础通用标准，机构、居家、社区养老服务标准、管理标准和支撑保障标准，以及老年人产品用品标准，国家、行业、地方和企业标准相衔接，覆盖全面、重点突出、结构合理的养老服务标准体系；基本形成规范运转的养老服务标准化建设工作格局；标准制定、实施和监管水平明显提升；标准化试点示范工作和专业人才队伍建设逐步完善，行业标准化意识和规范化意识显著增强，安全、便利、诚信的养老服务消费市场环境基本形成。

（三）养老服务标准体系建设的主要任务

1. 加快健全养老服务标准体系

加紧完善包括养老服务基础通用标准、服务技能标准、服务机构管理标准、居家养老服务标准、社区养老服务标准、老年产品用品标准等在内的养老服务标准体系。加强对养老服务地方标准化工作的协调与指导，建立地方标准的信息报送制度，支持地方标准上升或转化为国家标准或行业标准。

2. 加强养老服务标准化研究

积极研究制定养老服务业标准化建设规划，深入分析研究养老服务领域国家标准、行业标准以及地方标准等方面的现状和问题，进一步明确养老服务业标准在国家服务业标准体系中的定位和作用，确定推进养老服务业标准化建设的目标、任务和实施步骤。加强养老服务业标准的基础研究和前期研究，加强信息通信技术和高新技术服务业的标准化成果在养老服务和产品上的应用。做好国外相关技术法规和标准的追踪研究，以科研带动标准化水平的提升，实现养老服务业标准化的跨越式发展。

3. 抓好养老服务标准的贯彻实施

积极探索标准宣传贯彻的新途径和新方法，加大养老服务标准化工作的宣传力度，力争使养老服务标准落实到行业管理和经营服务的各个环节，提高全行业实施标准的自觉性。加大已发布标准的宣传贯彻力度，对不适应实际工作需要的标准进行调整和修订，增强标准的适用性和有效性。

4. 推进养老服务领域管理标准化

根据《老年人权益保障法》关于建立健全养老机构分类管理和养老服务评估制度的要求，和《关于在民政范围内推进管理标准化建设的方案（试行）》（民发〔2010〕86号）、《国家质检总局国家标准委关于加强服务业质量标准化工作的指导意见》（国质检标联〔2013〕546号）的要求，积极推进养老服务领域管理标准化，包括养老机构等级划分与评定、养老服务质量评估和等级评定等标准，统筹推进等级评定、合格评定和标准示范建设等工作。通过养老服务机构与组织的等级评定、服务质量满意度测评，加强第三方评估和认证，以逐步提高内部管理的规范性和透明度。

5. 健全规范养老服务市场秩序

养老机构应当建立服务协议制度，明确养老机构与老年人或其代理人之间的权利义务关系，规范服务行为和收费行为。相关政府部门应进一步落实部门责任，对养老服务市场实行日常化、规范化管理。

情境反馈

北京市第一社会福利院老年人入院流程从半天缩短到一个小时，体现了养老服务标准化建设在机构管理效率提升方面的明显作用。民政部发布的《关于加强养老服务标准化工作的指导意见》明确了当前到2020年我国养老服务标准化体系建设的目标、原则和内容，指明了发展方向。在标准化体系建设方面，我国多个地区已经进行了很多有益的尝试。例如，苏州市社会福利院早在2000年左右就开始了养老服务的标准化建设。通过十余年的摸索，如今已经在服务、管理、技术等方面形成了一套比较成熟的规章制度。再如，2016年河北省制定了《养老机构日常照护规范》地方标准，为该省养老服务提供了标准。石家庄长安区祥和老年公寓对旗下4家分院全部照护员进行了培训，并对入住老年人全部按照规范进行照护服务，并广泛征求了老年人家属的意见，各分院互查。结果显示，老年人的日常生活、精神状态有了一定的提高，照护质量的提升也得到了广大家属的好评，照护员得分均在95分以上，满意度达到100%。标准化建设大大提升了老年人的“幸福指数”。

知识链接

1. 《关于加强养老服务标准化工作的指导意见》：http://www.law-lib.com/law/law_view.asp?id=443385。

2. 服务标准化研究所，《首部养老服务业标准化规划日前完成 逾亿老年人将受惠》：http://www.cnis.gov.cn/kjzy/kyly/fwbzh/yjdt/201301/t20130105_13984.shtml。

3. 魏薇、邓淑文，《养老标准化 如何对接个性化（走转改·一线调查·关注“学劳病老住”）》：http://politics.people.com.cn/n/2014/0725/c1001-25339007.html。

4. 《中华人民共和国标准化法》：http://www.npc.gov.cn/wxzl/gongbao/1988-12/29/content_1481259.htm。

5.《中华人民共和国标准化法实施条例（附英文）》：http://www.law-lib.com/law/law_view.asp?id=6503。

案例分析

2013 年，张家港市将虚拟养老院建设列入了老有颐养工程之一，依托便民服务中心公共信息服务平台和“一键通”应急呼叫系统，为居家老年人提供上门家政、医疗保健、文化娱乐等方面的服务。家住光明村的陈奶奶患有高血压、糖尿病，居家养老服务的工作人员定期为老年人上门做氧疗服务。陈奶奶看到服务人员来，笑得合不拢嘴。

虽说是“虚拟养老院”，但是这个平台可并不“虚”。在虚拟养老院中，54 家服务商、233 名养老护理员，都严格按照规定的操作流程，通过市镇村三级管理网络为老年人提供服务。严格的标准化流程保证了服务进程有跟踪，服务质量有监督，服务反馈有处理。

【分析】

虚拟养老院通过操作流程、管理体系等方面的标准化建设，大大提高了养老服务的效率，提高了老年人的生活品质，标准化建设工作取得明显的成效。

单元小结

社会养老服务是指以居家为基础、社区为依托、机构为支撑，为老年人提供生活照料、家政服务、医疗康复、精神慰藉、文化娱乐、法律援助等优质全面的社会化服务。社会养老服务需求是老年人期望通过社会化的途径获得养老服务的需求和意愿。我国老年人的养老方式从家庭养老、单位养老逐渐发展至多元化的养老选择。目前我国已经基本建成以居家为基础、社区为依托、机构为支撑的社会养老服务体系。《老年人权益保障法》则是我国第一部就老年人权益维护制定的专门性法律。养老服务与管理还需要按照标准化管理的要求进行。目前，我国初步建成了以国家标准、行业标准、地方标准和企业标准为一体的养老服务标准体系。这些标准主要涵盖了养老服务机构的基本规范、养老服务建筑设施、老年人设施规划、老年人能力评估、养老服务性规范等多个方面。

实践强化

实践题目 1：老年人的养老服务需求调查

要求：请同学们以小组为单位，进行社会调查。主要从生理需求、安全需求、社交需求、尊重需求、自我实现需求等方面了解老年人的实际需要，拟定调查问卷，并在校外进行社会调查。在问卷分析、深度访谈等基础上，形成老年人养老服务需求的调查报告。

实践成果：养老服务需求调查报告。

实践题目 2：老年人能力评估模拟训练

要求：同学们预先熟悉《老年人能力评估》标准中的评估要求和指标。随机挑选两名同学模拟担任评估员，预先安排 1 名同学扮演老年人，并根据预先设计好的老年人的健康状况进行扮演。评估员根据《老年人能力评估》量表，按照程序要求对模拟老年人进行能力评估，并根据“老年人”的情况给出合理的评估意见。

实践成果：角色扮演和情景模拟展示。

学习单元二 老年人家庭赡养与扶养制度

单元导读

进入21世纪，我国老年人口逐年增加，专家预计，到2050年左右，老年人口将达到全国人口的1/3。因此，老年人的赡养问题自然就成为一个比较突出的社会问题。近年来，因子女不履行赡养义务而诉诸法院的案件屡见不鲜。如何真正实现《老年人权益保障法》制定的“老有所养”的目标，让老年人安度晚年，成为社会关注的问题。

《宪法》第四十九条规定：“父母有抚养教育未成年子女的义务，成年子女有赡养扶助父母的义务。”《老年人权益保障法》第十四条规定：“赡养人应当履行对老年人经济上供养、生活上照料和精神上慰藉的义务，照顾老年人的特殊需要。”赡养老人、孝敬父母，既是中华民族的传统美德，又是现代社会法律要求子女及家庭应当承担的任务和职责。《中华人民共和国婚姻法》（以下简称《婚姻法》）更是明确规定了近亲属的范围以及家庭成员之间相互抚养、赡养以及扶养的权利和义务。而作为老年人，除了享有家庭赡养与扶养的权利外，还有财产所有权、住房权、婚姻自由权和遗产继承权等人身权利和财产权利，这些权利应当受到家庭成员以及全社会公民的尊重和保护。

学习目标

知识目标

1. 掌握近亲属的法定范围以及彼此间的权利义务关系。
2. 掌握老年人法定赡养人的范围。
3. 熟悉老年人家庭赡养的主要内容。
4. 掌握法定继承、遗嘱继承的有关规定，知晓老年人遗产处理中主要涉及的问题。
5. 熟悉老年人婚姻自由权以及其他财产权利的相关内容。

技能目标

1. 能够了解亲属法的有关知识，并能将老年人在亲属间的权利和义务进行统筹考虑。
2. 能够分析侵害老年人在婚姻家庭中权益的案件，清楚问题处理依据。
3. 能够对老年人婚姻家庭问题提供简单咨询服务和帮助。

素质目标

1. 具备较好的法律学习和应用意识。
2. 具备为老年人解读其相关权利的能力。

模块一　老年人家庭赡养

学习情境

刚刚走出大学校园的张小月顺利进入北京市某街道的光彩居家养老服务中心工作。该中心辐射范围内社区的老年人较多，对居家养老服务的需求非常大。

家住该街道某社区一里的张大妈今年74岁了，老伴早亡。张大妈有两个儿子和一个女儿，都已经成家。大儿子赵一今年50岁，与妻子刘某和25岁的儿子赵小一共同生活。赵一和妻子都是下岗职工，生活全靠打零工和儿子的工资。二儿子赵二45岁，一直没有结婚，开了一家超市，收入颇丰。三女儿赵三与张某婚后生育了一个女儿张女。赵三早些年去世了，目前女儿张女也已经工作，收入稳定。张大妈没有退休金或其他收入来源，自有房产一处，一直自己生活，但是随着年纪增大，她觉得个人生活需要人照顾。一天，她召集三个子女的家庭商议自己的养老问题。但赵一觉得自己家经济困难，住房紧张，很难承担老人的养老问题（经了解，赵一个人月收入约为1 500元，儿子赵小一收入为4 000元）；赵二认为当年老人分家产时把大部分的家产都给了老大，理应由老大承担老人的养老责任（经了解，赵二月收入约为8 000元）；女婿张某提出妻子已经去世了，自己家根本就没有赡养老人的义务（经了解，张某月收入约为3 000元，女儿张女月收入约为2 500元）。

情境分析

张大妈的近亲属有儿子赵一、儿子赵二、孙子赵小一和外孙女张女。按照《婚姻法》对近亲属间权利义务关系的规定可以确定，需要对张大妈履行赡养义务的是赵一和赵二；如果赵一、赵二死亡或没有赡养能力，孙子赵小一和外孙女张女有赡养张大妈的义务。赡养主要包括物质帮助、生活照料和精神慰藉等内容。在征得张大妈同意的前提下，赡养人可以签订赡养协议。

相关知识

我国关于赡养老人的法律法规比较完善，除主要内容由《婚姻法》规定外，在其他法律中还有如下具体规定：①《宪法》第四十九条规定：“成年子女有赡养扶助父母的义务。”②《老年人权益保障法》第十四条规定：“赡养人应当履行对老年人经济上供养、生活上照料和精神上慰藉的义务，照顾老年人的特殊需要。赡养人是指老年人的子女以及其他依法负有赡养义务的人。赡养人的配偶应当协助赡养人履行赡养义务。”第十五条规定：“赡养人应当使患病的老年人及时得到治疗和护理；对经济困难的老年人，应当提供医疗费用。”第十六条规定：“赡养人应当妥善安排老年人的住房，不得强迫老年人居住或者迁居条件低劣的房屋。”③《中华人民共和国刑法》第二百六十一条规定：“对于年老、年幼、患病或者其他没有独立生活能力的人，负有扶养义务而拒绝扶养，情节恶劣的，处5年以下有期徒刑、拘役或者管制。”具体包括以下内容：

一、老年人的赡养、扶养义务人

根据我国相关法律的规定，彼此有相互权利义务关系的近亲属范围包括：配偶、父母、子女、祖父母、外祖父母、孙子女、外孙子女和兄弟姐妹。近亲属关系既包括自然血亲关系，也包括法律拟制血亲关系。《婚姻法》明确规定了这八类近亲属在婚姻家庭中的权利义务，其中主要义务之一就是抚养、赡养和扶养关系。而对于老年人的赡养、扶养，主要涉及以下赡养、扶养义务人：

1. 子女对父母的赡养

《婚姻法》第二十一条规定："父母对子女有抚养教育的义务；子女对父母有赡养扶助的义务。"在一般情况下，子女是父母法定的第一顺序的赡养人，子女对父母有赡养扶助的义务，子女不履行赡养义务时，无劳动能力或生活困难的父母，有要求子女付给赡养费的权利。子女对父母的赡养义务，不仅发生在婚生子女与父母间，而且也发生在非婚生子女与生父母间、养子女与养父母间、继子女与履行了抚养教育义务的继父母间。

2. 晚辈对长辈的赡养

晚辈对长辈的赡养在这里主要指隔代赡养。《婚姻法》第二十八条规定："有负担能力的孙子女、外孙子女，对于子女已经死亡或子女无力赡养的祖父母、外祖父母，有赡养的义务。"

3. 兄弟姐妹之间的扶养义务

《婚姻法》第二十九条规定："有负担能力的兄、姐，对于父母已经死亡或父母无力抚养的未成年的弟、妹，有扶养的义务。由兄、姐扶养长大的有负担能力的弟、妹，对于缺乏劳动能力又缺乏生活来源的兄、姐，有扶养的义务。"兄弟姐妹之间的扶养义务是有条件的，其中，兄、姐对弟、妹承担扶养义务需要同时具备三个条件：兄、姐有负担能力，父母已经死亡或父母无力扶养，弟、妹尚未成年；而弟、妹对兄、姐承担的扶养义务也需要同时满足三个条件：弟、妹是由兄、姐扶养长大的，弟、妹有负担能力，兄、姐缺乏劳动能力又缺乏生活来源。因此，老年人的法定扶养义务人包括由其扶养长大的弟、妹。

4. 配偶之间的扶养义务

《婚姻法》第二十条规定："夫妻有互相扶养的义务。"夫妻间的扶养关系必须是以夫妻关系为前提，是双方婚姻关系存续期间的一种夫妻人身财产关系，具体表现为夫妻之间经济上的供养和生活上的扶助，一方不履行扶养义务时，需要扶养的一方有要求对方付给扶养费的权利。因此，老年人的扶养义务人包括其配偶。

二、家庭赡养的主要内容

《老年人权益保障法》第十四条规定："赡养人应当履行对老年人经济上供养、生活上照料和精神上慰藉的义务，照顾老年人的特殊需要。"因此，家庭赡养的内容包括对老年人经济上供养、生活上照料、精神上慰藉。

1. 经济上供养

对无经济收入或收入较低的老年人，赡养人要支付必要的生活费，保证老年人的基本生活需要；对患病的老年人应当提供医疗费用和护理费用；对缺乏或者丧失劳动能力的农村老年人的承包田地，赡养人有义务耕种，并照顾老年人的林木和牲畜等，收益归老年人所有。

关于支付生活费，实践中，主要有三种确定具体赡养费数额的办法：①最低生活标准，即以当地最低生活保障标准作为确定赡养费数额的主要依据。这种方法相对稳定，但水平较低，只能维持被赡养人较低的生活水平。②社会平均生活标准，即以当地平均生活水平作为确定赡养费数额的主要依据。这一标准能够使被赡养人的生活基本得到保障，但可能超出赡养义务人的承担能力。③家庭平均生活标准，即以赡养义务人的平均生活水平作为确定赡养费数额的主要依据。这种方法比较合理，既在赡养义务人承受范围内，也可以使被赡养人与赡养义务人的生活水平大体相当。赡养费主要采取按月、按季、按年度给付，可以给付现金，也可以给付粮食、煤柴、被褥等生活实用物品。

赡养义务人还需要履行劳务扶助义务，即对缺乏或者丧失劳动能力的农村老年人的承包田地、林木和牲畜等，赡养人有义务耕种，并予以照管。如有多个赡养人，老年人可要求各义务人轮流对其尽劳务扶助的义务；在特殊情况下，老年人可以雇用他人耕种和照管，雇用时所发生的费用应由赡养人承担或由各赡养人分担。赡养人对老年人履行劳务扶助义务而产生的收益归老年人所有。

2. 生活上照料

对生活不能自理的老年人，赡养人应当承担照料责任；不能亲自照料的，可以按照老年人的意愿，委托他人或者养老机构照料。《老年人权益保障法》将生活照料作为赡养的一项重要内容。日常的生活照料是多方面的，从帮助购买生活必需品到烧菜做饭、穿换洗衣服、打扫收拾房间、倒茶端水喂饭、帮助洗漱、大小便等，凡是老年人生活和活动需别人帮助或扶持的，赡养人都要尽心尽力去做。另外，对患病或者生活自理有困难的老年人，赡养人应当负责给予治疗、照顾。在生活照料方面，无论是城市还是农村，家庭成员的照料是主要形式和传统方式。如果赡养义务人不能亲自照料，可以和老年人协商选择委托他人照料或到养老机构接受专业的照料。

3. 精神上慰藉

精神上慰藉是指赡养人从精神上关心、安慰老年人，使老年人的心理需求得到满足，保证老年人的身心健康。法律要求家庭成员应当关心老年人的精神需求，不得忽视、冷落老年人。与老年人分开居住的赡养人，应当经常看望或者问候老年人。

《老年人权益保障法》将精神慰藉列为赡养的基本内容之一。老年人在离开工作和劳动岗位之后，或者由于老年丧偶，短时间内难以适应，如果自我调节不当，很容易产生失落感、孤独感和悲观厌世心理，这时尤其需要赡养人和家庭成员给予老年人更多的亲情安慰，帮助他们摆脱痛苦，安度晚年。精神上的体贴和关心是多方面的，如提供送医送药的劳务、关心生活起居、保障与第三代相处的权利等。精神慰藉是老年人享受幸福晚年的关键，其中最重要的是家庭成员之间相互尊重、理解、关心、体谅，共同创造团结、融洽、和谐的良好家庭氛围。

三、赡养协议

1. 赡养协议的概念

赡养协议是由赡养人与被赡养人之间或赡养人之间就履行赡养义务签订的合同。

2. 赡养协议的内容

（1）热心孝敬老年人，不歧视、谩骂、侮辱、殴打、虐待老年人。

（2）老年人生活费的负担份额、给付方式，也就是对老年人吃、穿、住、医、用等物质供应的承担份额、承担方式。

（3）保证老年人的生活水平不低于家庭成员的平均水平。

（4）老年人生病时，及时求医，赡养人之间对老年人所花医疗费的承担份额、承担方式。

（5）根据情况妥善安排老年人的生活及养老。

（6）尊重老年人的财产所有权。不侵吞、强占老年人的财产，不向老年人提出经济方面的不正当要求。

（7）尊重老年人的婚姻自由，不干涉其离婚、再婚和婚后的生活。

（8）保证老年人的休息和娱乐，不要求其承担力不能及的劳动。

（9）违约责任。

（10）赡养人协商的其他内容。

情境反馈

张大妈第一顺序的扶养义务人有两个，即她的两个儿子赵一和赵二。女儿赵三已经死亡，女婿张某对张大妈不再负赡养义务；孙子、外孙女在赵一、赵二有赡养能力的情形下也不负赡养义务。赵一、赵二对母亲的赡养首先是给付生活费，具体数额应根据张大妈的实际需要和二人的负担能力协商确定；然后是日常照料问题，根据张大妈的自理程度、居住条件、双方时间来商量轮流照顾或委托照顾；最后是赵一、赵二需要在精神上多关心母亲，多抽出时间陪母亲。如果赵一、赵二兄弟二人在共同赡养母亲问题上不能达成一致意见，张大妈可以考虑和子女签订赡养协议，明确赡养义务人、赡养内容以及财产归属。

知识链接

1. 《近亲属》：http://baike.so.com/doc/5688203-5900898.html。
2. 《赡养老人》：http://wenku.baidu.com/view/2e52a0e86294dd88d0d26b81.html。

案例分析

原告古某系贾某等五被告之母，2005 年古某曾因赡养问题向法院提起诉讼，北京市某区人民法院于 2005 年 8 月判决，五被告每人每月给付原告生活费 100 元，医疗费凭据由五被告各负担 1/5。但对居住问题原告表示放弃。2006 年 2 月 24 日，古某起诉称：因与其中一被告夫妻二人有矛盾，与五被告轮流居住并由其护理对其生活不利，故要求租住他人房屋，并雇用保姆来对其照顾。要求在原来每人每月 100 元的基础上，再增加 200 元。

【分析】

法院经审理认为，因老人与子女之间有矛盾，一起居住生活对老人的晚年幸福生活不利，且老人现已年迈，又有多种病症在身，需要他人护理。故老人不同意轮流居住，应当尊重其意愿。但老年公寓是为老年人设立的供其安度晚年的，且老年公寓的生活环境、护理等条件都是比较优越的。古某不同意入住而自己选择租房并雇用保姆，费用远远超出老年公寓每月 980 元的标准，属于人为加重子女的赡养负担。故对超出老年公寓的收费标准部分，法院不予支持。据此，北京市某区人民法院判决五被告每人每月在原来的基础上增加给付原告 100 元。

模块二　老年人婚姻自由权

学习情境

李大爷今年 62 岁了，老伴早亡。李大爷独自一人拉扯两个儿子李一和李二长大，两个儿子现都已经成家。李大爷有退休金，自有房产一处。随着两个儿子长大成人，成家单过，李大爷的生活

逐渐变得安逸舒适，但也开始感到孤单寂寞。李大爷觉得自己需要有个伴侣共同安度晚年。在社区老年活动中心，李大爷认识了同样丧偶的刘阿姨，二人志趣相投、互生好感，都有意共同生活，一起安度晚年。于是，李大爷召集两个儿子召开家庭会议，商议自己的再婚问题。但两个儿子坚决反对。

情境分析

婚姻自由包括结婚自由和离婚自由。老年人再婚无须征得子女的同意。老年人再婚后子女仍然负有赡养义务。老年人再婚时，如果子女已经成年，子女与老年人再婚的配偶不会发生法律上的继父母子女关系。

相关知识

一、婚姻自由的含义与内容

1. 婚姻自由的含义

所谓婚姻自由，是指婚姻当事人有权根据法律的规定，自主自愿地决定自己的婚姻问题，不受任何人的强制和非法干涉。《老年人权益保障法》第二十一条规定："老年人的婚姻自由受法律保护。子女或者其他亲属不得干涉老年人离婚、再婚及婚后的生活。赡养人的赡养义务不因老年人的婚姻关系变化而消除。"

婚姻自由是法律赋予婚姻当事人的一项基本权利；婚姻自由体现的是婚姻当事人的完全的、自由的、真实的意思；法律为婚姻自由的实现提供各种保障，任何人不得以任何方式干涉婚姻当事人的婚姻自由；婚姻自由是一种相对的自由，是以符合法律规定为前提的自由。

2. 婚姻自由的内容

婚姻自由包括结婚自由和离婚自由。结婚自由是指婚姻当事人有依法缔结婚姻关系的自由；离婚自由是指夫妻有依法解除婚姻关系的自由。我国法律在保障离婚自由的同时，反对轻率离婚。为了保障婚姻自由，《婚姻法》做出了一些禁止性规定，即禁止包办婚姻、禁止买卖婚姻、禁止其他干涉婚姻自由的行为、禁止借婚姻索取财物。

二、结婚的基本规定

（一）结婚的含义

结婚又称婚姻的成立，是指男女双方按照法律规定的条件和程序，建立夫妻关系的民事法律行为。结婚的主体是男女双方，结婚的后果是建立夫妻关系，结婚行为是一种民事法律行为。

结婚必须符合以下法定条件：①男女双方必须完全自愿。②必须达到法定婚龄（《婚姻法》第六条规定："结婚年龄，男不得早于22周岁，女不得早于20周岁。晚婚晚育应予鼓励。"）。③必须符合一夫一妻制。④结婚的禁止条件有禁止直系血亲和三代以内旁系血亲结婚。⑤禁止患有医学上认为不应当结婚的疾病的人结婚。

（二）老年人"婚姻"中的"搭伴养老"问题

"搭伴养老"是一男一女两位单身老年人不履行正式的婚姻登记手续而以夫妻的名义同居生活在一起的行为。这种社会现象在目前并不是偶然存在，在老年人"婚姻中"具有一定的代表性。"搭伴养老”问题的出现主要是因为对双方财产关系存在顾虑、子女反对或受传统思想的困扰，周围亲朋好友不理解。一方面，在社会支持体系不完备的情况下，搭伴养老作为一种准婚姻模式和养老模式，可以解决一部分孤寡老人的实际问题；另一方面，老年人同居未遵守我国《婚姻法》的有关规定，缺乏法律保障和支持，一旦出现问题，造成经济损失和精神伤害无处投诉。

《婚姻法》第八条规定：“要求结婚的男女双方必须亲自到婚姻登记机关进行结婚登记。符合本法规定的，予以登记，发给结婚证。取得结婚证，即确立夫妻关系。”婚姻登记，是我国法律规定的结婚必须履行的程序。没有履行这一程序的不能认定为夫妻关系。同居关系是指未办理结婚登记而以夫妻名义共同生活，但不构成有效的事实婚姻的两性结合。事实婚姻是指没有配偶的男女未经合法登记，却以夫妻名义生活在一起，别人也认为他们是夫妻的，这就构成了事实婚姻。1994年2月1日《婚姻登记管理条例》（2003年10月1日废止）公布实施以前，男女双方已经符合结婚实质要件的，按事实婚姻处理；条例公布实施以后，男女双方符合结婚实质要件的，人民法院应当告知其在案件受理前补办结婚登记；未补办结婚登记的按解除同居关系处理。

（三）结婚的法律后果

1. 夫妻人身关系

夫妻人身关系是基于夫妻身份发生的本身不具有直接经济内容的关系。它包括以下权利和义务：夫妻双方都有用自己姓名的权利；夫妻双方都有参加生产、工作、学习和社会活动的自由；夫妻双方有平等的婚姻住所决定权；夫妻双方都有实行计划生育的义务；夫妻双方有忠诚义务。

2. 夫妻财产关系

夫妻财产关系应当包括以下三个方面：夫妻双方都有互相扶养的义务；夫妻之间的共同财产权；夫妻之间有相互继承遗产的权利。我国夫妻财产制分为法定财产制和约定财产制。

夫妻婚后所得在没有做出有效约定的情况下适用法定财产制，婚后所得共同制是我国的法定夫妻财产制。《婚姻法》第十七条规定，婚姻关系存续期间所得的下列财产，归夫妻共同所有：①工资，奖金。②生产、经营的收益。③知识产权的收益。④继承或赠与所得的财产，但《婚姻法》第十八条第三项规定的除外。⑤其他应当归共同所有的财产。“其他应当归共同所有的财产”包括：一方以个人财产投资取得的收益；男女双方实际取得或者应当取得的住房补贴、住房公积金；男女双方实际取得或者应当取得的养老保险金、破产安置补偿费。

夫妻一方个人财产在婚后产生的收益，除孳息和自然增值外，应认定为夫妻共同财产。其中，夫妻个人特有财产的范围包括：①一方的婚前财产；②夫妻一方因身体受到伤害获得的医疗费，残疾人生活补助费等费用；③遗嘱或赠与合同中确定只归夫妻一方所有的财产；④夫妻一方专用的生活用品；⑤其他应归夫妻一方所有的财产。一方的婚前财产是指一方婚前已经取得的财产，包括动产和不动产。具体指：一方婚前已经取得的财产权利，如一方婚前取得的债权等；婚前财产的孳息，包括个人财产婚前孳息；个人所有的财产，如工资、奖金，从事生产、经营取得的收益，知识产权的收益，因继承或赠与所得的财产、资本收益以及其他合法收入；一方婚前以货币、股权等形式存在，而婚后表现为另一形态的财产。

婚前财产的界定时间为双方结婚登记之日，结婚登记前双方分别所有的财产归一方所有，结婚登记日后一方单独获得或双方共同所有的财产除法律另有规定或当事人特别约定外，作为婚后夫妻共同财产。

约定财产制是指夫妻用协议的方式，对夫妻在婚姻关系存续期间所得财产以及婚前财产所有权的归属、管理、使用、收益、处分、债务的清偿、婚姻解除时财产的清算等事项做出约定，以排除法定财产制的适用。夫妻可以约定婚姻关系存续期间所得的财产以及婚前财产归各自所有、共同所有或部分各自所有、部分共同所有；约定应当采用书面形式。没有约定或约定不明确的，适用法定财产制；夫妻对婚姻关系存续期间所得的财产以及婚前财产的约定对双方具有约束力。

老年人再婚，一般涉及婚前财产比较多，为了减少财产纠纷，有必要对双方婚前个人财产进行证明，具体可以采取以下几种方式：①双方签订婚前财产协议书；②一方取得婚前财产的相关权利凭证，如因买卖取得的买卖合同及相关购买程序系列凭据、遗产继承取得的继承协议、继承公证、司法判决文书或者调解书、赠与取得的书面赠与协议等；③一方婚前财产公证书、婚前财产律师见证书、婚前财产其他证明文书等；④进行遗嘱公证；⑤签订双方赡养协议。

婚前财产协议的主要内容包括：①当事人的姓名、性别、职业、住址等基本情况；②婚前财产的范围（含债务）、名称、数量、种类、价值、状况等，将男女双方各自的婚前财产详细列一张清单；③婚前财产的权利归属，如男女双方各自的婚前财产权利归属于哪一方、如何使用等；④婚前财产婚后的收益归属；⑤婚前财产婚后处分行为产生的收益归属；⑥婚前财产的使用、维修、处分的原则；⑦其他应约定的事项，如对婚前债务如何清偿的约定等；⑧婚前财产协议生效的条件、时间等；⑨男女双方签字；⑩婚前财产协议签订时间。

婚前财产公证的主要步骤如下：

（1）当事人要准备好以下材料：①个人的身份证明，如身份证、户口簿，已婚的还要带上结婚证；②与约定内容有关的财产所有权证明，如房屋产权证或不动产权证，未拿到房屋产权证或不动产权证的出示购房合同和付款发票等能证明财产属性的材料；③双方已经草拟好的协议书，协议书的内容一般包括当事人的姓名、性别、职业、住址等个人基本情况，财产的名称、数量、价值、状况、归属，上述婚前财产的使用、维修、处分的原则等。一般双方当事人的签名和订约日期空缺，待公证员对协议进行审查和修改后，再在公证员面前签字。

（2）准备好上述材料后，双方必须亲自到公证处提出公证申请，填写公证的申请表格。委托他人代理或是单方来办婚前财产公证，是不会被受理的。

（3）公证申请被公证员受理后，公证员就财产协议的内容、财产的权利证明进行审查，查问当事人的订约是否受到欺骗或误导，当事人应如实回答公证员的提问，公证员会履行必要的法律告知义务，告诉当事人签订财产协议后承担的法律义务和法律后果。当事人配合公证员做完公证谈话笔录后，在笔录上签字确认。

（4）双方当事人当着公证员的面在婚前财产协议书上签字。

三、离婚的基本规定

我国《婚姻法》规定离婚的方式主要有协议离婚和诉讼离婚。

（一）协议离婚

协议离婚又称为“双方自愿离婚”“登记离婚”，是指婚姻关系当事人达成离婚的合意并通过婚姻登记程序解除婚姻关系的法律制度。协议离婚必须是具有完全民事行为能力的合法夫妻双方具有离婚的共同意愿，并且已经对子女的抚养和财产分割等问题达成一致。协议离婚注重当事人的主观意愿，是婚姻自由原则的体现；同时有利于消除夫妻的对立情绪，解决矛盾；可以充分保护当事人的个人隐私；有利于维护当事人和子女、第三人的合法权益。协议离婚需要双方亲自到婚姻登记机关办理。

离婚协议的主要内容包括：①登记离婚是双方当事人的真实意思的表示；②不与子女共同生活的一方对子女养育应承担的费用、费用支付方式及期限；③共同财产的分割（归各方的数量和价值并附清单）；④共同债权、债务的享有和清偿责任；⑤住房问题的解决方案；⑥对生活困难一方的经济帮助的方法、期限；⑦不与子女共同生活的一方的探望权实行的方式及另一方协助的义务；⑧其他需要在协议中明确的事项；⑨双方当事人的签字（盖章或手印）；⑩离婚协议制作的时间。

（二）诉讼离婚

诉讼离婚是指夫妻一方要求离婚或双方同意离婚，但对子女抚养、财产处理等问题未达成协议，由一方向人民法院起诉，人民法院审理后，调解或判决离婚的制度。诉讼离婚必须具备几个条件：当事人有婚姻关系；夫妻一方要求离婚。只有有管辖权的人民法院才受理离婚请求。人民法院判决离婚的法定理由是感情确已破裂，调解无效。我国《婚姻法》规定了视为感情破裂的五种情形：①重婚或有配偶者与他人同居的；②实施家庭暴力或虐待、遗弃家庭成员的；③有赌博、吸毒等恶习屡教不改的；④因感情不和分居满两年的。⑤其他导致夫妻感情破裂的情形。

（三）离婚的法律后果

1. 人身上的效力

离婚的人身上的效力有：夫妻身份消灭；双方获得再婚的权利；夫妻忠实义务终止；夫妻日常家事代理权终止以及姻亲关系消灭。

2. 财产上的效力

离婚的财产上的效力有：夫妻扶养义务终止；配偶继承权丧失；夫妻财产制终止。老年人离婚，因为婚姻关系一般存续时间较长，或者属于再婚后又离婚，会涉及较多且复杂的财产关系处理。

3. 夫妻共同财产的分割

离婚时夫妻共同财产分割遵循以下原则：夫妻之间对财产的协议优先；男女平等；照顾女方以及子女利益；照顾无过错方；尊重当事人意愿；有利生产、方便生活。

4. 离婚时的夫妻共同债务清偿

《婚姻法》第四十一条规定："离婚时，原为夫妻共同生活所负的债务，应当共同偿还。"夫妻共同生活所负的债务是指在婚姻关系存续期间，夫妻双方或一方为维持共同生活的需要或出于共同生活的目的所负的债务。共同债务在性质上属于连带债务，夫妻双方各自对同一债务负全部给付义务。一方死亡，另一方也负连带责任。

5. 离婚时个人债务的清偿

个人债务具体包括：夫妻双方约定由个人承担的债务，但以逃避债务为目的的除外；一方未经对方同意，擅自资助与其没有抚养义务关系的亲属、朋友所负的债务；一方未经对方同意，独自筹资进行经营活动，其收入确未用于共同生活所负的债务；一方因个人实施的违法行为所负的债务；一方为满足私欲而挥霍所负的债务；婚姻关系存续期间，夫妻双方因关系恶化而分居生活，一方从事经营活动所负的债务，其收入也未用于家庭共同生活。个人债务应由本人以其个人财产承担清偿责任。债权人对配偶主张权利的，法院不予支持。如配偶一方以个人财产替对方清债，法律也不禁止。

6. 离婚后的经济补偿

离婚后的经济补偿适用于在婚姻关系存续期间采用约定财产制的双方，即夫妻书面约定婚姻关系存续期间所得财产归各自所有的情况。适用约定财产制的夫妻，一方因抚养教育子女、照顾老人、协助另一方工作等付出较多义务的，离婚时，有权向另一方请求补偿。

7. 离婚后的经济帮助

离婚后的经济帮助是解除婚姻关系时的一种善后措施。其具体条件要求是：离婚时，一方生活已经存在困难；受帮助一方依靠个人财产和离婚时分得的财产无法维持当地的基本生活水平，如一方离婚后没有住处的，属于生活困难；提供帮助的一方应有负担能力。

8. 离婚损害赔偿制度

离婚损害赔偿是指因婚姻关系的一方有法律规定的过错行为而导致离婚，无过错一方有权要求对方赔偿自己因离婚而遭受的损失的法律制度。我国《婚姻法》第四十六条规定，有下列情形之一，导致离婚的，无过错方有权请求损害赔偿：①重婚的；②有配偶者与他人同居的；③实施家庭暴力的；④虐待、遗弃家庭成员的。

情境反馈

李大爷再婚无须征得其儿子的同意。李大爷再婚后儿子依然对其有赡养义务，但对于李大爷再婚的配偶无赡养义务。李大爷自有房屋为个人所有财产，个人享有占有、使用、收益和处分的权利，再婚配偶有居住权。

知识链接

1. 《婚前财产协议书》：http://baike.baidu.com/view/3676945.htm。

2. 《离婚协议内容有哪些》：http://www.lawtime.cn/info/hunyin/lhlawlhxy/20120718164812.html。

案例分析

原告李荣利，女，57岁，无业。被告华南，男，60岁，某饭店经理。李荣利与华南于1988年结婚，婚后生有一子华强。婚前双方书面约定华南在外所做工程收入归华南自行处理，与李荣利无关。结婚三年后，李荣利辞去了工作，专心抚育儿子华强和照料婆婆史英。2001年李荣利以华南对家庭和子女不尽义务且和另一女子在外同居影响了夫妻感情、双方已分居满2年为由向法院起诉，要求离婚；分割夫妻共同财产；儿子华强由自己抚养，华南每月支付1 000元抚养费；因其照顾孩子、赡养华南的母亲辞去了工作，要求分割华南在外做工程所挣的31万元股权。华南同意离婚、分割夫妻共同财产，但要求降低抚养费标准，并且辩称两人婚前有约在先，其在外所做工程收入完全归其个人所有，不同意与李荣利分割31万元股权。

【分析】

本案是实行约定财产制后，夫妻离婚时请求补偿的典型案例。法院查明：李荣利在婚后生活中为抚育儿子、照料有病的婆婆、协助华南工作等付出了较多义务，并为此辞去了教师工作。正是由于李荣利的付出，为华南的工作提供了种种方便，在完成本职工作之余，还在外边承揽工程，积累了财富。法院判决：准予离婚；分割夫妻共同财产；华强由李荣利抚养，华南每月支付抚育费500元至其独立生活时止；因双方有约在前，华南做工程的收入31万元股权应归华南所有，但如果完全按双方婚前约定都归华南所有则显失公平，判令华南给予李荣利补偿人民币10万元。

模块三　老年人遗产继承

学习情境

王大爷，刚满75岁，有老伴张大妈（72岁）、弟弟王某坤（68岁）。王大爷和张大妈育有两子（王一、王二）、一女（王三）。王一有妻子赵某，儿子王甲、王乙。王二有妻子张某，育有一女王小二。王三有丈夫李某和女儿李甲。王大爷和张大妈老两口一直跟大儿子一起生活，王一和妻子赵某对老人照顾有加。二儿子王二则常年对老人不闻不问。女儿王三倒是定期探望老人。2012年1月的一天，王一在下班途中突遇车祸，经抢救无效死亡。老两口陷入极大的悲伤中。虽然王一去世了，但是儿媳赵某依然对两位老人尽心照顾。经过这件事，王大爷意识到，自己和老伴一旦去世，这些晚辈可能会因遗产问题发生争执。

情境分析

公民法定继承人的范围即近亲属的范围中，配偶、父母、子女是第一顺序法定继承人，祖父母、外祖父母和兄弟姐妹是第二顺序法定继承人，孙子女和外孙子女是代位继承人。公民可以通过立遗嘱为自己的遗产指定继承人，还可以和其他人签订遗赠抚养协议。

相关知识

一、继承概述

继承是指财产继承，即公民死亡后依法或依其生前所立的合法遗嘱，将其遗留的个人合法财产和其他合法权益转移给他人所有的一种法律制度。财产继承制度对老年人的特别意义有：①财产继承制度有助于实现老年人死后遗产的妥善安置；②财产继承制度有助于老年人自由处置遗产意愿的实现；③财产继承制度是老年人晚年生活的重要保障；④财产继承制度有助于维护健在老年人的合法权益。

《中华人民共和国继承法》（以下简称《继承法》）的基本原则有以下四项：①保护公民私有财产继承权的原则；②继承权平等原则；③养老育幼，照顾缺乏劳动能力又没有生活来源的人的利益原则；④被继承人债务限定继承的原则。《继承法》规定遗产继承有遗嘱继承和法定继承两种方式。另外，被继承人生前还可以和其他公民或组织签订遗赠扶养协议。

二、法定继承

根据《继承法》的规定：遗嘱继承优先于法定继承；被继承人生前立有合法的遗嘱，应当首先按遗嘱的内容进行继承；在没有遗嘱或遗嘱被人民法院判决认定无效时，才按照法定继承方式办理。

1. 法定继承人的范围和继承顺序

第一顺序继承人有配偶、子女、父母；丧偶儿媳和丧偶女婿对公婆或岳父母尽了主要赡养义务的作为第一顺序继承人继承遗产。第二顺序继承人有兄弟姐妹和祖父母、外祖父母。其中，父母子女，兄弟姐妹，祖父母、外祖父母，孙子女、外孙子女既包括自然血亲，也包括拟制血亲，即亲生、依法收养、形成抚养事实的继父母子女以及其他近亲属。

《继承法》第十二条规定：“丧偶儿媳对公、婆，丧偶女婿对岳父、岳母，尽了主要赡养义务的，作为第一顺序继承人。”

2. 代位继承

代位继承是被继承人的子女先于被继承人死亡的，由被继承人的子女的晚辈直系血亲代为继承的继承方式。《继承法》第十一条规定：“被继承人的子女先于被继承人死亡的，由被继承人的子女的晚辈直系血亲代位继承。”

代位继承是法定继承中的制度，在遗嘱继承和遗赠中不适用。代位继承是在被继承人的子女先于被继承人死亡的情形下的一种继承方式。代位继承由被继承人子女的晚辈直系血亲代位继承，代位继承人不能是旁系血亲，也不能是直系尊亲属。代位继承是代位继承人代位继承被代位继承人应继承份额的制度。

3. 法定继承的规则

《继承法》第十条规定：“遗产按照下列顺序继承：第一顺序：配偶、子女、父母。第二顺序：兄弟姐妹、祖父母、外祖父母。继承开始后，由第一顺序继承人继承，第二顺序继承人不继承。没有第一顺序继承人继承的，由第二顺序继承人继承。”

法定继承的规则有：①继承开始后，先由第一顺序继承人继承，第二顺序继承人不继承。②没有第一顺序继承人或第一顺序继承人放弃继承或继承权被剥夺的，由第二顺序继承人继承。③同一顺序继承人继承遗产的份额一般应均等；但是对有特殊困难或缺乏劳动能力的继承人，应予以照顾；同时应考虑各继承人对被继承人生前尽扶养义务状况和各继承人的生产、生活状况。

4. 继承权的丧失

我国《继承法》第七条规定了继承人丧失继承权的情形，具体包括：①故意杀害被继承人的；②为争夺遗产而杀害其他继承人的；③遗弃被继承人的，或者虐待被继承人情节严重的；④伪造、篡改或者销毁遗嘱，情节严重的。

5. 法定继承人的应继份额

同一顺序的继承人对于应当继承的遗产份额，应当遵循以下基本原则：①平等协商原则；②均等原则；③特殊情况下的不均等原则；④特别照顾原则。

对被继承人尽了主要扶养义务或者与被继承人共同生活的继承人，分配遗产时，可以多分。有扶养能力和扶养条件的继承人，不尽扶养义务，分配遗产时，应当不分或者少分。对生活有特殊困难，又缺乏劳动能力的继承人，分配遗产时，应当予以照顾。对继承人以外的依靠被继承人扶养的缺乏劳动能力又没有生活来源的人，或者继承人以外的对被继承人扶养较多的人，可以分给他们适当的遗产。

三、遗嘱继承

(一) 遗嘱继承的含义

《继承法》第十六条规定：“公民可以依照本法规定立遗嘱处分个人财产，并可以指定遗嘱执行人。”遗嘱是公民生前按照法律规定的方式对个人财产和其他事务预先做出处分并于其死亡时发生法律效力的一种法律行为。遗嘱继承以被继承人死亡和合法有效的遗嘱为发生根据，遗嘱继承直接体现被继承人的意志，遗嘱继承在效力上优先于法定继承。遗嘱继承在以下条件具备时发生：①没有遗赠抚养协议；②被继承人立有合法、有效的遗嘱；③遗嘱继承人未丧失继承权或者未放弃继承权。

（二）遗嘱的生效要件

遗嘱是单方法律行为，遗嘱是遗嘱人独立的法律行为，遗嘱于立遗嘱人死亡后发生法律效力，遗嘱是要式法律行为，遗嘱必须依法做出。遗嘱应当符合以下要件才能生效：①遗嘱人有遗嘱能力，即遗嘱人应当是完全民事行为能力人。②遗嘱必须是遗嘱人真实意思的表示，遗嘱人在受欺诈、被胁迫的情形下违背自己真实意愿所订立的遗嘱是无效的。③遗嘱的内容合法，遗嘱只能处分遗嘱人的个人财产。遗嘱不得取消或减少缺乏劳动能力又没有生活来源的继承人以及未出生的胎儿对遗产应继承的份额。④遗嘱的形式要合法，遗嘱须符合《继承法》规定的形式和条件要求。

（三）遗嘱的法定形式

我国《继承法》规定遗嘱有公证遗嘱、自书遗嘱、代书遗嘱、录音遗嘱、口头遗嘱五种形式。

1. 公证遗嘱

公证遗嘱是指依据公证程序和方式所订立的遗嘱。公证遗嘱生效前，非经遗嘱人申请并履行公证程序，不得撤销或者变更公证遗嘱。

2. 自书遗嘱

自书遗嘱是指由遗嘱人生前亲笔书写所制作的遗嘱，其具体要求如下：①自书遗嘱必须由遗嘱人亲笔书写全文。②自书遗嘱是立遗嘱人关于死后财产分配的正式意思表示。公民在遗书中涉及死后个人财产处分的内容，确为死者真实意思的表示，有本人签名并注明了年、月、日，又无相反证据的，可按自书遗嘱对待。③遗嘱人应当手写签名，不能以盖章或者按手印代替。无遗嘱人签名的遗嘱，应当认定为无效。④遗嘱应注明年、月、日。

3. 代书遗嘱

代书遗嘱是由遗嘱人口述遗嘱内容，他人代为书写而制作的遗嘱，其具体要求如下：①代书遗嘱应由立遗嘱人口授遗嘱内容，由一个见证人代书；②代书遗嘱必须有两个以上见证人在场见证，由其中一人代书；③代书人、其他见证人和遗嘱人签名，并注明年、月、日。

4. 录音遗嘱

录音遗嘱是指遗嘱人口述遗嘱内容，以录音录像的形式制作的遗嘱。录音遗嘱要求两个以上见证人在场见证。

5. 口头遗嘱

口头遗嘱是指遗嘱人口头表达的遗嘱，其具体要求如下：①遗嘱人在危急情况下，不能以其他方式订立遗嘱的可以立口头遗嘱；②口头遗嘱应当有两个以上见证人在场见证。

代书遗嘱、录音遗嘱和口头遗嘱应当有两名以上的见证人在场。下列人员不能作为遗嘱见证人：①无行为能力人、限制行为能力人；②继承人、受遗赠人；③与继承人、受遗赠人有利害关系的人。其中，继承人、受遗赠人的债权人、债务人，共同经营的合伙人，也应当视为与继承人、受遗赠人有利害关系，不能作为遗嘱的见证人。

（四）遗嘱效力的认定

遗嘱人立遗嘱后，有权变更或撤销所立的遗嘱，变更或撤销遗嘱只能由遗嘱人亲自进行。撤销遗嘱后未立新遗嘱的，其财产按法定继承的方式办理。遗嘱人生前的行为与遗嘱的意思表示相反，而使遗嘱处分的财产在继承开始前灭失、部分灭失或所有权转移、部分转移的，遗嘱视为被撤销或部分被撤销。遗嘱人先后立了数份内容相抵触的遗嘱，其中有公证遗嘱的，以最后所立的公证遗嘱为准，没有公证遗嘱的，以最后一份遗嘱为准。自书遗嘱、代书遗嘱、录音遗嘱、口头遗嘱都不能撤销或变更公证遗嘱。共同遗嘱是指两个以上的遗嘱人共同设立的一份遗嘱，在遗嘱中共同处分共同遗嘱人各自的财产或共同财产。老年夫妇可以就夫妻共同财产订立共同遗嘱，共同遗嘱在夫妇全部去世后执行。

四、遗赠和遗赠扶养协议

1. 遗赠

遗赠是遗嘱人以遗嘱形式将自己财产的一部分或全部赠与国家、集体组织或法定继承人以外的人，并于遗嘱人死亡时生效的法律行为。其中，设立遗嘱的人为遗赠人；遗嘱中指定而接受遗赠利益的人为受遗赠人；遗赠所指向的财产为遗赠财产或遗赠物。

遗赠要求具备以下要件：①据以确认受遗赠权的遗嘱必须是合法有效的遗嘱；②遗赠人在遗嘱设立的时候有遗嘱能力；③遗赠人须为缺乏劳动能力又没有生活来源的继承人保留必要的遗产份额；④遗赠人所立的遗嘱符合法定的形式要件；⑤受遗赠人必须为遗赠人的遗嘱生效时生存之人；⑥遗赠的财产须是在遗赠人死亡时能够执行遗赠的合法遗产。受遗赠人应当在知道受遗赠后两个月内，做出接受或者放弃受遗赠的表示。到期没有表示的，视为放弃受遗赠。继承开始后，受遗赠人表示接受遗赠，并于遗产分割前死亡的，其接受遗赠的权利转移给他的继承人。

2. 遗赠扶养协议

公民可以与扶养人签订遗赠扶养协议。按照协议，扶养人承担该公民生养死葬的义务，享有受遗赠的权利。公民可以与集体所有制组织签订遗赠扶养协议。按照协议，集体所有制组织承担该公民生养死葬的义务，享有受遗赠的权利。

继承开始后，按照法定继承办理；有遗嘱的，按照遗嘱继承或者遗赠办理；有遗赠扶养协议的，按照协议办理。被继承人生前与他人订有遗赠扶养协议，同时又立有遗嘱的，继承开始后，如果遗赠扶养协议与遗嘱没有抵触，遗产分别按协议和遗嘱处理；如果有抵触，与协议抵触的全部或部分无效。

五、继承开始与遗产继承

1. 继承开始

《继承法》第二条规定：“继承从被继承人死亡时开始。”其中，相互有继承关系的几个人在同一事件中死亡，如不能确定死亡的先后时间，推定没有继承人的人先死亡。死亡人各自都有继承人的，如几个死亡人辈分不同，推定长辈先死亡；若几个死亡人辈分相同，则推定同时死亡，彼此不发生继承，由他们各自的继承人分别继承。

继承开始时间是确定继承人的范围，确定遗产的范围和遗产的价值，确定继承人应继承份额和酌情分得遗产人应得遗产的数额，确定继承权最长保护时效的起算时间的关键。继承开始后，知道被继承人死亡的继承人应当及时通知其他继承人和遗嘱执行人。继承人中无人知道被继承人死亡或者知道被继承人死亡而不能通知的，由被继承人生前所在单位或者住所地的居民委员会、村民委员会负责通知。

2. 遗产的接受与放弃

继承开始后，继承人没有表示放弃继承的，应当视为接受继承。但是接受继承不能附加条件，附条件的接受应视为拒绝接受继承。受遗赠人应当在知道受遗赠后两个月内，做出接受或者放弃受遗赠的表示，到期没有表示的，视为放弃受遗赠。

3. 遗产的保管

遗产保管人是指对遗产负有保存和管理义务的人。我国《继承法》第二十四条规定："存有遗产的人，应当妥善保管遗产，任何人不得侵吞或者争抢。"遗产保管人应当履行保管遗产的义务，防止遗产价值的不当减少。遗产保管人应当清理遗产并编制遗产清单，通知继承人或受遗赠人以及遗嘱执行人，妥善保管遗产，及时移交遗产。

4. 遗产的分割

遗产是指被继承人死亡时遗留的个人所有财产和法律规定可以继承的其他财产权益。遗产包括积极遗产和消极遗产。遗产应当是被继承人死亡时遗留的财产，是被继承人生前取得的合法财产，是被继承人的个人财产，只能是具有经济价值的财产。遗产应当与夫妻共同财产、家庭共同财产以及其他共有财产进行区分。

遗产分割的基本原则是：遗产分割自由；先还债后继承；发挥遗产效用。遗产分割的时间可以由继承人协商确定。继承人可能协商在一定期限内不分割，或者各继承人都不提出分割请求，这时遗产的共有状态将持续下去。遗产分割有实物分割、变价分割、补偿分割和保留共有的分割四种方式。

5. 遗产债务的清偿

继承遗产应当清偿被继承人依法应当缴纳的税款和债务，缴纳税款和清偿债务以他的遗产实际价值为限。超过遗产实际价值部分，继承人自愿偿还的不在此限。

遗产已被分割而未清偿债务时，如有法定继承又有遗嘱继承和遗赠，则首先由法定继承人用其所得遗产清偿债务；不足清偿时，剩余的债务由遗嘱继承人和受遗赠人按比例用所得遗产偿还；如果只有遗嘱继承和遗赠，则遗嘱继承人和受遗赠人按比例用所得遗产偿还。

情境反馈

王大爷和张大妈夫妇互为第一顺序继承人。此外，王一、王二和王三作为子女也是他们的第一顺序继承人。但根据情境情节，王一先于父母死亡，儿媳赵某对公婆继续尽主要赡养义务。根据《继承法》的规定，在老人没有订立遗嘱的前提下，如果王大爷去世，他的第一顺序继承人有张大妈、王二、王三、儿媳赵某和代位继承人王甲和王乙，即原则上王大爷的遗产平均分成五份，张大妈、王二、王三、赵某各继承一份，王甲和王乙共同代位继承他们父亲（王一）的那一份。如果张大妈先去世亦同。其中，王二能尽赡养义务而不尽，在分割遗产时可视情形少分或不分。另外，王大爷和张大妈也可以通过订立遗嘱的形式将自己的遗产指定由子女中的一个或几个继承，也可以赠给继承人以外的其他人。根据《老年人权益保障法》的规定，老年人以遗嘱处分财产，应当为生活困难的老年配偶保留必要的份额。

知识链接

1. 《中华人民共和国继承法》：http://www.npc.gov.cn/wxzl/wxzl/2000-12/06/content_4457.htm。

2. 《遗产继承》：http://baike.so.com/doc/5739194-5951944.html。

案例分析

老张夫妇的儿子张强因突发心脏病去世。张强生前留下了房产、车子和一些储蓄，共计100万元左右的家产。然而在遗产分割的时候，儿媳小李拿到的却比他们老两口加起来的还要多，难道父母的养育之恩，就比不上夫妻恩情吗？

【分析】

根据我国《继承法》的相关规定，遗产应当是指被继承人生前的个人财产。张强与小李是夫妻关系，根据我国《婚姻法》的规定，夫妻关系存续期间所得的财产一般为共同财产。因此在张强去世后，其个人的遗产应当是在进行夫妻共同财产分割后方能进行继承。100万元的家产应当属于张强与小李的夫妻共同财产，属于张强的个人遗产只有50万元。此50万元遗产应当由张强的第一顺序法定继承人老张夫妇、妻子小李平均分配。

单元小结

《婚姻法》第二十一条规定："父母对子女有抚养教育的义务；子女对父母有赡养扶助的义务。"赡养人应当履行对老年人经济上供养、生活上照料和精神上慰藉的义务，照顾老年人的特殊需要。赡养人之间可以就履行赡养义务签订协议，并征得老年人同意。

老年人享有婚姻自由的权利，包括结婚自由和离婚自由。结婚会使得当事人在人身和财产方面建立起夫妻关系。我国的夫妻财产制包括法定财产制和约定财产制两种。夫妻婚后所得在没有做出有效约定的情况下，共同制是我国的法定夫妻财产制。我国《婚姻法》规定离婚的方式主要有协议离婚和诉讼离婚两种。

法定继承人的范围和继承顺序是：第一顺序继承人有配偶、子女、父母；丧偶儿媳和丧偶女婿对公婆或岳父母尽了主要赡养义务的作为第一顺序法定继承人继承遗产。第二顺序继承人有兄弟姐妹和祖父母、外祖父母。遗嘱继承以被继承人死亡和合法有效的遗嘱为发生根据，遗嘱继承直接体现被继承人的意志，遗嘱继承在效力上优先于法定继承。

实践强化

被继承人刘同于1996年5月病故。其有3子1女，长子刘甲、次子刘乙、三子刘丙、女刘丁。刘甲在其父病故后因悲痛过度，于同年6月去世，有妻夏某、子刘川和刘秀。刘乙与前妻有一子刘月，与现任妻子赵秀兰有一子刘山；刘丙有妻任某；刘丁于1994年8月去世，有丈夫马某、女儿马玉花。刘同于1993年10月立有一份遗嘱，言明：刘丙一向拒绝赡养自己，不能继承遗产；邻居张阳与自己很有感情，可分得遗产房屋1间、现金2万元；刘丁生活困难，可分得遗产房屋3间、现金3万元；另外，多年好友赵玉山在困难的时候对自己多有照顾，现其家境不好，可分得遗产现金3万元。查明，刘同生前一共有房屋16间，现金11万元。赵玉山于1996年年初病故，有妻张桂花、子赵大海。刘同在得知赵玉山的死讯时，曾多次对周围的人表示："赵家对我有恩，我遗嘱中为其指定的财产就给赵玉山的妻儿。"

问题：本案各当事人应如何分割遗产？请简要说明理由。

学习单元三　老年人社会保障制度

单元导读

2016年2月，广西壮族自治区梧州市市政府印发《建立梧州市农村留守儿童和空巢老人关爱服务体系工作方案》，建立农村空巢老人养老服务、空巢老人综合保障等制度，切实维护和保障空巢老人的基本生活权益，促进空巢老人安度晚年。

该方案指出，在建立空巢老人养老服务制度方面，相关部门单位要加大对农村幸福院等农村互助性养老服务设施的建设投入力度和运营保障，满足农村空巢老人日间照料、文化娱乐等方面的需求。要组建关爱农村家庭互助队伍，积极发动社会组织、社会工作者参与关爱农村空巢老人工作，及时为农村空巢老人提供必要的帮助和关怀。在建立农村空巢老人综合保障制度上，要建立动态跟踪机制，即以县为主建立农村空巢老人状况登记制度，定期跟踪、全面掌握农村空巢老人的数量、困难需求、家庭状况等，对生活难以自理、经济状况差的空巢老人给予重点关注。要全面落实基本民生保障政策，及时将符合条件的农村空巢老人纳入农村低保、医疗救助、灾害救助、流浪人员救助等社会救助保障范围，切实保障农村空巢老人的基本生活。该方案重在构建属地管理、基层为主、政府监督、社会帮扶的农村空巢老人关爱服务工作体制机制，并全面跟踪掌握全市农村空巢老人状况，动员社会力量共同参与关爱服务。

学习目标

知识目标

1. 掌握养老保险体系和制度内容。
2. 掌握老年人医疗保险体系和制度内容。
3. 了解经济困难的老年人救助制度。
4. 了解老年人社会福利制度。
5. 掌握老年人护理补贴内容。

技能目标

1. 能够辨识各项老年人社会保障制度的分类。
2. 能够评估老年人的社会保障需求。
3. 能够为老年人提供社会保障相关法律法规的咨询服务。

素质目标

1. 具备较好的老年人社会保障法律法规解读和应用意识。
2. 具备为老服务的意识。

模块一 养老保险制度

学习情境

张某，男，1953 年 10 月出生。1984 年 7 月，某市某事业单位因工作需要，临时聘用张某从事司炉工工作，当时没有办理正式的招工手续，属于季节性临时用工。2002 年 1 月该单位改制成企业，张某继续在企业内工作。同年 5 月，单位锅炉拆除，无岗位需求，张某原来的司炉工岗位不存在。企业困难，无力安置富余人员，张某即再未到该单位工作。

2011 年 9 月，张某向市劳动人事争议仲裁委员会上诉，要求该单位“1. 为其安排工作岗位；2. 支付其 2002 年 5 月～ 2011 年 10 月的工资；3. 为其补缴 1996 ～ 2011 年的养老保险。”市劳动仲裁委员会经过仲裁，驳回张某第 1 项、第 2 项诉求，要求企业“为张某补缴 2002 年 1 月～ 5 月期间的养老保险费，企业和个人部分由各自承担；并为其办理补缴 2002 年 6 月～ 2011 年 10 月期间养老保险费的手续，企业和个人缴纳部分均由张某本人承担。”

情境分析

张某在原单位以临时工的身份工作了十几年，在单位改制成企业后不久，便不再到单位工作，在这种未办理任何人员录用和离职手续的情况下，张某与企业的关系是否属于劳动关系直接关系到张某能否维护自身的合法权益。

相关知识

《老年人权益保障法》第二十八条规定，国家通过基本养老保险制度，保障老年人的基本生活。养老保险是指国家和社会根据一定的法律法规，在劳动者达到国家规定的退休年龄或因年老丧失劳动能力退出劳动领域后，采取一定的方式以保障退休者基本生活的一项社会保险制度。

一、我国的多层次养老保险体系

20 世纪 90 年代以来，世界银行等国际组织将社会养老保险体系概括为三个支柱：第一支柱是基本养老保险，主要是指由政府强制实施的国家公共养老保险计划系统，目标是保障社会成员或一定范围内退休者的基本生活；第二支柱是补充养老保险，总体上泛指企业雇主对雇员实施的养老金计划，一般与就业相关联；第三支柱是储蓄型养老保险，一般为个人自愿储蓄，是对第一、第二支柱的补充。

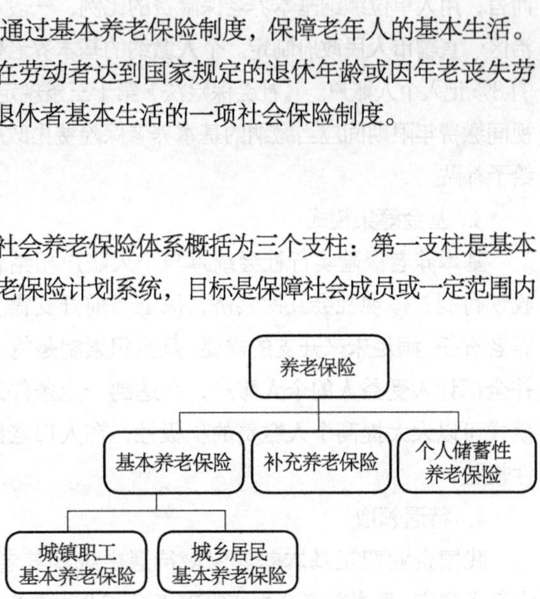

图 3-1 我国的多层次养老保险体系

目前我国已经初步建立了覆盖城乡居民的多层次养老保险体系，主要包括基本养老保险、企业年金（补充养老保险）和个人储蓄性养老保险（见图 3-1）。原基本养老保险包括城镇职工基本养老保险、城镇居民基本养老保险（简称城居保）和新型农村养老保险（简称新农保）三部分。2014 年 2 月，国务院在《国务院关于建立统一的城乡居民基本养老保险制度的意见》中指出，将新农保和城居保两项制度合并实施，在全国范围内建立统一的城乡居民基本养老保险制度，并与职工基本养老保险制度相衔接。2015 年 1 月 14 日，国务院发布《国务院关于机关事业单位工作人员养老保险制度改革的决定》，指出从 2014 年 10 月 1 日起，对机关事业单位工作人员养老保险制度进行改革，实行与城镇职工统一的基本养老保险制度。同时决定，统一提高全国城乡居民基本养老保险基础养老金最低标准，再次提高全国企业退休人员基本养老金标准。

二、我国基本养老保险制度

（一）城镇职工基本养老保险制度

1. 参保范围

城镇职工基本养老保险制度适用于城镇各类企业职工和个体劳动者。《中华人民共和国社会保险法》（以下简称《社会保险法》）第十条规定，职工应当参加基本养老保险，由用人单位和职工共同缴纳基本养老保险费。无雇工的个体工商户、未在用人单位参加基本养老保险的非全日制从业人员以及其他灵活就业人员可以参加基本养老保险，由个人缴纳基本养老保险费。我国城镇职工养老保险对用人单位和职工的参保要求是强制性的。

2. 资金来源

基本养老保险基金由用人单位、个人缴费和政府补贴等组成。《社会保险法》第十二条规定，用人单位应当按照国家规定的本单位职工工资总额的比例，缴纳基本养老保险费，记入基本养老保险统筹基金。职工应当按照国家规定的本人工资的比例缴纳基本养老保险费，记入个人账户。无雇工的个体工商户、未在用人单位参加基本养老保险的非全日制从业人员以及其他灵活就业人员参加基本养老保险的，应当按照国家规定缴纳基本养老保险费，分别记入基本养老保险统筹基金和个人账户。具体而言，用人单位缴纳基本养老保险费的比例，一般不超过企业工资总额的 20%，具体比例由各省、自治区、直辖市人民政府制定。个人缴纳的基本养老保险费的比例，一般按照个人上一年度月平均工资的 8% 记入个人账户。《社会保险法》第十三条规定，国有企业、事业单位职工参加基本养老保险前，视同缴费年限期间应当缴纳的基本养老保险费由政府承担。基本养老保险基金出现支付不足时，政府给予补贴。

3. 基金筹集模式

基本养老保险实行社会统筹与个人账户相结合的模式，即部分积累制。社会统筹部分采取现收现付制，体现社会互助共济，保证当前开支需要；个人账户部分采用基金积累制，体现个人的养老责任，满足未来开支的需要。基金积累制是将当年的社会保险缴费完全用于社会保险基金积累，并全部计入受益人的个人账户，在达到一定条件退休后再从社会保险个人账户中支取待遇。这种模式可以大大提高个人缴费的积极性，在人口老龄化高峰时不会引起代际冲突，但该模式的互济性较差。

4. 待遇领取

我国企业职工基本养老保险待遇由统筹养老金和个人账户养老金组成。《社会保险法》第十五条规定，基本养老金由统筹养老金和个人账户养老金组成，基本养老金根据个人累计缴费年限、缴费工资、当地职工平均工资、个人账户金额、城镇人口平均预期寿命等因素确定。《社会保险法》

第十六条规定，参加基本养老保险的个人，达到法定退休年龄时累计缴费满15年的，按月领取基本养老金。参加基本养老保险的个人，达到法定退休年龄时累计缴费不足15年的，可以缴费至满15年，按月领取基本养老金；也可以转入新型农村社会养老保险或者城镇居民社会养老保险，按照国务院规定享受相应的养老保险待遇。需要注意的是，缴费满15年是享受基本养老保险待遇的门槛，但不代表缴满15年就可以不缴纳，只要职工与用人单位建立劳动关系，就应按规定缴费。《社会保险法》第十七条规定，参加基本养老保险的个人，因病或者非因工死亡的，其遗属可以领取丧葬补助金和抚恤金；在未达到法定退休年龄时因病或者非因工致残完全丧失劳动能力的，可以领取病残津贴。所需资金从基本养老保险基金中支付。《社会保险法》第十八条规定，国家建立基本养老金正常调整机制。根据职工平均工资增长、物价上涨情况，适时提高基本养老保险待遇水平。

《实施〈中华人民共和国社会保险法〉若干规定》第六条规定，职工基本养老保险个人账户不得提前支取。个人在达到法定的领取基本养老金条件前离境定居的，其个人账户予以保留，达到法定领取条件时，按照国家规定享受相应的养老保险待遇。其中，丧失中华人民共和国国籍的，可以在其离境时或者离境后书面申请终止职工基本养老保险关系，社会保险经办机构收到申请后，应当书面告知其保留个人账户的权利以及终止职工基本养老保险关系的后果。参加职工基本养老保险的个人死亡后，其个人账户中的余额可以全部依法继承。

5. 转移接续

《实施〈中华人民共和国社会保险法〉若干规定》第五条规定，参加职工基本养老保险的个人跨省流动就业，符合按月领取基本养老金条件时，基本养老金分段计算、统一支付的具体办法，按照《城镇企业职工基本养老保险关系转移接续暂行办法》（国办发〔2009〕66号）执行。《城镇企业职工基本养老保险关系转移接续暂行办法》适用于参加城镇企业职工基本养老保险的所有人员，包括农民工。已经按国家规定领取基本养老保险待遇的人员，不再转移基本养老保险关系。该办法第三条规定，参保人员跨省流动就业的，由原参保所在地社会保险经办机构开具参保缴费凭证，其基本养老保险关系应随同转移到新参保地。参保人员达到基本养老保险待遇领取条件的，其在各地的参保缴费年限合并计算，个人账户储存额（含本息）累计计算；未达到待遇领取年龄前，不得终止基本养老保险关系并办理退保手续。

（二）城乡居民基本养老保险制度

1. 制度目标

坚持和完善社会统筹与个人账户相结合的制度模式，巩固和拓宽个人缴费、集体补助、政府补贴相结合的资金筹集渠道，完善基础养老金和个人账户养老金相结合的待遇支付政策，强化长缴多得、多缴多得等制度的激励机制，建立基础养老金正常调整机制。

2. 参保范围

年满16周岁（不含在校学生），非国家机关和事业单位工作人员及不属于职工基本养老保险制度覆盖范围的城乡居民。

3. 基金筹集

城乡居民基本养老保险基金的筹集主要来自个人缴费、集体补助和政府补贴三个渠道。

（1）个人缴费。缴费标准目前共有每年100元、200元、300元、400元、500元、600元、700元、800元、900元、1 000元、1 500元、2 000元12个档次，最高缴费档次标准原则上不超过当地灵活就业人员参加职工基本养老保险的年缴费额，参保人自主选择档次缴费，多缴多得。

（2）集体补助。有条件的村集体经济组织应当对参保人缴费给予补助，鼓励有条件的社区将集体补助纳入社区公益事业资金筹集范围。鼓励其他社会经济组织、公益慈善组织、个人为参保人缴费提供资助。补助、资助金额不超过当地设定的最高缴费档次标准。

（3）政府补贴。政府对符合领取城乡居民养老保险待遇条件的参保人全额支付基础养老金，其中，中央财政对中西部地区按中央确定的基础养老金标准给予全额补助，对东部地区给予50%的补助。地方人民政府应当对参保人缴费给予补贴，对选择最低档次标准缴费的，补贴标准不低于每人每年30元；对选择较高档次标准缴费的，适当增加补贴金额；对选择500元及以上档次标准缴费的，补贴标准不低于每人每年60元。

4. 建立个人账户

国家为每个参保人建立终身记录的养老保险个人账户，个人缴费、地方人民政府对参保人的缴费补贴、集体补助及其他社会经济组织、公益慈善组织、个人对参保人的缴费资助，全部记入个人账户。

5. 养老保险待遇

参保人年满60周岁，累计缴费满15年，且未领取国家规定的基本养老保障待遇者，可按月领取城乡居民养老保险待遇。城乡居民养老保险待遇由基础养老金、个人账户养老金构成，支付终身。

（1）基础养老金。中央确定基础养老金最低标准，建立基础养老金最低标准正常调整机制，根据经济发展和物价变动等情况，适时调整全国基础养老金最低标准。地方人民政府可以根据实际情况适当提高基础养老金标准；对长期缴费的，可适当加发基础养老金。

（2）个人账户养老金。个人账户养老金的月计发标准为个人账户储存额除以139。参保人死亡，个人账户中的资金余额，除政府补贴外，可依法继承。

为解决城乡养老保险制度衔接问题，2014年人力资源和社会保障部、财政部印发《城乡养老保险制度衔接暂行办法》并于2014年7月1日起实施。参加城镇职工养老保险和城乡居民养老保险人员，达到城镇职工养老保险法定退休年龄后，城镇职工养老保险缴费年限满15年（含延长缴费至15年）的，可以申请从城乡居民养老保险转入城镇职工养老保险，按照城镇职工养老保险办法计发相应待遇；城镇职工养老保险缴费年限不足15年的，可以申请从城镇职工养老保险转入城乡居民养老保险，待达到城乡居民养老保险规定的领取条件时，按照城乡居民养老保险办法计发相应待遇。已经按照国家规定领取养老保险待遇的人员，不再办理城乡养老保险制度衔接手续。

三、企业补充养老保险

（一）企业补充养老保险的定义

企业补充养老保险，即企业年金制度，是指企业在国家有关政策法律法规的指导下，根据自身的经营状况和发展需要而建立的，旨在使职工在退休后的一段时期内能按年度获得一定数额的养老金的退休收入保障制度。该制度是对基本养老保险的重要补充，是我国养老保险体系的“第二支柱”。

（二）企业补充养老保险的制度内容

1. 建立条件

《企业年金试行办法》第三条规定，符合下列条件的企业，可以建立企业年金：①依法参加基本养老保险并履行缴费义务；②具有相应的经济负担能力；③已建立集体协商机制。建立企业年金，应当由企业与工会或职工代表通过集体协商确定，并制定企业年金方案。国有及国有控股企业的企业年金方案草案应当提交职工大会或职工代表大会讨论通过。

2. 基金筹集

《企业年金试行办法》第七、八条规定，企业年金所需费用由企业和职工个人共同缴纳。企业缴费的列支渠道按国家有关规定执行；职工个人缴费可以由企业从职工个人工资中代扣。企业缴费每年不超过本企业上年度职工工资总额的 1/12。企业和职工个人缴费合计一般不超过本企业上年度职工工资总额的 1/6。

3. 企业年金管理模式

企业年金基金实行完全积累，采用个人账户方式进行管理。企业年金基金可以按照国家规定投资运营。企业年金基金投资运营收益并入企业年金基金。企业缴费应当按照企业年金方案规定比例计算的数额计入职工企业年金个人账户；职工个人缴费额计入本人企业年金个人账户。企业年金基金投资运营收益，按净收益率计入企业年金个人账户。

《企业年金试行办法》第十五条规定，建立企业年金的企业，应当确定企业年金受托人（以下简称受托人），受托管理企业年金。受托人可以是企业成立的企业年金理事会，也可以是符合国家规定的法人受托机构。《企业年金基金管理办法》规定，建立企业年金计划的企业及其职工作为委托人，与企业年金受托人签订受托管理合同。受托人与企业年金基金账户管理机构（以下简称账户管理人）、企业年金基金托管机构（以下简称托管人）和企业年金基金投资管理机构（以下简称投资管理人）分别签订委托管理合同。一个企业年金计划应当仅有一个受托人、一个账户管理人和一个托管人，可以根据资产规模大小选择适量的投资管理人。受托人应当将受托管理合同和委托管理合同报人力资源和社会保障行政部门备案。

同一企业年金计划中，受托人与托管人、托管人与投资管理人不得为同一人；建立企业年金计划的企业成立企业年金理事会作为受托人的，该企业与托管人不得为同一人；受托人与托管人、托管人与投资管理人、投资管理人与其他投资管理人的总经理和企业年金从业人员，不得相互兼任。同一企业年金计划中，法人受托机构具备账户管理或者投资管理业务资格的，可以兼任账户管理人或者投资管理人。

4. 待遇领取

《企业年金试行办法》第十二、十三、十四条规定，职工在达到国家规定的退休年龄时，可以从本人企业年金个人账户中一次或定期领取企业年金。职工未达到国家规定的退休年龄的，不得从个人账户中提前提取资金。出境定居人员的企业年金个人账户资金，可根据本人要求一次性支付给本人。职工或退休人员死亡后，其企业年金个人账户余额由其指定的受益人或法定继承人一次性领取。职工变动工作单位时，企业年金个人账户资金可以随同转移。职工升学、参军、失业期间或新就业单位没有实行企业年金制度的，其企业年金个人账户可由原管理机构继续管理。

四、个人储蓄性养老保险

1. 个人储蓄性养老保险的定义

个人储蓄性养老保险是由职工自愿参加、自愿选择经办机构的一种补充保险形式。实行职工个人储蓄性养老保险的目的，在于扩大养老保险经费来源，多渠道地筹集养老保险基金，减轻国家和企业的负担；有利于消除长期形成的保险费用完全由国家“包下来”的观念，增强职工的自我保障意识和参与社会保险的主动性；同时也能够促进对社会保险工作实行广泛的群众监督。

2. 个人储蓄性养老保险的制度内容

由社会保险机构经办的职工个人储蓄性养老保险，由社会保险主管部门制定具体办法，职工个人根据自己的工资收入情况，按规定缴纳个人储蓄性养老保险费，记入当地社会保险机构在有关银行开设的养老保险个人账户，并应按不低于或高于同期城乡居民储蓄存款利率计息，以提倡和鼓励职工个人参加储蓄性养老保险，所得利息记入个人账户，本息一并归职工个人所有。职工达到法定退休年龄经批准退休后，凭个人账户将储蓄性养老保险金一次或分次领取。职工跨地区流动，个人账户的储蓄性养老保险金应随之转移。职工未到退休年龄而死亡，记入个人账户的储蓄性养老保险金应由其指定人或法定继承人继承。

情境反馈

1984 年 7 月～ 2002 年 5 月为张某与原单位的事实劳动关系存续期，2002 年 6 月起，因单位改制，原工作岗位取消，张某与原单位的事实劳动关系的存续条件灭失，其劳动关系自动终止。张某 1984 年 7 月参加工作时，事业单位招录干部和招聘合同工都有政策规定，即便是招用临时工也有政策规定，但原单位在没有按照政策规定办理招工手续的情况下就招用了张某。1995 年《中华人民共和国劳动法》（以下简称《劳动法》）开始施行，企业在 2002 年 1 月首次招工未按“规矩”办事，形成事实劳动关系长达十多年。2002 年 5 月张某离开单位时，本应按照《劳动法》第二十四条“经劳动合同当事人协商一致，劳动合同可以解除”的规定，规范处理与张某解除事实劳动关系事宜，但在企业和张某未办理任何手续的情况下，张某离开了单位。

市劳动仲裁委员会的仲裁合规，补缴的养老保险费应分阶段确定承担者。《社会保险法》第十三条规定，事业单位职工参加基本养老保险前，视同缴费年限期间应当缴纳的基本养老保险费由政府承担。第十条规定，职工应当参加基本养老保险，由用人单位和职工共同缴纳基本养老保险费；无雇工的个体工商户、未在用人单位参加基本养老保险的非全日制从业人员以及其他灵活就业人员可以参加基本养老保险，由个人缴纳基本养老保险费。单位改制为企业后至事实劳动关系自动终止前，补缴的养老保险费应由张某和企业各自承担，事实劳动关系自动终止后，补缴的养老保险费应由张某个人全部承担。

知识链接

1. 《国务院关于建立统一的城乡居民基本养老保险制度的意见》：http://www.gov.cn/zwgk/2014-02/26/content_2621907.htm。

2. 《国务院关于机关事业单位工作人员养老保险制度改革的决定》：http://www.gov.cn/zhengce/content/2015-01/14/content_9394.htm。

3. 《国务院办公厅关于印发机关事业单位职业年金办法的通知》：http://www.gov.cn/zhengce/content/2015-04/06/content_9581.htm。

4. 《人力资源社会保障部 财政部关于印发在京中央国家机关事业单位工作人员养老保险制度改革实施办法的通知》：http://www.mohrss.gov.cn/gkml/xxgk/201512/t20151225_229769.htm。

案例分析

51岁的陈女士希望延迟到55岁退休，却遭到所在单位——上海某大学的拒绝。2005年该大学开始筹办时，陈女士进入学校教务处做收发工作。2006年9月1日，学校和她签订了聘用合同，合同期限至2013年8月31日，岗位为“教辅”。2011年8月，陈女士年满50周岁，按照现行国家规定，她已经到了普通女职工的法定退休年龄，但她却想继续干下去。

【分析】

我国目前的退休政策是20世纪，50年代初期确定的，当时人口的预期寿命不到50岁。现在新中国成立已经有60多年，国情发生了巨大变化，人口的预期寿命已达70多岁。随着我国进入工业化中后期，劳动者的工作条件也逐渐改善，越来越多的60岁以上劳动者逐渐具备继续工作的条件和愿望。在借鉴发达国家延迟退休改革经验的基础上，预期我国延长退休年龄的改革可能会关注以下几个方面：①选择时点，择机推出延期退休年龄时间；②率先启动男女同龄退休、女先男后的计划；③小步推进，逐渐提高退休年龄；④为了提高延迟退休的主动性，采用激励式弹性退休方案。

模块二　老年人医疗保险制度

学习情境

王大爷今年82岁，一年前患老年性白内障致盲，生活受到巨大影响。王大爷来到当地某眼科医院接受手术，术后第二天老人的视力便提高到了0.5度。王大爷参加了城镇职工基本医疗保险，该眼科医院是基本医疗保险定点医院，因此王大爷可以享受医疗保险待遇。手术费用共计2 515元，其中医保统筹基金支付1 749元，个人账户支付127元，个人自付639元。王大爷个人仅承担了所有费用的1/4，便可以进行手术，重见光明。

情境分析

王大爷属医保患者，在定点医院进行诊疗时，享受了相应的医疗保险待遇，大大减轻了个人的医疗费用负担。医疗保险制度有效地降低了老年人医保患者的医疗服务支出，保障了老年人获得医疗保障待遇的基本权利。

相关知识

医疗保险是对法定范围内的劳动者在患病或者非因工伤害时提供保障的一种社会保险制度。它既包括医疗费用的给付，也包括各种医疗服务，目的是恢复劳动者的劳动能力和补偿劳动者病假期间的生活。

一、基本医疗保险

20世纪80年代，我国开始对医疗保险制度进行改革。在经过探索试点后，我国目前建立起的基本医疗保险制度主要由以下三部分组成（见图3-2）：①城镇居民基本医疗保险；②城镇职工基本医疗保险；③新型农村合作医疗。2014年1月，我国实施城镇居民基本医疗保险和新型农村合作医疗合并的城乡居民统一医疗保险。目前全国大部分地区已经开始实行，新制度稳定推行中。

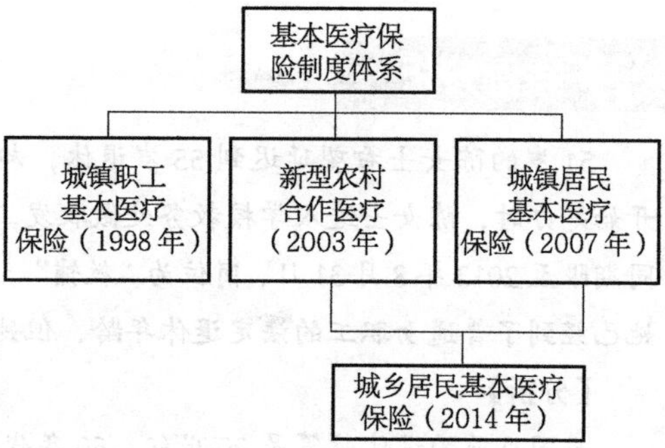

图3-2　我国基本医疗保险制度

（一）城镇职工基本医疗保险

1. 参保范围

城镇所有用人单位，包括企业（国有企业、集体企业、外商投资企业、私营企业等）、机关、事业单位、社会团体、民办非企业单位及其职工，都要参加基本医疗保险。无雇工的个体工商户、未在用人单位参加职工基本医疗保险的非全日制从业人员以及其他灵活就业人员可以参加职工基本医疗保险，由个人按照国家规定缴纳基本医疗保险费。

2. 资金来源

基本医疗保险费由用人单位和职工共同缴纳。用人单位缴费率应控制在职工工资总额的6%左右，职工缴费率一般为本人工资收入的2%。随着经济的发展，用人单位和职工缴费率可做相应调整。参加职工基本医疗保险的个人，达到法定退休年龄时累计缴费达到国家规定年限的，退休后不再缴纳基本医疗保险费，按照国家规定享受基本医疗保险待遇；未达到国家规定年限的，可以缴费至国家规定年限。个人跨统筹地区就业的，其基本医疗保险关系随本人转移，缴费年限累计计算。

3. 基金筹集模式

实行个人医疗账户与基本医疗保险基金支付相结合的模式。用人单位缴纳的基本医疗保险费分为两部分，一部分用于建立统筹基金，另一部分划入个人账户。划入个人账户的比例一般为用人单位缴费的30%左右，具体比例由统筹地区根据个人账户的支付范围和职工年龄等因素确定。个人医疗账户的所有权属于个人，从业人员缴纳的基本医疗保险费全部计入其个人账户。医疗保险基金的所有权属于参加基本医疗保险的全体人员。

4. 享受待遇

统筹基金和个人账户要划定各自的支付范围，分别核算，不得互相挤占。要确定统筹基金的起付标准和最高支付限额，起付标准原则上控制在当地职工年平均工资的10%左右，最高支付限额原则上控制在当地职工年平均工资的4倍左右。起付标准以下的医疗费用，从个人账户中支付或由个人自付。起付标准以上、最高支付限额以下的医疗费用，主要从统筹基金中支付，个人也要负担一定比例。对退休人员负担医疗费的比例，给予适当照顾。超过最高支付限额的医疗费用，可以通过商业医疗保险等途径解决。

不纳入基本医疗保险基金支付范围的医疗费用包括：①应当从工伤保险基金中支付的；②应当由第三人负担的；③应当由公共卫生负担的；④在境外就医的。符合基本医疗保险药品目录、诊疗项目、医疗服务设施标准以及急诊、抢救的医疗费用，按照国家规定从基本医疗保险基金中支付。参保人员医疗费用中应当由基本医疗保险基金支付的部分，由社会保险经办机构与医疗机构、药品经营单位直接结算。

（二）城乡居民基本医疗保险

城乡居民基本医疗保险整合了城镇居民基本医疗保险和新型农村合作医疗两项制度。在这一制度下，城乡居民将在同一政策制度下参保享受待遇，这对于打破城乡户籍限制，消除城镇和农村医疗保障制度的“二元结构”，建立起统一的城乡医保制度体系有巨大的意义。国务院 2016 年 1 月 12 日发布《国务院关于整合城乡居民基本医疗保险制度的意见》（国发〔2016〕3 号），要求明确工作进度和责任分工。各省（区、市）要于 2016 年 6 月底前对整合城乡居民医保工作做出规划和部署，明确时间表、路线图，健全工作推进和考核评价机制，严格落实责任制，确保各项政策措施落实到位。各统筹地区要于 2016 年 12 月底前出台具体的实施方案。

1. 覆盖范围

城乡居民医保制度覆盖范围包括现有城镇居民医保和新农合所有应参保（合）人员，即覆盖除职工基本医疗保险应参保人员以外的其他所有城乡居民。农民工和灵活就业人员依法参加职工基本医疗保险，有困难的可按照当地规定参加城乡居民医保。各地要完善参保方式，促进应保尽保，避免重复参保。

2. 筹资方式

坚持多渠道筹资，继续实行以个人缴费与政府补助相结合为主的筹资方式，鼓励集体、单位或其他社会经济组织给予扶持或资助。各地要统筹考虑城乡居民医保与大病保险保障需求，按照基金收支平衡的原则，合理确定城乡统一的筹资标准。现有城镇居民医保和新农合个人缴费标准差距较大的地区，可采取差别缴费的办法，利用 2～3 年的时间逐步过渡。整合后的实际人均筹资和个人缴费不得低于现有水平。完善筹资动态调整机制。在精算平衡的基础上，逐步建立与经济社会发展水平、各方承受能力相适应的稳定筹资机制。逐步建立个人缴费标准与城乡居民人均可支配收入相衔接的机制。合理划分政府与个人的筹资责任，在提高政府补助标准的同时，适当提高个人缴费比重。

3. 保障待遇

遵循保障适度、收支平衡的原则，均衡城乡保障待遇，逐步统一保障范围和支付标准，为参保人员提供公平的基本医疗保障。妥善处理整合前的特殊保障政策，做好过渡与衔接。城乡居民医保基金主要用于支付参保人员发生的住院和门诊医药费用。稳定住院保障水平，政策范围内住院费用支付比例保持在 75% 左右。进一步完善门诊统筹，逐步提高门诊保障水平。逐步缩小政策范围内支付比例与实际支付比例间的差距。

4. 医保目录

统一城乡居民医保药品目录和医疗服务项目目录，明确药品和医疗服务支付范围。各省（自治区、直辖市）要按照国家基本医保用药管理和基本药物制度有关规定，遵循临床必需、安全有效、价格合理、技术适宜、基金可承受的原则，在现有城镇居民医保和新农合目录的基础上，适当考虑参保人员需求变化进行调整，有增有减、有控有扩，做到种类基本齐全、结构总体合理。完善医保目录管理办法，实行分级管理、动态调整。

5. 定点管理

统一城乡居民医保定点机构管理办法，强化定点服务协议管理，建立健全考核评价机制和动态的准入退出机制。对非公立医疗机构与公立医疗机构实行同等的定点管理政策。原则上由统筹地区管理机构负责定点机构的准入、退出和监管，省级管理机构负责制定定点机构的准入原则和管理办法，并重点加强对统筹区域外的省、市级定点医疗机构的指导与监督。

6. 基金管理

城乡居民医保执行国家统一的基金财务制度、会计制度和基金预决算管理制度。城乡居民医保基金纳入财政专户，实行“收支两条线”管理。基金独立核算、专户管理，任何单位和个人不得挤占挪用。结合基金预算管理，全面推进付费总额控制。基金使用遵循以收定支、收支平衡、略有结余的原则，确保应支付费用及时足额拨付，合理控制基金当年结余率和累计结余率。建立健全基金运行风险预警机制，防范基金风险，提高使用效率。强化基金内部审计和外部监督，坚持基金收支运行情况信息公开和参保人员就医结算信息公示制度，加强社会监督、民主监督和舆论监督。

二、企业补充医疗保险

（一）定义

企业补充医疗保险是企业在参加城镇职工基本医疗保险的基础上，国家给予政策鼓励，由企业自主举办或参加的一种补充性医疗保险形式。我国医疗保险制度改革的目标，是实现多层次的医疗保险体系。因此，国家鼓励企业建立补充医疗保险制度，以保证该企业职工医疗保险待遇水平不降低。

（二）特点

与基本医疗保险不同，企业补充医疗保险不是通过国家立法强制实施的，而是由用人单位和个人自愿参加的，是在单位和职工参加统一的基本医疗保险后，由单位或个人根据需求和可能原则，适当增加医疗保险项目，来提高保险保障水平的一种补充性保险。其主要形式有商业医疗保险机构举办、社会医疗保险机构经办、大集团或大企业自办。

（三）制度内容

1. 建立条件和目标

按规定参加各项社会保险并按时足额缴纳社会保险费的企业，可自主决定是否建立补充医疗保险。补充医疗保险基金用于企业按规定参加当地基本医疗保险，对城镇职工基本医疗保险制度支付的待遇以外，由职工个人负担的医药费用的适当补助，减轻参保职工的医疗费负担。

2. 资金筹集与管理

企业补充医疗保险费在工资总额 5% 以内的部分，企业可直接从成本中列支，不再经同级财政部门审批。企业补充医疗保险办法应与当地基本医疗保险制度相衔接。企业补充医疗保险资金由企业或行业集中使用和管理，单独建账，单独管理，用于本企业个人负担较重的职工和退休人员的医疗费补助，不得划入基本医疗保险个人账户，也不得另行建立个人账户或变相用于职工其他方面的开支。财政部门和劳动保障部门要加强对企业补充医疗保险资金管理的监督和财务监管，防止挪用资金等违规行为。

三、老年人商业健康保险

国家鼓励建立补充医疗保险，发展老年人商业健康保险。加快发展商业健康保险，有利于与基本医疗保险衔接互补、形成合力，夯实多层次医疗保障体系，满足人民群众多样化的健康保障需求；有利于促进健康服务业发展，增加医疗卫生服务资源供给，推动健全医疗卫生服务体系；有利于处理好政府和市场的关系，提升医疗保障服务效率和质量；有利于创新医疗卫生治理体制，提升医疗卫生治理能力现代化水平；有利于稳增长、促改革、调结构、惠民生。

（一）定义

商业健康保险是由商业保险机构对因健康原因和医疗行为导致的损失给付保险金的保险，主要包括医疗保险、疾病保险、失能收入损失保险、护理保险以及相关的医疗意外保险、医疗责任保险等。商业健康保险主要形式是保险公司根据合同约定，当被保险人死亡、伤残、疾病或达到约定的年龄、期限时承担给付保险金的责任。投保人自愿投保，个人向保险公司支付保险费。商业健康保险通过设计不同的费率、不同的产品，给客户提供了更多的选择。商业健康保险重在赔偿，基本医疗保险重在保障，两者各行其道，相辅相成。

（二）制度内容

2014年10月27日，国务院办公厅印发《国务院办公厅关于加快发展商业健康保险的若干意见》（国办发〔2014〕50号），提出商业健康保险的建设目标和具体措施。

1. 建设目标

充分发挥市场机制作用和商业健康保险专业优势，扩大健康保险产品供给，丰富健康保险服务，使商业健康保险在深化医药卫生体制改革、发展健康服务业、促进经济体制增效升级中发挥“生力军”作用。到2020年，基本建立市场体系完备、产品形态丰富、经营诚信规范的现代商业健康保险服务业。

2. 建设措施

积极开发满足老年人保障需求的健康养老产品，实现医疗、护理、康复、养老等保障与服务的有机结合。鼓励通过商业保险等方式提高医疗、养老保障水平以及解决医疗职业伤害保障和损害赔偿问题。全面推进并规范商业保险机构承办城乡居民大病保险。认真总结试点经验，从城镇居民医保基金、新农合基金中划出一定比例或额度作为大病保险资金，在全国推行城乡居民大病保险制度。遵循收支平衡、保本微利的原则，全面推进商业保险机构受托承办城乡居民大病保险，发挥市场机制作用，提高大病保险的运行效率、服务水平和质量。规范商业保险机构承办服务，规范招投标流程和保险合同，明确结余率和盈利率控制标准，与基本医保和医疗救助相衔接，提供“一站式”服务。逐步提高城乡居民大病保险统筹层次，建立健全独立核算、医疗费用控制等管理办法，增强抗风险能力。

情境反馈

各地城镇职工基本医疗保险的实施细则会有细微差别。例如北京市医疗保险制度规定，2001年前已退休的人员不缴纳基本医疗保险费。2001年后参加工作，累计缴纳基本医疗保险费男满25年、女满20年的，按照国家规定办理了退休手续，按月领取基本养老金或者退休费的人员，享受退休人员的基本医疗保险待遇，不再缴纳基本医疗保险费。2001年前参加工作、政策施行后退休，缴纳基本医疗保险费不满前述规定年限的，由本人一次性补足应当由用人单位和个人缴纳的基本医疗保险费后，享受退休人员的基本医疗保险待遇，不再缴纳基本医疗保险费。

知识链接

1. 《国务院关于整合城乡居民基本医疗保险制度的意见》：http://www.gov.cn/zhengce/content/2016-01/12/content_10582.htm。

2. 《国务院关于开展城镇居民基本医疗保险试点的指导意见》：http://www.gov.cn/zwgk/2007-07/24/content_695118.htm。

3. 《国家卫生计生委办公厅关于做好新型农村合作医疗几项重点工作的通知》：http://www.moh.gov.cn/jws/s3581sg/201407/d8abe06c1a2d4c17b78e7b14c860579a.shtml。

4. 《国务院办公厅关于加快发展商业健康保险的若干意见》：http://www.gov.cn/zhengce/content/2014-11/17/content_9210.htm。

案例分析

山东，是全国首批实行城乡居民医保并轨的省份之一，自 2013 年年底开始逐步建立并实施全省统一、城乡一体的居民基本医疗保险制度。实施“两保合一”后，家住山东潍坊临朐县上林镇东洼子村的王庆海感受到了切实的便利。“以前，我们住院医疗费全部自己付，出院后再回去报销。现在，我的住院费在医院可以直接报掉了。”实施城乡医保一体化后，王庆海看病能跟城里人享受一样的待遇。这不仅意味着医保报销更便捷，还意味着他们医保用药范围由原新农合的 1 127 种扩大到 2 500 种，增加了 1 倍多。

【分析】

2016 年年初，国务院发布的《国务院关于整合城乡居民基本医疗保险制度的意见》中明确规定，合理划分政府与个人的筹资责任，在提高政府补助标准的同时，适当提高个人缴费比重。以往，新型农村合作医疗和城镇居民基本医疗保险的独立运行、医保制度不统一带来的问题主要在于“三个重复”，即同一区域内，居民重复参保，财政重复补贴，经办机构和信息系统重复建设。

模块三　老年人社会救助

学习情境

梅州市梅江区西郊街道某社区居民熊某是一位 73 岁的老人，老伴于 2013 年去世了，现全家共 5 口人。其本人无退休金，唯一的儿子患直肠癌，并患有淋巴瘤疾病。目前已用去医疗费 15 万多元，全家人靠她的儿媳做钟点工维持生活。熊某的孙子 2014 年考上大学，孙女正在上高中，高昂的学费使他们的生活十分拮据。

2009 年 4 月起，熊某全家纳入了低保救助体系。2009 年梅江区城市低保标准为每人每月 250 元。熊某家庭核定月收入为 580 元，全家差额救助 670 元。2010 年 4 月起，梅州市提高了城市低保标准，每人每月调高至 280 元，并开始实行分类施保。根据熊某的家庭情况，将其家庭列为 A 类保障对象，全家保障金增加 30%，这样一来，熊某全家月实际保障金为 1 066 元，加上不定期的物价补贴，在较大程度上缓解了他们的生活困难。

情境分析

最低生活保障制度对贫困家庭发挥着“兜底性”保障作用。贫困家庭的家庭结构、健康状况和

支出水平各不相同，分类施保是对低保对象进行精确扶贫、精准救助的有效方法之一。因此，在保障过程中，既要考虑共性特点，又要考虑个体差异，在政策设计上，要照顾到造成家庭生活困难的各种因素，分类划档、分开层次、照顾重点、确保公平，真正做到准确及时地把低保金重点用于最困难、最需要救助的人。

相关知识

《老年人权益保障法》规定，国家对经济困难的老年人给予基本生活、医疗、居住或者其他救助。老年人无劳动能力、无生活来源、无赡养人和扶养人，或者其赡养人和扶养人确无赡养能力或者扶养能力的，由地方各级人民政府依照有关规定给予供养或者救助。目前，我国对经济困难的老年人的救助制度包括城乡最低生活保障制度、农村五保供养制度、医疗救助、住房救助、流浪乞讨人员救助等。本模块主要介绍前两项制度。

一、城乡最低生活保障制度

最低生活保障是指国家对家庭人均收入低于当地政府公告的最低生活标准的人口给予一定现金资助，以保证该家庭成员基本生活所需的社会保障制度。1999 年国务院颁布的《城市居民最低生活保障条例》及 2007 年国务院发布的《国务院关于在全国建立农村最低生活保障制度的通知》（国发〔2007〕19 号），标志着我国最低生活保障制度在城市和农村全面开展。

（一）城市居民最低生活保障

1. 低保标准

城市居民最低生活保障标准，按照当地维持城市居民基本生活所必需的衣、食、住费用，并适当考虑水电燃煤（燃气）费用以及未成年人的义务教育费用确定；同时，要与最低工资标准等相衔接。直辖市、设区的市的城市居民最低生活保障标准，由市人民政府民政部门会同财政、统计、物价等部门制定，报本级人民政府批准并公布执行；县（县级市）的城市居民最低生活保障标准，由县（县级市）人民政府民政部门会同财政、统计、物价等部门制定，报本级人民政府批准并报上一级人民政府备案后公布执行。

2. 低保对象

持有非农业户口的城市居民，凡共同生活的家庭成员人均收入低于当地城市居民最低生活保障标准的，均为城市低保对象，有从当地人民政府获得基本生活物质帮助的权利。低保对象分为两类：无生活来源、无劳动能力又无法定赡养人、扶养人或者抚养人的城市居民，按照当地城市居民最低生活保障标准全额享受；有一定收入的城市居民，按照家庭人均收入低于当地城市居民最低生活保障标准的差额享受，即为补差。计算补差额所依据的收入，指共同生活的家庭成员的全部货币收入和实物收入，包括法定赡养人、扶养人或者抚养人应当给付的赡养费、扶养费或抚养费，不包括优抚对象按照国家规定享受的抚恤金、补助金。城市居民最低生活保障待遇由管理审批机关以货币形式按月发放；必要时，也可以给付实物。

3. 低保资金

根据《城市居民最低生活保障条例》的规定，城市居民最低生活保障制度实行地方各级人民政府负责制，所需资金由地方人民政府列入财政预算。实际上，从 1999 年起，中央财政不断加大对城市低保资金的投入力度，重点对中西部地区和老工业基地给予支持。在全国城市低保资金中，中央财政负担了相当部分，而且分担的比例越来越高。

4. 附加保障

低保制度是一个综合性的社会救助体制，低保对象除了按标准领取低保补助金外，还享有其他一系列附加保障。例如，在子女上学、从事经营活动、房租、就医等方面享有优惠。

5. 动态管理

愿意申请享受城市居民最低生活保障待遇的，由户主向户籍所在地的街道办事处或者镇人民政府提出书面申请，并出具有关证明材料，填写城市居民最低生活保障待遇审批表；由其所在地的街道办事处或者镇人民政府初审，并将有关材料和初审意见报送县级人民政府民政部门审批；管理审批机关为审批城市居民最低生活保障待遇的需要，可以通过入户调查、邻里访问以及信函索证等方式对申请人的家庭经济状况和实际生活水平进行调查核实。享受城市居民最低生活保障待遇的城市居民家庭人均收入情况发生变化的，由居民委员会告知管理审批机关，办理停发、减发或者增发城市居民最低生活保障待遇的手续。管理审批机关对享受城市居民最低生活保障待遇的城市居民的家庭收入情况进行定期核查。在就业年龄内有劳动能力但尚未就业的城市居民，在享受城市居民最低生活保障待遇期间，应当参加其所在的居民委员会组织的公益性社区服务劳动。

（二）农村居民最低生活保障

1. 低保标准

农村最低生活保障标准由县级以上地方人民政府按照能够维持当地农村居民全年基本生活所必需的吃饭、穿衣、用水、用电等费用确定，并报上一级地方人民政府备案后公布执行。农村最低生活保障标准随着当地生活必需品价格变化和人民生活水平提高适时进行调整。

2. 低保对象

农村最低生活保障对象是家庭年人均纯收入低于当地最低生活保障标准的所有农村居民。在起步阶段，首先从保障农村最困难的群体做起，主要是保障因病残、年老体弱、丧失劳动能力以及生存条件恶劣等原因造成生活常年困难的农村居民。最低生活保障金原则上按照申请人家庭年人均纯收入与保障标准的差额发放，也可以在核查申请人家庭收入的基础上，按照其家庭的困难程度和类别，分档发放。在实际执行中，由于很难逐户核实收入情况，多数地方按统计部门监测的贫困人口数确定低保对象人数，并根据大致的收入水平估算，将低保对象划分为若干等级，对每个等级确定一个补差额。

3. 低保资金

农村最低生活保障资金的筹集以地方为主，由地方各级人民政府民政部门根据保障对象人数等提出资金需求，经同级财政部门审核后列入预算。在实际执行中，地方各级财政分担的比例差异较大。

4. 动态管理

申请农村最低生活保障，一般由户主本人向户籍所在地的乡（镇）人民政府提出申请；村民委员会受乡（镇）人民政府委托，也可受理申请。受乡（镇）人民政府委托，村民委员会对申请人开展家庭经济状况调查、组织村民会议或村民代表会议民主评议后提出初步意见，报乡（镇）人民政府；乡（镇）人民政府审核后，报县级人民政府民政部门审批。乡（镇）人民政府和县级人民政府民政部门要核查申请人的家庭收入，了解其家庭财产、劳动力状况和实际生活水平，并结合村民民主评议，提出审核、审批意见。在核算申请人家庭收入时，申请人家庭按国家规定所获得的优待抚恤金、计划生育奖励与扶助金以及教育、见义勇为等方面的奖励性补助，一般不计入家庭收入。乡（镇）人民政府和县级人民政府民政部门要采取多种形式，定期或不定期地调查了解农村困难群众的生活状况，及时将符合条件的困难群众纳入保障范围；并根据其家庭经济状况的变化，及时按程序办理停发、减发或增发最低生活保障金的手续。

二、农村五保供养制度

农村五保供养是指对符合国家相关政策规定的村民，在吃、穿、住、医、葬方面给予的生活照顾和物质帮助。现行的五保供养制度主要根据 2006 年国务院颁布的《农村五保供养工作条例》执行。

1. 供养对象

老年、残疾或者未满 16 周岁的村民，无劳动能力、无生活来源又无法定赡养、抚养、扶养义务人，或者其法定赡养、抚养、扶养义务人无赡养、抚养、扶养能力的，享受农村五保供养待遇。

2. 供养内容

农村五保供养的内容包括：①供给粮油、副食品和生活用燃料；②供给服装、被褥等生活用品和零用钱；③提供符合基本居住条件的住房；④提供疾病治疗，对生活不能自理的给予照料；⑤办理丧葬事宜。农村五保供养对象未满 16 周岁或者已满 16 周岁仍在接受义务教育的，应当保障他们依法接受义务教育所需费用。农村五保供养对象的疾病治疗，应当与当地农村合作医疗和农村医疗救助制度相衔接。

3. 供养方式

农村五保供养对象可以在当地的农村五保供养服务机构集中供养，也可以在家分散供养。农村五保供养对象可以自行选择供养形式。集中供养的农村五保供养对象，由农村五保供养服务机构提供供养服务；分散供养的农村五保供养对象，可以由村民委员会提供照料，也可以由农村五保供养服务机构提供有关供养服务。

4. 资金来源

农村五保供养资金，在地方人民政府财政预算中安排。有农村集体经营等收入的地方，可以从农村集体经营等收入中安排资金，用于补助和改善农村五保供养对象的生活。农村五保供养对象将承包土地交由他人代耕的，其收益归该农村五保供养对象所有。具体办法由省、自治区、直辖市人民政府规定。中央财政对财政困难地区的农村五保供养，在资金上给予适当补助。此外，农村五保供养服务机构可以开展以改善农村五保供养对象生活条件为目的的农副业生产。地方各级人民政府及其有关部门应当对农村五保供养服务机构开展农副业生产给予必要的扶持。

情境反馈

目前，各地方政府对低保对象进行分类施保的实施细则不同，包括划分的类别和保障标准均有差异。梅州市梅江区民政局根据低保对象家庭的收入及家庭成员的身体状况，将低保对象家庭分三类实施保障。A 类施保家庭为三无人员家庭（无依无靠、无法定赡养人或抚养人、无生活来源）。家庭成员中主要创造收入的人员系盲人、严重低视力、智力残疾、精神残疾及一级肢体残疾的。家庭成员中主要创造收入的人员患有癌症、艾滋病、尿毒症、偏瘫、截瘫、脑瘫等重大疾病的。B 类施保家庭有以下几类：①共同生活的家庭成员有身患残疾的；②单亲家庭且小孩正在小学、初中、高中或职中读书的；③夫妻双方系下岗职工，无固定收入来源的困难家庭，且子女在全日制高等院校就读的；④共同生活的家庭成员中有长期生病且须经常治疗的。C 类施保家庭有以下几类：①家庭成员身体健康，但工作岗位不固定，以打零工为主，收入较低且不稳定，生活水平明显低于周围群众的；②就业年龄段内因生病或家中确有困难，暂时不能就业的人员。

知识链接

1. 《城市居民最低生活保障条例》：http://www.mca.gov.cn/article/zwgk/fvfg/zdshbz/200711/20071110003521.shtml。

2. 《国务院关于在全国建立农村最低生活保障制度的通知》：http://www.mca.gov.cn/article/zwgk/fvfg/zdshbz/200711/20071100003801.shtml。

3. 《农村五保供养工作条例》：http://www.mca.gov.cn/article/zwgk/fvfg/zdshbz/200711/20071110003488.shtml。

4. 《社会救助暂行办法》：http://www.gov.cn/flfg/2014-02/27/content_2624221.htm。

案例分析

北京市某区低保户王先生 48 岁、无业。2015 年 9 月他在某商务服务有限公司上班，该公司用他的身份证号和姓名向税务局申报了月工资 3 456 元。区民政部门每月对低保家庭收入进行核查，运用联网的多部门信息核对平台及时了解到王先生的收入变化，从 2016 年 1 月起，民政部门取消了他的低保资格，降低了他的住房补贴金额。

【分析】

2016 年，北京全面实施精准救助，健全救助对象认定、收入核查等机制，实现与北京市各银行、证券机构数据比对，推动与保险机构的数据对接，进一步提升社会救助家庭经济状况核对的准确性，让真正困难的群体得到及时救助。

模块四　老年人社会福利

学习情境

北京市某社区居民姜爷爷双腿有疾，每天两个女儿在上班之余，最重要的事情就是安排他吃饭。自从社区开起“老年餐桌”，姜爷爷就成了那里的常客：“我的吃饭问题有了着落，闺女们可以少操心了！”姜爷爷的生活难题是不少家庭都面临的一个共性问题：不能做饭又无儿女照顾的老年人常常吃不到热的饭菜；能做饭的老年人，也不是顿顿愿意开火，尤其是寡居老年人，吃剩菜剩饭已司空见惯……老年餐桌是解决老年人吃饭问题的方法之一。徐奶奶、魏爷爷、李奶奶几位空巢老人已经在老年餐桌吃午饭 11 个月。“老年餐桌让我们走出了家门！”每天中午，他们都聚到老年餐桌就餐，吃完饭还一起在小区里散步、聊天，日子过得挺惬意。

情境分析

老年餐桌为社区老年居民提供了营养及时的餐食，同时也为老年人走出家门、与人交往提供了机会和平台，不仅满足了老年人的基本生存需求，也满足了老年人的社会交往需求，从而提高了老年人的生活质量和生活满意度。

相关知识

《老年人权益保障法》规定，国家建立和完善老年人福利制度，根据经济社会发展水平和老年人的实际需要，增加老年人的社会福利。国家鼓励地方建立八十周岁以上低收入老年人高龄津贴制度。国家建立和完善计划生育家庭老年人扶助制度。

一、老年人福利的含义

老年人福利的定义有广义和狭义之分。广义的老年人福利，是指国家和社会通过社会化的福利设施和相关福利津贴，以满足老年人的社会服务需求并促使其生活质量不断得到改善的一种社会政策。其内容包括老年人社会救助、养老保险和狭义的老年人福利。

狭义的老年人福利是根据老年人的特殊需求和老年人自身特点，以改善老年人物质生活和精神生活为目的，由政府和其他各种社会组织所提供的福利项目设施和服务的总称。本模块中老年人福利指狭义的定义。民政部现在力推的老年福利制度包括“一津贴、两补贴”，即①高龄老人的高龄津贴；②困难老人、低收入老年人的养老补贴；③关于失能、半失能老人的护理补贴。同时，正在尝试建立计划生育家庭老年人扶助制度。

二、高龄津贴

（一）定义

高龄津贴是老年津贴的一种，是主要针对高龄老年人发放的具有褒扬性质的福利项目，目的在于提高高龄老年人的生活质量，倡导敬老尊老的社会风气。高龄津贴按照“低标准、广覆盖、保基本、多层次、可持续”的总体要求，创新高龄老年人福利制度模式，健全养老保障服务体系，建立保障高龄老年人基本生活需求的长效机制，推进补缺型老年福利向适度普惠型社会福利发展，使广大高龄老年人的基本生活得到保障，不断提高高龄老年人的生活质量。

（二）发展现状

我国高龄补贴政策在 20 世纪 80 年代开始实行，部分地区针对百岁老年人发放高龄老年补贴，后逐步扩展至 80 周岁以上老年人。2008 年民政部在全国民政工作会议上提出：有条件的地区可以建立困难老年人、高龄老年人津贴制度。2010 年 5 月，民政部下发了《民政部关于建立高龄津（补）贴制度先行地区的通报》（民函〔2010〕111 号），要求各地以省（市）为单位，制定统一的高龄补贴标准，并根据实际情况，将 80 周岁以上老年人纳入津贴享受范围，按月向符合条件的老年人发放高龄津贴。目前，全国尚未有统一的制度安排，各地政策差异较大，领取年龄、领取标准、领取条件和待遇水平都不同。

（三）实施特点

1. 发放对象

从主体资格来看，享受高龄津贴待遇主要有3种限制：户籍限制、家庭收入限制、最低年龄限制。在户籍限制上，大部分地区都要求高龄津贴申请者为当地户籍。大多数地区没有收入限制，少部分则选择“三无”人员、低保人员或者其他对象。在最低年龄限制上，各地差异较大。截至2010年年底，在已建立高龄津贴制度的296个市（或县）中，90.87%的地区以80周岁为最低标准年龄。

2. 发放标准

高龄津贴发放标准，原则上按照各地低保标准、补助水平和发放对象的年龄实行分类分档发放，并随当地经济社会发展、群众生活水平的提高和低保标准变动情况适时进行调整。具体的发放标准由各地民政、财政部门按高龄津贴原则协商确定。从实践中的待遇水平来看，各省市往往根据当地实际状况，按月或按年向符合条件的老年人提供一定数额的补贴。高龄津贴标准地区差异较大。不同年龄领取的高龄津贴标准有所差异。例如，80周岁以下老年人的津贴普遍在50～300元/月，90岁以上高龄老年人的津贴标准普遍在500元/月以上。

3. 资金来源

从统筹层次上看，当前高龄津贴制度主要为省级统筹和地市级统筹。2016年8月23日，民政部网站通报了全国省级层面建立老年人补贴制度的情况，北京、天津、河北等26个省（自治区、直辖市）出台了高龄津贴补贴政策。

4. 预期目标

高龄津（补）贴制度应由国家有关部委出台规定在全国推行，对享受范围、发放标准、资金筹集等核心内容进行统一规范。同时，向西部欠发达省份建立该制度的所需资金给予倾斜性的转移支付补助，以便欠发达地区提高标准，使这项制度更好地发挥作用。

三、计划生育家庭老年人扶助

（一）计划生育特殊困难家庭

我国全面推行计划生育以来，广大人民群众积极响应国家号召，自觉实行计划生育，为控制人口过快增长、促进经济社会发展做出了贡献。目前，一些计划生育家庭由于疾病、意外事故等原因导致独生子女伤残、死亡，遇到一些特殊困难。计划生育特殊困难家庭是指独生子女发生伤残或死亡、未再生育或收养子女的家庭。

（二）制度内容

2013年12月18日，国家卫生计生委等五部委发出《关于进一步做好计划生育特殊困难家庭扶助工作的通知》，提出对计划生育特殊困难家庭要加大经济扶助力度，做好养老保障工作，提高医疗保障水平，广泛开展社会关怀活动。

1. 养老保障

对符合条件的计划生育特殊困难家庭成员参加新型农村社会养老保险、城镇居民社会养老保险的，应当按照规定给予参保缴费补贴。对60周岁及以上的计划生育特殊困难家庭成员，特别是失能或部分失能的，要优先安排入住政府投资兴办的养老机构。有条件的地方可对计划生育特殊困难家庭成员中的生活长期不能自理、经济困难的老年人发放护理补贴。

2. 医疗保障

要将符合条件的低收入计划生育特殊困难家庭成员纳入城乡医疗救助范围，给予相应的医疗救助，并帮助其参加城镇居民基本医疗保险或新型农村合作医疗。对有再生育意愿的独生子女伤残死亡家庭，参加生育保险或城镇职工基本医疗保险、城乡居民基本医疗保险的，要将其接受取环、输卵（精）管复通等计划生育手术及再生育服务的医疗费用按照规定纳入支付范围；免费向农村居民提供取环、输卵（精）管复通等计划生育手术服务，并给予住院分娩补助；对确须实施辅助生殖技术的，要做好咨询指导工作，并给予必要的帮助。鼓励和支持各级医疗机构开通“绿色通道”，建立社区医疗服务巡诊制度，为计划生育特殊困难家庭提供便利的就医条件。

3. 社会关怀

充分发挥各类社会组织、企事业单位、群众自治组织，特别是志愿服务组织、社会工作专业服务机构、基层计划生育协会和人口福利基金会等的积极作用，以精神慰藉和心理疏导为重点，深入开展各种形式的社会关怀活动，营造良好的社会氛围。探索发挥保险机制的作用。对生活贫困、住房困难的城镇计划生育特殊困难家庭申请廉租房、公租房等保障性住房的，要优先给予安排；对农村计划生育特殊困难家庭，要按照有关规定优先纳入农村危房改造范围。对符合条件、有收养意愿的计划生育特殊困难家庭，在同等条件下，优先安排其收养子女。要加大对残疾独生子女的帮扶力度，逐步实行高中阶段免费教育，鼓励参加职业技能培训，对符合条件的人员按照规定给予相关政策扶持，优先安排医疗康复项目，优先适配基本型辅助器具。计划生育特殊困难家庭成员死亡的，可提供必要的丧葬服务补贴。要建立计划生育特殊困难家庭联系人制度，将失去民事行为能力的计划生育特殊困难家庭成员纳入国家成年监护制度安排中，及时沟通情况，了解需求，提供必要的帮助。

（三）养老照护试点工作

国家卫生计生委自 2014 年 9 月起在全国范围开展计划生育家庭养老照护试点工作，共确定北京市西城区、黑龙江省大兴安岭地区、上海市闵行区、山东省潍坊市、青岛市市南区、总参管理保障部北极寺老干部服务管理局等 37 个市（区、单位）为计划生育家庭养老照护试点单位。根据试点方案，试点单位要组织经过培训的人员走进计划生育家庭，特别是计生特困家庭及有失能老人的家庭，开展有针对性的生活照料、家庭保健、照顾护理、精神慰藉、紧急救援等活动。

1. 制度目标

探索建立系统完整的计划生育家庭居家养老照护支持体系，保障计划生育家庭老年人能够获得所需的、适宜的健康服务，提高老年人的健康水平，改善生活质量，增强独立生活能力，延长健康预期寿命。

2. 服务内容

建立面向家庭、广泛参与、能够满足计划生育家庭老年人养老照护需求的服务网络和队伍，积极探索政府购买服务的新模式。例如，积极培育居家养老服务企业和机构，上门为居家老年人提供助餐、助浴、助洁、助急、助医等定制服务，为居家老年人提供规范化、个性化服务；支持企业和机构运用互联网、物联网等技术手段创新居家养老服务模式，建设居家服务网络平台，提供紧急呼叫、健康咨询等适合老年人的服务项目。

四、老年人护理补贴

《老年人权益保障法》第三十条规定，国家逐步开展长期护理保障工作，保障老年人的护理需求。对生活长期不能自理、经济困难的老年人，地方各级人民政府应当根据其失能程度等情况给予护理补贴。

（一）定义

失能老人的长期照护补贴制度是为满足经济困难的失能老人长期照护需求而设立的社会福利津贴制度，是一项补缺型的社会福利制度，其具有福利性、针对性、政府主导等基本特点。

（1）福利性。对于已认定的、经济困难的、较严重失能的老人，由政府出资给予一定数量的经济上的补贴，而不需要其他任何附加条件，不需要失能老人对此补贴进行投入，即失能老人享受这种服务补贴不是市场交换的结果，而纯粹是来自政府的福利。

（2）针对性。这一制度只惠及失能老人中的部分人员，即对中度失能和重度失能且经济困难的老人予以补贴资助。

（3）政府主导。失能老人护理补贴制度是政府在失能老人问题比较严重，政府实践以人为本、改善民生的政策路线的情况下实施的制度安排。

（二）主要内容

1. 目标要求

通过建立健全经济困难的高龄、失能等老年人补贴制度，有效缓解部分老年人的实际困难，形成多元化的投入格局，充分发挥财政资金的引导和示范效应。截至 2016 年 8 月，20 个省份出台了养老服务补贴政策，17 个省份出台了护理补贴政策。这些政策对于健全老年人福利制度、保障养老服务资金，提升老年人生活质量，具有重要意义。民政部要求各地认真学习借鉴，以普惠性、均等化、可持续为方向，加快建立惠民制度，在“十三五”期间在省级层面全覆盖。未出台相应补贴政策的地区，要结合当地实际，加快工作进度，尽快出台政策。已出台相关补贴政策的地区要做好老年人评估工作，逐步提高补贴标准和覆盖面，切实增强老年人获得感。

2. 具体措施

省级财政部门要会同民政部门、老龄工作部门，结合当地实际，及时制定经济困难的高龄、失能等老年人补贴制度的资金管理办法和具体实施方案，明确具体补助项目、补助范围、补助标准、资金筹集渠道、申请条件和审查公示、发放程序以及监督管理措施等内容。已经出台了相关补贴政策的地区，要进一步完善补助政策，强化资金管理，不断提高资金使用效益。补贴范围、补贴标准、补贴方式和保障措施等由省级人民政府根据实际情况，充分考虑财力状况自主决定。要坚持统筹兼顾、公开透明。既要考虑高龄和失能等老年人的养老服务需求，又要做好新出台的补贴政策与其他老年人社会保障政策的衔接，上述老年人的生活困难，原则上通过基本养老保险、社会救助制度等解决。

3. 资金保障

按照事权与支出责任相匹配的原则，经济困难的高龄、失能等老年人的养老服务补贴经费由地方财政负担。各地财政部门应准确地测算养老服务补贴所需资金，列入年度财政预算。

情境反馈

依据《关于进一步加强北京市老年人优待工作的意见》（京民老龄发〔2015〕289 号）的规定，生活在北京的老年人，无论是京籍还是非京籍，只要符合一定的条件，都可以享受到保险、养老金、医疗、营养餐等方面的照顾，福利项目概括起来有 19 项之多。北京重点培育老年餐饮、康复护理、养老家政等“北京品牌”企业，同时开展老年营养餐配送服务体系建设，每个区县至少建立一个老年营养餐试点。老年人可以吃上营养均衡的餐饮。

知识链接

1. 《关于建立高龄老人生活津贴制度的情况汇报》：http://www.hangzhou.gov.cn/art/2011/7/5/art_812005_118626.html。

2. 《内蒙古自治区实现 80 岁以上低保老人高龄津贴全覆盖》：http://www.mca.gov.cn/article/zwgk/dfxx/ttxx/201405/20140500642043.shtml。

3. 《浙江省平湖市分类确定城乡困难老人养老服务补贴标准》：http://www.mca.gov.cn/article/zwgk/dfxx/201211/20121100375017.shtml。

4. 《湖南省老龄工作委员会　湖南省民政厅关于建立湖南省基本养老服务补贴制度的实施意见》：http://hunan.mca.gov.cn/article/zcfg/stwj/201405/20140500634534.shtml。

5. 《国家卫生计生委等 5 部门关于进一步做好计划生育特殊困难家庭扶助工作的通知》：http://www.nhfpc.gov.cn/jtfzs/s3581/201312/206b8b4e214e4a5ea2016417843d7500.shtml。

6. 《国家卫生计生委办公厅关于开展计划生育家庭养老照护试点工作的通知》：http://www.moh.gov.cn/jtfzs/s3581c/201410/3634f50e01344f11abd36ee895e6e7c1.shtml。

7. 《关于进一步加强北京市老年人优待工作的意见》：http://zhengwu.beijing.gov.cn/gzdt/gggs/t1403027.htm。

案例分析

2016 年 6 月 26 日 9：20，上海市 48 路公交终点站西区汽车站，待发的一辆公交车内的 12 位乘客中，都是中青年人，没有一位老年人，而平时，车厢内的乘客大多数是白发苍苍的老年人。“我一早出车，到现在已开了 4 圈，老年乘客明显减少，感觉比平时下降了八九成。”驾驶员庄利平说。上海市民李大爷，72 岁，身体健康，原来经常坐 48 路公交车出门，如今改为骑自行车出门了。当问其原因时，李大爷说：“今天起，我们坐公交不再免费了，所以不想再坐公交了。政府会给我们发老年综合津贴，我每月能领 150 块钱呢。”

【分析】

根据上海市人民政府统一部署，老年综合津贴制度实施后，不再实行 70 周岁以上沪籍老年人免费交通制度，即从 2016 年 6 月 26 日起，上海老年人乘公交、地铁需要买票了。上海为了提高本市老年人福利水平、促进老年人福利均等化，针对沪籍老年人建设了一项“老年综合津贴制度”，把“高龄老人营养补贴”和“70 岁以上老年人免费乘车”等单项补贴，统筹调整为统一的老年综合补贴，受益范围扩大至 65 周岁以上的沪籍老年人，受益人群由 170 万人扩大到 270 万人，每年财政补贴由 8.5 亿元增长到超过 33 亿元。老年综合津贴的具体标准为：65 ～ 69 岁，每人每月 75 元；70 ～ 79 岁，每人每月 150 元；80 ～ 89 岁，每人每月 180 元；90 ～ 99 岁，每人每月 350 元；100 岁及以上，每人每月 600 元。老年综合津贴通过“上海市敬老卡”发放。老年综合津贴标准不是一成不变的，还将根据上海市经济社会发展水平做出适当调整。

单元小结

老年人社会保障是区别于传统家庭养老的正式的养老保障制度，主要包括社会保险、社会救助和社会福利三大体系。其中，老年人社会保险主要包括养老保险、医疗保险和长期护理保险制度；老年人社会救助包括农村五保供养、城乡最低生活保障制度、城乡医疗救助等；老年人社会福利包括老年人照顾、医疗保健、文化服务、高龄津贴、计划生育家庭老年人扶助等。本单元对三大体系的主要制度内容做了介绍，使学生能够对老年人社会保障制度框架有初步的认识和理解。

实践强化

实践题目：老年人社会保障制度宣传

要求：以小组为单位，选取本单元的任一模块内容作为宣传主题，制作“老年人××××制度”宣传海报。宣传老年人社会保障制度相关法律法规，提高老年人对社会保障制度的知晓和理解程度，提升老年人的维权意识、维权能力。

实践成果：海报。

成果展示：根据各小组成果情况，择优张贴于宣传栏。

学习单元四　老年人社会优待制度

单元导读

老年人是历史发展和社会进步的见证者、奉献者，他们为推动社会的发展奉献了很多，理应受到全社会的尊敬和爱护。人间重晚晴，老人的境况如何，是衡量一个社会文明程度的尺度。让老年人多一点“晚晴”，是建设和谐社会的应有之义。优待老年人，还不只是让老年人得实惠，其更深远的意义是张扬了一个价值导向，有利于在全社会更好地形成敬老爱老的氛围。老年人优待作为老年社会福利的重要内容，是指国家和社会为了安定老年人生活、维护老年人健康、充实老年人精神文化生活而提供的相应设施和服务的一项政策措施。

我国各省、自治区、直辖市因地制宜，均在《关于进一步加强老年人优待工作的意见》的基础上，出台了老年人社会优待政策，合理确定本行政区域内的优待对象和优待标准，率先在交通出行、文体休闲、卫生保健、商业服务等方面对老年人实行优待，并对常住本行政区域内的老年人给予同等优待。

学习目标

知识目标

1. 掌握老年社会优待的概念。
2. 了解老年社会优待的相关政策法规。
3. 了解老年社会优待的项目。

技能目标

1. 能正确理解老年社会优待的意义。
2. 能掌握老年社会优待的政策法规。
3. 能在老年服务中做好老年优待工作。
4. 能对老年优待项目进行完善和补充。

素质目标

1. 重视老年人的需求。
2. 具有优待老年人的服务意识。

模块一　老年人社会优待政策认知

学习情境

天津的刘先生是独生子女，他在天津生活了十年，已经结婚定居，妻子刚刚生了孩子。他的父母原来生活在湖南，已年满65周岁，退休后搬来天津，打算与他共同长期居住。刘先生说，他为老人办理了居住证。他想，父母既然投靠了他，他就希望父母在天津能有归属感。

情境分析

让老年人安度晚年，享受社会提供的均等的优待政策，是社会文明进步的重要标志之一。各地老年人优待政策实施情况参差不齐，老年人优待政策割裂的现状很难让老年人充分享受均等的优待政策。有的地方早已实施，有些地方还没有实施；有的地方优待政策较多，有的则较少。更为重要的是，老年人的优待政策在各地都是区域性的，老年人一旦出门跨地区，优待政策就不灵了。因此有必要对老年人优待的相关政策法规进行深入的理解和认知。

相关知识

保障老年人权益是全社会的共同责任，国家机关、社会团体、企事业单位和其他组织应当按照各自的职责，做好老年人权益保障工作，不履职尽责要依法追究责任。例如，自 2016 年 5 月 1 日起施行的《吉林省老年人权益保障条例》第五十八条规定："对不履行保护老年人合法权益职责的部门或者组织，其上级主管部门应当给予批评教育，责令改正。国家工作人员违法失职，致使老年人合法权益受到损害的，由其所在单位、上级机关责令改正，或者依法给予处分；构成犯罪的，依法追究刑事责任。"

一、老年人社会优待的定义与意义

（一）老年人社会优待的定义

老年人社会优待是政府和社会在做好公民社会保障和基本公共服务的基础上，在医、食、住、用、行、娱等方面，积极为老年人提供的各种形式的经济补贴、优先优惠和便利服务。做好老年人优待工作，是增进老年人福祉的重要举措，也是社会文明进步的重要标志。

老年人优待是在依法维护老年人合法权益、促进公共服务均等化的基础上，促进保障和改善老年人民生的重要举措。实施老年人优待工作要始终贯彻"政府主导、社会参与"的原则，政府作为优待工作的实施主体，应发挥主导地位和引领作用，同时也要采取措施鼓励社会各界力量参与优待工作。各地要因地制宜，量力而行，积极推进。重视优待政策的连贯性、前瞻性以及与相关制度之间的衔接一致，统筹协调好优待工作有关方面的关系，如优待工作与老龄事业的关系、优待政策与社会保障制度的关系、城市与农村优待工作、代际利益关系等。不仅要重视和满足失能、高龄、贫困、农村等特殊老年群体的需求，还要在这一基础上，逐步发展面对全体老年人的普惠型优待项目。

（二）老年人社会优待的意义

老年人是社会人口结构的重要组成部分，开展老年优待是社会稳定、经济繁荣的客观要求。老年优待的开展能从各个方面满足老年人的需求，使老年人更好地享受社会发展成果。

1. 能够满足老年人的生理需求，保障基本生活

生理需求是指人们最原始、最基本的需要，如空气、水、吃饭、穿衣、住宅、医疗等。它是最强烈的不可避免的最基本需要，也是推动人们行动的强大动力。如果生理需求不能得到满足，那么老年人的生存将面临威胁。生理需求是人的基本需求，它从客观上要求国家和政府实施老年优待，

对老年人的基本生活及医疗实施保障。

2. 开展老年优待服务能够满足老年人的安全需求

安全需求要求劳动安全、职业安全、生活稳定、希望免于灾难、希望未来有保障等。安全需求比生理需求高一级，当生理需求得到满足以后就要保障安全需求。每一个在现实中生活的人，都会产生安全感的欲望、自由的欲望、防御实力的欲望。要满足老年人的安全需求，那么就要求我们开展养老保障、医疗保险、法律维权等老年优待服务，从而让老年人安心、开心地生活，没有后顾之忧。

3. 开展老年优待服务能够满足老年人的社交需求

社交需求也叫归属与爱的需要，是指个人渴望得到家庭、团体、朋友、同事的关怀爱护理解，是对友情、信任、温暖、爱情的需要。社交需求比生理需求和安全需求更细微、更难捉摸。老年人由于年龄增长、活动能力下降，逐步被要求退出社会舞台，转变社会角色。很多老年人难以适应退休后的生活，容易产生失落、孤独、无用等情感，产生心理疾病。心理和生理互相影响，导致身体状况大不如前。为了缓解老年人因为退出工作岗位而产生的心理、生理问题，我们应该大力开展与老相关的活动，让老年人发挥余热，满足其社交需求，实现自我价值。比如大力发展老年教育、老年旅游、老年协会等，为老年人开辟更为广阔的老有所为平台，让其找到生命的意义和价值。

二、老年人社会优待相关政策法规

2005 年，全国老龄办联合 21 个部委出台了《关于加强老年人优待工作的意见》，在指导和推动全国优待工作方面取得了重要进展，将维护老年人优待工作纳入了社会管理制度建设的轨道，使其成为国家养老体系的重要组成部分。这是我国第一个专门就老年人优待工作出台的文件，也是继《老年人权益保障法》和《中共中央 国务院关于加强老龄工作的决定》之后的又一部老龄工作国家级政策性文件。之后，各省、市、县党委政府也相继出台了一系列法规、意见、规定等文件。

2012 年修订的《老年人权益保障法》将“社会优待”专设成章。为了贯彻落实法律的有关精神，依法保障老年人享受社会优待的权益，2013 年 12 月 30 日，全国老龄办再次会同 23 个部门联合印发了《关于进一步加强老年人优待工作的意见》（以下简称《意见》），要求政府和社会在做好公民社会保障和基本公共服务的基础上，在医、食、住、用、行、娱等方面，积极为老年人提供各种形式的经济补贴、优先优惠和便利服务，不断提升老年人的生活质量。这些优待政策和意见是党和政府对老年人的关怀，是社会和人民对老年人的尊重，是社会发展的需要，顺应形势，深得民心，是老年人有尊严地健康生活的政策保障。

《意见》与 2005 年制定的《关于加强老年人优待工作的意见》相比，优待项目从原来的 5 类 20 项，拓展至 6 类 38 项。《意见》在基本原则上更加注重统筹协调；在政策理念上更加强调同等优待；在优待项目上更加关注内容创新；在发展愿景上更加注重目标合理；在内容设计上更加突出优待权益。

《意见》共分总体要求、优待项目和范围、组织实施三个部分：①确立了优待工作的总目标。《意见》提出争取在 2015 年，实现县级以上人民政府全面建立健全老年人优待政策，社会敬老氛围更加浓厚，各项优待规定得到有效落实；2020 年，实现优待工作管理进一步规范，优待项目进一步拓展，优待水平进一步提升，老年人过上更加幸福的小康生活。②明确了优待的基本原则，即政府主导，社会参与；因地制宜，积极推进；突出重点，适度普惠；统筹协调，和谐共融。③拓展了优待项目。《意见》全文共计38条，进一步明确了优待项目、标准和范围，要求各地在政务服务优待、卫生保健优待、交通出行优待、商业服务优待、文体休闲优待等方面积极为老年人提供各种形式的经济补贴、优先优惠和便利服务。④细化了同等优待的项目内容。为了落实《老年人权益保障法》关于同等优待的有关规定，《意见》要求各地可因地制宜，在《意见》的基础上合理确定优待对象和优待标准，率先在交通出行、文体休闲、卫生保健、商业服务等方面，对常住本行政区域内的老年人给予同等优待，并根据本地实际情况，逐步拓展同等优待范围。

截至2015年8月，全国有19个省份建立了高龄津贴制度，23个省份建立了经济困难老年人养老服务补贴制度。全国普遍推广实施老年人意外伤害保险制度、计划生育特殊家庭老年人扶助制度。各省均出台了老年人社会优待政策，在交通出行、医疗卫生服务、文体休闲等方面对老年人实行优待。

情境反馈

根据天津市的落户政策，在其他省市无子女赡养的父母可投靠在津子女。外省市人员，男性年满60周岁，女性年满55周岁，其他省市无子女投靠，且子女户口均在天津市的，准予在津落户。落户需要携带父母的身份证、户口簿及在津子女的身份证、户口簿到被投靠人户口所在地公安分局户政大厅或派出所办理申请。根据天津市的相关政策规定，办理老年优待证，明确提出了对天津市户籍60周岁以上的公民实行优待服务，所以目前只有天津市户口的老年人可以办理天津市老年优待证，暂无异地户籍扩面办理政策。所以，刘先生希望父母享受天津的老年优待政策，可以先办理父母投靠子女落户，老人成为天津市正式户口，即可办理天津市老年优待证。

知识链接

1.《加强老年人社会优待工作 促进老年人共享改革开放成果》：http://china.findlaw.cn/info/baozhangfa/shyf/shyd/101431_2.html#p2。

2. 冯威，《老年人社会优待政策法治化》：http://www.doc88.com/p-3993487172657.html。

案例分析

一天，83岁的钟阿婆在客运中心等公交，说来也巧，只有钟阿婆一个人站在公交站牌那里等车，好不容易等来一辆公交车，可无论钟阿婆怎么招手，公交车驾驶员却仿佛没看见一样，飞奔而过，这让钟阿婆心里有些"堵"。钟阿婆遇到了公交拒载的情况。同时，不少老年人反映，如果是自己单独等公交车，基本上都遇到过拒载或者把车停在离站牌较远的地方。

【分析】

北京市户籍老年人在生活服务、社会保障、文体休闲、医疗保健、养老扶助和维权服务等方面享受11项优待服务，其中包括65周岁及以上老年人免费乘坐市域内地面公交车。广州市2001年即出台了全国首个以政府规章形式颁布的《广州市老年人优待办法》，对具有广州市户籍的60

岁以上老年人在交通出行、文体休闲、公共服务、医疗服务、维权服务、农村筹劳、住房保障以及百岁老年人享受长寿保健金等方面有优待规定。成都市规定，凡常住户口在成都市行政辖区内、年满60周岁以上的老年人，均可按自愿的原则办理由成都市人民政府制发的《老年优待证》，享受优待。

模块二　老年人社会优待政策的实施

学习情境

2015年，已经70岁的徐先生为了照顾孙辈，从东北到北京居住已经2年了。国庆节，他带着老伴和孩子去景点游玩，当他到景点买票时，被景点工作人员告知他和68周岁的老伴都免票了。他高兴极了，在北京享受到了和北京老年人同样的待遇，前几年，可是需要买半票的。

情境分析

2014年9月，北京市民政局、北京市发改委等27个委办局联合下发《关于进一步加强北京市老年人优待工作的意见》，针对老年人的优待政策从之前的9项增加至6大类共44项，受益老年人也从此前的北京市户籍老年人，拓展到在京常住的外埠老年人。这意味着，今后在京常住的外埠老年人，也将享受与北京老年人同样的优待。

相关知识

一、老年社会优待对象及工作成效

老年社会优待的基本对象为60周岁以上的老年人。

近年来，我国老年优待工作在各地方取得了一定的成效。截至2015年8月，在政务服务方面，19个省（自治区、直辖市）建立了高龄津贴制度，23个省（自治区、直辖市）出台了经济困难老年人养老服务补贴政策，北京、天津、上海、黑龙江等地建立了失能老年人护理补贴制度，青岛率先探索试行了长期护理保险制度；在卫生保健方面，老年医疗卫生服务网点不断增多，老年病医院、护理院、老年康复医院、综合医院老年病科建设步伐明显加快；在交通出行方面，城市公共交通实现70周岁以上老年人票价普惠，很多地方将年龄下移至65周岁甚至60周岁，备受老年群众欢迎；在商业服务方面，水、电、暖气、燃气、金融、保险、电信、通信等与老年人日常生活息息相关的商业服务单位，坚持经济效益与社会效益并重的原则，为老年人提供优先优惠服务；在文体休闲方面，各级各类博物馆、美术馆、纪念馆等公共文化服务设施实现对所有老年人免费开放，旅游景区、健身场所、影剧院等经营性单位也积极为老年人提供优惠和便利；在法律服务方面，各级法院、公安、司法等部门对涉老维权案件做到依法及时立案、及时处理、及时执行，并通过多种方式为老年人维权提供便利，有的地方还专门成立了“老年合议庭”“老年法庭”“老年人法律服务团”等，较好地保障了老年人的合法权益。

二、老年社会优待项目

1. 政务服务优待

（1）社会保障制度和公共服务政策对老年人予以适度倾斜。国家有关文件规定，在劳动者年老或丧失劳动能力后，根据他们对社会所做的贡献和所具备的享受养老保险资格或退休条件，按月或一次性以货币形式支付的保险待遇，主要用于保障职工退休后的基本生活需要。参加养老保险的个人，达到法定退休年龄（现行为男60周岁，女50/55周岁）且养老保险缴纳满15年，就可以按月领取养老金。目前，老年人在领取养老金时可以享受以下优待：①部分银行内部设有老年人专用窗口，并提供“导银”服务，让老年人能按时顺利领取到养老金；②根据国家发改委、中国银行业监督管理委员会（以下简称中国银监会）印发的《关于印发商业银行服务政府指导价政府定价目录的通知》，从2014年8月1日起，离退休人员个人基本养老金账户每月前两笔且每笔不超过2 500元（含2 500元）的部分将免收本行异地取现手续费，而前两笔中每笔超过2 500元的部分以及第3笔之后的金额，可收本行异地取现手续费。

（2）鼓励地方建立80周岁以上低收入老年人高龄津贴制度。截至2015年8月，全国共有19个省（自治区、直辖市）建立了高龄津贴制度，23个省（自治区、直辖市）出台了经济困难老年人养老服务补贴政策，北京、天津、上海、黑龙江等地建立了失能老年人护理补贴制度。

（3）政府投资兴办的养老机构，要在保障“三无”老年人、“五保”老年人服务需求的基础上，优先照顾经济困难的孤寡、失能、高龄老年人。

（4）各地对经济困难的老年人要逐步给予养老服务补贴。对生活长期不能自理、经济困难的老年人，要根据其失能程度等情况给予护理补贴。

（5）各地在实施廉租住房、公共租赁住房等住房保障制度时，要照顾符合条件的老年人，优先配租配售保障性住房；进行危旧房屋改造时，优先帮助符合条件的老年人进行危房改造。

（6）政府有关部门要为老年人及时、便利地领取养老金、结算医疗费和享受其他物质帮助，创造条件，提供便利。鼓励和引导公共服务机构、社会志愿服务组织优先为老年人提供服务。

（7）政府有关部门在办理房屋权属关系变更等涉及老年人权益的重大事项时，应依法优先办理，并就办理事项是否为老年人的真实意愿进行询问，有代理人的要严格审查代理资格。

（8）免除农村老年人兴办公益事业的筹劳任务。经农村集体经济组织全体成员同意，将未承包的集体所有的部分土地、山林、水面、滩涂等作为养老基地，收益供老年人养老，纳入国家和地方湿地保护体系及其自然保护区的重要湿地除外。

（9）政府有关部门要完善老年人社会参与方面的支持政策，充分发挥老年人参与社会发展的积极性和创造性。

（10）对有老年人去世的城乡生活困难家庭，减免其基本殡葬服务费用，或者为其提供基本殡葬服务补贴。对有老年人去世的家庭，选择生态安葬方式的，或者在土葬改革区自愿实行火葬的，要给予补贴或奖励。

2. 卫生保健优待

（1）医疗卫生机构要优先为辖区内65周岁以上常住老年人免费建立健康档案，每年至少提供1次免费体格检查和健康指导，开展健康管理服务。定期对老年人进行健康状况评估，及时发现健康风险因素，促进老年疾病早发现、早诊断、早治疗。积极开展老年疾病防控的知识宣传，开展老年慢性病和老年期精神障碍的预防控制工作。为行动不便的老年人提供上门服务。

（2）鼓励设立老年病医院，加强老年护理院、老年康复医院建设，有条件的二级以上综合医院应设立老年病科。

（3）医疗卫生机构应为老年人就医提供方便和优先优惠服务。通过完善挂号、诊疗系统管理，开设专用窗口或快速通道，提供导医服务等方式，为老年人特别是高龄、重病、失能老年人挂号（退换号）、就诊、转诊、综合诊疗提供便利条件。

（4）鼓励各地医疗机构减免老年人普通门诊挂号费和贫困老年人诊疗费。提倡为老年人义诊。

（5）倡导医疗卫生机构与养老机构之间建立业务协作机制，开通预约就诊绿色通道，协同做好老年人慢性病管理和康复护理，加快推进面向养老机构的远程医疗服务试点，为老年人提供便捷、优先、优惠的医疗服务。

（6）支持符合条件的养老机构内设医疗机构，申请纳入城镇职工和城乡居民基本医疗保险范围。

3. 交通出行优待

（1）城市公共交通、公路、铁路、水路和航空客运，要为老年人提供便利服务。

（2）交通场所和站点应设置老年人优先标志，设立等候专区，根据需要配备升降电梯、无障碍通道、无障碍洗手间等设施。对于无人陪同、行动不便的老年人给予特别关照。

（3）城市公共交通工具应为老年人提供票价优惠，鼓励对65周岁以上老年人实行免费，有条件的地方可逐步覆盖全体老年人。各地可根据实际情况制定具体的优惠办法，对落实老年优待任务的公交企业要给予相应的经济补偿。

（4）倡导老年人投保意外伤害保险，保险公司对参保老年人应给予保险费、保险金额等方面的优惠。

（5）公共交通工具要设立不低于座席数10%的“老幼病残孕”专座。铁路部门要为列车配备无障碍车厢和座位，对有特殊需要的老年人订票和选座位提供便利服务。

（6）严格执行《无障碍环境建设条例》《社区老年人日间照料中心建设标准》和《养老设施建筑设计规范》等建设标准，重点做好居住区、城市道路、商业网点、文化体育场馆、旅游景点等场所的无障碍设施建设，优先推进坡道、电梯等与老年人日常生活密切相关的公共设施改造，适当配备老年人出行辅助器具，为老年人提供安全、便利、舒适的生活和出行环境。

（7）公厕应配备便于老年人使用的无障碍设施，并对老年人实行免费。

4. 商业服务优待

（1）各地要根据老年人口规模和消费需求，合理布局商业网点，有条件的商场、超市设立老年用品专柜。

（2）商业饮食服务网点、日常生活用品经销单位以及水、电、暖气、燃气、通信、电信、邮政等服务行业和网点，要为老年人提供优先、便利和优惠服务。

（3）金融机构应为老年人办理业务提供便捷服务，设置老年人取款优先窗口，并提供“导银”服务，对有特殊困难、行动不便的老年人提供特需服务或上门服务。鼓励对养老金客户实施减费让利，对异地领取养老金的客户减免手续费。对办理转账、汇款业务或购买金融产品的老年人，应提示相应风险。

5. 文体休闲优待

（1）各级各类博物馆、美术馆、科技馆、纪念馆、公共图书馆、文化馆等公共文化服务设施，向老年人免费开放。减免老年人参观文物建筑及遗址类博物馆的门票。

（2）公共文化体育部门应对老年人优惠开放，免费为老年人提供影视放映、文艺演出、体育赛事、图片展览、科技宣传等公益性流动文化体育服务。关注农村老年人文化体育需求，适当安排面向农村老年人的专题专场公益性文化体育服务。

（3）公共文化体育场所应为老年人健身活动提供方便和优惠服务，安排一定时段向老年人减免费用开放，有条件的可适当增加面向老年人的特色文化体育服务项目。提倡体育机构每年为老年人进行体质测定，为老年人体育健身提供咨询、服务和指导，提高老年人的科学健身水平。

（4）提倡经营性文化体育单位对老年人提供优待。鼓励影剧院、体育场馆为老年人提供优惠票价，为老年文艺体育团体优惠提供场地。

（5）公园、旅游景点应对老年人实行门票减免，鼓励景区内的观光车、缆车等代步工具对老年人给予优惠。

（6）老年活动场所、老年教育资源要对城乡老年人公平开放，公共教育资源应为老年人学习提供指导和帮助。贫困老年人进入老年大学（学校）学习的，给予学费减免。

6. 维权服务优待

（1）各级人民法院对侵犯老年人合法权益的案件，要依法及时立案受理、及时审判和执行。

（2）司法机关应通过电话和网络服务、上门服务等形式，为高龄、失能等行动不便的老年人报案、参与诉讼等提供便利。

（3）老年人因其合法权益受到侵害提起诉讼，需要律师帮助但无力支付律师费用的，可依法获得法律援助。对老年人提出的法律援助申请，要简化程序，优先受理、优先审查和指派。各地可根据经济社会发展水平，适度放宽老年人经济困难标准，将更多与老年人权益保护密切相关的事项纳入法律援助补充事项范围，扩大老年人法律援助覆盖面。

（4）要健全完善老年人法律援助体系，不断拓展老年人申请法律援助的渠道，科学设置基层法律援助站点，简化程序和手续，为老年人就近申请和获得法律援助提供便利条件。

（5）老年人因追索赡养费、扶养费、养老金、退休金、抚恤金、医疗费、劳动报酬、人身伤害事故赔偿金等提起诉讼，交纳诉讼费确有困难的，可以申请司法救助，缓交、减交或者免交诉讼费。因情况紧急需要先予执行的，可依法裁定先予执行。

（6）鼓励律师事务所、公证处、司法鉴定机构、基层法律服务所等法律服务机构，为经济困难的老年人提供免费或优惠服务。

三、部分省（自治区、直辖市）老年人优待的制度措施

目前，我国各地根据本地区的实际情况，围绕交通出行、医疗保健、文体休闲、商业服务、政务服务等方面，为老年人提供了多样化的优待项目。当然，由于各地经济、社会、文化等存在一定的差异，地方政策之间也存在不同，详见表 4-1。

表 4-1 部分省份老年优待具体措施

省、直辖市及相关文件	实施时间	适用范围	优待项目				
			交通出行	医疗保健	文体休闲	商业服务	政务服务
广东《广东省老年人优待办法》	自 2014 年 3 月 1 日起施行	60 周岁以上	城市公共交通、公路、铁路、水路和航空客运	建立和完善医疗救助制度、城乡居民医疗保险的个人缴费部分，政府予以全额资助	公园、风景区、文化宫、博物馆、美术馆、科技馆、纪念馆、图书馆、文化馆（站）、影剧院、展览馆、体育场馆	邮政、电信、银行、餐饮、商场、供电、供水、燃料、维修等服务行业，为老年人提供优先、优惠等服务	医疗救助、贫困救助、特殊困难群体救助
北京《北京市老年人社会保障和社会优待办法》	自 2013 年 7 月 1 日起施行	60 周岁及以上	65 周岁及以上老年人免费乘坐市域内地面公交车。有条件的城市公交车站要设置无障碍等候专区，方便老年人乘车。城市公共交通车辆要设立不低于座席数 10% 的老幼病残孕专座	大、中型医疗机构对老年人就医提供“六优先”（挂号、就诊、化验、检查、交费、取药）服务。社区卫生服务机构对老年人实行“三优先”（就诊、出诊、建立家庭病床）服务，实行社区卫生服务首诊制。每年为无社会养老保障的老年人免费提供一次体检服务。实行收支两条线管理的社区卫生服务机构对老年人免收普通门诊挂号费，免费建立健康档案，对享受城乡居民最低生活保障待遇和生活困难补助的老年人免收家庭病床查床费 社区卫生服务机构优先对辖区内 65 周岁及以上老年人免费建立健康档案	市、区（县）级政府投资主办或控股的公园、风景名胜等旅游景区对 65 周岁及以上老年人免收门票费（大型活动期间除外）。60 至 64 周岁老年人优惠购买市属公园通用年票，每张 50 元。提倡社会组织投资主办或控股的公园、风景名胜等旅游景区，对老年人给予适当优惠 市、区（县）级财政支持的各类博物馆（院）、美术科技和纪念场馆、烈士纪念建筑物、名人故居、公共图书馆等公益性文化设施向老年人免费开放。提倡非财政支持的公益性文化设施为老年人提供优惠服务	金融机构应为老年人办理业务提供便捷服务，提供“导银”服务，对行动不便、重病的老年人提供上门服务或代办服务	制定社会救助、保障政策，实施经济适用房、公租房等住房保障制度，有关部门在办理房屋权属关系变更、户口迁移等涉及老年人权益的重大事项时应依法优先办理，并就老年人的真实意愿进行询问，严格审理代理人资格。对有特殊困难、行动不便的老年人提供上门服务

（续）

省、直辖市及相关文件	实施时间	适用范围	优待项目				
			交通出行	医疗保健	文体休闲	商业服务	政务服务
陕西《陕西省老年人优待办法》	自2012年5月1日起施行	70周岁以上	老年人凭《敬老优待证》，可优先购买火车票、长途汽车票、飞机票，享受各设区市政府已经出台的老年人乘车优待办法。省内飞机场、火车站、长途汽车站及公共交通工具内，应设老年人专座	老年人凭《敬老优待证》在各级各类医疗机构（含民营和个体诊所）就医时，享受优先就诊、化验、检查、交费、取药、住院的服务。各设区市、县（区）级卫生部门，每年应为百岁以上的老年人免费体检一次	老年人凭《敬老优待证》，可免费进入国有或国家投资为主体的公园、旅游景点、风景名胜区、博物馆、纪念馆	涉及老年人优待服务的单位和场所，应依照本办法的规定，挂牌明示服务内容，设立老年人服务标示牌，落实服务条款，提供优质文明服务	律师事务所和法律咨询服务机构，应优先为老年人提供有关维护老年人合法权益方面的法律咨询。老年人因其合法权益受到侵害，需要获得律师帮助但无力支付律师费用的，可按有关程序申请法律援助
上海《上海市老年人权益保障条例》	自2016年5月1日起施行	60周岁以上	公共交通运营单位应当为老年人乘坐公共交通工具提供便利服务，在公共交通场所和站点设置老年人优先标志，在有条件的地方设立老年人等候专区，对无人陪同、行动不便的老年人给予照顾；根据实际需要配置方便老年人出行的无障碍公共交通工具	医疗机构应当通过完善挂号和诊疗系统、开设专用窗口或者快速通道、提供导医服务等方式，为老年人就医提供方便和优先服务	实行政府定价或者政府指导价管理的公园、旅游景点等游览参观点的门票价格应当对老年人实行优惠；博物馆、美术馆、科技馆、纪念馆、图书馆、文化馆、群艺馆、影剧院、体育场馆等公共文化体育设施，应当向老年人免费或者优惠开放，并提供便利服务	供水、供电、燃气、通信、邮政等单位应当为老年人提供优先和便利服务，并在服务网点或者场所设置明显的优待标志	老年人因其合法权益受到侵害提起诉讼，交纳诉讼费确有困难的，可以依法缓交、减交或者免交。人民法院应当在立案、庭审、执行等环节，为老年人提供便利和优先服务；对高龄、失能等行动不便的老年人，可以上门立案。老年人需要获得律师帮助，但无力支付律师费用的，可以依法获得法律援助

（续）

省、直辖市及相关文件	实施时间	适用范围	优待项目				
			交通出行	医疗保健	文体休闲	商业服务	政务服务
河北《河北省老年人优待办法》	自2014年12月1日起施行	60周岁以上	在铁路、航空客运和城市轨道交通的候乘场所，根据需要配备设置升降电梯、无障碍通道和无障碍厕所等设施，并为行动不便且无人陪同的老年人提供引导、咨询和协助乘车（机）服务	医疗机构与养老机构建立业务协作机制和预约就诊快速通道，逐步推进面向养老机构的远程医疗服务工作，并为老年人提供优先、便利和优惠的医疗服务	免费向老年人开放博物馆、美术馆、科技馆、纪念馆、公共图书馆和文化馆等公共文化设施；免费为老年人提供影视放映、文艺演出、体育赛事、图片展览和科技宣传等方面的公益性流动文化、体育服务活动	供水、供电、供暖、燃气、通信、有线电视、邮政、金融、商业、出租车运营和家政服务企业，应当建立健全为老年人提供优先、便利和优惠服务的措施，根据实际情况设置老年人优先服务窗口，并对有特殊困难、行动不便的老年人提供特需服务和上门服务	采用网络服务、上门服务等方式，为高龄和行动不便的老年人报案或者参与诉讼提供便利条件；对合法权益受到侵害提起诉讼需要律师帮助但无力支付律师费用的老年人提供法律援助；对老年人提出的法律援助申请，简化程序，优先受理、审查和指派律师
山东《山东省优待老年人规定》	自2012年1月1日起施行	60周岁以上	有条件的市公共交通（汽车、电车、地铁、航运等），可对65周岁以上老年人乘车免费；其他市、县（市、区）公共交通对65周岁以上老年人实行半价优惠、70周岁以上老年人免费，逐步实现65周岁以上老年人乘车免费。老年人优先乘坐公共汽车、电车、地铁、长途汽车、火车、轮船	鼓励和帮助农村和城镇未参加医疗保险的老年人参加新型农村合作医疗和城镇居民基本医疗保险，落实好符合条件老年人个人缴费的政府资助政策。尚未参加城镇居民医疗保险和新型农村合作医疗的老年人，在政府兴办和支持的县级以上医疗机构就医，减免不低于20%的治疗、检查、住院普通床位等费用	社会力量兴办的博物馆、图书馆、美术馆、科技馆、展览馆、纪念馆等文化场所对60～64周岁老年人实行门票半价、对65周岁以上老年人免门票费。政府兴办和支持的公共体育健身场（馆），凡是收费的，应按时段对老年人免费或实行半价。学校等企事业单位和各级机关所属的文化体育设施，凡具备条件的，应按时段对老年人免费开放	政府兴办和支持的供水、供电、供暖、燃气等公用事业经营单位，对贫困老年人实行降低30%以上的价格优惠。倡导通信、旅游、保险、商业、家政、餐饮及其他相关服务行业，对老年人提供优先服务和优惠照顾，并对空巢老年人和有特殊困难的老年人实行上门服务	法律服务机构对生活困难的老年人咨询自身涉法事务，免收服务费 各级人民法院对贫困老年人因赡养、扶养、优抚、婚姻、养老保障、医疗保障等合法权益受到侵害提起的诉讼，须承担诉讼费的，按有关规定给予减免诉讼费用等司法救助。各类律师事务所对生活困难的老年人，因自身合法权益受到侵害聘请律师的，应视情况减免不低于30%的律师服务费

（续）

省、直辖市及相关文件	实施时间	适用范围	优待项目				
			交通出行	医疗保健	文体休闲	商业服务	政务服务
四川《四川省优待老年人规定》	自2001年4月1日起施行	60周岁以上	在公路、铁路、水路、航空客运售票点，应设置“老年人优先购票”的标志，老年人可以优先购票、检票、进站、上下车(船)。县以上长途汽车客运站候车室（厅）内，应设老年人专座。火车站没有为老年人、母婴专设候车室的，应在一般候车室内设老年人专座	老年人到各医院看病，应当优先挂号、就诊、化验、检查、取药、缴费、住院。各级医院、疗养院要积极创造条件开设老年病门诊。有条件的地方，可以为老年病人设立家庭病床，开展巡回医疗等方面的服务	老年人进入全省国有或国家投资为主体的公园，门票实行免费 各风景区、文化宫、博物馆、纪念馆、图书馆、美术展览馆、俱乐部等公共文化娱乐和体育健身场所，要对老年人给予优待	各类服务行业根据行业特点，对老年人给予优待和照顾。在营业场所设置“老年人优先”“老年人优惠”等标志，优先为老年人服务；对行动不便的老年人，有条件的地方，可以实行电话预约、分片包干、上门服务等措施，满足老年人的特殊生活需求，免收或从优收取服务费	对非财政供养生活困难的百岁以上高龄老人，当地老龄工作机构应按月发给不低于100元的生活补贴金，所需资金由当地政府负担 老年人因其合法权益受到侵害而提起诉讼，交纳诉讼费确有困难的，可以缓交、减交或免交；需要获得律师帮助，但无力支付律师费用的，可以获得法律援助

情境反馈

北京市《关于进一步加强北京市老年人优待工作的意见》，针对老年人的优待政策从之前的9项增加到6大类共44项，受益老人也从此前的北京市户籍老人，拓展到在京常住的外埠老年人，外埠老人可享36项优待。60周岁及以上的本市户籍老年人和常住外埠老年人，持北京通—养老助残卡，都可享受各项优待政策。这些优待政策包括优先进行危房改造、家庭无障碍改造，优先缴纳水电燃气费等；为失智老年人配备防走失手环，为失独老年人提供心理咨询、情绪辅导、定期寻访等精神关怀服务；提供维权服务优待等。

知识链接

1. 《党报关注老年人权益保障：外地老人同等优待了吗》：http://www.ce.cn/xwzx/gnsz/gdxw/201307/03/t20130703_24536390.shtml。

2. 岳德亮，《浙江：来浙旅游探亲外省老人享有同等优待政策》：http://www.chinanews.com/sh/2014/11-19/6794118.shtml。

案例分析

2015 年，钱老太已是 99 岁高龄，膝下有三子一女。2007 年，钱老太的老伴去世，留下一笔遗产。当时钱老太和儿女其乐融融，没有想到要分割这笔遗产，都由钱老太保管。后来钱老太中风，请了护工照顾，存折里的 30 余万元慢慢花完了。2015 年年底，考虑到母亲的实际花销，几个儿女商量了一下，每人每年拿出 2 万元，以保障钱老太的晚年生活。偏偏钱老太最疼爱的小儿子陈某总是疑心其他兄弟姐妹隐匿了父亲的遗产，加上炒股亏了钱，坚决不肯支付这笔赡养费。钱老太既伤心又无奈，思虑再三后将小儿子起诉到法院。

钱老太在打这场赡养官司过程中，可以享有哪些老年优待权呢？

【分析】

1. 享有先予执行的特殊权利。《中华人民共和国民事诉讼法》（以下简称《民事诉讼法》）第一百零六条规定，人民法院对追索赡养费、抚养费、抚育费、抚恤金、医疗费用的案件，根据当事人的申请，可以裁定先予执行，由此可见，老年人在进行赡养纠纷诉讼时，法律已明确而又具体地赋予了老年人在法院做出判决之前，就享有先予执行、先予给付一定货币或一定生活急需物品的特殊权利。

2. 享有司法救助的特殊权利。最高人民法院的有关规定指出，当事人具备下列情形之一的，可向人民法院申请司法救助：“（一）当事人追索赡养费、抚养费、抚育费、抚恤金的；（二）当事人追索养老金、社会保险金、劳动报酬而生活确有困难的……”从以上司法解释可知，老年人需要通过诉讼程序解决赡养纠纷时，确因生活困难无法交纳诉讼费用的，可以请求人民法院给予司法救助，从而使生活困难的老年人能打得起官司。

3. 享有法律援助的特殊权利。国务院出台的《法律援助条例》规定，公民对下列需要代理的事项，因经济困难没有委托代理人的，可以向法律援助机构申请法律援助：“（四）请求给付赡养费、抚养费、扶养费的。”

由此可见，经济困难的老年人可以免费请律师替自己打官司。

单元小结

本单元首先对老年优待的概念进行了界定，老年优待是政府和社会在做好公民社会保障和基本公共服务的基础上，在医、食、住、用、行、娱等方面，积极为老年人提供的各种形式的经济补贴、优先优惠和便利服务。2005 年，全国老龄办联合 21 部委出台了《关于加强老年人优待工作的意见》，将维护老年人优待工作纳入了社会管理制度建设的轨道。2013 年 7 月 1 日，新修订的《老年人权益保障法》颁布实施，将“社会优待”专设成章。2013 年 12 月 30 日，全国老龄办再次会同23个部门联合印发了《关于进一步加强老年人优待工作的意见》。老年社会优待的基本对象为60周岁以上的老年人。老年人可享有政务服务优待、卫生保健优待、交通出行优待、商业服务优待、文体休闲优待和维权服务优待等。各地在实施过程中，因地制宜，老年人所享有的优待情况不同。

实践强化

84岁的卢大爷最近有些咳嗽，他在家人的陪同下来到第一人民医院的门诊大厅，卢大爷的儿子说："医院这么多人，排队至少要等一个多小时，就诊、交费、检查、取药可怎么办？"

问题：请分析和判断卢大爷可享有的的老年优待政策，你将如何为卢大爷提供服务？

学习单元五　老年宜居环境制度

单元导读

跌倒死亡已成为我国65岁及以上老年人因伤害至死的头号杀手。2014年深圳市慢性病防治中心开展的老年跌倒社区干预项目研究结果表明，深圳市老人跌倒发生率为13.7%，其发生率随着年龄的增长而增加。而跌伤发生率是12.7%，中度及以上跌伤占30%，跌伤老年人中有26.27%活动功能受损。因跌伤导致的平均直接医疗费用为2275元，平均卧床时间为7天。调查还发现，老年人跌倒存在明显的时空分布特征，时间上多发生于3～5月份，即深圳的回南天/梅雨季节；51.5%的跌倒发生于室内家中，地点主要为浴室/卫生间和卧室。由于老年人常患有多种慢性疾病，如骨质疏松、器官功能退化等，即使轻微跌倒也可能造成较大伤害。老年人跌倒的主要原因包括生理因素、病理因素、环境因素和社会因素。环境因素在老年人跌倒中占有重要地位，主要包括路面湿滑、地面不平、光线昏暗、物品挡路、台阶过陡或过多等，其中，路面湿滑占总体原因的34.06%。此外，社会因素如室内外环境的安全设计不到位、老年人独居、卫生保健水平较差等也是造成老年人跌倒的原因。

从自身原因来看，深圳老年人跌倒26.09%是因为注意力不集中，21.01%是因为运动姿势不平衡，18.12%是因为路面不平，13.77%是因为腿发软，13.04%是因为视力不佳，12.32%是因为光线暗。在老年人居家跌倒的危险因素分析中，对于卧室，床头没有电话占82.47%，未使用双控照明开关占56.48%，必须下床才能开关灯占34.99%，床边有杂物影响上下床占8.3%，床高度不适、上下有困难占3.34%。至于卫生间，马桶旁无扶手占83.63%，沐浴间无扶手占59.89%，沐浴间无防滑凳占57.02%，有门槛占34.37%，地面不防滑且未使用防滑垫占30.33%，地面不平、排水不畅占5.51%，洗漱用品不能伸手触及占4.89%。

学习目标

知识目标

1. 掌握无障碍建设基础知识。
2. 掌握我国无障碍建设的相关标准及要求。
3. 了解我国适老社区的相关概念。
4. 掌握适老社区的建设要求与内容。
5. 了解我国居家无障碍环境的改造。

技能目标

1. 能够设计无障碍环境。
2. 能够对老年人居家环境提出无障碍改造的建议。
3. 能够对社区适老化建设提出相应建议。

素质目标

1. 具备较好的政策解读和应用意识。
2. 具备为老服务的意识和与老年人沟通的能力。

模块一 公共环境的无障碍建设

学习情境

家住陕北的高大爷最大的心愿就是到天安门广场看升国旗。半年前高大爷突发脑溢血，出院后偏瘫在床，行动不便。国庆前夕，女儿提议全家去北京旅游。高大爷想去，可是不敢去，担心自己太拖累大家。老伴看出了高大爷的顾虑，把高大爷的想法告诉了女儿。女儿上网查了一些北京旅游景点无障碍设施建设的介绍，和父亲一起计划整个出行，打消了高大爷的后顾之忧。国庆当天，高大爷圆了多年的梦想，在天安门广场亲眼见证了升国旗。在整个旅游期间，高大爷坐着轮椅游览了天安门广场、毛主席纪念堂、故宫、颐和园等景点，亲身体验了无障碍设施的便利。

情境分析

北京市被命名为全国无障碍设施建设示范城市，西城区、朝阳区等区则被命名为无障碍设施建设先进区。故宫、北海团城、北京动物园等景点为了方便残障人士和老年人参观，投资上千万元进行了无障碍设施改造。温家宝曾指出：建设无障碍设施，是为残障人士、老年人和其他社会成员提供方便的重要措施，是现代城市建设的一项必不可少的内容，是社会进步的重要标志。

相关知识

一、无障碍环境的概念

无障碍环境指的是一个既可顺畅通行而又易于接近的理想环境，包括物质环境、信息和交流的无障碍。物质环境无障碍主要是要求：城市道路、公共建筑物和居住区的规划、设计、建设应方便残障人士通行和使用，如城市道路应满足坐轮椅者、拄拐杖者通行和方便视力残疾者通行，建筑物应考虑出入口、地面、电梯、扶手、厕所、房间、柜台等设置残障人士可使用的相应设施和方便残障人士通行等。信息和交流的无障碍主要是要求：公共传媒应使听力言语和视力残疾者能够无障碍地获得信息，进行交流，如影视作品、电视节目的字幕和解说，电视手语，盲人有声读物等。

无障碍设施是为保障残障人士、老年人、伤病人、儿童和其他社会成员的通行安全和使用便利，在道路、公共建筑、居住建筑和居住区等建设工程中配套建设的服务设施。无障碍设施建设是物质文明和精神文明的集中体现，是社会进步的重要标志。

无障碍设施建设由来已久，20 世纪初，由于人道主义的呼唤，建筑学界产生了一种新的建筑设计方法——无障碍设计。它运用现代技术建设和改造环境，为广大残障人士提供行动方便和安全空间，创造一个“平等、参与”的环境。国际上对于无障碍设计的研究可以追溯到 20 世纪 30 年代初，当时在瑞典、丹麦就建有专供残障人士使用的设施。联合国成立后，曾先后发布《残疾人权利宣言》《关于残疾人的世界行动纲领》等国际文件，均强调残障人士无障碍设施问题。1961 年，美国制定了世界上第一个《无障碍标准》。此后，英国、加拿大、日本等几十个国家和地区相继制定了有关法规。1974 年联合国召开国际无障碍专家会议，对无障碍设计做了研究总结，并提出今后的任务。

目前，发达国家无障碍设施建设已非常普及，标准也较高。

我国无障碍设施的建设是从无障碍设计规范的提出与制定开始的。1985 年 3 月，在“残疾人与社会环境研讨会”上，中国残疾人福利基金会、北京市残疾人协会、北京市建筑设计院联合发出了“为残疾人创造便利的生活环境”的倡议。北京市政府决定将西单至西四等四条街道作为无障碍改造试点。1985 年 4 月，在第六届全国人民代表大会第三次会议和中国人民政治协商会议第六届全国委员会第三次会议上，部分人大代表、政协委员提出在建筑设计规范和市政设计规范中考虑残障人士需要的特殊设置的建议和提案。1986 年 7 月，建设部、民政部、中国残疾人福利基金会共同编制了我国第一部《方便残疾人使用的城市道路和建筑物设计规范（试行）》，于 1989 年 4 月 1 日颁布实施。

1990 年 12 月全国人民代表大会常务委员会颁布的《中华人民共和国残疾人保障法》规定：“国家和社会逐步实行方便残疾人的城市道路和建筑物设计规范，采取无障碍措施。”国务院批准执行的中国残障人士事业的五年工作纲要、“八五”“九五”“十五”计划纲要，也都规定了建设无障碍设施的任务与措施。1998 年 4 月，建设部发出《关于做好城市无障碍设施建设的通知》（建规〔1998〕93 号），主要内容是有关部门应加强城市道路、大型公共建筑、居住区等建设的无障碍规划、设计审查和批后管理、监督。1998 年 6 月，建设部（现住建部）、民政部、中国残疾人联合会（以下简称中国残联）联合发布《关于贯彻实施方便残疾人使用的城市道路和建筑物设计规范的若干补充规定的通知》（建标〔1998〕177 号），主要内容是切实有效加强工程审批管理，严格把好工程验收关，公共建筑和公共设施的入口、室内，新建、在建高层住宅，新建道路和立体交叉中的人行道，各道路路口、单位门口，人行天桥和人行地道，居住小区等均应进行有关无障碍设计。

二、国际通用的无障碍设计标准

国际通用的无障碍设计标准主要有 6 个方面：①在一切公共建筑的入口处设置取代台阶的坡道，其坡度应不大于 1/12；②在盲人经常出入处设置盲道，在十字路口设置盲人辨向的音响设施；③门的净空廊宽度要在 0.8m 以上，采用旋转门的场所须另设残障人士入口；④所有建筑物走廊的净空宽度应在 1.3m 以上；⑤公厕应设有带扶手的坐式便器，门隔断应做成外开式或推拉式，以保证内部空间便于轮椅进入；⑥电梯的入口净宽均应在 0.8m 以上。

三、我国无障碍设施的分类及建设要求

（一）我国无障碍设施的分类

我国无障碍设施分类主要包括 7 个方面：①坡道、缘石坡道、盲道；②无障碍垂直电梯、升降台等升降装置；③警示信号、提示音响、指示装置；④低位装置、专用停车位、专用观众席、安全扶手；⑤无障碍厕所、厕位；⑥无障碍标志；⑦其他便于残障人士、老年人、儿童及其他行动不便者使用的设施。

（二）我国无障碍设施的建设要求

无障碍设施建设应当符合安全、可达、可用、便利的基本要求，建设项目的无障碍设施必须与主体工程同时设计，同时施工，同时交付使用，并遵守下列规定：人行步道、公共建筑的地面平整、防滑；铺设盲道保持连续，盲道上不得有电线杆、拉线、地下检查井、树木等障碍物，并与周边的公共交通停靠站、过街天桥、地下通道、公共建筑的无障碍设施相连接；人行步道、公共建筑的出入处设置缘石坡道或者坡道；公共交通停靠站设置盲文站牌的，盲文站牌的位置、高度、颜色、形

式和内容方便视力残疾者使用；为公众提供服务的区域或者场所设置服务台、电话的，同时设置低位服务台、低位电话；公共建筑的玻璃门、玻璃墙、楼梯口、电梯口、通道等处，设置警示性标志或者提示性设施；无障碍设施颜色鲜明，与周围环境有明显区别；有无障碍设施的，在显著位置设置符合规范和标准的无障碍标志。

《城市道路和建筑物无障碍设计规范》由建设部、民政部、中国残联联合发布，系全国范围实施的强制性规范。其主要内容如下：

1. 城市道路

实施无障碍的范围是人行道、过街天桥与过街地道、桥梁、隧道、立体交叉的人行道、人行道口等。无障碍内容是，设有路缘石（马路牙子）的人行道，在各种路口应设缘石坡道；城市中心区、政府机关地段、商业街及交通建筑等重点地段应设盲道，公交候车站地段应设提示盲道；城市中心区、商业区、居住区及主要公共建筑设置的人行天桥和人行地道应设符合轮椅通行的轮椅坡道或电梯，坡道和台阶的两侧应设扶手，上口和下口及桥下防护区应设提示盲道；桥梁、隧道入口的人行道应设缘石坡道，桥梁、隧道的人行道应设盲道；立体交叉的人行道口应设缘石坡道，立体交叉的人行道应设盲道。

2. 居住区

实施无障碍的范围主要是道路、绿地等。无障碍要求是，设有路缘石的人行道，在各路口应设缘石坡道；主要公共服务设施地段的人行道应设盲道，公交候车站应设提示盲道；公园、小游园及儿童活动场的通路应符合轮椅通行要求，公园、小游园及儿童活动场通路的入口应设提示盲道。

3. 房屋建筑

实施无障碍的范围是办公、科研、商业、服务、文化、纪念、观演、体育、交通、医疗、学校、园林、居住建筑等。无障碍要求是建筑入口、走道、平台、门、门厅、楼梯、电梯、公共厕所、浴室、电话、客房、住房、标志、盲道、轮椅席等应依据建筑性能配有相关无障碍设施。

情境反馈

公共环境的无障碍为残障人士和老年人的出行提供了便利，为他们参与社会生活、享受社会生活提供了有力保障。无障碍环境是残障人士走出家门、参与社会生活的基本条件，也是方便老年人、妇女儿童和其他社会人员生活的重要措施，同时也直接影响着我国的城市与国际形象。加强无障碍环境建设，是物质文明和精神文明的集中体现，是社会进步的重要标志。对提高人的素质、培养全民公共道德意识、推动精神文明建设等都具有重要的社会意义。

知识链接

1. 《无障碍环境是如何构建的》：http://blog.sina.com.cn/s/blog_4a4364720100pblj.html。
2. 《无障碍设施建设意义》：http://cons.shqp.gov.cn/gb/content/2009-11/27/content_293205.htm。

案例分析

“太好了，这样我上下楼梯方便多了。以前的楼梯又窄又陡，一不小心就要摔下来。”完成楼梯无障碍设施安装后，南浔区善琏镇善琏村的余爷爷迫不及待地试了一下，高兴地对残障人士专管员说。这是南浔区推进残障人士无障碍环境建设的一个缩影。为了帮助残障人士融入社会，共享阳光，南浔区首次组织近50名残障人士走出家门，参加同城异地观光游览活动。一大早，南浔小莲庄景区门口人头攒动，热闹非凡，大家一边听讲解，一边拿出相机或手机拍照留念，有说有笑，脸上洋溢着幸福的笑容。“平时工作忙，再加上我右手不方便，怕麻烦别人，出来玩的机会很少。这次很感谢区残联给我们创造了这么好的机会，不光看了美景，还认识了不少朋友。”第一次参加集体旅游的残障人士吴先生戴着遮阳帽，兴奋地和同伴交流。据统计，该区共有残障人士10339名，能正常出门的人不多，外出旅游的人更少。残障人士的心理特征、身体条件、经济条件等制约着他们的出行。为了给残障人士的生活和出行提供更多方便，南浔区前年开始给残障人士发放爱心公交卡，可在湖城免费乘坐公交车。“出门不用带零钱，而且车上有残障人士爱心专座，实在太方便了。”家住双林镇患肢体三级残疾的姚炳祥说。去年10月，他领到了残障人士爱心公交卡，之后就立马带着卡享受了一回免费坐公交的待遇。盲道、无障碍坡道、残障人士专用停车位、升降平台……一项项的无障碍设施逐步落实，点滴的关爱让残障人士心里充满温暖。

【分析】

无障碍设施建设是城市文明进步的标志，是方便全体公民参与社会活动的公益性福利设施，是政府应尽的责任和义务。商场里有手语导购员、海洋馆里有手语导游、大街上铺有盲道，另外，还建设了无障碍小学、无障碍浴室、无障碍厕所……全社会的无障碍意识明显增强，城市无障碍化的格局初步形成。被命名为全国无障碍设施建设示范城市的有北京、天津、上海、大连、青岛、南京、杭州、厦门、广州、西安、苏州、秦皇岛。

模块二　适老化社区建设

学习情境

家住潘家园社区的张奶奶最近特别高兴，因为她所居住的小区最近完成了适老社区的改造建设。改造完的第一天，张奶奶就迫不及待地走出家门体验了一下。电梯里加设了无障碍的扶手，单元门口铺设了方便轮椅出行的坡道，小区里还成立了一家社区养老服务驿站。该养老服务驿站可以满足居家老年人多样化、多层次的服务需求，可以提供医养结合、短期托管、住家照护、远程巡视等特色服务。张奶奶的家人不再担心老人独自出行出现摔倒等突发情况，也不担心短期出行无人照顾老人。张奶奶的生活起居都可以在社区范围内得到满足，足不出社区就可以安享晚年。

情境分析

老年宜居环境是顺应人口老龄化形势的新理念，老年宜居环境建设关系到全体公民老年期的生活质量。我国社区老年宜居水平亟待提升，要通过政策创制和政策配套协作，开展公共环境适老性建设，构建老年宜居环境标准体系等措施，推进老年宜居环境建设。

相关知识

宜居环境是社会发展到后工业化阶段的产物，指宜居性比较强的环境，即良好的居住和空间环境、人文社会环境、生态和自然环境、整洁高效的生产环境和居住地。《老年人权益保障法》“宜居环境”一章，对老年宜居环境建设提出了法律要求：“国家采取措施，推进宜居环境建设，为老年人日常生活和参与社会提供安全、便利和舒适的环境。”随着社会老龄化程度的加剧，老年人已日渐成为社区景观和公共空间的主要使用人群，社区外部环境需要更为细致的“适老化设计”。

《中国老年宜居环境发展报告（2015）》于2016年2月24日发布。发展报告披露，我国老年宜居环境建设尚处于初步阶段，老年人住房适老化程度低，老年宜居环境水平亟待提升。该报告同时指出，当前我国适老性公共环境远未形成，老年宜居环境建设存在诸多问题，包括老年人住房安全问题突出；无障碍坡道缺乏，老年人下楼难、出行不便；社区户外环境适老性欠佳；社区养老服务设施配套不足，社区养老服务能力薄弱等。老年宜居环境是顺应人口老龄化形势的发展提出来的一个新理念。2012年修订的《老年人权益保障法》中专门新增了宜居环境的有关章节，将加强老年宜居环境建设提上立法高度。

一、老年宜居环境

1. 老年人宜居的自然环境和人文环境

老年宜居环境主要指选择适合老年人生活的自然环境和人文环境，通过生活环境的改善起到调理老年人身心、延缓衰老的效果。老年人宜居的自然环境主要考虑水质、空气、植被等自然因素。因此，在选择外出旅游或度假场所时，倾向于风景优美的山村或山林。还有对水质的要求，水是人类的生命之源，直接影响到人体健康，在水源环境优美的地方居住，有助于调节身心，改善情绪。

老年人宜居的人文环境主要关注两个方面，即适老化设计及人文关怀。一方面，根据老年人的身体状况特征，建造适合老年人居住的环境。通过适老化设计，降低意外事故发生风险，使老年人住得舒心、安心。另一方面是人文环境建设主要体现在服务人员的团队建设上面。老年人由于身体机能的下降，在日常生活中需要他人的帮助。依赖程度根据身体情况变化会不断加深，这就不仅仅要求硬件方面的良好生活环境，还需要关注人文环境建设。

2. 老年宜居环境建设的基本要求

老年宜居社区的所有服务都是专门为老年人设立的，涵盖医疗、生活照料、文化、健身、娱乐等各个方面。

（1）宜行。宜行即老年环境建设要充分考虑方便老年人出行。城市环境建设、社区环境建设要为方便老年人出行创造条件。从居室到道路、活动场所都应该进行无障碍设计。还应保证老年人居住地尽可能地靠近各种交通工具。以保证其出行的安全性、便利性。

（2）宜购。在市场经济的条件下，人们要获得生活资料、消费资料，一般都要从市场上购买。是否能方便购买，关系着老年人的衣、食、住、行等基本生活的需要能否得到满足。在老年人居住地，要有便捷、安全的购物场所和环境，这是宜居环境的一项重要内容。

（3）宜助。随着年龄的增长，老年人不可避免地出现生理衰退和认知能力的减弱，特别是高龄、失能、患病老年人，其生活的各个方面常常要依靠他人的帮助。是否宜助，就成为其生活是否幸福、快乐的重要内容。因此，老年人居住的环境中，要有养老服务、社会救护、生活帮助等部门和机构，当老年人需要帮助的时候，能及时获得服务和帮助。

（4）宜医。老年期是患病多发期，据统计，人的一生中，老年人治病所花的费用占一生的60%以上。加上老年人处于生理衰退期，行动不便，方便其就医、养生、护理、康复等就显得非常重要。因此，老年宜居环境建设要着眼于加强社区卫生医疗机构的建设，发展健康导向型产业，方便老年人就地、就近就医、养生、保健、护理、康复等。

（5）宜游。在老年人生活环境中，有方便老年人休闲、游览、健身的场所，有公园、绿地、广场，有自然景观、人文景观，老年人生活在这样的环境中，自然就能就近、便捷地组织开展各种游览活动，享受晚年生活。

（6）宜乐。在老年人生活环境中，有老年人开展文化娱乐的设施和场所。在10～15分钟的生活圈里，老年人可以充分利用公园、广场、老年人活动中心（室）等各种设施、场所，开展跳舞、做操、唱歌、下棋、书画等文化体育活动，最大限度地满足老年人精神生活的需要。

（7）宜学。老年宜居生活环境，应设置有利于老年人学习的设施和场所，如设置老年大学、老年课堂等。老年人参与社会发展，要发挥余热，实现老有所为，其学习需求日益高涨。为此，老年宜居环境建设，要建立有利于老年人学习的地方。

（8）宜聊。老年人最怕孤独，老年人喜欢与自己年龄相仿的老邻居，通过一起买菜、串门、谈心形成适合自己心理要求的朋友圈。老年宜居环境建设应设置老年人交友谈心的场所，如有公园、广场、楼宇大堂等。老年人生活的地方，最忌讳设置封闭的道路和场所。

（9）宜眠。老年生活环境适宜老年人休息和睡眠，居住地环境要宁静、空气清新、没有污染。

（10）宜居，即有适合老年人居住的居室。因为老年人生活、养老大多数的时间就在居室，住宅是否适合老年人居住关系到老年人的生活质量和安全。老年人的住宅一般要设置在有电梯的楼房中，住宅外应设置无障碍通道。住宅内各种通道和设施也应是无障碍的，包括无障碍进出厅堂、房间、洗手间等。住宅通风采光好，地面有防滑、防护的功能，住宅家具选用与安置应适合老年人方便、安全、舒适使用的原则。

二、老年宜居社区建设

老年人的社区及住宅设计应充分考虑由于老年人身体机能退化引起的生理和心理的变化，同时应适应老年人的个人习惯，从方便和经济的角度出发，为老年人提供良好的居住环境，尽可能长地保持其独立生活能力。老年宜居社区建设是城镇化发展背景下推动老年宜居环境建设的重要组成部分，是对破解我国老龄化背景下日趋尖锐的养老服务难题的有益探索，是当前我国以居家养老为基础、社区服务为依托、机构照料为补充的社会养老服务体系的现实推进。

1. 老年宜居社区建设目标定位

老人宜居社区是以人为本位的社区，满足人的需求是建设宜居社区的基本出发点和最终归宿。正确认识和理解人的需求是建设宜居社区的基本前提。

首先，城市中老年人的需求具有共性，对宜居条件有共同的需求，如提高环境、公共设施等的服务供给能力和设施配置标准。另外，老人的需求又有群体差异性，他们对宜居条件表现出需求差异。因此，建设宜居社区不仅是一个设施建设问题，还是一个如何协调兼顾不同群体利益和需求的公共政策的制定问题。通过投资建设和调整资源配置，满足不同群体的需求，使社区能够适宜不同的群体居住，使社区更加稳定、协调、和谐。住宅建筑不仅要具有现代建筑的艺术内涵，还应具有独特的民族风格和地域标志，传承地域文化，延续城市文脉。和谐人居对建筑的要求是地域特色和文化内涵相协调，传统建筑风格与现代建筑风格相结合。老年宜居社区建设，就是为老年人创造一个物质设施完善、精神生活丰富的养老环境，综合提高老年人的生活质量，满足老年人的基本需求与深层次需求，将“被动养老”转化为“主动养老”，倡导老年人自信、自立、自强的生活方式，让老年人在享受到社会与科技进步成果的同时，达到身在自然、老有所为、与时代发展同步。

2. 老年宜居社区建设的内容

老年宜居环境建设主要是从老年人居住的实体环境角度，从自然环境和人工环境层面对社区环境进行改造和建设。首先，在保护和利用历史性景观的基础上，加强宜人美观的生态景观建设，构建丰富的景观空间层次，建设老年人参与性高、有机性强、具有发展性的绿色环境。其次，在满足不同年龄阶段人群共同需求的基础上，加强社区公共配套设施、服务设施和活动设施的建设，修建完善各项设备设施，提高老年人生活的舒适性。再次，加强道路和步行空间的规划与设计，突出无障碍步行环境的建设，加强社区灯光色彩与社区标志设计等，创造满足老年人需求的特色空间，为老年人提供一个安全舒适的居住环境，提升社区居住环境的特色和文化内涵。

老年宜居社区服务体系建设，应大力发展社区老年福利服务机构和充实服务内容。要加强社区服务中心、老年活动中心、社区卫生服务中心（站）、老年日间护理中心等基础服务设施建设，丰富发展老年生活照护、医疗卫生、康复护理、文体娱乐、信息咨询、老年教育等养老服务项目的内容和形式，加强服务人员的专业技能培训，推进社会工作者（师）、养老护理员等职业资格认证工作，提高养老服务从业人员的专业服务水平，打造专职服务人员与志愿者相结合的专业化服务队伍，制定完善老年人在业、再就业及从事公益活动的政策和措施，健全完善社区养老服务的组织管理体制和监督评估机制，依托社区信息平台，建立为老服务热线、紧急救援系统、数字网络系统等多种求助和服务形式，构建一张完善的养老、医疗、照料、教育、维权为老服务网络，为老年人提供就近就便的多种服务。

老年文化体系建设应重点加强社区孝道文化建设和老年文化活动建设。在实践过程中，应积极开展丰富多彩的孝与感恩的教育活动，营造尊老、敬亲、互助、和睦的社区敬老文化氛围，建设充满历史文化底蕴以及地方性知识的社会文化环境。根据老年人的特长、爱好和兴趣，引导、鼓励老年人积极参与组建老年合唱团、舞蹈队、门球队、健美操队等文体队伍，策划组织老年人主动参与合唱、舞蹈、戏曲、剑拳、体操、书画等各种社区文体活动，丰富老年人的精神文化生活。支持和鼓励老年人参与社区公共事务管理、公益宣传、指导青年儿童、志愿服务等社会奉献活动，鼓励和引导老年人从事教育、科研、社会公益事业，发挥老年人余热，延续社会对他们的认可和价值的存在等。

老年宜居社区服务组织建设，首先要发挥社区居民委员会自我管理、自我服务的职能，加强老年社区服务内容的设计实施、服务过程的控制监督和服务结果的评估管理。其次要发展老年中介服务组织。发挥社区老年人协会的职能，培育和加强老年合唱团、舞蹈队、健美操队、门球队等文体活动组织以及老年养花协会、钓鱼协会等休闲活动组织建设，引导支持老年人按照章程开展健康有益的活动，实现自我管理、自我教育和自我服务。积极鼓励居家养老服务组织，发展连片辐射、连锁经营、统一管理的服务模式。再次，加强社区志愿组织建设，积极发展居家养老服务的志愿者组织和队伍，鼓励和支持社区党员、社区居民、热心人士、低龄健康老年人、大学生等组成的志愿为老服务组织，建立社区志愿者服务长效管理机制。

老年宜居社区建设要以社区为基础，不断加大工作力度，逐步落实各项老龄法规政策，使硬件建设持续改善，服务水平有效提高，老年人能明显感受到社区的宜居特征。老年宜居社区建设要统筹实现以下六个方面：

（1）社区环境优美。老年宜居社区要整洁卫生，绿化美观，环境优美，适宜老年人居住和生活。

卫生清洁：社区内的垃圾实行集中收管，分类回收，清运定点、及时，无暴露垃圾、无卫生死角、无污水流淌或乱扔废弃物现象。社区内住户、企业、餐馆、驻社区单位等油烟、污水排放要符合地方有关规定和标准的要求。

安静环保：社区内施工及装修严格遵守国家法律法规的规定，不在居民休息时间使用噪声过大的机械设备，并采取积极的环保措施降低噪声和各种环境污染。

绿化达标：绿化（绿地）面积要达到城镇社区规划建设标准要求，区域环境适宜安排居民休憩和组织活动。社区内的花草树木修剪整齐，绿地无毁坏，无侵占现象。社区内无违章搭建，无严重破、损、残建筑物，无乱设摊点，庭院内外物品放置得整齐有序。

（2）社区居住舒适。老年宜居社区的住宅建筑要符合国家建筑标准的要求，设施设备要安全可靠，无障碍出行安全便捷，使老年人居住舒适，生活方便，幸福安逸。

住宅建筑符合标准：社区住房的建设要符合《老年人建筑设计规范》等老年住宅建设标准。建筑格局、朝向、楼层、材料和装修设计要充分考虑到老年人的生活方便性和特殊需求以及家庭成员的构成。户型设计要充分考虑到老年人的健康、舒适需求，根据当地气候特点，做到通风良好、日照充足。电梯要安全正常运转，并能够满足急救需求。针对行动不便的老年人，住房内走廊、过道和厕所、起居室内要安装安全辅助设施。

无障碍出行安全：社区楼宇内通道和公共区域要达到无障碍设施建设标准，坡道、弯路、台阶等要具备防滑功能。楼房门口要设轮椅通道，满足老年人出行的安全和便捷需求，保证行动的可达性。

设施设备性能可靠：确保社区内设施设备安全，特别是安全电源，提倡安装使用节能环保的设备或有关科技节能环保设施。老年人住房内要安装应急呼叫器或先进的感应系统，洗浴设施和坐便器等要方便安全并安装安全辅助设施。按照国家规范要求设置消防设施，确保各种设施设备性能安全可靠。

（3）社区设施齐全。老年宜居社区的外部设施要齐全，基础设施要完备，专用设施要具备，以适宜老年人居住和生活的需要。

外部设施齐全：社区居民出行交通便利，公交线路车站标志明显，乘用出租车便捷。周边生活服务网点齐全，包括修理铺、百货店、服装店、饮食店、洗衣店、理发店、浴室、药房、银行、邮局等各种服务网点。

基础设施完备：社区内燃气、电力、自来水供应正常。公共通信、照明设施完备。便民设施如园林、广播、垃圾箱、座椅（凳）、书报亭、公用电话、邮政信报箱等安放合理且方便易达。鼓励建立社区综合信息平台，为社区居民和老年人提供快捷、便利、优质的服务，要设立卫生服务中心（站），方便社区居民就近配药、就医、护理；要设立综合多功能文体活动中心（站），供社区居民和老年人开展文化活动和健身锻炼。

老年设施具备：要设立覆盖整个社区范围的居家养老服务中心（站），其中包括设立日间照料室、老年食堂、老年阅览室、老年大学（学校）、健身康复室等。有完善的社区居家养老服务网络，提供便捷有效的为老服务。建立志愿者为老服务站（基地），切实为老年人提供基本养老服务。

（4）社区服务完善。老年宜居社区的服务功能要完善，满足老年人的基本服务、助老服务和养老服务等各种服务需求。

完善基本服务：社区要规范健全物业服务和家政服务。建立社区居民健康档案，对居民提供医疗卫生服务，开展方便老年人的医疗卫生服务活动，定期为老年人进行免费体检。开展健康教育，举办保健知识讲座，老年群众组织或社会公益组织开展各类活动，以满足老年人的医疗护理服务和文化体育健身需求。

强化助老服务：社区要建立健全助老服务体系。开展面向社区老年人的基本生活照料服务，主要包括为老年人提供饮食、起居、卫生清洁以及代办各类日常服务。开展低保救助服务，包括为老年人提供各类救助、救济及无偿捐助活动，配备在区法律顾问。开展法律服务和法律援助服务，为老年人提供法律咨询、诉讼代理等，依法维护老年人合法权益。开展老年心理咨询服务，帮助老年人减轻思想压力和缓解精神负担，消除心理障碍，使老年人身心健康，安享晚年。

重视养老服务：当地政府根据社区老年人养老服务需求情况，采取购买服务的方式，公开招聘社会青年、下岗人员，通过培训，持证上岗，入户为贫困、高龄、失能（失智）老年人提供优惠服务。社会公益组织和养老服务机构可在社区设立服务站（点），就近为社区有需求的老年人提供住养服务或上门为居家老年人提供有偿养老服务，主要包括生活照料、医疗护理、精神慰藉、康复保健以及紧急救助等。

（5）社区文明和谐。老年宜居社区要加强文化和治安环境建设，并注重老年人的社会参与价值，为老年人营造文明和谐的宜居环境。

加强社区文化建设：开设社区老年大学（学校），加强老年人法制教育阵地建设，组织开展内容丰富的文化艺术、文明礼仪、卫生保健、道德法制、电子信息、生活常识和生态环境等教育或讲座，丰富老年人的精神文化生活和多方面的生活技能知识，提高老年人的法律观念、维权意识和环保意识。设立敬老助老宣传栏（荣誉榜），定期组织敬老主题活动，弘扬尊老敬老助老传统美德，社区敬老氛围浓厚，文化环境积极、活跃、融洽。

加强治安环境治理：健全社会矛盾纠纷排查调处机制，疏通社区居民利益诉求渠道，并制定应对突发性事件的方案、制度和设施等；建立健全社区治安防控体系，配备社区警务室（联系点）和社区民警，有适应本地区治安需要的专兼职巡防队伍。社区居民安全感强。老年人家庭和睦，代际和谐。

注重老年参与社会：社区内老年人积极参与经济、社会和文化建设机制、渠道完善。老年人代表参与业主委员会，银龄行动在社区内广泛开展。老年人参与群防群治等社区建设，在治安保卫、交通协管、邻里互助、民间调解、传统教育、关心下一代、计划生育等工作中发挥优势和特长，实现老有所为。老年人对社区文化建设满意度较高。

（6）社区组织健全。老年宜居社区建设是涉及诸多方面的系统工作，需要有力的推动机制和服务机构以及建立规章制度加以保障。

建立推动机制：要建立起由党政主要领导负责、老龄办牵头、各有关部门参加的老年宜居社区建设工作领导机构，定期召开会议，研究、部署工作。街道成立建设工作领导协调机构，形成工作网络，落实完成各项工作任务。将老年宜居社区建设纳入当地国民经济和社会发展规划，列入当地党委、政府的年度工作要点和目标责任考核内容，制订年度工作计划及实施方案。配备专兼职工作人员，设立工作经费、建设资金，保障建设工作顺利进行。离退休人员党组织健全，实施社会化管理。

设立服务机构：社区要健全物业管理服务组织、业主委员会、社区居家养老服务组织、社区卫

生服务组织、老年群众文体组织等组织服务机构。

建立服务队伍：社区物业管理服务人员、家政服务员、养老护理员、医疗卫生工作者、社区工作者具有较强的专业知识、良好的职业道德，经过相应的培训和考核，持证上岗。社区广泛建立由社区居民和周边学校、机关及企事业单位人员组成的为老服务志愿者队伍，积极开展助老志愿服务。

制定规章制度：社区共驻共建机制完善，党组织和社区居民委员会努力为辖区单位和居民做好服务工作，辖区单位参与社区共建积极性高。制定实施社区居民自治章程或居民公约，社区实行政务、事务、财务、服务“四公开”制度，确保居民的知情权与监督权。社区居民委员会各项制度健全。社区各服务机构建立完备的规章制度和服务规则办法。

3. 老年宜居社区建设的路径

老年宜居社区建设应从社区实际出发，突出地方特色，有计划、有步骤地实现老年宜居社区建设的发展目标。正确把握老年人的需求，明确目标定位，从老年人需求的角度开展宜居社区建设，是社区建设中对老年人这一弱势群体需求的突出和强化。满足老年人日益增长的养老需求和要求，是老年宜居社区建设的动力所在。由于生理、心理、年龄、活动能力等方面的不同，老年人的需求呈现出时代性、地域性、差异性、层次性等特点。不同社区在各项为老政策落实的过程中，应加强对本社区老年人养老需求和实际满意度的调查，在满足老年人基本需求的基础上，满足老年人多层次的个性化需求，老年宜居社区建设不仅要保证各项建设指标达标，更要注重老年人生活环境的真实改善和生活质量的实际提高。

情境反馈

到2050年，我国老年人口将达到4.83亿，占总人口的34.1%，届时每三个人中就有一个老年人。安享晚年生活，环境优先。一个适宜老年人居住的社区环境，是老年人优质晚年生活的基本保障。居住环境好，老年人的生活质量就高；反之，环境越差，生活质量就越差。通过政策创制和政策配套协作，开展公共环境适老性建设，构建老年宜居环境标准体系等措施，推进我国老年宜居环境建设，提高我国社区老年宜居水平迫在眉睫。

知识链接

1. 《刘沛林：如何推进老年宜居环境建设》：http://www.p5w.net/news/xwpl/201603/t20160325_1396446.htm。

2. 兰洁，《首部老年宜居环境蓝皮书发布 老人住房适老程度低》：http://www.takefoto.cn/viewnews-689064.html。

案例分析

老旧小区里，常见耄耋老人爬高楼，有病抬不下楼的现象。“我家住在5楼，我和老伴儿腿脚都不太好，每天出门锻炼、买菜，爬上爬下很吃力。换房搬家没大可能了，如能安装上电梯就好了。”家住大连市的梁爷爷说。梁爷爷今年已80岁，他居住的小区始建于20世纪80年代，多栋楼都没有电梯，而这里住着不少和梁爷爷年纪相仿的老年人。调查显示，我国城市中有79.2%的老年人居住在没有电梯的老旧楼房里，许多社区里的公共基础设施年久失修，难以继续使用。而在新开发的社区里，开发商为谋求利益最大化，利用一切空间创收，到处是车位，却缺少老年人活动场所。调查显示，老年人自认为社区服务设施齐全的占34.6%，公共服务完善的占39.4%。社区养老服务设施不配套、不适用、不规范的问题不在少数。

【分析】

老年宜居社区应该具备居住舒适、设施齐全、服务完善、文明和谐等基本特质，保障所有年龄人群都能生活在熟悉的社区，并享有良好的生活质量，我国城市社区老年宜居水平亟待提升。“宜老城镇”必须是宜居、环境优美、无障碍设施完备的老年友好型城镇。老年宜居城镇环境要强调社区环境的“宜老适老”。老年住宅应该有合理的居住面积及适宜不同文化、不同社会背景的老年人的户型设计、室内设计、功能设施等。例如，扶手、应急呼叫设备等，一定要考虑适配性，而不是美观；设施内部要考虑居住、活动、后勤等空间的交融，而不只是功能化分隔设置。

模块三　老年人居家环境的无障碍改造

学习情境

“爸妈年纪大了，上下楼很不方便。我就担心他们上下楼时磕着碰着，出现意外。”合肥市民李华说，她的父亲有一次下楼时扭伤了脚踝，养了半个多月才好。李华的父亲70多岁，母亲60多岁，住在合肥市某小区一栋多层住宅的四楼。李华早年出嫁后，家里只剩下老两口，平常出门健身、买菜、找老邻居串门唠嗑，成为他们的生活常态。随着年龄的增长，两位老人上下楼梯感到越来越吃力，如今不仅要相互搀扶，爬了两层楼梯还要停下来歇一歇，夏天想买个西瓜上楼都抱不动。2015年冬天，李华的父亲在一次下楼时一脚没有踩实，扭伤了脚踝。“幸好老伴当时拉了我一把，我自己也抓紧扶栏没撒手。要不然，还不知道会伤成什么样。”这次经历让一家人感到后怕。此后，除了必要的采买、扔垃圾，他和老伴很少下楼，米面油等重一点的生活必需品，女儿节假日回家时会一次性买足，尽量不让老人负重上楼。减少上下楼次数，固然可以减少意外发生，但是老人的生活也因此变得单调封闭，少了很多乐趣。

情境分析

在一些发达国家，适老化设计已经成为普通住宅建设的通则和标准，所有住宅都要按照这样的通则和标准来建设。我国应当加大这方面的工作力度，让适老化设计早日成为住宅“标配”，同时加快对现有住宅的适老化改造步伐。2014年，住房和城乡建设部等部门就出台文件，推动老年人家庭及居住区公共设施无障碍改造，北京等城市已经启动了相关改造工作。

相关知识

为老年人提供便利、安全的无障碍设施，是改善民生、为老服务的重要举措，也是完善以居家为基础、社区为依托、机构为支撑的社会养老服务体系的重要工作。2014年，住建部、民政部、财政部、中国残联、全国老龄办联合发出《关于加强老年人家庭及居住区公共设施无障碍改造工作的通知》，对此项工作提出要求。在老年人家庭无障碍改造方面，该通知要求各地制订年度老年人家庭无障碍改造计划，明确目标任务、工作进度、质量标准和检查验收要求，并对改造完成情况进行汇总。老年人家庭无障碍改造应体现个性化需求，并重点解决居家生活基本需要。年度改造计划的制订应遵循公平、公正、公开原则，优先安排贫困、病残、高龄、独居、空巢、失能等特殊困难老年人家庭。对纳入年度改造计划的贫困老年人家庭，县级以上地方政府可以给予适当补助，由民政主管部门会同财政主管部门确定资金补助标准，并明确资金监管要求，财政主管部门要对补助资金的使用进行审核和监管。

一、老年人居住区环境无障碍建设

为老年人提供安全、便利的无障碍设施，是改善民生、为老服务的重要举措，也是完善以居家为基础、社区为依托、机构为支撑的社会养老服务体系的重要工作。积极推进无障碍环境建设，促进了老年人家庭和居住区公共设施无障碍改造，无障碍环境得到有效改善。但与养老服务业发展目标、养老服务需求等还有较大差距。按照中央和省级人民政府的要求，在推进老年人家庭和居住区公共服务设施无障碍改造工作中，要加强业务指导，积极筹措资金；要加强沟通协调，畅通意见反馈渠道。无障碍改造方案应征求受助家庭和相关居民的意见。

国家制定无障碍设施建设标准，新建、改建和扩建道路、建筑物、交通设施、居住区等，应当符合国家无障碍设施建设标准。各级人民政府和有关部门应当按照国家无障碍设施建设标准，优先推进与老年人日常生活密切相关的公共服务设施的改造。无障碍设施的所有人和管理人应当对无障碍设施进行保护和及时维修。继续加强《涉老设施规划建设标准关键技术和标准体系》《住宅可容纳担架电梯配置标准》等研究，构建涉老设施标准体系框架。组织开展《无障碍设计规范》和《家庭无障碍建设指南》宣传培训，保障规定落到实处。国家引导、支持老年宜居住宅的开发，推动和扶持老年人家庭无障碍改造，为老年人创造无障碍居住环境。加快修订《城镇老年人设施规划规范》、《城市居住区规划设计规范》和《城市道路交通规划设计规范》，研究提高老年人设施标准，改善老年人设施布局。要深入开展无障碍环境建设，贯彻执行《无障碍环境建设条例》，加强无障碍设施建设与改造。继续会同有关部门组织开展无障碍环境市、县创建工作。

老年人家庭无障碍改造应体现个性化需求，并重点解决居家生活基本需要。应遵循公平、公正、公开原则，优先安排贫困、病残、高龄、独居、空巢、失能等特殊困难老年人家庭。突出高龄和失能老年人居家养老服务设施、环境的无障碍改造，推行无障碍进社区、进家庭。加快对居住小区、园林绿地、道路、建筑物等与老年人日常生活密切相关的设施无障碍改造步伐，方便老年人出行和参与社会生活。

各地住房城乡建设主管部门要会同民政、财政、残联、老龄办等主管部门，制订年度居住区公共设施无障碍改造计划，明确责任单位、目标任务、工作进度、质量标准和检查验收要求，并对改造完成情况进行汇总。居住区公共设施无障碍改造计划可结合老（旧）居住（小）区整治、棚户区改造、建筑抗震加固等专项工作以及创建无障碍环境市、县工作统筹安排。

《北京市居家养老服务条例》第十条明确规定，新建居住区的养老设施，应当与住宅同步规划、同步建设、同步验收、同步交付使用。老旧小区没有养老设施或者现有养老设施未达到配建标准的，所在区、县人民政府应当通过配置、置换、租赁等方式配置；社区配建的养老设施出租用于其他用途的，应当收回用于社区养老服务。第十二条规定，新建、改建和扩建居住区应当符合国家无障碍设施工程建设标准。规划、住房和城乡建设等部门应当逐步推进老旧小区的坡道、楼梯扶手、电梯等与老年人日常生活密切相关的生活服务设施的改造。

居住区公共设施无障碍改造应严格执行无障碍设施建设相关标准规范，提高无障碍设施安全性和系统性，重点推进居住区缘石坡道、轮椅坡道、人行通道以及建筑公共出入口、公共走道、地面、楼梯、电梯候梯厅及轿厢等设施和部位的无障碍改造。

（1）道路防滑、可辨识、无障碍通行。老年人身体机能下降，因此适宜老年人的道路系统要简洁通畅、有明确的方向指示、可识别性强，避免人车混行。老年人使用的步行道路应做成无障碍通道系统，道路的有效宽度不应小于 0.9m。步行道路路面应选用平整、防滑、色彩鲜明的铺装材料。

（2）与老年人活动相关的各建筑物附近应设供轮椅使用者专用的停车位，其宽度不应小于 3.5m，并应与人行通道衔接。轮椅使用者使用的停车位应设置在靠停车场出入口最近的位置，并应设置国际通用标志。

（3）室外台阶、踏步和坡道以尽量减小老年人活动难度为宜。室外台阶、踏步和坡道的设计也要重视各方面的适老化细节，以保障通行顺畅、减小老年人动作难度。

老年人居住建筑设计要从居住人群定位出发，根据老龄阶段从自理、介助到介护变化全过程的不同需要进行设计，老年人公共建筑应按老龄阶段介助老人的体能心态特征进行设计。老年人公共建筑的出入口、老年人所经由的水平通道和垂直交通设施以及卫生间和休息室等，应为老年人提供方便设施和服务条件。老年人建筑层数宜为 3 层及 3 层以下，4 层及 4 层以上应设电梯。

二、老年人居家环境无障碍建设

老年人的居住主要从两方面着眼考虑：①满足老年人身体的需要，如热水、取暖等设施不可缺少；②重视居住的安全性和使用的便利性，如安装电气设备、安全报警设备等。

老年人居住建筑应设给水排水系统，给水排水系统设备选型应符合老年人使用要求。宜采用集中热水供应系统，集中热水供应系统出水温度宜为 40 ～ 50℃，应分套设置冷水表和热水表。应选用节水型低噪声的卫生洁具和给水排水配件、管材。公用卫生间中，宜采用触摸式或感应式等形式的水嘴和便器冲洗装置。严寒地区和寒冷地区的老年人居住建筑应设集中采暖系统，夏热冬冷地区有条件时宜设集中采暖系统。各种用房室内采暖计算温度不应低于相关规定。散热器宜暗装。有条件时宜采用地板辐射采暖，最热月平均室外气温高于等于 25℃地区的老年人居住建筑宜设空调等降温设备，冷风不宜直接吹向人体。老年人住宅的电气系统应采用埋管暗敷，应每套设电度表和配电箱并设置短路保护和漏电保护装置。老年人居住的卫生间应做局部等电位联结。老年人居住卧室宜采用多点控制照明开关，浴室、厕所可采用延时开关。在卧室到卫生间的过道，宜设置脚灯。卫生间洗漱台、厨房操作台、洗涤池宜设局部照明。老年人住宅的厨房内对应吸油烟机、冰箱和燃气泄漏报警器位置设置插座；卫生间内应设置不少于一组的防溅型三极插座。老年人住宅应设置不少于一个电话终端出线口，卧室、客厅应设置有线电视终端插座。以燃气为燃料的厨房，应设燃气泄漏报警装置。居室、浴室、厕所应设紧急报警求助按钮。有条件时，老年人住宅和老年人公寓中宜设生活节奏异常的感应装置。

一般而言，老年人居家环境无障碍改造可以从以下几个方面着手进行：①斜坡改造。斜坡坡比一般小于 1:12。②门槛高度小于 1.5cm，门槛两边为坡度不大于 30° 的斜面。门槛高度超过 3cm 时，需要配置门槛斜坡，可用水泥建造固定斜坡，也可用铝合金建活动斜坡。③扩宽门道。遇见轮椅进出房门刚好为房门板厚度阻挡时，可以将原来房门的搭链换成双 L 形搭链。④卫浴改造。主要考虑安全性，关注人的移动便利性和淋浴器具易操作性。⑤地面改造。选用凹凸花纹、防滑性能好的地砖和防滑垫，保持地漏畅通。卫生间门口无高度差，选择外开式房门，门面设置低位扶手。

情境反馈

在我国，大多数老年人都选择居家养老，在自己的家中安度晚年。由于老年人的老化现象，生理老化和心理老化都对老年人的居家环境提出了很高的要求。一个适宜老年人居住的居家环境，不仅能够保障老年人的生命安全，还能提高老年人的生活质量。按照相应建设标准，进行相应的居家环境改造，让老年人住得安全、住得舒心，让每一位老年人都可以在家中度过高质量的老年阶段，义不容辞，刻不容缓。

知识链接

1. 王伟华、贺艳，《提高失能老年人生活品质建议从居家无障碍改造做起》：http://news.163.com/15/0924/01/B487Q3HN00014Q4P.html。

2. 《[特别关注—北京]<小曹跑两会>居家无障碍改造打造残疾人无忧生》：http://news.cntv.cn/2015/01/26/VIDE1422252494032911.shtml。

案例分析

自从被检查出患有轻度脑萎缩，蚌埠市南湖小区71岁的刘奶奶已经很少出门，不过，即使待在家中，也会有发生意外的风险。“我家卫生间小，一家四口天天洗澡，淋浴喷头与马桶、洗手台之间又没有隔断，卫生间一天到晚都是湿漉漉的。我现在腿脚不太灵便，还经常头晕，每次进卫生间都是小心又小心，就怕滑倒。”刘奶奶说，人老骨头脆，摔一跤就了不得，自己的婆婆80多岁时在厕所摔了一跤，造成骨折，没多久就去世了。“我家就住在一楼，多年来想出门转转却很不容易。有了这条轮椅专用通道，我的出门难题终于解决了。”合肥市奥林花园小区79岁的周如英老人高兴地说。2009年老伴去世后，周如英因患类风湿而与轮椅相伴。儿女家离得远，她也舍不得离开与老伴一起生活多年的家，选择独自居住。从事舞台设计的女婿，帮助老人设计改造了卫生间和厨房，让轮椅可以无障碍通行；家里的灶台、洗菜池重新改造，降低了高度，方便老人坐在轮椅上操作；马桶边的墙壁上加装了扶手，防止老人滑倒。细心的儿女还为老人购买了电动扫地机、洗澡专用座椅，每周聘请钟点工进行保洁，方便老人生活。室内实现了无障碍通行，室外却被两级台阶挡住了出行的脚步。每次想出门看看，都要儿子背进背出，眼见儿子也上了年纪，一家人就自费把家门口通往户外的两级台阶改成了坡道，方便轮椅通行。这两级台阶属于公共通道，他们先后改了两次坡道，都被其他住户砸掉了。无奈之下，一家人又花500多元买了一块厚重的铁板临时铺在台阶上辅助通行。铁板也有几十公斤重，儿子每次扛进扛出都很吃力。

帮助老人打通轮椅通道的，是合肥市琥珀街道社会工作服务中心2015年实施的“耄耋小屋提升计划”。这一“计划”运用“大爱之行”公益项目资金，先后帮助17户老年人家庭免费进行住宅改造，帮助老年人家庭铺设无障碍通道、加装防滑扶手、改造老旧线路等，改善老年人居住环境，让他们的晚年生活更加安全、便利。“为了减少矛盾，我们给周奶奶改造轮椅通道时舍近求远，避开楼梯口公共通道，从老人家的院子里开了一道门，再穿过公共绿化带与小区道路相连。”琥珀街道社会工作服务中心主任李翠介绍，老人的儿子也拿出一部分资金，并和社工一起找物业、社居委和邻居做工作，争取理解和支持，终于开通了这条道路。在合肥市庐阳区，有10多户空巢和独居老年人家庭正在测试物联设备，为该区即将开展的入户居家养老物联网应用做准备。物联网应用“智能养老”模式开启后，将可以提供老年人定位求助、老年人跌倒自动检测等多项服务，成为居家老年人的“安全卫士”。

【分析】

2000年我国正式步入老龄化社会，我国的老年人口不断增加，其中高龄老人的比例也在不断上升。老年人口的增加，对老年人的居住环境提出了相应的要求。老年人的居家环境无障碍是他们安度晚年的基本保障，环境的好坏直接影响到他们的生活质量。老年人家庭无障碍改造应体现个性化需求，并重点解决居家生活基本需要。加快对居住小区、园林绿地、道路、建筑物等与老年人日常生活密切相关的设施无障碍改造步伐，方便老年人出行和参与社会生活，以提升他们的生活水平。

单元小结

只有建立起良好的适合老年人的居养环境，才能切实解决我国的养老问题。一个真正适宜老年人居住的环境，应该既有宏观又有微观，不仅包括社会的无障碍环境，还包括适老化社区和居家环境的无障碍。目前我国老年宜居环境建设仍处于起步阶段，老旧住房适老化改造、社区养老设施建设、社区养老服务、社区无障碍环境等方面仍存在不少突出问题。社区宜居环境是老年宜居环境的微观基础，是实现老年人居家养老的基本保障。老年宜居社区应该具备居住舒适、设施齐全、服务完善、文明和谐等基本特质，以尽可能地保障所有年龄人群都能生活在熟悉的住区，并享有良好的生活质量。从社区环境到居家环境，只有建设真正的适老环境，才是老年人安度晚年的保障。

实践强化

请依据适老社区相关文件中的建筑标准，对你所居住的环境进行测量和评估，既包括室内的过道、走廊、卫生间等室内设施，也包括所在小区的坡道、电梯等公共设施。假定有一位耄耋老人在这样的环境中生活，请你写出相应的环境评估报告，并给出相应的环境改造建议。

学习单元六　老年人参与社会发展制度

单元导读

老年人参与社会发展既有利于提高晚年生活质量，又有利于社会稳定、协调发展，这一重要意义越来越受到国际国内社会的广泛认同和高度关注。

1998 年《维也纳老龄问题国际行动计划》指出：“今天的老龄问题不仅是保护和照顾年长者和老年人的问题，而且也是年长者和老年人参与和参加的问题。”1999 年世界卫生组织提出“积极老龄化”的倡议，将积极老龄化界定为“尽可能增加健康、参与和保障机会的过程，以提高人们老年时的生活质量”。这之后，健康、参与和保障成为实现积极老龄化的三根支柱。2002 年，“积极老龄化”被联合国第二届世界老龄大会接受并写进《政治宣言》：“力求使老年人充分融入和参与社会；使老年人能够更有效地为其社区和社会发展做出贡献；并且不断改善着老年人所需要的照顾和支持。”该宣言成为应对 21 世纪人口老龄化的政策框架。积极老龄化肯定老年人的社会价值，把健康、参与、保障构成一项应对人口老龄化挑战的战略，并明确这三位一体不仅是老年人的需要，而且是一种权利，强调应努力创造条件让老年人回归社会，重返“不仅仅是体力活动和劳动”，更包括“社会、经济、文化、精神和公益事务”在内的各个实践领域，参与所在社会的经济、社会、文化和政治生活，充分发挥其技能、经验和智慧，从而使“老龄化对社会经济的压力转化为促进可持续发展的动力”。

我国《老年人权益保障法》明确规定国家应当为老年人参与社会主义物质文明建设创造条件。作为积极老龄化的主要内容，老年人全方位地参与社会发展已经成为国际社会解决人口老龄化的普遍共识。

学习目标

知识目标

1. 熟悉我国老年人参与社会发展的法律与政策规定。
2. 掌握老年人参与社会发展的主要形式。
3. 掌握老年人参与社会发展的措施保障。
4. 了解老年人参与社会发展的设施保障。

技能目标

1. 能够协助老年人参与社会发展。
2. 能够为老年人参与社会发展提供必要的支持。

素质目标

1. 重视老年人的感情、欲求和愿望。
2. 支持老年人参与社会发展。

模块一　老年人参与社会发展政策认识

学习情境

王大叔在单位里是技术骨干，今年59岁。眼看着要到退休的年龄，但他身体依旧十分硬朗，头脑灵活，不甘心在退休后仅仅过着喝茶聊天、不争朝夕的日子，想发挥余热，为社会做些力所能及的贡献。但因他对老年人参与社会发展的国家相关法律政策不是很清楚，所以对自己退休后的生活有些迷茫。如果你是养老服务工作人员，需要详细准确地向王大叔介绍我国关于老年人参与社会发展的法律政策规定，消除王大叔心中的迷茫。

情境分析

作为养老服务人员，应当能够利用国家与社会提供的条件，协助老年人参与社会发展。而要做到这一点，就要熟悉国家的相关法律政策，了解老年人参与社会发展的组织形式和活动形式以及国家和社会为老年人参与社会发展提供的各种保障措施。

相关知识

随着我国老龄化进程的加快，老年人队伍越来越庞大。如何让他们释放余热，充分发挥作用，让其成为参与社会发展的生力军，已成为当前老龄工作的重要课题。党的十八大报告提出，要创新社会管理，从根本上需要依靠群众，让群众充分参与社会管理事务，必须动员各类企事业单位、基层群众自治组织、人民团体、社会组织等参与进来，实现社会管理的共同治理。离开了老年人的参与，社会建设是不完善的，社会管理是不健全的，社会的发展也是不平衡的，因此，无论是社会发展、社会建设还是社会事务管理，老年人都不能缺位。

一、我国老年人参与社会发展的相关政策与法律

1. 参与社会发展老年人的范围

早在20世纪80年代，我国政府就对老年人参与社会发展做出了一些规定，如1986年国家颁布了《关于发挥离休退休专业技术人员作用的暂行规定》，对支持和帮助离退休人员继续发挥作用的具体问题做了详细的规定，但此规定仅限于离退休的专业技术人员。进入90年代之后，国家对保障参与社会发展的老年人范围进一步扩大。1994年发布的《中国老龄工作七年发展纲要》中明确规定了要鼓励和支持低龄、健康的老年人参与社会发展；1996年颁布实施的《老年人权益保障法》进一步从法律层面规定了参与社会发展是全体老年人的权利，这是我国第一次用立法的形式规定我国老年人参与社会发展的权利，是我国老年人参与社会发展的重要法律保障。

相比于1994年的《中国老龄工作七年发展纲要》来讲，《老年人权益保障法》规定的参与社会发展的老年人不再仅仅是低龄和健康老年人，而是全体老年人，参与社会发展的内容也更加明确与具体。《老年人权益保障法》“参与社会发展”一章中，对老年人参与社会发展做出了专门的说明。该章规定“国家和社会应当重视、珍惜老年人的知识、技能、经验和优良品德，发挥老年人的专长

和作用”，还规定国家要创造条件支持鼓励老年人参与两个文明的建设，并根据社会的需要及可能，在老年人主观上愿意、身体条件可行的基础上可以参加几个方面的活动；提出老年人参与社会发展的权利，即老年人退休后有再接受文化教育、参加各种文化体育运动、参与社会各项活动、为社会发展做贡献的权利。

2. 老年人参与社会发展的内容规定

从参与社会发展的内容来看，国家对支持和促进老年人参与社会发展的思路也更加清晰，政策导向也更加明确。《老年人权益保障法》将我国老年人参与社会发展的主要途径分为8个方面，包括传授文化和科技知识、提供咨询服务、从事经营和生产活动、兴办社会公益事业等，但只是笼统地指出“国家应当为老年人参与社会主义物质文明和精神文明建设创造条件”，并无具体的支持措施。2001年，国务院发布《中国老龄事业发展“十五”计划纲要》（以下简称《纲要》）。《纲要》中明确指出要“鼓励老年人继续参与社会发展”，并分别对城乡老年人参与社会发展提出了以下要求：“在城镇，要重视老年人才资源的开发和利用，引导老年人从事教育、科研、咨询以及维护社会治安、社区服务等社会公益活动；在农村，鼓励健康老人从事种植、养殖和加工业。”并提出了要“注意充分发挥老年人在基层民主政治建设中的作用。”《纲要》针对城乡老年人的差别，分别对城乡老年人参与社会发展提出了具体的导向和要求，并强调了老年人在基层民主政治建设中的作用，指出了老年人可以通过政治参与来参与社会发展。

此后，国家进一步完善和搭建促进老年人参与社会发展的平台，2006年8月全国老龄办发布了《中国老龄事业发展“十一五”规划》（以下简称《规划》）。《规划》中明确提出要“积极开发老年人才市场”，并要求各地“根据市场需求和老年人的志愿，积极搭建老年人才服务平台，开拓老年人才参与社会的渠道”，对老年人力资源参与社会经济发展提出了明确要求。

2012年修订的《老年人权益保障法》在保留“参与社会发展”一章的基础上，将原来的老年人接受教育的权利及国家措施保障的条款并入该章中，并增加了老年人可以依法成立自我管理、自我服务、自我保护、自我教育的组织；国家制定法律、法规、规章和公共政策，涉及老年人权益重大问题的，应当听取老年人和老年人组织的意见；老年人和老年人组织有权向国家机关提出老年人权益保障、老龄事业发展等方面的意见和建议的条款，使该项内容增加到8条。

与此同时，随着国际社会对“积极老龄化”战略的重视和实施，我国政府也开始积极组织有关老年群体开展社会参与活动。例如，从2003年起国家组织实施的以老年知识分子为主体、以援助西部地区和本地欠发达地区为主要内容的“银龄行动”，以健康低龄老年人为主体组成“爱心助成长”志愿服务计划等，都是国家在促进老年知识分子参与社会、发挥余热的大型活动。而随着北京奥运会、上海世博会的召开，老年群众以志愿者的身份参与社会的形式也取得了较大的进展，这都在很大程度上促进了我国老年人参与社会发展。

二、老年人参与社会发展的主要组织形式

老年人参与社会发展，可以自发地建立基层老年群众组织，其形式主要有以下几种：

1. 老年学术组织

老年学术组织是指老年人成立的以从事科学研究、推动科学技术发展为目的的组织。例如，老年科技工作者按照专业、系统自愿组织成立的学术性组织，如老年学学会、老年书画研究会、老年历史研究会、老年摄影学会等。

2. 老年自助专业技术和服务性组织

专业技术和服务性质的老年组织主要是由老年人自我组织、自我管理、自我服务、自我教育的各种管理组织和各类专业协会，如退休工作者科技协会、退休教师协会、退休医生协会、退休法律工作者协会、老年体育协会、老年大学等。由退休科技人员和技术工人成立的退休工程师协会、退休科技工作者协会和职工技术服务队等，组织退休的技术人员从事讲学、翻译、指导研究、人才培训、技术开放和技术咨询服务、医疗保健等专业技术活动，这些组织为老年人发挥余热提供了用武之地。其中一些老年组织还为社会创造了十分可观的经济效益。在一些城镇，由老年人自己组织成立的老年人协会、退休职工管理委员会、退休职工协会一般从事社会服务活动，同时在老年人之间开展互助互济活动。

3. 生产经营型的老年组织

该类组织是指一些企业、街道、农村的老年人自己组织的经济实体。比如部分企业离退休老职工自发组织起来，参与开发新产品、技术攻关、修旧利废、维修设备、职工技术培训、咨询服务。其服务范围主要有三类：①在修理店、洗染店、食杂店、饭店、旅店、照相馆等服务网点中面向社会开展便民服务；②紧紧围绕企业的生产，承揽机械加工、设备维修、装备，为企业的生产服务；③承揽技术革新、设备改造、技术攻关项目，为社会和企业开展技术咨询服务。再比如在农村，有些老年人从事适度规模经营，壮大了集体经济，有些老年人从事种植、养殖业，有些老年人带头学习科学技术，成为种植、养殖专业户。在农村，老年人在推广科技知识、发展农村商品经济、提供农业社会化服务方面发挥了作用。

4. 老年技术咨询服务组织

老年技术咨询服务组织是指为各级政府当好参谋、做好咨询服务的老年组织，即组织一些长期担任政府领导工作，具有丰富经验的老干部、老专家和大批科技工作者从事各种咨询服务工作。我国一些地区的政府机关吸收老同志参加政府的咨询委员会、咨询小组、咨询顾问，对当地的重大社会问题、经济问题进行调查研究，提出可行性分析，拟订方案建议。如“上海市政府咨询小组”“天津市政府咨询委员会”，这些咨询组织在重大的社会问题和经济问题的决策上为政府献计献策，起了很好的作用。

5. 老年文体组织

各地为了活跃老年人的文娱、体育活动，普遍成立了老年体育协会、老年合唱团、老年艺术队、老年秧歌队、老年太极拳学习班等，积极开展各种文化体育活动，活跃老年人的晚年生活。

三、老年人参与社会发展的主要活动

老年人长期积累起来的丰富的工作经验，往往为青年人所不及，这是他们的一种特殊优势。由于中国城市近年来离退休职工的迅速增长，政府十分注意发挥老年人的作用，积极鼓励老年人参与社会发展并为老年人参与社会发展提供条件。

1. 社会公益服务活动

老年人可组织起来从事社会公益事业，如维护社会治安、管理交通秩序、市场管理、市场物价监督、环境卫生监督、居民委员会工作、宣传计划生育、普法教育、移风易俗等活动。一些老年人还举办家庭青少年活动站、辅导站、阅览室，有的还积极组织“失足青年包教小组”“干部子女教育组”“老红军教育青少年协会”“老干部关心下一代协会”等组织。

2. 发展教育事业，传授知识

在德育方面，全国各地都有一批老干部、老工人、老战士和老知识分子组织起来，通过宣讲团、报告会、校外辅导员、举办业余学校、开办讲座、组织老年读书会等形式，对青少年进行爱国主义、社会主义和革命传统教育，全国已经有一百万老年人参加了关心下一代协会的工作，为青少年的健康成长贡献力量。在智育方面，许多老教育工作者为发展教育事业，积极参与举办职工大学、夜大学、高考补习班以及各种职业培训班，提高青年一代的文化知识和科技水平，也有的自愿到老少边穷地区或回到家乡，改变当地教育落后面貌和开展科技兴农、科技扶贫，为社会培养了大批有用人才。

四、老年人参与社会发展的措施保障

在劳动力过剩的情况下，老年人再就业的机会受到各种因素的限制，而志愿服务者等社会公益内容则十分丰富，给老年人留下了发挥自身价值的广阔空间，如参与环境保护、社区服务、防灾赈灾、义诊支教、科普宣传、维护社会治安、指导开展社会文体活动、指导青少年成长、宣传党和国家的方针政策等。政府机构和社会组织应当积极拓宽老年人参与社会发展的路径，鼓励老年志愿者参与社会公益活动。

1. 拓宽科技咨询渠道

离退休科技工作者和有技术专长的退休人员，是我国老年人口的一支智力大军，以他们为主体所组织的咨询服务组织，已在全国各个区域兴起。老科技工作者协会是其中的代表，他们面向社会，面向基层，积极承担中小城市企业和乡镇企业的工程设计、技术攻关和产品开发工作。事实证明，在咨询服务这一行业，老同志大有可为。

2. 拓宽教育传授渠道

我国有大批的离退休教师，继续在教育战线上辛勤劳动。例如，截至 2010 年年底，重庆退休教师协会主办各类业余学校 165 所，开设 729 个班，在校学生 40 000 余人。云南高教老年科技者协会成立 8 年来，累计兴办各种培训班 114 个，培训各种人才 6 543 人。目前，离退休教师已经成为社会办学的一支主要力量。

3. 拓宽卫生健康渠道

例如大连医疗卫生部门组织离退休医务工作者，自 1995 年以来，开办集体、个体医院 35 所，开设床位 2 636 张，吸纳离退休人员和下岗职工 1 200 人工作，串联门诊部 120 个，每天接纳门诊病人 3 600 人，吸收 1 000 余名人员继续工作。

4. 立足社区，建构“家门口”的老年社会参与平台

积极推进社区建设，把社会参与的平台建在老年人的家门口，是推进老年人参与社会发展最为现实的力量源泉。社区组织是“社区居民自我管理、自我教育、自我服务的群众性自治组织”，可以为老年人参与社会发展提供更为广阔的社会空间。这就意味着在老年人参与社会发展问题上社区有着其他任何单位无法比拟的优势，它拥有丰富的社会资源，能够提供多种社会参与的平台，满足不同兴趣、不同能力、不同经验老年人的需求，如成立老年协会、残疾人协会、书画社、保洁公司、家政服务公司、健康指导中心等。老年人在满足自身需要的同时也为自己带来了成就感、社会尊重感、社会价值感与意义感，这是其他组织或社团难以做到的。

5. 建立奖励机制

老年人的无偿付出是需要得到社会的承认和回报的，奖励机制是一种很好的方式。奖励的主

体可以是政府，也可以是社会团体甚至是个人。获得“2006 感动辽宁十大新闻人物”的大连老人丛子文曾自己出钱制作 1 000 个爱心徽章，送给那些在车上主动给老弱病残孕让座，在公园里自觉保持卫生、拾垃圾，在经营活动中热情服务并用语文明的人。奖励的内容以精神奖励为主，物质奖励为辅。凡是在对居委会工作的帮助与配合，治安巡逻和社区秩序维护，维护和美化社区环境，扶贫、帮困、捐助弱势群体，开展社区教育和宣传活动等方面有一定成绩的，都可以纳入奖励的范畴。

6. 加大投入，为社区老年志愿者活动提供经费支持

“兵马未动，粮草先行”，社区老年志愿者组织的日常运转需要一定的经费支持，而经费短缺问题已成为制约其发展的“瓶颈”。现实中，志愿者活动的经费主要来自基层居委会的支持，但在基层居委会财政难以自给的情况下，社区老年志愿者活动由于缺乏一定的财力支持而得不到实现。建议政府从发展社区老年人社会保障事业的角度给予更多的经费支持和帮助。

五、老年人参与社会发展的设施保障

老年人参与社会发展，需要得到来自于政府、社会多方面的支持和保障，其中无障碍设施建设是一项重要的内容。

近年来，国家颁布《城市道路和建筑物无障碍设计规范》，制定《无障碍设施建设工作“十五”实施方案》及《民用机场旅客航站区无障碍设施设备配置标准》《铁路车站及枢纽设计规范》《铁路旅客车站建筑设计规范》《铁路站场客货运设备设计规范》等一系列标准规范，大中城市道路、车站、机场、商场、公交站点、住宅居住区和其他公共建筑的无障碍设施建设发展较快，老年人安居和参与社会生活的设施环境不断改善。开展了创建全国无障碍设施建设示范城（区）活动，2012年，住建部、民政部、中国残疾人联合会、全国老龄办联合下发通知，对北京等 60 个“十一五”创建全国无障碍建设先进城市予以表彰，同时授予长春等 30 个城市“十一五”全国无障碍建设创建城市称号。

《老年人权益保障法》专章规范“宜居环境”问题，强调国家在推进宜居环境建设中的主导作用，以为老年人提供安全、便利和舒适的环境为目的。各级人民政府在制定城市规划时，应根据人口老龄化发展趋势、老年人口分布和老年人的特点，统筹考虑适合老年人的公共基础设施、生活设施、卫生设施和文化体育设施建设。同时，在工程建设标准、无障碍设施工程建设标准等方面加强建设和规范，推进与老年人日常生活密切相关的公共服务设施的改造。甚至提出“推动老年宜居社区建设”的设想，力争为老年人创造无障碍的居住环境。

作为养老机构服务人员，应当利用国家和社会提供的条件，协助老年人实现社会参与，在这一过程中，应注意以下环节：①根据老年人的能力和身体状况，选择合适的社会参与活动，应避免将老年人置于危险的环境中；②充分发挥老年人的才智和积极性，既带动机构内的精神文明环境，又让老年人获得充分的自我价值感；③依托社会支持网络，为老年人开展社会活动创造良好平台。

情境反馈

本情境中，王大叔具有积极养老的心态，在提供服务时，一定要对此积极肯定，全力支持，要尽可能地向其全面介绍我国的相关法律与政策，并根据他的实际情况，争取国家和社会能够提供的

条件，引导他参与各种有益的社会活动，实现个人价值的最大化。

知识链接

1.《“积极老龄化”在中国》：http://theory.people.com.cn/n/2013/0203/c107503-20413628.html。

2. 全国老龄委办公室政策研究部，《应把积极应对人口老龄化战略上升为基本国策》：http://finance.people.com.cn/GB/17728706.html。

案例分析

郑营南路社区是坊子区政府搬迁至新区后最早建立的社区，这里老年人数量多，且多数是退休职工。这些老年人都有退休金，家庭负担轻，闲暇时间多。平日，子女工作繁忙，不能经常陪伴老年人，时间久了，老年人就觉得比较孤独、日子很无聊。提供文艺活动场所，开展有益的文化活动，成为社区老年人的迫切需求。

社区社会工作者通过走访了解到，社区内现有两所中学，许多学校退休教职工在此居住。这些退休教师素质高、有文艺特长、热心公益志愿服务事业、组织能力强，同邻里关系相处融洽，在群众中威信很高。而且，他们愿意发挥自己的特长，奉献社会。社区也非常希望老年人能发挥自己的余热，为社区尽一分力量。社会工作者认为，整合这些资源，社区提供活动场所，就可以满足许多老年人的精神需要。潍坊四中的退休教师张香芹非常热心，带头组建了郑营南路社区老年人文艺宣传队，鼓励老年人走出家门，融入社区大家庭中。

截至2016年，“老年人文艺宣传队活动”系列活动开展已经有2年多时间，已开展活动上百次，开展大型集体文艺活动十多次，如坊子区消夏文艺会演、“创建文明城市建设和谐社区”文艺演出；“创建文明城市”知识竞赛。充分发挥了社区工作的功能，既解决了社区老年人孤独的心理问题，又促进了他们家庭的和睦，培养了他们的艺术素养，促进了他们的心理健康。

【分析】

“老年人文艺宣传队活动”贴近老年人、贴近实际、贴近生活，是一个比较容易为老年人所接受的积极养老的活动形式，作为老年服务工作者，应当能够利用国家与社会提供的条件，协助老年人组织、参与此类活动，让更多的社区老年人参与到活动中来。

模块二　老年人劳动及合法收入

学习情境

2015年9月2日，上海某运输公司驾驶员驾驶一重型车沿凉城路行驶时，68岁的李红军正巧在人行横道上过马路。由于驾驶员违反让行规定，在人行横道线上撞到李红军，导致其倒地受伤。李红军被诊断为左腓骨骨折，经鉴定，伤情构成道路交通事故伤残九级。由于赔偿费用无法达成一致，尤其是关于误工费的赔偿数额争议较大，因此李红军只能向律师求助。

情境分析

超过退休年龄的老年人不属于我国《劳动法》及其相关法律法规中规定的“劳动者”。如果老年人不幸遭受人身损害，是否有权利请求误工费的赔偿成为争议点之一。

相关知识

我国现在已经进入老龄化社会，老年人已经成为中国人口不可忽视的一只大军。随着社会经济的高速发展，人民生活水平“节节高”、社会观念“日日异”，原本应该儿孙满堂、颐养天年的银发老年选择“再就业”，成为就业市场上一只不可小觑的队伍，许多企业也愿意选择老年人为自己提供服务，甚至在一些特殊领域，“银发族”比年轻人更受用人单位青睐。然而，在老年人再就业的高涨热情下，我国配套政策、法律规范亟须健全等问题也走入大众视野，需要引起社会关注。

一、老年人的劳动权利受法律保护

我国有关法律规定的劳动者退休年龄为男60周岁、女50周岁（女干部55周岁），超过该退休年龄的人就不能成为《劳动法》所规定的劳动者，不能与用人单位建立劳动关系。因此60周岁以上的老年人就不属于《劳动法》和《中华人民共和国劳动合同法》（以下简称《劳动合同法》）中的劳动者，不受《劳动法》和《劳动合同法》的保护，但他们仍受其他法律保护。

我国《宪法》规定，公民有劳动的权利和义务。《老年人权益保障法》第六十八条规定，鼓励老年人在自愿和量力的情况下，依法从事经营和生产活动。第六十九条规定老年人参加劳动的合法收入受法律保护。因此，老年人从事力所能及的劳动是受法律保护的。

二、超过60周岁的老人能否成为《劳动法》意义上的劳动者

【案例6-1】2011年，62岁的张某受雇于某物业公司，职务为卫生工，约定每月工资850元。嗣后，物业公司未按时支付张某共计4个月的工资3 400元，张某遂诉至法院，要求物业公司支付拖欠的工资并给付经济补偿金。

劳动法律关系是指符合《劳动法》规范的用人单位与劳动者之间形成的劳动者在用人单位管理下提供劳动，由用人单位支付报酬所产生的权利义务关系。构成我国法律上的劳动法律关系应该具备几个条件：①主体资格符合。符合我国《劳动法》规定的用人单位与劳动者，如果主体资格不符合，如用人单位不是《劳动法》规定的那些单位，劳动者没有劳动能力，则不能适用《劳动法》来调整双方之间的权利与义务关系，只能按民法上的劳务关系来调整。②劳动者提供劳动，用人单位接受劳动并向其支付劳动报酬，劳动者受用人单位制定的规章制度的管理，听从其指挥，用人单位与劳动者之间是一种管理与被管理的关系。如果只负责把对方交代的事情做完并获取报酬，不受对方管理，则是劳务法律关系，它是一种平等的民事法律关系。

本案例中，要认定张某与某物业公司之间的法律关系是怎样的，首先必须认定张某是否具备《劳动法》上的主体资格。作为《劳动法》意义上的劳动者得具有劳动能力，没有劳动能力而出卖所谓

的劳动，不能认定是劳动关系，不能享受《劳动法》上的权利。《劳动法》第十五条规定：“禁止用人单位招用未满16周岁的未成年人。文艺、体育和特种工艺单位招用未满16周岁的未成年人，必须依照国家有关规定，履行审批手续，并保障其接受义务教育的权利。”《中华人民共和国劳动合同法实施条例》（以下简称《劳动合同法实施条例》）第二十一条规定：“劳动者达到法定退休年龄的，劳动合同终止。”《国务院关于工人退休、退职的暂行办法》第一条及第二条规定了劳动者到了退休年龄应该退休并享受退休费，男年满60周岁，女年满50周岁。据此可以看出，劳动者的劳动年龄是指公民的年龄在16周岁（特殊工种除外）以上至法定退休年龄止。不在该年龄段的公民则法律上视为无劳动能力，不再享有《劳动法》规定的权利与义务了，可以退休，享受养老保险待遇了，这样规定也是我国对老年人权益的一种保护。故此，这类高龄人如果为用人单位提供劳动，用人单位与这类人之间的法律关系则非劳动法律关系，而是一种劳务关系，这也与《最高人民法院关于审理劳动争议案件适用法律若干问题的解释（三）》第七条规定“用人单位与其招用的已经依法享受养老保险待遇或领取退休金的人员发生用工争议，向人民法院提起诉讼的，人民法院应当按劳务关系处理”的立法精神相一致。

综上所述，本案例中，张某与某物业公司之间的法律关系应为劳务法律关系，张某可以依据双方之间的约定来要求物业公司支付其报酬，至于要求被告支付经济补偿金的诉请，法院不应支持其主张。

三、老年人计算误工费具有法律依据

《民法典》第一百一十九条规定：“侵害公民身体造成伤害的，应当赔偿医疗费、因误工减少的收入、残废者生活补助费等费用……”《中华人民共和国侵权责任法》第十六条规定：“侵害他人造成人身损害的，应当赔偿医疗费、护理费、交通费等为治疗和康复支出的合理费用，以及因误工减少的收入。”《最高人民法院关于审理人身损害赔偿案件适用法律若干问题的解释》第十七条规定：“受害人遭受人身损害，因就医治疗支出的各项费用以及因误工减少的收入，包括医疗费、误工费、护理费、交通费、住宿费、住院伙食补助费、必要的营养费，赔偿义务人应当予以赔偿。”可见，法律和司法解释均未排除老年人的误工费求偿权。只要具有劳动能力且遭受了收入的丧失或减少，无论年龄多大，都可以计算误工费。

四、老年人人身损害时可酌情判处误工费

我国现有的法律、法规并无认定60周岁以上的人丧失劳动能力的规定。国家机关和企事业单位将男职工的退休年龄确定为60周岁，这只是退休制度，并不说明退休职工丧失劳动能力。现实生活中，60周岁以上的人被返聘工作或从事雇工、从事农业生产的很普遍。如果他们遭受人身损害，从受伤到完全治愈这一期间内，势必无法从事正常工作或因无法劳动而减少收入。侵害人给受害人造成的劳动收入损失，是一种具体的财产损害，依法应予赔偿。当然，在计算误工费的赔偿数额时，应考虑劳动者的劳动能力和收入状况以及伤害对劳动能力和收入多少的影响程度。因此，原告主张误工费与法不悖，应予支持。

五、老年人再就业中的合法权益

我国《劳动法》和《劳动合同法》未将退休再就业人员纳入保护范围，用人单位和返聘人员不能依据相关劳动法律主张权利和承担义务。由于缺乏配套的老年人才市场引导机制，老年人再

就业一般都是靠朋友或者熟人介绍，而通过这种“地下操作”的找工作方式，老年人十分容易吃“哑巴亏”，遭遇年龄歧视、随意解雇等问题。此外，许多老人没有和用人单位签订劳动协议，一旦出现纠纷，其加班补偿、解除合同补偿等相关待遇难以获得法院支持。对此，建议广大老年朋友，退休后重返岗位，在与用人单位签署书面合同时，与单位约定好明确的工作内容、报酬、医疗、加班补偿、劳动保护等权利义务规定，同时，做好相关材料的保存工作，增强证据意识，维护好自身权益。

情境反馈

是否计算误工费的前提是原告是否具有劳动能力。我国现有的法律、法规没有认定 60 周岁以上的人丧失劳动能力。如果有事实证明，受害人在受害前具有劳动能力，且因遭受人身损害而不能从事原有的工作或劳动，确因误工而遭受了收入的丧失或减少的，主张误工费与法不悖，应予以支持。

知识链接

1. 张宇，《老人再就业　遇争议设法保护》：http://news.163.com/15/1207/14/BA86K46G00014AED.html。

2. 陈自喜，《银发老人再就业，法律问题需知晓》：http://www.chinacourt.org/article/detail/2015/11/id/1753634.shtml。

案例分析

已经 57 岁的王大妈前几年从单位退休后，一直在原单位继续工作，只是从原来的一线部门被抽调到二线部门，负责单位一些人事材料的保管和查询。2015 年，王大妈下班骑自行车回家途中发生交通事故，被一辆汽车撞倒。经医院诊断为急性重型颅脑损伤，身体多处骨折，后经法医鉴定为四级伤残。事情发生后，王大妈向劳动部门提出工伤认定申请，向法院提出工伤认定行政诉讼，均被以超过退休年龄不予受理被驳回。为此，王大妈一纸诉状将用人单位诉至法院，要求用人单位按照工伤保险待遇支付自己护理费、医药费、伤残补助金等各项经济损失共计 20 余万元。法院经审理查明，王大妈在发生交通事故后，已经与肇事车辆的车主达成赔偿协议，车主已经赔偿王大妈各项经济损失共计 18 万余元。此外，王大妈属于退休人员，按时领取退休金享受退休待遇。

法院经审理认为，劳动者的合法权益受法律保护，王大妈在用人单位工作下班途中发生交通事故，但由于此时王大妈早已超过法定退休年龄，故其工伤申请未被有关部门认定。原告王大妈在达到退休年龄后虽仍在被告处工作，但是此后双方之间形成的系劳务雇用关系而非劳动关系，因此原告王大妈要求被告用人单位依照工伤保险待遇支付其各项诉讼请求的主张，法院不予支持。据此，法院依据《劳动法》第三条的规定，驳回了王大妈的诉讼请求。

【分析】

我国法律明确规定，对于已经依法享受养老保险待遇或领取退休金的人员发生用工争议，向人民法院提起诉讼的，人民法院应当按劳务关系处理，这就是说这些老年人在提供劳动过程中受伤，是不能认定为工伤的，只能按照劳务关系，依据《最高人民法院关于审理人身损害赔偿案件适用法律若干问题的解释》来主张自己的合法权益。

模块三 老年教育体系建设

学习情境

69岁的于素华是胡家园街中心庄村人，是一名土生土长的农民。他初中二年级辍学，1977年参加了恢复后的第一届高考，但与大学失之交臂，后一直在老家务农。2013年携老伴来到北京与儿子儿媳共同居住。在照看孙子的空闲时刻，多年来未圆的“大学梦”时常浮现于于素华心中。

情境分析

老有所学是老年人权益的重要内容之一。老年人享有获得终身教育的权利。国家、社会应当为老年人享受教育提供必要的支持和鼓励。在养老服务过程中，老年教育服务成为满足老年人学习需求、提高老年人自我价值感的重要方式。

相关知识

老年教育是以老年人为教育实践主体，以满足老年人需求、提升老年人生活质量为最终评价尺度的为老教育发展活动。在教育发展中增强老年人的生存发展能力，保障老年人受教育发展的权利，最终推动老年人、家庭、社区和社会和谐发展。社会应为所有老年人提供充分的教育发展资源，并保证其进入老年教育发展领域。

一、老年教育概述

1. 老年教育合理定位

老年教育属于终身教育，这种比较宏观、严谨的论断，已经基本得到社会公认。也可以说这是对老年教育的定位，国家最早在2003年、2006年有关决定中相继指出，要深化教育改革，“建设现代化国民教育体系和终身教育体系，保障人民享有接受良好教育的机会”。当今在各行各业认真执行离退休规定的发展形势下，无论是老年人对教育的需求，还是社会对教育的要求，都不应把老年人应享受到公民教育的权利和社会对公民教育的要求，置身于现代国民教育体系之外，应根据新生代客观情况，确立有关内容，做出相应规定，这是国民教育发展的新形势、新要求。中共中央下发的一系列重要文件和提出的重大决策，均需要在“定位”思想的指导下，明确责任，有人管有人抓，才能落到实处。

2. 老年教育是终身教育的最后阶段

终身教育要面向所有社会成员，受教育的时间不能局限于“某一特定年龄”。从纵的方面讲，教育要贯穿于人的一生，而不仅仅限于青少年时期，从而打破了以一次性教育定终身的观念。从横的方面讲，教育连接个人和社会生活的各个方面，在每个人特别是老年人需要的时候，教育随时都能以最好的方式提供必要的知识技能和给老年人创造必要的学习条件。老年人的学习是人生中的最后一环，而老年教育则是终身教育的最后阶段。教育可以看成是伴随人们终生的持续不断的活动过程，是工作、生活甚至生命的有机组成部分，是人类一切行为的基础和前提。

终身教育强调的是老年人特别是第三年龄段的老年人是需要学习的，强调的是人从出生到回归自然都是需要学习的。所以，从这个意义上说，在已有各年龄段教育基础上发展过去从未正式提出和列入教育系列的老年教育，是构建终身教育体系、建立学习型社会的关键。可以说，老年教育是终身教育的最后阶段，没有老年教育就没有终身教育。

3. 老年教育的本质是服务社会和关爱老人

老年教育一方面为社会发展与进步服务，使全面建设小康社会的目标早日实现；另一方面满足老年人精神和文化生活的需求，使他们跟上历史脚步，成为新时代的时尚老人。这就是老年教育的本质。

老年教育在体现服务社会方面取得了明显的效果。通过老年教育的社会实践，贯彻了党和政府的方针政策，传播了中华民族优秀的传统文化，促进了社会的和谐发展，积极应对了人口老龄化的形势，挖掘了老年人服务社会的潜能，促进了经济发展和社会进步，为构建终身教育体系和促进学习型社会的形成做出了贡献。

老年教育的办学宗旨在关爱老年人方面主要是通过老年教育的教学实践达到“增长知识，丰富生活，陶冶情操，促进健康”的目的，从而满足了老年人精神和文化生活的需求，也为服务社会创造了条件。老年人只有通过老年教育才能真正达到学校教育、社会教育和家庭教育的统一。老年教育的这些功能和作用，更好地体现了坚持“社会本位”和坚持“以人为本”的统一。因此，认为发展老年教育会影响其他年龄段教育的想法是不对的。

二、老年教育体系建设

（一）创新老年教育体系的基本思路与推进路径

创新老年教育体系的基本思路是，充分发挥老年大学的示范、引领和指导作用，大力发展社区老年教育和远程老年教育，推进老年教育向基层、向社区延伸，尽快构建起以老年大学为骨干，以社区老年教育和远程老年教育为重要形式的现代老年教育体系。

首先，要明确老年大学在创新老年教育体系中的功能定位。老年大学是老年教育的主体，在推动老年教育发展中，老年大学的功能要定在坚持服务离退休干部的前提下，树立起面向社会、面向基层、面向广大老年人的办学思想，在创新老年教育体系中发挥好示范、引领和指导作用。省老年大学要办成全省老年教育的教学示范中心、理论研究中心、师资培训中心和远程教育中心；市、县老年大学要到社区、乡镇办分校，开设远程老年教育课，把老年大学办到老年人身边，办成没有围墙的大学，让老年大学的发展成果惠及更多的老年人。

其次，要引领和指导社区多模式地创办老年学校。社区老年教育是依托社区创办的适合老年人身心发展规律，具有开放性、多样性、灵活性特点的老年教育模式。发展模式要灵活多样，老年大学可依托社区办分校，乡镇街道可依托社区创办老年学校，社区可以创办老年学校，学有所成的老年大学学员也可创办老年学校。不管是哪种模式，老年大学都要发挥办学经验丰富的优势，对社区老年教育在办学理念、办学模式、课程设置、教学内容方面加强引领和指导，把社区老年学校办出特色，办成社区老年人老有所学、老有所乐、老有所为的精神文化家园。

再次，要整合社会资源，多形式地构建远程老年教育发展平台。远程老年教育是一种利用互联网、有线电视网、多媒体课件等现代手段，为老年人提供方便的学习条件，让老年人随时可以自主互动学习的老年教育模式。这种模式突破了传统教育的时空界限，具有开放性、灵活性、多样性的特点，是老年教育体系中不可或缺、无法替代的重要形式。要充分利用组织部门党建网、有线电视远教频道、互联网及现有远程网络教育资源，多形式地构建远程老年教育发展平台。老年大学要在整合社会资源、制作优质课件、加强规范管理等方面发挥示范引领作用。社区老年学校要把发展远程教育作为办学的重要形式认真组织实施。

（二）推进老年教育体系创新的对策建议

1. 切实提高对创新老年教育体系重要性和必要性的认识

大力发展社区老年教育、远程老年教育，创新老年教育体系，对实现老年教育可持续发展、完善终身教育体系、不断满足老年人精神文化需求意义重大。各级特别是县级党委政府要高度重视，充分认识创新老年教育体系的重要性和必要性。尽快建立起党政分管领导负责、相关部门参与的老年教育工作领导小组或管理委员会，健全党政主管、部门参与、齐抓共管的管理体制，把社区老年教育纳入整个继续教育体系，把远程老年教育纳入整个现代远程教育体系来谋划，加强组织协调和工作指导，帮助解决发展中遇到的困难和问题，推进社区老年教育和远程老年教育的发展。

2. 正确处理老年大学教育和社区老年教育、远程老年教育之间的关系

这三种老年教育形式既有各自的优势和特点，又是相互联系、相互渗透、密不可分的，是一个有机的整体。老年大学发展早、基础好，掌握一定的教育资源，积累了许多成功的办学教学经验和做法，具有引领和指导社区老年教育、远程老年教育发展的优势。社区老年教育和远程老年教育更方便老年人学习交流，有很大的发展潜力，将成为老年教育发展的重要形式，但起步晚、经验少，需要老年大学的引领和指导。在创新老年教育体系中，老年大学要担当起引领、指导社区老年教育和远程老年教育发展的责任，发挥好应有的作用。社区老年学校要把远程老年教育作为重要形式来办。三者相互促进，融合发展，才能最大限度地彰显老年教育的公益性、普惠性，不断满足老年人日益增长的精神文化需求。

3. 完善工作运行机制

完善工作运行机制需要做到以下几点：①建立健全经费保障机制。各级特别是县级政府要把发展社区老年教育和远程老年教育的办学经费，与老年大学的办学经费一同列入财政预算，并随着事业的发展逐年提高，真正建立起以政府投入为主的经费保障机制。②强化老年大学的示范、引领和指导作用。加强对老年人上网学习技能的培训，引领社区老年教育、远程老年教育科学发展。③建立健全各项工作制度。借鉴老年大学办学教学的经验做法，引领社区老年学校和远程老年教育建立健全各项规章制度，提高规范化办学水平，尽快走上制度化、规范化发展的轨道。

4. 整合社会资源，实现资源共享

整合社会资源需要做到以下几点：①整合目前已建立的新型市民（农民）学校、文化活动室等设施资源，创办社区（乡村）老年学校；②社区老年学校要建好远程老年教育终端设施，成为远程老年教育的集中收视点；③整合社区（乡村）党员干部学习培训网、广播电视大学教学网、有线电视教育频道等网络资源，多形式地构建实用的远程老年教育发展平台；④利用互联网创办“空中老年大学”，建立“老年人学习网”，为老年人提供方便、自主的学习条件；⑤整合和制作远程教育

优秀课件，实现资源共享，尽最大努力满足老年人多样化、个性化的学习需求。

5. 强化对社区老年教育、远程老年教育工作人员的培训和管理

强化对社区老年教育、远程老年教育工作人员的培训和管理须做好以下几点：①要有一定数量并相对稳定的工作人员从事社区老年教育和远程老年教育的管理工作。可从社区现有工作人员中安排专人兼职管理，也可选聘政治素质好、有一定管理能力的退休干部从事管理工作。②要加强思想政治教育，确保工作人员为老年学员提供热心、周到的服务，把让老年人满意作为办学的第一追求落到实处。③要加强业务培训。提高管理水平，确保社区老年教育和远程老年教育快速、健康、可持续发展。

情境反馈

为了圆"大学梦"，于素华报名参加了社区老年大学绘画书法班，学习水墨山水画；楷书主攻欧体。平时，于素华驾驶电动助力车，行驶六七公里去上课；妻子乘公交车前往"陪读"。遇到天气不好的日子，儿子开车接送他们上下课。通过学习，于素华终于圆了"大学梦"。

知识链接

1. 董少校，《上海构建现代老年教育体系》：http://news.xinhuanet.com/politics/2015-10/28/c_128366797.htm。

2. 王开广，《老年教育资源供给不足区域发展不平衡 业界呼吁完善养老体系建设加大政策扶持》：http://www.legaldaily.com.cn/index/content/2016-12/11/content_6912696.htm?node=20908。

3. 《落实〈老年教育发展规划〉开创老年教育新局面》：http://www.qnr.cn/news/2016/201611/1233797.html。

案例分析

让何保灿怎么也想不到的是，年届花甲的自己真的圆了大学梦！

何保灿和老伴许金仙，都是上街区峡窝镇魏岗村村民，因为新型城镇化建设举家搬迁，投靠住在汇才社区的儿子。干惯了农活的何保灿，刚开始住到城里很不习惯。儿子、儿媳上班早出晚归，小孙女又上小学，老两口一日三餐之后无所事事……何保灿郁闷极了！

有一天，何保灿在社区转悠时，听说社区老年大学在招生，不限学历、不限年龄，可自愿报名，就有了想法。到了开学的日子，老伴陪着何保灿抱着试试看的心理，早早地就到了老年大学。没想到俩人虽是外来户，却也享受到了和社区居民一样的热情接待，而且每人还免费领取了学习资料和作业本……走进宽敞的教室，坐在整齐干净的课桌前，何保灿心潮澎湃：1969年，自己还没高中毕业就响应国家号召参了军，大学梦对他一个老实巴交的农民来说越来越远……转眼间，何保灿和老伴已年届花甲，却又离开了生活了几十年的家搬到了城里来住。每天送小孙女上学后，老两口都会在学校门口徘徊一阵子，团结、紧张、严肃、活泼的校园生活着实令俩人神往。成了老年大学学员的何保灿异常兴奋。老两口和大家一起学习、聊天，课堂上积极发言，课间谈天论地，成了无话不谈的好朋友。老年大学让何保灿与老伴的晚年生活变得乐趣多多。

【分析】

老年大学教育是构建终生教育体系的有效途径，是提高民族整体素质的重要措施，老年服务工作者要学会利用国家和社会提供的条件，帮助老年人参加继续教育，使离退休老人转换社会角色，焕发人生第二青春，真正实现“老有所学、老有所乐、老有所为”。

模块四　老年人精神文化生活

学习情境

孙女出生不久，王阿姨就退休了。打那以后，她的生活似乎就只有小孙女一个人。看似忙碌的生活里总觉得少了点什么。“当时，只觉得没有朋友，没有爱好，没有自我，不知道从哪里寻找我的新生活。”

情境分析

在解决基本生活需求后，越来越多的老年人对精神文化生活提出更高的要求。精神文化生活的丰富多彩有助于提升老年人的幸福感、价值感，进而对老年人的生理、心理健康产生积极的促进作用。养老服务人员应当能够利用国家与社会提供的条件，协助老年人开展精神文化活动。

相关知识

《老年人权益保障法》明确提出家庭成员应当关心老年人的精神需求，这从法律层面郑重表明满足老年人精神需求的重要性，也是对全社会呼唤加强老年人精神文化服务迫切要求的积极回应。

一、精神文化对老年人养老服务的积极意义

“文化养老”是一种能体现传统文化与当代人文关怀的养老方式，它是以老年人的物质生活需求基本得到保障为前提，以满足精神需求为基础，以沟通情感、交流思想、拥有健康身心为基本内容，以张扬个性、崇尚独立、享受快乐、愉悦精神为目的的养老方式。实施“文化养老”是以人为本思想的具体体现，对于保障老年人文化权益，提高老年人生活质量，实现四个“老有”具有重要意义。

1. 老有所养，保健养生

良好的精神文化生活是老年人拥有良好的生活质量和健康状况的前提和基础。根据生命周期理论，人们在步入老年阶段后，生理各项功能退化，认知能力也有所下降，这些强烈的反差使得老年人逐渐失去自信，出现自卑、压抑等心理问题，不利于老年人的健康。开展精神文化服务，通过社会力量帮助老年人自我调节，保持积极的生活态度，不仅在物质上使老年人有所依靠，更是老年人以精神健康促进生理健康的有效方法。

2. 老有所乐，愉悦身心

步入老年阶段，离开了原来的工作岗位，老年人的心理状态由于生活方式、社交方式发生改变而产生变化。很多老年人产生了很强的孤独感，开展针对老年人的文体娱乐活动，有助于老年

人在文化活动中放松自我。老年人通过参加多种娱乐活动，不仅能提高主观幸福感，还能增加与其他人的交流机会，帮助老年人填补闲暇时间，摆脱空虚寂寞的心理状态，获得更多情感支持和心理慰藉。

3. 老有所为，发挥余热

老年人虽然身体机能有所退化，但是老年人有着丰富的学识与技能、生活阅历和人生经验，也有着很强的继续为社会做贡献的愿望。一方面，精神文化活动可以使老年人找到自身价值，帮助老年人实现精神寄托和减少孤独感，有助于其自身的健康；另一方面，让老年人参与一些力所能及的公益活动、为社区发展献言献策、维持交通秩序、提供咨询服务等，也能发挥老年人的优势和能力，继续发挥人才资源的作用，补充人力资源的不足，发挥余热，展示自身特长，实现老有所为。

4. 老有所学，充实自我

老年人通过参加精神文化活动可以增长知识、提高技能、开阔视野、陶冶情操。在为老年人提供精神文化服务中，依据老年人的兴趣爱好为老年人继续学习提供资源和媒介，有助于帮助老年人不断充实自我，在学习中为自己充电，为自己保鲜，让老年人紧跟时代，缓解其被遗忘、被抛弃的悲观心理状态。在学习中可以帮助老年人找到自身新的价值，找到新的社会角色，减少自我冲突感，使其在精神上感到充实与满足，进一步促进老年人更好地发挥余热，充实自我，形成积极向上的生活态度，满足自我实现的需求。

二、当代中国老年人精神文化需求的内涵、覆盖面和变化

1. 当代中国老年人精神文化需求的内涵

通过对老年人群体和个体进行社会分组的策略，研究当代中国老年人精神文化需求的内涵，以尽量减少异质性。根据马斯洛的需要理论，可以把当代老年人精神文化需求的内涵分为以下两大类：

（1）缺乏型需求。具有缺乏型需求的老年人主要分布在女性，55～70岁，企业干部和工人，大专和高中文化水平，身体健康状况很好、良好和一般的老年人中。这部分老年人年轻时所生活的社会背景是我国社会生产力低下；政府对教育的投入极低（不到国内生产总值的2%），国民接受教育的水平更是极其有限；社会机会不平等，等等，这些社会条件使得他们接受国民教育的程度具有很大的局限性。直到进入改革开放时期，他们中的一部分人由于个人的价值选择而进入大学，接受了较系统的教育，从而提升了自己的文化水平和个人修养。20世纪后，经济全球化将各国紧密相连，经济、科技、军事、文化的发展，特别是互联网使世界成为“地球村”。文化多元化使生活在当代的中国老年人直面全球先进的物质文明发展成果和精神文明发展成果，感到目不暇接。时代进步和社会发展带来了老年人群教育消费需求、文化消费需求的多元化。

（2）成长型需求。具有成长型需求的老年人主要分布在男女性，55～70岁，公务员，企事业单位干部和专业技术人员，具有中高级职称，具有本科和大专文化水平，身体状况健康、良好和一般的老年人中。这些老年人生活水平和质量较一般社会老年人好很多；其生理结构和机能的衰退程度和速度趋缓，甚至其生理结构和机能与一般社会老年人相比，呈现为较年轻态；生理年龄小于生命年龄。这些老年人能正确面对从中年期步入老年期的多方面挑战，他们的社会适应行为在经历新的环境时，无论在数量和复杂性上都在相应提高；具有积极向上的人格；具有自我调控策略，他们

在现实生活中大多数能成功地运用自我防御机制来处理个人的焦虑、冲动和挫折，顺利地适应社会发展；通过主观努力使晶体智力保持稳定、上升趋势。这些老年人退休以后，大多数仍然保持着生命不止、读书不休的生活状态，工作学习成为生活方式的有机构成部分。

2. 当代中国老年人精神文化需求的覆盖面

现阶段，中国各地老年大学课程规划设计基本上是“按需设课”，这体现出中国老年大学的课程是从老年人精神文化需求出发，通过专业课程的教学实施，让老年人享受教育、享受文化。因此，从各地老年大学校本课程的抽样调查数据可反观我国现阶段老年人的精神文化需求的覆盖面。

（1）校本课程内容的丰度表征了老年人精神文化需求的丰富性。以金陵老年大学为例，金陵老年大学2013年度根据老年学员需求，共开设了128门课程，包括文学类、美术类、器乐类、卫生保健类、计算机类、声乐类、舞蹈类等多类课程。内容丰富的校本课程设置吸引了老年人的眼球，使他们在积极主动走进老年大学享受教育的同时，也折射出南京市老年人和在校老年学员精神文化需求的多样性、广泛性。

（2）校本课程显现的地方文化特色表征了各地老年人精神文化需求的差异性。例如，吉林省老干部大学在戏剧与影视学学科里开设了富有东北文化特色的二人转课程，还开设了富有河北文化特色的评剧；哈尔滨老年人大学基于地理位置因素，在外语专业中开设了日语课程和韩语课程；山东老年大学在戏剧专业里开设了富有山东文化特色的吕剧和河南文化特色的豫剧；苏州市老年大学开设了富有苏州文化特色的评弹课程；金陵老年大学开设了富有南京文化特色的南京小拉舞课程。这些富有地方文化特色的课程增加了老年大学校本课程的文化底蕴，大大丰富了老年人的日常生活，使他们兴致盎然地进入老年大学的课程学习之中，同时，也反映出各地老年人对地方文化的兴趣和爱好。

（3）校本课程的涵盖面表征了各地老年人精神文化需求的指向性。例如，吉林省老干部大学开设了95门课，涵盖了美术、音乐与舞蹈学、戏剧与影视学、体育、中医、心理学、中国语言文学、外国语言文学、播音与主持、计算机、园艺学和公共课共12门专业和学科。老年大学校本课程设置的规模及其涵盖面，一方面由老年大学的硬件设施条件所决定，另一方面则反映出当地老年人的精神文化需求。

（4）校本课程的层次表征了各地老年人精神文化需求的层次性。从抽样调查的2013年度老年大学校本课程设置的数据来看，目前我国老年大学校本课程设置一般有四个层次：基础、中级、高级、研究。校本课程设置的层次性特点出现，表明了老年人和在校老年学员的文化水平、需求水平、人生追求目标的层次性逐步显现。这个特点既是社会发展水平的表征，也是老年人和在校老年学员精神文化需求的层次性和生命成长水平层次的展现。这说明伴随着时代的进步、社会的发展，各地老年人的精神文化需求的层次性和顺序日益凸显。

综上所述，我国老年人精神文化需求的覆盖面具有以下特点：①老年人精神文化需求的价值取向不同；②老年人精神文化需求的内涵包括了历史文化和现当代文化的各个方面；③各地老年人的精神文化需求具有较大的地区差异；④不同文化背景老年人的精神文化需求的层次性和顺序不同。

3. 当代中国老年人精神文化需求的变化

美国《连线》杂志总编辑克里斯·安德森所著的《长尾理论》一书，阐述了长尾理论的精彩内容，并把“长尾理论”的要旨概括为：“我们的文化和经济重心正在加速转移，从需求曲线头部的少数大热门（主流产品和市场）转向需求曲线尾部的大量利基产品和市场。在一个没有货架空间限制和其他供应瓶颈的时代，面向特定小群体的产品和服务可以和主流热点具有同样的经济吸引力。”他揭示出当今社会“长尾”无处不在：编程长尾、劳动力长尾、啤酒长尾、时尚长尾、教育长尾、需求长尾……笔者认为，“长尾理论”从某一个视角揭示出当代人们需求的新性状及其发展变化趋势，老年人的精神文化需求也呈现为“需求长尾”，具体表现在以下几个方面：

（1）老年人精神文化需求长尾的内涵丰富、变幻无穷。长尾理论作者克里斯·安德森根据统计学，把人们的需求曲线的形状称为“长尾分布”，因为相对于头部来看，曲线尾部特别长。据此，老年人的精神文化需求如同一条硕大的长尾，在需求长尾的头部是“热门需求”，在需求长尾的中部和尾部弥漫着无数个性化的“冷门需求”。目前人类已经进入以互联网产业化、工业智能化、工业一体化为代表的第四次工业革命时期。第四次工业革命使全球化的合作共同体分享着全人类的物质文明、精神文明的发展成果。这一新兴的相互联系催生了人们对生活质量的新梦想；幸福衡量标准的改变对衡量经济财富的关键性指标产生了重要影响。这些促使人们的精神文化需求的内涵不断丰富、不断发生变化。社会物质产品和精神产品呈现多样性、精品化和时尚化。这决定了人们的精神文化需求的多样性、精品化和时尚化。由此，人们选择的空间无限扩展，决定了人们的精神文化需求逐步由“热门”趋向“冷门”。老年人的精神文化需求亦然。

（2）老年人精神文化的需求长尾伴随着时代发展由少量“热门需求”转变为大量的“冷门需求”。当代全球市场经济展现出六大新特点：①小众化产品的比重以指数级的速度提高；②获得小众化产品的成本正在显著下降，因而其市场空前壮大；③一系列的后期服务把小众化的需求推向长尾的后端；④热门产品虽存在但其流行度将相对下降；⑤小众化产品的聚合使其形成足以与热门产品抗衡的大市场；⑥需求曲线不受供给瓶颈、信息匮乏和有限货架空间的扭曲。这六大特点影响着人们的需求变化。换言之，随着社会经济水平和科技水平的迅速发展，人们的需求将日益变得小众化、精品化、时尚化，个性定制构成了“时尚长尾”。同样，这六大特点也影响着老年人的精神文化需求及其变化。特别是在城市生活中，丰富的文化、社会交往和密集的商业活动，改变着人们生活方式的同时也在改变着人们的需求和观念。

（3）老年人精神文化的需求长尾因互联网已经变成“老年教育长尾”。这体现为中国网络老年大学的发展。网络是世界上前所未有的最佳的信息放大器。网络老年大学的远程教学开启了开放的学习空间和创新了学习方法——使学习变成分享信息、想法和经验，并且能让更多的人加入这种分散式合作的扁平化学习环境中来，使更多的老年人享受教育、享受文化。目前我国有条件的地区，老年教育利用网络开办了远程教育，使老年人足不出户地享受教育、享受文化。抽样调查数据显示，截至 2011 年年底，天津市远程老年大学有 4 所，学员人数达 37 000 人；截至 2012 年年底，上海市参加老年远程教育的学员人数为 35 万人，山东省的远程老年大学人数为 9.74 万人。这反映出现代社会的发展越来越多样化，一方面是因为生产力水平的提高，另一方面是由于人们本身有着对个性与自由的渴望。老年教育长尾的出现和发展，与老年人的多样性需求密不可分，此乃人类本身的特性。同时，也向我们昭示：网络老年大学是满足广大老年人精神文化需求的一个极好平台。

三、当前老年人精神文化服务中存在的问题

1. 硬件设施配备不健全，服务内容和形式单一

目前，无论是社区居家养老还是机构养老，老年人的精神文化服务设施有限，服务内容和形式比较单一。虽然一些社区或机构建立了绘画室、图书室、运动室等供老年人娱乐、休闲的场地，但

是部分设施陈旧、老化，一些心理咨询室室内装饰及设备单一，只是一个空房间，有些甚至购置了很多与老年人自身能力不匹配的运动器械或其他设备，不仅浪费资源，而且不利于老年人自身积极性的发挥，难以满足老年人的实际需求。此外，还有一些老年人文体、娱乐性活动缺乏新意，无法激发老年人的兴趣，影响活动参与效果。

2. 服务载体需要拓展，服务机制缺乏常态化设计

一方面，由于资源的限制、管理者自身观念的落后等原因，一些居家养老服务和机构养老服务的精神文化提供缺乏常态化设计，多是在一些重大节日等开展一些慰问活动、志愿服务等，主要是一些短期或者不定期的服务，而非常态化的服务难以达到持续提高老年人精神文化生活质量的目的。另一方面，随着时代的发展，老年人精神文化服务提供的载体也逐渐多元化，互联网日益成为满足人们精神文化需要的重要交流平台，而依托网络等新兴的老年精神文化服务资源较少，迫切需要研发和应用如互联网、物联网、仿真技术等新载体、新媒介来满足老年人的精神文化需求。

3. 对精神文化重视不够，活动资金缺少有力保障

由于各方面条件限制，老年人精神文化服务的资金来源主要是政府拨款、社会福利彩票收入和民间赞助等，无论是社区还是机构，大多数把重心放在为老年人提供日常照顾等方面，对精神文化服务的投入较少。此外，资源分配不均衡，各社区、各机构之间精神文化服务的提供也存在很大差异，城市与农村之间、不同省份、不同地区之间的老年精神文化服务发展参差不齐，影响了老年人共享经济发展与建设的物质成果和精神成果。

4. 服务组织和管理比较薄弱，宣传力度有待加强

由于很多老年人本身身体等方面的原因，他们不会主动了解服务内容，参与活动的积极性不够，而社区和机构的工作人员缺少对精神文化服务内容的宣传和介绍，使得即使有了服务设施、服务人员和相关活动，也没有老年人参加，造成资源的闲置与浪费。部分社区或机构的管理者缺乏对本社区或机构老年人实际需求的调研分析，单凭主观认识开展老年精神文化服务，或者盲目照搬其他地区的经验，没能从自身具体实际情况出发，不能真正满足老年人实际的精神文化需求，难以达到实际效果。

5. 精神文化服务人才缺乏，服务效果难以量化衡量

在养老服务过程中，一方面，很多社区和机构没有专门的精神文化服务负责人，一些负责人都是身兼多职，也缺少相关工作经验，精神文化服务的提供者大多数没有接受过相关的专业教育或有关老年精神文化服务知识的正规培训，或者是一些不定期参加服务的志愿者，这些都影响了服务的质量。另一方面，由于对老年精神文化服务重视不够，精神文化服务开展程度较低，优秀经验不足，尚未建立标准规范体系，缺少标准化、制度化管理体系保障，难以评估精神文化的服务效果。

四、加强老年人精神文化建设的政策建议

1. 以老人需求为导向，增强精神文化的服务功能

精神文化服务要以老年人的需求为出发点和落脚点。一方面，在满足老年人精神文化需求上下功夫，以长春市绿园区青年路街道宇航社区居家养老为例，街道根据老年人的需要设立多功能活动室、日间照料室、康复室、盲人按摩室、敬老小餐厅、老年大学、文体活动室、图书阅览室、棋牌室、医疗卫生服务站，还借助信息化养老服务平台，为居民提供更专业、更系统、更全面的养老服务。宇航社区还为老年人开办了计算机学习班，社区的工作人员会帮助一些子女在外地的老年人和子女进行视频聊天，让相隔两地的亲人通过视频团聚。

另一方面，在加大投入和硬件设施建设上下功夫。硬件设施是开展好老年文化活动的物质基础和重要手段，把老年精神文化建设纳入基本公共服务发展的总体规划中，动员全社会的力量，按照多层次、多体制、多渠道、多元化的原则，进一步完善老年人精神文化设施。在设施设备的具体设计上要结合老年人的特点。例如，北京四季青敬老院设有多种活动室，满足老年人的多种娱乐需求，并在走廊中布置了多个展板，展板上的内容包括美食介绍、疾病防治、保健养生常识等。

2. 以社会参与为动力，增强精神文化的资源整合

社会参与是老年人保持与外界交往、提高社会适应能力的重要途径。一方面，老年人的社会参与要注重"引进来"，例如，四季青敬老院与海淀区总工会、海淀区摄影家协会、北京市文化志愿者服务中心、海淀文化馆和中关村学院等社会单位、企业共同组织"九九映夕阳敬老爱心公益活动"，为老人们送上节日的祝福。北京市海淀区摄影家协会的多位摄影家为老人们拍摄肖像摄影作品。有的养老机构与社会力量合作，教授老人一些新的知识，如计算机操作、英语学习、开办养生讲座等。

另一方面，社会参与要注重"走出去"，发挥老年人的优势和特长，鼓励和支持老年人参与经济社会发展，参与社会公益事业和社区建设等活动，营造"老有所为"的社会环境。积极搭建老年人才服务平台，拓宽老年人参与社会的渠道。例如，北京市寿山福海养老服务中心成立了专门策划老年人精神文化娱乐活动的"老来乐"工作室。满足老年人文化娱乐、休闲健身、精神心理、自我实现等全方位的需求。"老来乐"工作室实行"我参与，我快乐"的服务模式，对外开放，与文化艺术团体、大专院校、科研机构、志愿者团队等实现资源共享、合作双赢的目标。

3. 以兴趣小组为载体，增强精神文化的凝聚力量

老年人的精神文化主要以群体参与为主，按照兴趣组成不同小组开展活动，有利于老年人愉悦身心，许多养老机构或社区组织兴趣小组开展多种形式的娱乐活动，如唱歌、舞蹈、雕塑、绘画、写字、棋牌比赛等。苏州社会福利院设有茶室、图书阅览室、音乐疗室、网吧、健身房、陶艺室、刺绣室及多功能厅等活动场所，有的机构还为老年人播放电影，有的机构成立了老年文学社，自编报纸；定期组织老年人读书会；在宣传栏发表老年人的文学作品等。

在社区居家养老服务方面，长春八里堡街道东荣社区的老年人可以接受免费保健按摩，在图书阅览室读书，在微机室学习计算机，在棋牌室娱乐，还可以在日间照料室内绘画、写书法，学习健身操、捏泥人艺术等。社区还设立了老人自助、互助的"怀旧畅谈"情感交流小俱乐部，开展院内老人与社区老人间的互动交流会，设有心理辅导室，有专业社工对老人进行定期的心理辅导。

4. 以有效管理为保障，增强文化服务的发展后劲

有效管理是老年人精神文化服务的保障，也是可持续发展的前提。以上海市第一社会福利院为例，一是加强自主管理，通过倡导人性化管理及老人自我管理，建立老人归属团队，营造老人和谐互助的生活氛围；二是加强制度建设，制度化运作老人民管会、伙委会、议事会等参政议事团队；三是加强活动指导，组建志愿者指导参与的心理疏导、时事讲座、义工谈心、读报等文化教育小组团队，组织英语班、网上冲浪、家庭影院等文体小组团队。

一些居家养老服务社区通过加强老年人学习组织建设，成立社区老年人服务或互助协会、老年人大学，还定期聘请离退休教师、技师等围绕家庭教育、卫生保健、法律法规等知识进行培训学习，这种老年人学习组织的建设，是对老龄工作的一种创新，不仅可以提高社区老年人的思想道德和科学文化素质，而且可以营造出文明、健康、积极向上的社区氛围。

早在 1999 年，世界卫生组织就发起和开展了一场“积极老龄化全球行动”。积极老龄化的目的在于使老年人认识到自己在一生中能够发挥自己在体力、社会、精神等方面的潜能，按自己的权利、需求、爱好、能力参与社会活动，并得到充分的保护、照料和保障，享受幸福的晚年生活。重视和加强老年人精神文化服务是提高老年人幸福指数的重要途径，是实现积极老龄化的前提和基础。

情境反馈

王阿姨后来在当地养老服务中心的引领下，利用闲暇时间，积极参加服务中心组织的各种活动，学会了打乒乓球、用微信，还报了书法班和计算机班、摄影班，常常参加活动中心举办的球类和唱歌比赛，心情好了，身体棒了，还结交了很多志同道合的同龄朋友。

知识链接

1. 李昱，《关注老年人的精神文化生活》：http://news.gmw.cn/2014-04/26/content_11145074.htm。

2. 薛莹，《宁波探索“文化养老”新模式 关注老年人精神文化生活》：http://nb.wenming.cn/tt/201506/t20150616_2677597.shtml。

3. 《关注老年人精神需求 推进“文化养老”》：http://finance.sina.com.cn/roll/20130521/094515533066.shtml。

案例分析

春暖花开，城镇中老年人的广场舞又跳起来了，每当清晨或傍晚，公园里、社区里、街道边……处处都能看到伴着音乐跳广场舞的大妈，几乎成了城市一处独特的景观。但因噪声扰民问题，矛盾丛生，冲突频起。对此，老年人颇为委屈，说道：“如果不让我们跳舞，那我们就只能在家看电视了。”广场舞有利于改善老年人的精神面貌，缓解他们面对晚年生活的焦虑，有着积极的作用。但单一的文娱方式也有局限性。随着社会发展的多样化，老年人的文化需求也出现多样化的特点。

【分析】

我国人口老龄化的速度在不断加快，为了有效地提升老年人的健康状况、心理健康状况，对老年人的日常生活安排成为需要解决的问题。广场舞作为经济、方便的娱乐活动，受到广大老年人的追捧和热爱，在有效缓解中老年人的心理健康问题时，也暴露出了一些问题。老年服务工作者应当通过互联网、讲座、微信平台等方式，倡导中老年人科学地进行广场舞运动，加大对不良运动事件的宣传力度，让更多的受众引以为戒。

单元小结

本单元遵循“积极老龄化”“文化养老”等理念，通过老年人参与社会发展政策认识、老年人劳动及合法收入、老年教育体系建设和老年人精神文化生活四个模块，分别介绍了我国鼓励老年人参与各项社会发展的法律与政策、老年人享有继续劳动及获得合法收入的权利、老年人享有继续教育的权利及国家对老年人教育体系的建设和老年人的精神文化生活方面的内容。

实践强化

关于老年人参与社会发展的问卷

敬爱的爷爷奶奶：

为了了解老年人参与社会发展的状况，特开展此次调查，本次调查不记姓名，答案无对错之分，请根据您真实的想法进行填写，若无特殊说明，每个问题只有一个答案，请在选项上打“√”或在( )中填写选项。我们严格遵守《中华人民共和国统计法》的规定，对问卷内容严格保密。

感谢您的支持！

调查人：

一、基本状况

1. 您的性别：（1）男　　（2）女

2. 您的年龄：

3. 您的文化程度：

（1）小学以下　　（2）初中

（3）高中、中专 / 高职、技校　　（4）大专

（5）本科及以上

4. 您现在的状态是：

（1）退休在家　　（2）退商在家

（3）退后返聘　　（4）其他

5. 您有没有考虑过再就业？（1）有　　（2）没有

6. 您现在生活在：（1）社区　　（2）农村

（3）其他

二、社会活动参与状况

1. 您通常出去参与室外活动的地点在哪？

（1）住宅小区空地　　（2）农村定点锻炼场所

（3）公园　　（4）社区专门提供的运动场所

（5）公路、街道边

2. 您一般参与哪些社会活动？

（1）广场舞 / 练太极 / 跑步　　（2）下棋、打牌

（3）座谈会　　（4）社区居委会或农村居委会的群众会

（5）其他活动

3. 您参与平日活动时通过：

（1）与朋友结伴　　（2）社区或农村委员会组织

（3）自己主动参与各项活动　　（4）其他

4. 如果社区或农村居委会有关于社会发展的活动邀请您参与，您

（1）很乐意参与　　（2）有人一同去就去

（3）无所谓，看情况　　（4）不愿意

5. 您不太参与社区或是一些社会组织举行的相关社会发展活动，原因是：

（1）身体不方便　　（2）没时间

（3）子女不放心　　（4）不感兴趣

6. 您是否经常关注社会经济、政治文化、生态文明的状况？

（1）经常　　（2）很少关注

（3）不关注

7. 您通过什么方式关注社会经济政治文化生态文明各项状况的？

（1）电视新闻　　（2）报纸杂志

（3）手机信息新闻　　（4）听他人讨论

（5）其他

8. 您是否注重自身参与社会生态文明建设和传统文化的传承与发展？

（1）很注重　　（2）偶尔注意

（3）不太注重　　（4）不关注

9. 您是否参加过老年大学学习？

（1）是　　（2）否

10. 您是否愿意参与老年大学学习？

（1）很乐意　　（2）不太乐意

（3）不愿意

11. 您觉得老年大学的教育作用大吗？

（1）很大　　（2）一般

（3）很小　　（4）无作用

12. 您对您生活周围发现的一些不利于社会发展的状况会指出和纠正吗？

（1）经常会　　（2）偶尔会

（3）很少会　　（4）不会

13. 您有了利于社会发展的建议会向有关社会组织提出吗？

（1）经常　　（2）偶尔

（3）很少　　（4）不会

14. 您退休后还会在自己之前工作的方面有研究学习吗？

（1）经常　　（2）偶尔

（3）很少　　（4）不会

15. 退休了您会将您的工作经验及技术传授给他人吗？

（1）一定会　　（2）不一定

（3）不会

三、问答

您觉得老年人应该参与社会发展的活动吗？有什么建议？

学习单元七　居家和社区养老服务与管理制度

单元导读

希腊神话里，斯芬克斯之谜以“早晨用四只脚走路，中午用两只脚走路，傍晚用三只脚走路”揭示了人的一生。到了晚年，人是那样老迈无力，以至于拐杖成为第三只脚。老有所养是党和政府确立的重要民生目标。随着日益严峻的老龄化形势，政府与市场的力量仅能满足“橄榄形”养老服务保障体系的“两极”，即最基础保障和高端服务的需求。因此，在新形势下，要推动社会养老产业健康发展，构建完善的养老服务保障体系，不得不借助更多的社会力量。通过培育扶持社会组织参与养老事业，形成“政府搭建平台、政策扶持保障、社会组织运作”的服务机制，采取市场化运作，面向具备相应资质的社会组织进行公开招标，引导专业化社会组织积极参与并提供优质、高效的服务，从而让老年人安享老有所养、老有所医、老有所乐的晚年生活。

学习目标

知识目标

1. 掌握居家养老服务规范的主要内容。
2. 了解居家养老服务的形式和内容。
3. 掌握居家养老服务机构的内涵。
4. 掌握政府购买居家养老服务的要求。
5. 了解居家养老服务保障体系的主要内容。
6. 掌握社区居家养老服务设施的主要种类。
7. 掌握社区老年人日间照料中心建设标准。

技能目标

1. 能够促进居家养老服务组织规范化服务。
2. 能够结合保障体系推动居家养老服务工作。
3. 能够对社区老年人照料中心建设进行达标分析。

素质目标

1. 具备较好的标准规范解读和应用意识。
2. 具备为老服务的职业道德和职业礼仪。

模块一　居家养老服务规范

学习情境

上午还不到11点，社区的独居老人钱大爷就来到助餐点，工作人员王某连忙招呼老人在休息室

坐下，并对他说：“今天有您喜欢吃的鸡腿，不过也要吃些蔬菜啊！您先休息一会儿，过20分钟开饭。”钱大爷答道：“好的，听你的，你们荤素搭配得好！”提起助餐点，他赞不绝口：“过去我自己在家做饭，一个人只能简单用水煮煮。这两年，我天天中午到这里吃现成的。她们菜炒得好，又热心，下雨天还来接我。”中午回到家休息一会，下午助老服务员张某上门服务，给钱大爷洗衣服。他问了下钱大爷是否都是能够水洗的，又看了看衣服的颜色和质地才去洗涤，大约一小时都洗好晾上了。过了几天，社区居家养老服务站进行电话回访，钱大爷回复：“服务员态度好，衣服洗得很干净。”

情境分析

居家养老是绝大多数老年人最渴望的养老方式。为了真正达成老有所养的愿望，不断根据老年人的现实需求，以助餐、助洁、助急、助浴、助行、助医为主要服务内容的居家养老服务在各地社区深入推广，老年人的幸福生活指数不断攀升。

相关知识

我国家庭养老有着悠久的历史。作为社会养老服务体系的基础，居家养老服务一直是我国养老服务发展的核心和重点，也是解决中国养老问题的重要举措。

一、居家养老服务发展的背景

1. 人口老龄化态势严峻

1999年年末，我国60岁以上老年人口占总人口的比例超过10%，按照国际通行标准，我国人口年龄结构已开始进入老龄化阶段。进入21世纪后，我国人口老龄化速度加快。我国受特殊计划生育政策、生育意愿下降等多种因素影响，人口老龄化速度大为加快。不仅老年人口绝对规模大，而且高龄、独居、空巢、失能、半失能等弱势老年人快速增加，养老照料需求巨大。

2. 机构养老严重短缺

我国是在尚未实现现代化、经济尚不发达的情况下进入老龄社会的，属于典型的未富先老，我国覆盖城乡居民的养老保障制度尚不健全，养老服务业发展严重滞后，难以满足庞大老年人群的需要。

3. 家庭养老功能弱化

居家养老是绝大多数老年人首选的养老方式。在我国，受特殊计划生育政策、家庭意识变化等多种因素的影响，家庭规模日趋小型化，“四二一”结构家庭日益普遍，家庭规模小型化直接导致其原本的代际支持、养老功能不断弱化。

二、居家养老服务的内涵

（一）概念及意义

1. 概念

居家养老服务是指政府和社会力量依托社区，为居家的老年人提供生活照料、家政服务、康复护理和精神慰藉等服务的一种服务形式，可以从以下几个方面来理解。

（1）居家养老是从养老的居住方式角度而言，是与以集中居住为特征的机构养老相对应的分散在家庭居住的养老形式。

（2）居家养老一定要配以社区照顾作为补充方式，为解决家庭核心化与老年人居家养老的矛盾，要大力发展社区养老服务，从而为居家养老的老年人提供全方位的服务。

（3）居家养老不是以牺牲家庭成员特别是配偶和子女的幸福、降低自身生活质量为代价的，而是一种最经济的公共消费和善用社会有限资源的办法。

2. 意义

全面推进居家养老服务，是破解我国日趋尖锐的养老服务难题，切实提高广大老年人生命、生活质量的重要出路；是弘扬中华民族尊老敬老优良传统，尊重老年人情感和心理需求的人性化选择；是促进家庭和谐、社区和谐和代际和谐，推动社会主义和谐社会建设的重要举措；也是加快发展服务业，扩大就业渠道和促进经济增长的重要途径。

（二）服务内容

凡是老年人的需求都应成为其内容。具体来说，居家养老服务有几类：①物质生活方面的需求，如衣、食、住、行、用；②精神文化需求，如文化娱乐、保健、医疗卫生等；③情感和心理慰藉方面的需求，如心灵沟通。目前，养和医是我国老年人两个最基本的需求。

居家养老服务以老年人的生活需求为重点，提供助餐、助洁、助浴、助医、助行、助急等服务；同时兼顾老年人的多种需求，提供文化娱乐、学习教育、聊天、心理咨询、代购代办等服务。各地发展不平衡，主要集中在以下几个方面：

（1）生活照料服务，主要包括日间托老、购物、配餐、送餐、陪护等特殊照料的服务和洗衣、打扫卫生、家电维修等一般家政服务。

（2）医疗保健服务，主要为老年人提供疾病防治、康复护理、心理卫生、临终关怀、健康教育、建立健康档案、开设家庭病床等服务。

（3）精神慰藉服务，主要为老年人提供读书读报、谈心沟通、心理咨询、聊天等服务。

（4）文化娱乐服务，主要为老年人提供学习和活动场所、体育健身设施和组织健身团队等，组织引导老年人参加学习培训、书法绘画、知识讲座、图书阅览等；积极引导老年人参与各类文体活动。

今后应依托服务网络，积极拓展居家养老服务领域，不断丰富服务的内涵，实现从基本生活照料向辅具配置、法律服务、紧急救援等方面延伸。

（三）服务形式

1. 根据居家养老服务情况的不同进行分类

根据居家养老服务情况的不同进行分类，可以将居家养老服务分为两类：一类是上门服务，对于身体不能自理、走不出家门的那些老年人，要培养一批居家养老的护理人员，到老年人家里提供上门入户的服务，这样老人的需求在家里也能得到满足。另一类是设施服务，动员那些能自理、身体比较好的老年人尽量从家里走出来，到社区机构网点来接受服务，参加一些社区组织的活动，这样对老年人的精神文化情感大有裨益，另外可以让老年人更好地了解社会、融入社区。

2. 根据居家养老服务提供主体的不同进行分类

根据居家养老服务提供主体的不同进行分类，可以将居家养老服务分为以下几类：① 机构服务，通过有偿或低偿、无偿方式（政府补贴），接受社会组织、家政服务企业等提供的居家养老服务项目；②社区服务，整合社区资源，开展日间照料、助餐、信息服务等形式多样的居家养老服务；③互助服务，积极倡导邻里间开展互帮互助、结对子等活动，为居家老年人提供代购和应急救助等服务，健康的低龄老年人为高龄失能老年人服务；④志愿服务，鼓励和支持社区内外的志愿者队伍视情况为居家老年人提供定期或不定期的养老服务。

三、居家养老服务规范

（一）法律法规

《老年人权益保障法》设置“社会服务”专章，规定了居家养老服务以及社区养老服务的相关内容，如“地方各级人民政府和有关部门应当采取措施，鼓励、支持专业服务机构及其他组织和个人，为居住在家中的老年人提供生活照料、紧急救援、医疗护理、精神慰藉、心理咨询等多种形式的服务”，“地方各级人民政府和有关部门、基层群众性自治组织，应当发展社区服务，将养老服务设施纳入社区配套建设规划，逐步建立适应老年人需要的生活服务、文化体育活动、疾病护理与康复等服务设施和网点”。

（二）国务院、部委文件

1.《关于全面推进居家养老服务工作的意见》

2008 年，为全面推进居家养老服务工作，提高老年人生命生活质量，全国老龄办、发改委、教育部等十个部门联合下发了《关于全面推进居家养老服务工作的意见》，提出了“十一五”期间，城市社区和农村社区的居家养老服务的基本任务。明确发展居家养老服务，必须坚持以人为本、依托社区、因地制宜、社会化方向的原则，为规范居家养老服务业的发展指明了方向。

2.《中国老龄事业发展“十二五”规划》

2011 年，国务院为积极应对人口老龄化，加快发展老龄事业，制定了《中国老龄事业发展“十二五”规划》，其中主要发展目标之一就是建立以居家为基础、社区为依托、机构为支撑的养老服务体系，居家养老和社区养老服务网络基本健全，全国每千名老年人拥有养老床位数达到 30 张。重点发展居家养老服务，大力发展社区照料服务是主要任务。

3.《社会养老服务体系建设规划（2011—2015 年）》

2011 年，国务院办公厅为积极应对人口老龄化，建立起与人口老龄化进程相适应、与经济社会发展水平相协调的社会养老服务体系，制定了《社会养老服务体系建设规划（2011—2015 年）》。指明我国的社会养老服务体系主要由居家养老、社区养老和机构养老三个有机部分组成。居家养老服务涵盖生活照料、家政服务、康复护理、医疗保健、精神慰藉等，以上门服务为主要形式。社区养老服务是居家养老服务的重要支撑，具有社区日间照料和居家养老支持两类功能，主要为家庭日间无人或者无力照护的社区老年人提供服务。

4.《国务院关于加快发展养老服务业的若干意见》

《国务院关于加快发展养老服务业的若干意见》将大力发展居家养老服务网络作为主要任务之一，重点发展居家养老便捷服务。地方政府要支持建立以企业和机构为主体、社区为纽带、满足老年人各种服务需求的居家养老服务网络。要通过制定扶持政策措施，积极培育居家养老服务企业和机构，上门为居家老年人提供助餐、助浴、助洁、助急、助医等定制服务；大力发展家政服务，为居家老年人提供规范化、个性化服务。要支持社区建立健全居家养老服务网点，引入社会组织和家政、物业等企业，兴办或运营老年供餐、社区日间照料、老年活动中心等形式多样的养老服务项目。

（三）地方法规政策

为贯彻落实《老年人权益保障法》，各地纷纷出台了老年人权益保障条例或《老年人权益保障法》

实施办法等地方性法规，部分省份还出台了老年人优待办法等政策性规定。部分省市制定了扶持居家养老服务的相关政策，如《上海市关于进一步促进本市养老服务事业发展的意见》、《天津市养老服务促进条例》《辽宁省关于深入推进居家养老服务工作的通知》《山东省关于积极推进养老服务社会化工作的意见》等。

（四）标准规范

与居家养老服务相关的国家标准文件有《老年人居住建筑设计标准》和《养老机构基本规范》，行业标准文件有《老年人社会福利机构基本规范》《养老机构安全管理》《社区老年人日间照料中心建设标准》等。为了逐步满足专业化、多样化的养老服务需求，规范社区居家养老服务与管理，各地陆续制定出台了地方标准规范，如《上海市社区居家养老服务规范》《南京市社区居家养老服务标准》《青岛市社区居家养老服务管理规范》《广州市社区居家养老服务实施办法》《北京市居家养老服务条例》《内蒙古自治区居家养老服务管理办法》等，部分地区还出台了收费标准，如《北京市居家养老（助残）服务指导性收费标准》《海口社区居家养老服务收费标准参考性意见》等。

1.《上海市社区居家养老服务规范》

2009 年，上海市质量技术监督局会同上海市民政局等部门，制定出台了上海市地方标准《社区居家养老服务规范》。该标准为推荐性地方标准，也是我国有关社区居家养老服务的第一个地方标准。定义了“社区居家养老服务”“日常生活照料服务”和“社区居家养老服务社”“老年人日间服务中心”“社区老年人助餐服务点”等各类服务机构的概念；明确了为老年人提供“助餐、助浴、助洁、助急、助行、助医”等各项基本服务内容与要求、服务管理以及服务质量评价。

2.《北京市居家养老（助残）服务指导性收费标准》

2011 年，北京市民政局、市残联、市老龄办共同发布了该价格标准，包括生活照料、家政服务、精神慰藉、医疗护理、老年教育等六大类共 110 个服务项目。长达 7 页的价格标准单，以表格形式列出了每一小类的收费标准，并且针对具体情况加了备注，大部分家政服务、生活照料服务项目收费都低于市场标准 10% 以上。要求各养老（助残）服务单位在服务场所醒目位置及时公开收费价格，服务价格原则上不能高于本标准；并积极为老年人、残疾人提供优先、优惠或免费服务，自觉接受社会监督。

情境反馈

本情境主要体现了为老年人提供助餐、助洁服务。此处的助餐是指到社区助餐点集中就餐的方式，根据规范要求，助餐点应该配备满足老年人助餐服务需求的膳食设备，尊重老年人的饮食习惯，做到荤素搭配、干稀搭配、粗细搭配合理等。助洁是指由服务人员上门为老年人清洗衣物，根据规范要求服务人员应告知老年人贵重衣物或不能水洗的衣物不在洗涤范围内，洗涤时根据衣物的质地和颜色分类洗涤，并做到洗净、晾晒。也体现了服务质量评价的过程，采用电话回访，主要是询问服务对象的满意度。

知识链接

1.《关于全面推进居家养老服务工作的意见》：http://www.mca.gov.cn/article/zwgk/fvfg/shflhshsw/200802/20080210011957.shtml。

2.《国务院关于印发中国老龄事业发展"十二五"规划的通知》：http://www.gov.cn/zwgk/2011-09/23/content_1954782.htm。

3.《国务院办公厅关于印发社会养老服务体系建设规划（2011—2015年）的通知》：http://www.gov.cn/xxgk/pub/govpublic/mrlm/201112/t20111227_64699.html。

4.《国务院关于加快发展养老服务业的若干意见》：http://www.gov.cn/zwgk/2013-09/13/content_2487704.htm。

5.《社区居家养老服务规范》：http://www.shmzj.gov.cn/gb/shmzj/node8/node15/node55/node230/node246/userobject1ai25433.html。

案例分析

某地区某街道，60周岁以上的老年人口占总人口的18%。街道引入"夕阳红居家养老服务中心"，中心收集居家养老服务信息，开展了以下服务，提升了老年人的生活质量：解决老年人用餐问题，为老年人提供就餐、配餐、送餐服务的爱心食堂，对老年人实行成本价优惠服务，同时为行动不便的老年人送餐上门；由生活服务员上门为老年人无偿和低偿打扫卫生、洗衣；为符合条件的老年人家庭免费安装了"一键通"，老年人在家中发生突发疾病或紧急困难时，通过呼救系统，及时了解情况，提供帮助。

【分析】

案例中夕阳红居家养老服务中心的服务体现了"助餐""助洁""助急"等居家养老服务内容，其服务应该符合国家相关法律法规以及各地方标准的具体要求：

"助餐"，要符合国家食品安全法律法规的规定和食品行业标准；提供膳食服务应根据营养学、卫生学要求，老年人需求，地域特点，民族、宗教习惯制定菜谱，为老年人提供营养丰富、全面合理的均衡饮食；送餐应及时，饮食应保温、保鲜、密闭，防止细菌滋生，提供符合保温、保鲜要求的设备及运输工具，保证及时、准确、安全地将饮食送达；提供膳食服务应获得卫生许可证，膳食服务人员应持有健康证，膳食服务可转介有相关资质的第三方提供。"助洁"，应保持卧室、厨房、卫生间等居室内部整洁，物具清洁；保洁用具应及时清洗，保持清洁；洗涤前应检查被洗衣物的性状并告知老年人或其家属；上门洗涤应分类洗涤衣物并做到洗净、晾晒。"助急"，呼叫器、求助门铃、远红外感应器等安全防护器材应符合国家规定，质量完好，其功能应符合老年人的特点和需求；危及老年人生命的紧急救助服务，必须立即转介至市公共救助服务热线（110、120、119等），转介服务者应全程与救助中心和受助对象保持实时联系，为救助中心提供相关信息；其他不含涉及老年人生命的日常生活中的救急服务，由养老服务机构直接提供或转介服务，按老年人要求排忧解难。

模块二 居家养老服务组织

学习情境

"只需手机一键拨通说明要求，不一会儿就会有人上门服务，用民政部门发放的代金券，就能享受到专业的服务。”社区的赵大爷说，“我80岁了，自己打扫有点吃力了，报纸看得清但不能时间长。小周蛮好的，跟我聊天，我很喜欢她来。”老人口中的小周是爱家服务中心为老服务团队的一员，团队共有32名服务员，她们均拥有养老护理等相关技能证书，并且定期参加岗位培训，重点学习与老人的沟通技巧。老人使用的“一键通”呼叫终端，是地方政府前期投入大量资金建立的社区信息平台，包括养老服务机构在内的诸多商家入驻。老人有需求时，拨打信息平台电话，信息平台的运营者根据具体要求安排服务人员上门服务，老人以养老券支付，商家再向政府部门兑换。居家养老服务可以根据老人的实际需求个性化定制服务菜单，包括生活照料、家务帮助以及陪读聊天、心理疏导等服务项目，老人可以自由选择。

情境分析

为满足老年人个性化、多样化的服务需求，按照“政府主导、社区参与、实体服务、机构运作”的工作思路，建立的应急呼叫、服务互动平台，让老年人不出社区就能享受便捷、优质的服务；并且对符合条件的老年人家庭提供居家养老服务补贴，满足居家老年人的实际需求。

相关知识

我国已提前进入“未富先老”的人口老龄化社会，单纯依靠政府的力量来发展社会养老福利事业越发不现实，依靠社会、企业力量，以政府购买公共服务的形式，为居住在家的老年人提供以解决日常生活困难为主要内容的社会化服务，政府执政角色也开始从“大包大揽”向统筹社会资源转变。

一、居家养老服务的组织体系

居家养老服务的组织是指政府引导、社会组织参与，服务机构和个人具体实施的居家养老服务体系。

1. 组织领导

各级政府应充分认识新形势下发展居家养老服务的重要性，把它列入政府工作议程，并制定符合当地实际的政策措施。各级老龄工作委员会办公室认真履行综合协调职能，配合相关部门，积极推动居家养老服务工作的开展。民政部门负责本辖区社区居家养老服务工作的规划、管理、指导、组织实施和服务人员培训、服务对象评估等工作。财政、人力资源和社会保障、卫生、残联等部门，按照各自的职责协同做好社区居家养老服务工作。

2. 管理体制

健全县（市、区）、乡镇（街道）和社区（村）三级工作机构和服务网络，分别建立居家养老服务指导中心、居家养老服务中心、居家养老服务站点，受政府委托负责本辖区居家养老服务的实施和管理，其主要职责是：建立老年人信息库，发布老年人服务需求信息和社会服务供给信息，对享受政府补贴的居家老年人进行资格评估；对居家养老服务人员相关资格进行审查，接受服务对象的服务信息反馈，检查监督服务质量。承担政府委托的其他养老服务事项。

3. 服务主体

地方政府要支持建立以企业和机构为主体、社区为纽带、满足老年人各种服务需求的居家养老服务网络。要大力发展社区居家养老服务志愿者组织，鼓励和支持社区居民和社区单位等为居

家的老年人提供多种形式的养老服务。引导公益慈善组织重点参与养老服务，使公益慈善组织成为发展养老服务业的重要力量。可见提供居家养老服务的主体包括企业、机构和志愿者组织、公益慈善组织。

二、积极培育和发展居家养老服务组织

（一）服务组织的分类和法律性质

提供居家养老服务的主体可以分为两大类：非营利性组织和企业。非营利性组织一般是指不以获取利润为目的，而从事商品生产、流通、提供服务的民间组织；企业一般是指以营利为目的，运用各种生产要素（土地、劳动力、资本和技术等），向市场提供商品或服务，实行自主经营、自负盈亏、独立核算的具有法人资格的社会经济组织。

1. 非营利性组织

非营利性组织是指在政府部门和以营利为目的的企业之外的一切志愿团体、社会组织或民间协会，是介于政府与营利性企业之间的“第三部门”。从法律形式上来考察，非营利性组织包括三类：①社会团体，是指由公民自愿组成的，为实现会员共同意愿，按照其章程开展活动的非营利性社会组织；②基金会，是指对国内外社会团体和其他组织以及个人自愿捐赠资金进行管理的民间非营利性组织，是社会团体法人；③社会服务组织（即民办非企业单位），是指企事业单位、社会团体和其他社会力量以及公民个人利用非国有资产举办的，从事非营利性社会服务活动的社会组织。

2. 企业

《国务院关于加快发展养老服务业的若干意见》指出大力发展家政服务，为居家老年人提供规范化、个性化服务；引入家政、物业等企业，兴办或运营老年人供餐、社区日间照料、老年活动中心等形式多样的养老服务项目。《商务部关于推动养老服务产业发展的指导意见》指出，重点支持有实力且运作规范的家政服务企业承担居家养老服务任务，为有需求的老年人提供助餐、助浴、助急、助医等定制服务，完善养老服务体系。

目前大部分的老年人主要是依靠家政公司提供服务，养老服务的主要工作是进行家庭的基本清洁，相对来说较为简单，另外就是老年人从半自理到失能时的照顾，主要涉及的服务是保姆。为此，国家提出让家政服务企业承担居家养老服务任务既有科学依据，也符合养老服务业的当前形势。

（二）培育和发展居家养老服务组织

1. 发展任务

《关于全面推进居家养老服务工作的意见》指出，按照政府职能转变以及与企事业单位、社团分离的原则，居家养老服务中能够与政府剥离的服务职能都要尽可能地交给社会组织和非营利性组织去办，交给市场和企业去办。各级政府应积极培育、规范管理各类居家养老服务机构，鼓励居家养老服务机构发展连片辐射、连锁经营、统一管理的服务模式。

2. 登记管理

目前开展居家养老服务的组织主要是民办非企业性质，根据《民办非企业单位登记管理暂行条例》的规定，申请登记民办非企业单位，应当具备下列条件：①经业务主管单位审查同意；②有规范的名称、必要的组织机构；③有与其业务活动相适应的从业人员；④有与其业务活动相适应的合法财产；⑤有必要的场所。

为加强居家养老服务机构规范化管理，2014 年宁波市在全国率先出台了《关于居家养老服务

机构办理民办非企业单位登记有关问题的通知》，对登记范围、登记机关、登记条件和登记材料等做出了明确规定。该通知明确将各级各类居家养老服务机构纳入登记范围，包括街道（乡镇）、社区（行政村）设置的居家养老服务机构，以及由企事业单位、社会组织、个人等社会力量举办的居家养老服务机构，并着眼于规范登记行为、简化登记手续，做出了一系列具有创新性、突破性的规定：①明确对居家养老服务机构实行直接登记，县（市）区民政局负责对辖区内居家养老服务机构进行登记，市民政局负责对跨县（市）区提供服务活动的居家养老服务机构进行登记。②明确居家养老服务机构的“六个有”登记条件，即有规范的名称、有固定的服务活动场所、有必要的组织机构、有与其业务活动相适应的从业人员、有不低于 3 万元的开办资金、有规范的章程。③明确开办资金实行认缴制，由申请者承诺认缴期限（不超过三年），经登记管理机关审核同意后，在认缴期限内提交资金到账证明即可。

3. 资格评估

各地陆续出台了关于居家养老服务机构评估的政策规范，如《江苏省社区居家养老服务中心（站）评估指标体系》《常州市居家养老服务组织管理暂行办法》《兰州市居家养老服务组织评定标准》等，主要依据服务组织的机构资质、基础设施、人员配备、管理制度、服务功能、服务成效进行评估，有的地方还进行了等级评定。

作为经合法登记开展居家养老服务的企业或社会组织，一般应具备以下条件：

（1）机构资质，依法经民政部门核准登记的社会组织和民办非企业单位或工商部门登记的企业公司，并具有所开展服务项目的相关合法资质。

（2）基础设施，有独立的服务与办公场所，有与功能相配套的设施、设备。

（3）人员配备，有与服务规模相适应的专职管理人员和专（兼）职服务人员，服务人员每年接受专业培训，持证上岗率达到一定比例。

（4）管理制度，有服务流程、服务项目、收费标准、服务记录和质量控制等相关制度，建立服务对象和管理服务档案，相关制度及工作流程应主动公开。

（5）服务功能，提供助洁、助浴、助医、助急、代购、配餐、送餐等基本服务；以及精神支持、心理疏导、文化教育、娱乐服务、体育锻炼等服务。

（6）服务成效，享受经常服务的老年人达到一定人数，回访满意率达到一定比例；无质量安全责任事故。

三、政府购买居家养老服务

根据财政部、国家发改委、民政部、全国老龄办《关于做好政府购买养老服务工作的通知》，明确了充分发挥市场配置资源的决定性作用，将推进政府购买养老服务与培育专业化养老服务组织相结合，通过竞争择优的方式选择承接政府购买养老服务的社会力量。

政府购买服务就是政府通过“市场运作、政府承担、定项委托、合同管理、评估兑现”等方式，将由政府承担的相关公共服务事项交给有资质的社会组织来完成，是一种社会管理和服务工作的创新举措，是一种新型的政府为民服务方式。政府购买服务，是传统政府职能转变的重要举措，也是实现“小政府、大社会”的社会管理目标的必然要求。政府提供公共服务的方式方法发生了改变，由公共服务的直接提供者变成了公共服务政策的制定者、购买者和监督者。

政府购买养老服务内容应突出公共性和公益性，按照量力而行、尽力而为、可持续的原则确定。

在购买居家养老服务方面，主要包括为符合政府资助条件的老年人购买助餐、助浴、助洁、助急、助医、护理等上门服务，以及养老服务网络信息建设；在购买社区养老服务方面，主要包括为老年人购买社区日间照料、老年人康复文体活动等服务。

为完善政府购买服务，多地出台了关于政府购买居家养老服务实施细则，如安徽省制定的《政府购买养老服务实施办法》和《政府购买养老评估服务实施办法》，以及《四川省政府购买居家养老服务实施办法》《湖南省政府购买养老服务试点方案》等，对服务对象、标准和方式、申请受理评估和监督检查等做出了规定。

情境反馈

本情境主要体现了政府购买居家养老服务，政府投入资金向机构购买餐饮、保洁、护理、精神慰藉等居家养老服务，向互联网企业购买养老服务信息网络建设。对符合条件的高龄、失能、困难老人提供居家养老服务补贴，承接服务的机构人员配备情况，服务人员每年接受专业培训，持证上岗率达到一定比例。

知识链接

1. 《商务部关于推动养老服务产业发展的指导意见》：http://www.mofcom.gov.cn/article/h/zongzhi/201411/20141100806954.shtml。

2. 《国务院办公厅关于政府向社会力量购买服务的指导意见》：http://www.gov.cn/xxgk/pub/govpublic/mrlm/201309/t20130930_66438.html。

3. 《关于做好政府购买养老服务工作的通知》：http://www.mof.gov.cn/pub/shehuibaozhangsi/zhengwuxinxi/zhengcefabu/201409/t20140903_1134979.html。

4. 《财政部印发<政府购买服务管理办法（暂行）>通知》：http://www.gov.cn/xinwen/2015-01/04/content_2799671.htm。

5. 《民政部关于推进养老服务评估工作的指导意见》：http://www.mca.gov.cn/article/zwgk/fvfg/shflhshsw/201308/20130800499070.shtml。

6. 《<湖南省政府购买养老服务试点方案>出台》：http://www.mof.gov.cn/xinwenlianbo/hunancaizhengxinxilianbo/201502/t20150212_1191893.html。

案例分析

“又来看我了啊，真好，快坐下。”夕阳红老年服务中心的居家养老服务人员刚一进门，就听到路大娘乐呵呵地这样说。路大娘已经92岁了，膝下有一个女儿，嫁到外地，老人每月靠500多元的抚恤金生活。在这位老人家里，养老服务人员像到了自己家里一样，水盆在哪儿、肥皂在哪儿、茶壶在哪儿都了如指掌。老人对她们也特别和蔼。“这居家养老服务真不错，经常过来忙活，还不花钱。她们有时不来还想得慌。”

2015年年底，地方启动政府购买养老服务项目，投入300万元向养老机构购买餐饮、保洁、护理等居家养老服务。这些服务免费向城乡基层社区的贫困、80周岁以上的高龄、失独、留守老年人提供，路大娘就是享受这个项目服务的老年人之一。“经过竞标后，我们参与了这个项目，现在已经有23名老年人正在接受这项服务，今年要不少于80人。”夕阳红老年服务中心曲主任说。机构针对项目专门成立了服务团队，有2名专职管理人员和5名服务人员。按照规定，他们为老年人提供每月不少于20h、每次不低于40min的保洁和护理服务，还为老年人送午饭。

【分析】

案例中反映的是政府购买居家养老服务，具体内容包括：①购买主体为地方政府，提供300万元的资金保障。②承接主体是养老机构，具有所开展服务项目的合法资质，配备有2名专职管理人员和5名服务人员，能够提供助洁、护理等基本服务，享受经常服务的老年人能够达到80人。③购买内容是餐饮、保洁、护理等居家养老服务。④补贴对象是城乡基层社区的贫困、80岁以上的高龄、失独、留守老人。

模块三　居家养老服务保障

学习情境

某市为推进居家养老服务工作的健康发展，主要做了以下几个方面的工作：①市、区两级财政每年安排1 000万元专项经费作为开展居家养老服务专项资金。具体用于以下项目：对社区新建或改建居家养老服务点的，根据规模给予5万～10万元的一次性开办补助；对居家养老服务护理人员的工资报酬由政府给予补助；对经审批的民办养老机构参与居家养老服务的，每张床位给予1 000元的开办补助。②参与居家养老服务的社区组织，在用水、用电、管道燃气方面执行居民收费标准，免征营业税，同时还规定政府特许经营的通信、有线（数字）电视等经营单位应为养老服务组织提供价格优惠。③居家养老护理岗位被列为政府公益性岗位，从业护理人员享受社会保险费以及其他补贴等。这些政策的出台，为居家养老服务工作的持续深入开展提供了有力的支持和保障。

情境分析

开展居家养老服务，要坚持依托社区，面向社会，充分发挥社区组织在居家养老服务中的作用，建立健全社区居家养老服务机构、设施和队伍；充分调动社会各方面的积极性，引导和鼓励社会力量参与居家养老服务，不断提高养老服务社会化水平。

相关知识

2008年年初，全国老龄办等10个部门下发了《关于全面推进居家养老服务工作的意见》。它的颁布实施对构建和完善中国特色养老服务体系，全面推进居家养老服务工作具有重要的指导意义。为满足居家养老服务需求，建立科学、可持续发展的居家养老服务保障体系显得尤为重要。居家养老服务保障体系应包括政策保障、组织保障、设施保障、队伍保障等几个方面。

2016 年中国人民银行等五部门联合印发了《关于金融支持养老服务业加快发展的指导意见》，提出要积极创新专业金融组织形式，探索建立养老金融事业部制，组建多种形式的金融服务专营机构，创新适合养老服务业特点的贷款方式，探索拓宽养老服务业贷款抵押担保范围，加大对养老领域的信贷支持力度；推动符合条件的养老服务企业上市融资，支持不同类型和发展阶段的养老服务企业、项目通过债券市场融资。为进一步创新金融产品和服务，促进养老服务业加快发展提供支持。

2. 土地供应政策

2014 年出台的《养老服务设施用地指导意见》在用地范围、土地用途和年期、供地计划、供地政策、鼓励租赁供地、分类用地监管、鼓励盘活存量用地、利用集体建设用地等方面分别做出了规定。各地要将各类养老服务设施建设用地纳入城镇土地利用总体规划和年度用地计划，合理安排用地需求，可将闲置的公益性用地调整为养老服务用地。

3. 税费优惠政策

落实好国家现行支持养老服务业的税收优惠政策，对养老机构提供的养护服务免征营业税，对非营利性养老机构自用房产、土地免征房产税、城镇土地使用税，对符合条件的非营利性养老机构按规定免征企业所得税。进一步落实国家扶持小微型企业相关税收优惠政策，对符合条件的小微型养老服务企业，按照国家、省市的有关规定，给予相应扶持。对非营利性养老机构建设要免征有关行政事业性收费，对营利性养老机构建设要减半征收有关行政事业性收费，对养老机构提供养老服务也要适当减免行政事业性收费，养老机构用电、用水、用气、用热按居民生活类价格执行。

4. 补贴支持政策

民政部本级彩票公益金和地方各级政府用于社会福利事业的彩票公益金，要将 50% 以上的资金用于支持发展养老服务业，并随老年人口的增加逐步提高投入比例。民政部、财政部相继制定了《关于推进养老服务评估工作的指导意见》《关于建立健全经济困难的高龄、失能等老年人补贴制度的通知》，各地也都陆续建立了养老服务评估机制，建立健全经济困难的高龄、失能等老年人补贴制度。根据养老服务的实际需要，推进民办公助，选择通过补助投资、贷款贴息、运营补贴、购买服务等方式，支持社会力量开办老服务机构，开展养老服务。

5. 完善就业扶持政策

探索建立在养老服务中引入专业社会工作人才的机制，推动养老机构开发社工岗位。鼓励公办和非营利性民办养老服务机构开展公益性岗位，安排就业困难人员就业，公益性岗位补贴和社会保险补贴按有关规定执行。机构应当改善养老护理员的工作条件，提高养老服务从业人员的薪酬待遇，对在机构就业的专业技术人员，执行与医疗机构、福利机构相同的执业资格、注册考核政策。

二、组织保障

1. 健全工作机制

各地要建立完善政府主导、民政牵头、部门配合、社会参与的工作机制，进一步强化工作协调机制，要将发展养老服务业纳入政府重要议事日程，定期分析养老服务业发展情况和存在的问题，研究推进养老服务业加快发展的各项政策措施，认真落实养老服务业发展规划的相关任务要求，加强对养老服务实施的督促检查，确保服务内容的社会效果。

2. 明确部门职责

民政部门要切实履行监督管理、行业规范、业务指导职责。发展改革部门要将养老服务业纳入经济社会发展规划、专项规划和区域规划，支持养老服务设施建设。老龄工作机构要发挥综合协调作用，加强督促指导工作。价格主管部门要建立科学合理的养老服务定价机制，依法确定适用政府定价和政府指导价的范围。商务部门要将居家养老服务纳入家庭服务业发展专项规划，扶持培育龙头企业，支持信息服务平台建设。财政部门要对养老服务业发展给予财力保障。建设部门要制定城镇居家养老服务设施配建标准，组织编制养老服务设施专项规划，指导养老服务设施有序建设。统计部门要建立完善的养老服务业统计制度。教育、公安消防、卫生计生、国土、住房城乡建设、人力资源与社会保障、商务、税务、金融、质检、工商、食品药品监管等部门要各司其职，按照职责分工做好促进养老服务业发展工作。同时，要积极培育和发展养老服务行业协会，发挥行业自律作用。

3. 培育服务组织

各级政府和有关部门要进一步转变职能，将居家养老服务中能够与政府剥离的服务职能，交由社会组织、非营利性机构、企业办理。充分利用社会服务资源，鼓励和支持社会养老服务、餐饮服务、家政服务、教育、文化等机构参与居家养老服务工作。引导、培育各类居家养老服务机构健康发展，形成连片辐射、连锁经营、统一管理的服务模式。鼓励社会捐赠资助居家养老服务项目。对新设立的以居家养老服务为主要内容的社会服务机构，降低准入门槛，简化登记程序，实行备案制度，创造宽松的发展环境。各地要结合本地实际，制定、完善鼓励和支持社会力量参与兴办居家养老服务业的政策措施，提高居家养老服务的社会化程度，推进居家养老服务业加快发展。

三、设施保障

（一）统筹规划养老服务设施

1. 养老服务设施建设

各地在制定城市总体规划、控制性详细规划时，必须按照人均用地不少于 $0.1m^2$ 的标准，分区分级规划设置养老服务设施。凡新建城区和新建居住（小）区，要按标准要求配套建设养老服务设施，并与住宅同步规划、同步建设、同步验收、同步交付使用；凡老城区和已建成居住（小）区无养老服务设施或现有设施没有达到规划和建设指标要求的，要限期通过购置、置换、租赁等方式开辟养老服务设施，不得挪作他用。

2. 整合资源综合利用

各部门设立的社区卫生、文化、体育等设施，在统一安排下开展居家养老服务，提高使用率，发挥综合效益。各类具有为老年人服务功能的设施都要向老年人开放。社区内教育、科技、文化、体育等资源要优惠向老年人开放，满足老年人就地、就近学习、活动的需要。

3. 建设老年宜居社区

老年宜居社区要整洁卫生，绿化美观，环境优美，适宜老年人居住和生活。住宅建筑要符合国家建筑标准，设施设备要安全可靠，无障碍出行安全便捷，使老年人居住舒适，生活方便，幸福安逸。外部设施要齐全，基础设施要完备，专用设施要具备，以适应老年人居住和生活的需要。服务功能要完善，满足老年人的基本服务、助老服务和养老服务等各种服务需求。要加强文化和治安环境建设，并注重老年人的社会参与价值，为老年人营造文明和谐的宜居环境。

（二）建立完善居家养老服务网络

在社区搭建“一站式”服务平台，建立上下联动、部门配合、各类为老服务机构协调运作的居家养老服务网络，有条件的城市社区要积极构建居家养老的“十分钟”服务圈。农村要创造条件，为居家老年人提供便捷服务。

1. 居家养老便捷服务

地方政府要支持建立以企业和机构为主体、社区为纽带、满足老年人各种服务需求的居家养老服务网络。鼓励和支持社会养老服务、家政服务、餐饮服务等机构参与居家养老服务工作，通过选拔、招标签订协议等方式，把服务质量高、信誉好、实力强的社会服务机构确定为居家养老服务和政府购买服务的重点单位。

2. 文化娱乐服务

利用社区公共服务设施和社会场所组织提供文化娱乐、教育学习、体育健身、精神慰藉等服务。组织开展社区文化、教育、体育活动，丰富老年人的精神文化生活；重视老年人的心理健康，开展心理咨询、心理辅导、行为矫治等服务，帮助老年人协调家庭、社会关系，预防和解决老年群体的社会问题。

3. 信息网络服务

依托城市社区信息平台，在社区普遍建立为老服务热线、紧急救援系统、数字网络系统等多种救助和服务方式，有条件的社区提供应急救助服务。逐步建立与老年人沟通便捷、服务及时的信息化服务网络。

四、队伍保障

加强专业化与志愿者相结合的居家养老服务队伍建设。

1. 加快人才培养

加强养老服务职业教育培训，有计划地在高等院校和中等职业学校增设养老服务相关专业和课程，开辟养老服务培训基地，加快培养老年医学、护理、营养和心理等方面的专业人才，扩大养老服务业人才培养规模，提高养老服务从业人员的职业道德、业务技能和服务水平。引导、鼓励高校和职业学校老年服务与管理类的专业毕业生从事养老服务工作，对符合条件的给予一次性入职奖补贴。

2. 加强技能培养

依托公办院校、民办培训机构和养老机构建立养老服务培训基地；完善培训政策和方法，加强养老护理员的职业技能培训，推行养老护理员职业资格认证制度，对符合条件的参加养老护理职业培训和职业技能鉴定的从业人员按规定给予相关补贴。

3. 培育志愿者队伍

扶持发展各类为老服务志愿组织，支持基层群众性自治组织开展居家养老互助服务，建立为老志愿服务登记、服务储蓄制度。倡导单位职工、学生、社区组织和居民为老年人提供多种形式的服务和帮助，形成专业人员引领志愿者的联动工作机制。鼓励医疗、教育、法律等领域专业技术人员每年参加规定时长的志愿服务。

情境反馈

本情境主要体现了当地政府为发展居家养老服务提供的政策保障，具体包括：①补贴支持政策：地方财政设立专项资金用于运营补贴，支持社会力量开办养老服务机构，开展养老服务；②税费优惠政策：提供的养护服务免征营业税，在用水、用电、管道燃气方面执行居民收费标准等优惠价格；③就业扶持政策：公益性岗位安排就业困难人员就业，给予社会保险补贴和岗位补贴等。

知识链接

1. 《民政部　发展改革委　教育部　财政部　人力资源社会保障部　国土资源部　住房城乡建设部　国家卫生计生委　银监会　保监会关于鼓励民间资本参与养老服务业发展的实施意见》：http://www.mca.gov.cn/article/zwgk/fvfg/shflhshsw/201502/20150200777798.shtml。

2. 《关于金融支持养老服务业加快发展的指导意见》：http://news.cnstock.com/news/sns_zxk/201603/3741743.htm。

3. 《<养老服务设施用地指导意见>出台》：http://www.mca.gov.cn/article/zwgk/mzyw/201404/20140400627390.shtml。

4. 《民政部关于推进养老服务评估工作的指导意见》：http://www.mca.gov.cn/article/zwgk/fvfg/shflhshsw/201308/20130800499070.shtml。

5. 《财政部、民政部、全国老龄办关于建立健全经济困难的高龄、失能等老年人补贴制度的通知》：http://www.chinacir.com.cn/2014_zcjd/460203.shtml。

6. 《北京市老龄工作委员会关于印发北京市支持居家养老服务发展十条政策的通知》：http://www.bjmzj.gov.cn/templet/mzj/ShowArticle.jsp?id=118306。

案例分析

某市《关于推进居家养老服务工作的实施意见》中规定：通过新建、购买、租赁，或者改扩建现有的老年服务（活动）中心、福利院、敬老院、“星光老年之家”、老年活动中心（室）、老年公寓、老年学校等相关公共服务设施，解决居家养老服务设施缺乏问题……造就一支规模适度、结构合理、素质优良的社会工作人才队伍，为居家养老服务提供高素质人才。社区设立一定数量的公益岗位招收居家养老服务专业人员，按有关规定与其签订劳动合同并办理社会保险，保证其工资待遇，切实维护居家养老服务人员的合法权益。

【分析】

案例中重点体现了该市推进居家养老服务设施保障和队伍保障方面的工作内容：①在设施保障方面，通过新建、改扩建、购买、租赁的方式，开辟居家养老服务设施，要整合资源，充分利用现有的老年服务（活动）中心、福利院、敬老院、“星光老年之家”、老年活动中心（室）、老年公寓、老年学校等相关公共服务设施，发挥其最大的效能；②在队伍保障方面，重点培养和引进社会工作者等具有执业或职业资格的专业技术人员，在社区开发公益性岗位，吸纳农村转移劳动力、城镇就业困难人员等从事养老服务，并依法缴纳养老保险费等社会保险费，提高职工工资福利待遇。

模块四　社区老年人日间照料中心建设

学习情境

“生活照顾得很周到，还有很多丰富多彩的活动，日间照料中心就是我们老年人的第二个家。”

王大爷一边说，一边走进了社区老年人日间照料中心。走进这里的照料中心，15张干净整洁的床位有序摆放，沙发、桌凳、电视机和日用品虽简易却齐全。棋牌室、健身理疗室、图书室一应俱全。“孩子们都上班，平时就我一个人在家，现在有了日间照料中心，每天这里一开门我就来了，上午做康复理疗，中午吃过午饭休息会，下午和大家聊聊天、下下棋，等天黑了，我再溜达着回家了，一天过得很充实。”像王大爷这样生活需要一定照料的老年居民越来越多地到这里报到。“日间照料中心不但解决了老年人的日间照顾、保健康复等问题，还让老年人的精神生活得到了极大的满足。”社区居委会主任老马说。

情境分析

社区老年人日间照料中心主要是为社区内的老年人提供一个“白天入托接受照顾和参与活动，晚上回家享受家庭生活”的社区居家养老服务新场所，它扎根于社区，就在家附近，为老年人提供日间照料、医疗咨询、理疗康复、文化服务、食物配送等服务项目。

相关知识

加强社区老年人日间照料设施的建设是贯彻落实养老服务“以社区服务为依托”这一政策精神的集中体现，是构建养老服务体系不可或缺的一个重要环节。社区老年人日间照料中心是一种适合半失能老年人的“白天入托接受照顾和参与活动，晚上回家享受家庭生活”的社区居家养老服务新模式。

一、社区养老服务和社区养老设施

1. 社区养老服务

我国的社会养老服务体系主要由居家养老、社区养老和机构养老三个有机部分组成。机构养老，因集中生活可使养老资源效用最大化，也可减轻家庭负担，理论上是效益最优的养老方式。但由于老人参与意愿不强，养老机构数量严重不足、质量参差不齐，且机构养老往往将老人置于“情感剥夺”的境地，因此不可能成为主体。居家养老，以家庭为核心、以社区为依托、以专业化服务为依靠，这种形式更适应中国人的家庭伦理观念和消费观念，具有天然的亲和力和生命力，是人们最容易接受也最为现实的选择，将在今后相当长的时期占据我国基本养老体系的基础地位。社区养老将依托这一基础获得自身发展。

社区养老服务是居家养老服务的重要支撑，具有社区日间照料和居家养老支持两类功能，主要面向家庭日间无人或者无力照护的社区老年人提供服务。结合社区服务设施建设，增加养老设施网点，增强社区养老服务能力，打造居家养老服务平台。

2. 社区养老设施

“十二五”规划要求把日间照料中心、托老所、星光老年之家、互助式社区养老服务中心等社区养老设施，纳入小区配套建设规划，本着就近、就便和实用的原则，开展全托、日托、临托等多种形式的老年社区照料服务。《社会养老服务体系建设规划（2011—2015年）》再次明确，在城乡社区养老层面，重点建设老年人日间照料中心、托老所、老年人活动中心、互助式养老服务中心等社区养老设施，推进社区综合服务设施增强养老服务功能，使日间照料服务基本覆盖城市社区和半数以上的农村社区。

社区养老设施主要包括以下几种：①社区老年人日间照料中心，是指为以生活不能完全自理、日常生活需要一定照料的半失能老年人为主的日托老年人提供膳食供应、个人照顾、保健康复、娱乐和交通接送等日间服务的设施；托老所为短期接待老年人托管服务的社区养老服务场所，设有生活起居、文化娱乐、康复训练、医疗保健等多项服务设施，分为日托、全托、临时托等。②星光老年之家，全国社区老年福利服务星光计划，通过发行福利彩票筹集的福利金，绝大部分用于资助城市社区的老年人福利服务设施、活动场所和农村乡镇敬老院的建设。

二、社区照顾理论与实践

（一）社区照顾理论

1. 社区照顾发展背景

在推行高福利政策的鼎盛时期，英国等福利国家对无依无靠的老年人和有心理残障的人实施住院式照顾，即国家和政府通过兴办大型的福利院舍来集中供养和照料这些老年人和精神病患者，政府出巨资聘用专职工作人员对他们进行供养和照料。

机构化会使被照顾的老年人与世隔绝、缺乏正常的人际交往和人性化的生活环境；而且大型机构往往存在强调机构的需求以维持其顺利运转，而不是服务于居住者的官僚主义作风，某些住院者受到非人的待遇、对住院人员不尊重、被剥夺了自由和选择的权利等。20 世纪 50 年代，西方国家就当时院舍式照顾服务所产生的许多问题而酝酿了一个新运动，发出了“让住院者回归社区”的呼声，让服务对象尽量在家里或者在社区中正常生活。到了 20 世纪 70 年代，社区照顾在英国各地已相当普及。20 世纪 80 年代英国等政府不断调整福利政策，采取了一系列改革措施，其社会服务也从以院舍照顾为主转为以社区照顾为主。

2. 社区照顾的概念和种类

社区照顾就是整合社区资源，运用非正式支持网络、联合正规服务所提供的支持服务与设施，让有需要照顾的人士在家里或社区得到照顾，在其熟悉的环境中向其提供照顾和帮助的福利服务模式。福利国家的老年人社区照顾是一种依托社区，通过建立完善的老年福利服务设施，并由家庭成员、亲朋好友、邻居和志愿者等“非正式照料资源”和专业的社工、护理、康复工作者等“正式照料资源”共同为老年人提供包括医疗卫生、康复护理、生活照料、心理疏导、社会参与等多种服务的综合照顾服务体系。这个体系可以根据老年人的不同需求，通过提供不同的设施和服务，使老年人能够尽可能长地生活在自己熟悉的家庭和社区中，并能够积极地融入社区和社会生活中，以维持较高的生活质量，同时也能有效地减少对政府的依赖，减少长期护理照料的成本。

“由社区照顾”采用的是非机构、非住宿、非隔离式的照顾方式，是老年人在家或者在老年日间照料中心（即日托机构）接受由政府、社会、家人等社区内正式与非正式资源所组成的综合性照顾，它的服务对象主要是有一定生活自理能力但又不能完全自我照顾的老年人。而“在社区照顾”则主要指机构形式的照顾，接受照顾的老年人需要依赖社区内的专业机构或专业人员维持日常生活，它的服务对象主要是生活完全不能自理的老年人。

（二）社区照顾实践

我国于 2005 年 9 月开始全国首批城市居家养老服务试点，将其作为应对老龄化的重要对策，主要来源于国内学术界对英国社区照顾以及深受英国影响的香港安老服务的介绍与探讨。试点过程中，南京地区推广上门服务和日间照顾中心服务；北京市建成了 2 244 个具有“三室一场一校”服

一、政策保障

（一）强化统筹规划

各级政府应紧密结合本地实际，科学地研究制定本地居家养老服务发展规划，明确发展居家养老服务的目标任务、政策措施和工作要求，并把它纳入当地经济社会发展总体规划和社区建设总体规划中，要统筹考虑居家养老服务设施建设、队伍建设和运营管理等问题，有条件的地区可针对性地设立专项资金，推动居家养老服务快速健康发展。

《中华人民共和国国民经济和社会发展第十三个五年规划纲要》中专章写了“积极应对人口老龄化”，各地在制定“十三五规划”中都把养老作为一个重点问题，如北京市指出居家养老是养老服务发展的重点，实施居家养老幸福工程，着力推动养老服务覆盖所有城乡社区，为居家老年人提供社会化、专业化、规范化、便利化的养老服务。2015 年 5 月 1 日，全国首部居家养老服务法规《北京市居家养老服务条例》正式实施，明确了各方职责，市和区县人民政府要将老龄事业纳入国民经济和社会发展规划及年度计划；培育养老服务产业，完善扶持政策，引导、鼓励企业和社会组织开展居家养老服务。2016 年又制定了支持居家养老服务发展的十项措施（简称“养十条”政策），围绕“养”“保”“住”“医”等十个重点难点问题，为居家养老服务健康发展提供新动能。

（二）加强制度建设

建立、健全相关法律法规，建立养老服务准入、退出、监管制度，加大执法力度，规范养老服务市场行为。制定和完善居家养老的相关标准，建立相应的认证体系，大力推动养老服务标准化，促进养老服务示范活动深入开展。

继上海、江苏之后，天津是第三个出台地方居家养老服务标准的城市，将服务标准明确划分为两个部分，即《居家养老入户服务规范》和《居家养老社区服务规范》。“入户服务规范”对以入户服务方式为居住在家的老年人提供日常生活照护的社会化服务提出了具体要求。明确提供入户服务的机构应具备相关资质证书，合法经营，要公开服务项目、服务流程、服务操作规范等。对于入户为老年人服务的人员，具体要求做到以下几个方面：必须提供有效健康证明资料，接受专业知识和技能培训，持有相应的职业资格证书，仪容仪表端正，统一着装，佩戴工牌，并且明确了生活护理、助餐、助浴等各类服务的具体要求，而且非常精细。“社区服务规范”是针对能够为老年人居家养老提供社区服务的机构而编制的，这些机构包括社区老年人服务中心、托老所、社区食堂等。对服务设施、服务组织、管理人员和服务人员等提出了明确的要求。

（三）完善扶持政策

1. 投资融资政策

发挥国家开发银行等政策性银行的市场建设和融资推动作用，引领商业金融机构共同开发建设与经济社会发展水平相协调的社会养老服务体系。积极利用财政贴息、小额贷款等方式，加大对养老服务业的有效信贷投入。

《关于鼓励民间资本参与养老服务业发展的实施意见》提出，鼓励民间资本在城镇社区举办或运营老年人日间照料中心、老年人活动中心等养老服务设施，通过政府购买服务、协调指导、评估认证等方式，鼓励民间资本举办家政服务企业、居家养老服务专业机构或企业。该意见的发布为充分发挥市场在资源配置中的决定性作用和更好地发挥政府作用，逐步使社会力量成为发展养老服务业的主体起到了重要作用。

务功能的社区为老服务中心和网点；宁波海曙区为1 100多位贫困、高龄老年人购买、补贴服务，同时，投资建设改造居家养老服务中心等。山东省为加强建设专项补助资金管理，提高资金使用效益，还出台了《城市社区老年人日间照料中心建设专项补助资金管理暂行办法》。

三、社区老年人日间照料中心建设

（一）社区老年人日间照料中心建设标准

目前我国老年人日间照料基础设施的建设整体上较为薄弱，设施缺乏，已有设施则存在面积小、功能单一、服务水平低等突出问题。为了合理地确定新建和改扩建社区老年人日间照料中心的建设规模和水平，完善配套设施，规范建筑布局和设计，民政部2010年颁布了《社区老年人日间照料中心建设标准》，包括建设内容及项目构成、建设规模及面积指标、选址及规划布局、建筑标准及有关设施等有关内容，可以进一步加强和规范社区老年人日间照料中心的建设，提高投资效益和社会效益，更好地为老年人服务，主要内容包括：

1. 社区老年人日间照料中心建设的总体要求

社区老年人日间照料中心建设应满足日托老年人在生活照料、保健康复、精神慰藉等方面的基本需求，做到规模适宜、功能完善、安全卫生、运行经济。

2. 社区老年人日间照料中心建设内容

社区老年人日间照料中心建设内容包括房屋建筑及建筑设备、场地和基本装备。

（1）社区老年人日间照料中心房屋建筑应根据实际需要，合理设置老年人的生活服务、保健康复、娱乐及辅助用房。其中，老年人生活服务用房可包括休息室、沐浴间（含理发室）和餐厅（含配餐间）；老年人保健康复用房可包括医疗保健室、康复训练室和心理疏导室；老年人娱乐用房可包括阅览室（含书画室）、网络室和多功能活动室；辅助用房可包括办公室、厨房、洗衣房、公共卫生间和其他用房（含库房等）。

（2）社区老年人日间照料中心的建筑设备应包括供电、给排水、供暖通风、通信、消防和网络等设备。

（3）社区老年人日间照料中心的场地应包括道路、停车、绿化和室外活动等场地。

（4）社区老年人日间照料中心应配备生活服务、保健康复、娱乐、安防等相关设备和必要的交通工具。

3. 社区老年人日间照料中心建筑面积及标准

以社区居住人口数量作为社区老年人日间照料中心规模分类的主要依据，同时考虑到日托老年人大多行动不便，为确保社区老年人日间照料中心为老服务的便利性，确定社区老年人日间照料中心的建设规模时还应兼顾其服务半径等因素。明确社区老年人日间照料中心的规模分类和各类面积指标，并对社区老年人日间照料中心各类用房的使用面积在总的使用面积中所占比例做出规定。

4. 社区老年人日间照料中心选址及布局

根据社区老年人日间照料中心的性质和任务，其建设项目在选址时要综合考虑人口分布、市政条件和周边环境等因素，做到方便群众，便于开展服务。同时选址宜与其他为老服务福利设施邻近，利于资源整合和共享。鉴于社区老年人日间照料中心建设规模较小，为节约土地资源，提倡与其他社区服务设施合并建设，但应设置在建筑低层且相对独立，并宜有独立的出入口，禁止使用地下层。为方便老年人使用，建议垂直交通设有电梯等无障碍设施。资金投入有困难的，需设置无障碍坡道。

5. 社区老年人日间照料中心建筑标准

社区老年人日间照料中心建筑设计应符合老年人建筑设计、城市道路和建筑物无障碍设计和公共建筑节能设计等规范、标准的要求和规定。对社区老年人日间照料中心的房屋建筑结构及抗震设防烈度提出要求，明确社区老年人日间照料中心建筑防火的要求，明确社区老年人日间照料中心老年人用房的日照、通风与采光条件，阐明社区老年人日间照料中心建筑内外装修的要求等。

（二）社区老年人日间照料中心建设的其他规范

社区老年人日间照料中心逐渐得到发展，但在发展过程中仍然存在一些问题：①人员配备不足，缺少人员经费支出，缺乏专业培训，缺乏医疗护理专业人员，无法提供专业的医疗护理服务。②服务范围狭窄，服务内容有限，无法满足老年人多元化的需求。③缺乏对服务对象的评估及准入机制，无法根据老年人的自理能力及健康状况提供不同水平的照顾服务，生活不能完全自理的最需要社区养老服务的老年人无法使用该服务。④缺乏有效的机构评价体系，无法对日间照料中心的服务质量进行统一的评价。

为落实《关于加强养老服务标准化工作的指导意见》，适应社区养老发展需求，提升养老服务满意度，形成了《社区老年人日间照料中心服务基本要求》《社区老年人日间照料中心服务设施设备要求》两项标准。社区老年人日间照料中心具体服务内容主要包括基本服务和适宜服务，其中基本服务是指精神文化、休闲娱乐服务、个人照顾服务、膳食服务，而适宜服务则主要包括中医保健服务、康复服务、心理慰藉服务、交通接送服务。社区老年人日间照料中心设施设备配置的基本要求是室内各种设施设备应无尖角凸出部分、要配置室内温度控制设备、要配置监控系统，监控范围应覆盖公共区域、在醒目位置应设置视频监控标志、公共区域应设紧急呼叫装置，配备消防器材，配置消防自动报警系统等。今后还要继续加强规范和管理工作。

情境反馈

本情境主要体现了社区老年人日间照料中心的功能定位、服务对象和服务内容。服务对象是以生活不能完全自理、日常生活需要一定照料的半失能老年人为主的日托老年人，服务内容包括提供膳食供应、保健康复、休闲娱乐等日间服务。

知识链接

1. 《民政部　国家标准化管理委员会　商务部　国家质量监督检验检疫总局　全国老龄工作委员会办公室　关于加强养老服务标准化工作的指导意见》：http://www.mca.gov.cn/article/zwgk/fvfg/shflhshsw/201402/20140200585735.shtml。

2. 《民政部＜社区老年人日间照料中心建设标准＞》：http://www.yanglao.com.cn/article/6516.html。

3. 《关于征求＜社区老年人日间照料中心服务基本要求＞等三项标准意见建议的公告》：http://www.mca.gov.cn/article/zwgk/tzl/201507/20150700852073.shtml。

案例分析

某市《关于建设社区老年人日间照料中心的实施意见》中，建设内容及规模部分为：新建的社区老年人日间照料中心，建筑面积一般不低于300m²（包括与社区服务设施共用部分）。设有“五室一校”：①休息室，配有10张左右床位供老年人休息；②配（就）餐室（含阅览室），配有就餐设施、报刊和图书，中午或晚上可供老年人就餐，平常可供老年人读书看报；③文体活动室，配有相应的文体活动设备；④健身康复室，配有老年人健身康复器材；⑤医疗保健室，配有基本的医疗设备和常用药品；⑥老年人学校，配有基本的教学设备和用具；⑦其他附属设施。

【分析】

案例中的社区老年人日间照料中心建设方案，结合《社区老年人日间照料中心建设标准》的要求，建设内容基本符合要求，建设规模应做调整。建设内容应包括：①老年人生活服务用房应包括休息室、沐浴间（含理发室）和餐厅（含配餐间）；②老年人保健康复用房应包括医疗保健室、康复训练室和心理疏导室；③老年人娱乐用房应包括阅览室（含书画室）、网络室和多功能活动室；④辅助用房应包括办公室、厨房、洗衣房、公共卫生间和其他用房（含库房等）。设有“五室一校”和其他附属设施，基本满足老年人的生活服务、保健康复、娱乐及辅助用房需要。建设规模以社区居住人口数量为主要依据，分为三类：三类10 000～15 000（不含）人，建筑面积750m²；二类15 000～30 000（不含）人，建筑面积1 085m²；一类30 000～50 000人，建筑面积1 600m²。该案例中的“建筑面积一般不低于300m²”规模过小。

单元小结

与我国人口老龄化进程快速发展相伴的是传统家庭养老功能的日益弱化，养老服务成为重大的社会问题。党中央、国务院高度重视老龄化问题，制定出一系列相关政策，推进养老服务业健康有序发展。居家养老是社会养老体系的重要组成部分，居家养老社会化应立足社区，依托社区养老服务，应形成政府领导、政策扶持、社会参与、市场运作的运营模式，由专业机构、社会组织来参与，以发挥其最大效能。

实践强化

1. 实地调研一家居家养老服务机构，了解机构资质、基础设施、人员配备、管理制度、服务功能、服务成效等相关情况并进行评估，撰写调查报告。

2. 实地调研一家社区老年人日间照料中心，围绕建设内容及项目构成、建设规模及面积指标、选址及规划布局、设施设备、服务功能等方面进行达标分析，撰写调查报告。

学习单元八　养老机构服务与管理制度

单元导读

济南市审计局公布了济南市 2013 ～ 2014 年养老服务业政策措施落实情况专项审计结果。审计发现，84 家养老公寓中，有 36 家养老公寓尚未取得养老机构许可证，属非法经营，78 家敬老院均未进行事业法人登记，无法取得养老机构设立许可证，不利于养老服务转型。通过抽查发现，有 6 家无法享受居民用水用电价格优惠，有 18 家没能纳入集中供热管网，部分养老公寓采取燃煤锅炉方式取暖，不符合现行的城市环保要求。此外，审计过程中还发现了政府财政资金结余较大，部分资金拨付不规范、不到位，影响扶持效果等问题。

学习目标

知识目标

1. 掌握我国养老机构设立许可的条件。
2. 了解我国养老机构设立许可和登记的程序。
3. 了解我国养老机构财政和融资政策。
4. 掌握我国养老机构的税费减免政策。
5. 掌握我国养老设施用地的相关规定。
6. 掌握我国养老机构服务与管理标准的相关要求。

技能目标

1. 能够进行养老机构设立许可和登记。
2. 能够准确地应用养老机构相关政策。
3. 能够在养老机构服务与管理中贯彻标准化要求。
4. 能够对养老机构的服务与管理进行制度化反思。

素质目标

1. 增强养老机构管理中的法律意识。
2. 维护老年人的合法权益。

模块一　养老机构设立许可及登记

学习情境

李强，一个帅气、有爱心、上进的“90 后”，2012 年毕业于北京社会管理职业学院老年服务与管理专业。三年的学习，让他爱上了养老专业，毕业后他进入一家养老机构，从护理员做起，一点一滴，兢兢业业，逐渐成长为这家机构的中层管理人员。机构里面的老人们都很喜欢这个面带微笑、朝气蓬勃的小伙子。创办一家属于自己的养老机构是他毕业时就给自己设立的目标。这几年的工作，让他在养老服务方面积累了大量的工作经验。目前，他已经拥有了相关的资源和储备，希望能够实现自己毕业时的创业梦想，开设一家养老机构。

情境分析

当前越来越多的老年人选择养老机构安度他们的晚年。为了能够向老年人提供更优质的服务，进一步规范养老服务，养老机构法律法规纷纷出台。很多人都想开设一家有自己服务理念的养老机构，更好地为老年人服务，可是对养老机构如何成立、需要哪些条件、做什么准备、享受哪些优惠，却一无所知。以李强为例，有着很好的专业背景，有着丰富的实践经验，可是想要开设一家养老机构，他面临的首要问题就是要了解养老机构设立的基本程序。

相关知识

养老服务业与其他服务业相比具有明显的不同，其服务对象是老年人群体，服务内容涉及老年人所需要的生活照料、医疗保健、康复护理、精神慰藉和文体娱乐等各个方面，涵盖老年人群体日常生活中的各种需求。因此，针对养老机构的法律监管尤为重要。为使每一位老年人安享晚年生活，从养老机构的审批设立开始，到服务标准的监督核查，每一个环节都离不开法律法规的制度保障。

一、养老机构的基本概念及分类

养老机构是指专门为老年人提供集中居住和照料服务的机构，主要包括老年社会福利院、敬老院、老年公寓等。养老机构主要包括以下几类：

1. 老年社会福利院

老年社会福利院是指由国家出资举办、管理的专为接待三无老人（即无法定扶养义务人或者虽有法定扶养义务人，但是扶养义务人无扶养能力的老年人；无劳动能力的老年人；无生活来源的老年人）安度晚年而设置的社会养老服务机构，设有生活起居、文化娱乐、康复训练和医疗保健等多项服务设施。

2. 敬老院

敬老院是在农村乡镇村设置的供养三无老人、五保老人和接待社会上的老年人安度晚年的社会养老服务机构，设有生活起居、文化娱乐、康复训练和医疗保健等多项服务设施。

3. 老年公寓

老年公寓是专供老年人集中居住，符合老年人体能心态特征的公寓式老年住宅，具备餐饮、清洁卫生、文化娱乐和医疗保健等多项服务设施。

4. 养老院或老人院

养老院或老人院是指专为接待自理老人或综合接待自理老人、介助老人、介护老人安度晚年而设置的社会养老服务机构，设有生活起居、文化娱乐、康复训练、医疗保健等多项服务设施。

5. 护老院

护老院是指专为接待介助老人安度晚年而设置的社会养老服务机构，设有生活起居、文化娱乐、康复训练、医疗保健等多项服务设施。

6. 护养院

护养院是指专为接待介护老人安度晚年而设置的社会养老服务机构，设有起居生活、文化娱乐、康复训练、医疗保健等多项服务设施。

二、养老机构的设立

《养老机构设立许可办法》（以下简称《办法》）经2013年6月27日民政部部务会议通过，2013年6月28日民政部令第48号公布。《办法》分总则、条件和程序、许可管理、监督检查、法律责任、附则六章三十一条，自2013年7月1日起施行。

《办法》旨在规范养老机构设立许可，促进养老机构健康发展。《办法》适用于养老机构设立许可的申请、受理、审查、决定和监督检查。国务院民政部门负责全国养老机构设立许可工作。县级以上地方人民政府民政部门负责本行政区域内养老机构设立许可工作。养老机构设立许可，应当遵循公开、公平、公正的原则。

（一）养老机构设立条件

养老机构设立许可是指养老机构设立人根据法律法规的规定，向民政部门提出申请，民政部门经依法审查，通过颁发许可证的方式赋予设立人开办养老机构的行政行为。

《办法》第六条中明确规定，设立养老机构，应当符合下列条件：①有名称、住所、机构章程和管理制度；②有符合养老机构相关规范和技术标准，符合国家环境保护、消防安全、卫生防疫等要求的基本生活用房、设施设备和活动场地；③有与开展服务相适应的管理人员、专业技术人员和服务人员；④有与服务内容和规模相适应的资金；⑤床位数在10张以上；⑥法律、法规规定的其他条件。

（二）申请人条件

依法成立的组织或者具有完全民事行为能力的自然人可以向养老机构住所地县级以上人民政府民政部门申请设立养老机构。

县、不设区的市、直辖市的区人民政府民政部门实施本行政区域内养老机构的设立许可。设区的市人民政府民政部门实施住所在市辖区的养老机构的设立许可。设区的市人民政府民政部门可以委托市辖区人民政府民政部门实施许可。

（三）养老机构设立申请需要的材料

申请设立养老机构，应当向许可机关提交下列文件、资料：①设立申请书；②申请人、拟任法定代表人或者主要负责人的资格证明文件；③符合登记规定的机构名称、章程和管理制度；④建设单位的竣工验收合格证明，卫生防疫、环境保护部门的验收报告或者审查意见，以及公安消防部门出具的建设工程消防设计审核、消防验收合格意见，或者消防备案凭证；⑤服务场所的自有产权证明或者房屋租赁合同；⑥管理人员、专业技术人员、服务人员的名单、身份证明文件和健康状况证明；⑦资金来源证明文件、验资证明和资产评估报告；⑧依照法律、法规、规章的规定，需要提供的其他材料。

根据2015年5月5日民政部令第55号《民政部关于修改部分规章的决定》，删除《办法》第十二条第（七）项“资金来源证明文件、验资证明和资产评估报告”；在第十二条增加一款作为第二款，表述为：“申请设立经营性养老机构的，还应当提供营业执照及复印件。”

（四）养老机构设立许可程序

1. 受理

办理许可工作人员在收到申请人提交的申请材料后，应当根据下列情况分别做出处理：①申请事项依法不需要取得设立许可的，应当即时告之申请人不受理，并向其出具《行政许可申请不予受理决定书》；②申请事项不属于本部门职权范围的，应当即时做出不予受理的决定，向申请人出具《行政许可申请不予受理决定书》，并告知其向有关行政机关申请；③申请材料存在文字、计算等可以当场更正的错误的，应当告知申请人当场更正，并让其在更正处确认；④申请材料不齐全或者不符合法定形式的，应当场或者在5个工作日内做出《行政许可申请材料补正通知书》，一次告知申请人需要补正的全部内容。逾期不告知的，自收到申请材料之日起即为受理；⑤申请事项属于本部门职权范围，申请材料齐全、符合法定形式或者申请人依照本部门要求提交补正材料的，应当受理许可申请，向申请人出具《行政许可申请受理决定书》，同时填写《行政许可申请材料登记表》，将收到许可申请时间、申请人、申请事项、提交材料情况等记录在案。《行政许可申请材料登记表》一式两份，在申请人和受理人签字后，一份交申请人，另一份留民政部门存档备查。

受理人出具的上述书面凭证，应当加盖本民政部门专用印章，并注明日期。

2. 审查

民政部门应当自受理设立申请之日起20个工作日内，对申请人提交的文件、材料进行书面审查并实地查验。符合条件的，颁发养老机构设立许可证；不符合条件的，应当书面通知申请人并说明理由。实地查验时，民政部门应当派2名以上工作人员进行核查，并制作现场检查笔录或者询问笔录，笔录应当经被检查人核对无误后签名或盖章。提交的书面文件、材料审查情况应与实地查验结果一致。

3. 决定

民政部门应对审查结果做出决定：①申请人的申请文件、材料符合规定条件、标准的，民政部门应当依法做出准予行政许可的书面决定，并制作载明决定时间和加盖本民政部门印章的《养老机构设立许可证》；②申请人的申请文件、材料不符合规定条件、标准的，民政部门应当依法做出不予行政许可的书面决定；③行政许可决定依法做出即具有法律效力，民政部门不得擅自改变已经生效的行政许可。

自受理起20个工作日内不能做出决定的，经本民政部门负责人批准，可以延长10个工作日，并向申请人告知延长期限的理由。

4. 文书送达和材料归档

文书送达和材料归档应注意以下事项：①准予行政许可的，10个工作日内送达申请人准予行政许可的书面决定和《养老机构设立许可证》；②不予行政许可的，10个工作日内送达申请人不予行政许可的书面决定，说明理由，同时告知申请人享有的依法申请行政复议或者行政诉讼的权利，并依申请人意愿，退还申请人申请材料；③将许可程序中形成的文书材料按要求归档。

5. 备案

申办者取得《养老机构设立许可证》60日内，应向当地民政部门提供材料备案。

（五）设立许可证

设立许可证应当载明机构名称、住所、法定代表人或者主要负责人、服务范围、有效期限等事项。设立许可证分为正本和副本，正本和副本具有同等的法律效力。设立许可证的式样由国务院民政部门统一规定。

设立许可证有效期为5年。设立许可证有效期届满30日前，养老机构应当持设立许可证、登记证书副本、养老服务提供情况报告到原许可机关申请换发许可证。许可机关应当在有效期限届满前按照设立条件做出是否准予延续的决定，逾期未做决定的，视为准予延续。养老机构设立分支机构，到分支机构住所地的县级以上人民政府民政部门办理申请设立许可手续。

（六）养老机构许可的变更与注销

养老机构变更名称、法定代表人或者主要负责人、服务范围的，应当到原许可机关办理变更手续。养老机构变更住所的，应当重新办理申请设立许可手续。养老机构自行解散，或者无法继续提供服务的，应当终止，并将设立许可证交回原许可机关，办理注销手续。

许可机关应当建立健全养老机构设立许可信息管理制度，及时公布养老机构设立许可相关信息。许可机关依法对养老机构的名称、住所、法定代表人或者主要负责人、服务范围等设立许可证载明事项的变化情况进行监督检查，养老机构应当接受和配合监督检查。许可机关实施养老机构设立许可和对有关事项进行监督检查，不得收取任何费用。

1. 撤销许可

有下列情形之一的，许可机关或者其上级机关，根据利害关系人的请求或者依据职权，可以撤销许可：①许可机关工作人员滥用职权、玩忽职守，做出准予许可决定的；②超越法定职权做出准予许可决定的；③违反法定程序做出准予许可决定的；④对不符合法定条件的养老机构准予许可的；⑤依法可以撤销许可的其他情形。许可机关发现养老机构以欺骗、贿赂等不正当手段取得许可的，应当予以撤销。许可机关依法撤销许可后，应当告知相关登记管理机关。

2. 注销许可

养老机构有下列情形之一的，许可机关应当注销许可，并予以公告：①设立许可证有效期届满未延续的；②养老机构依法终止的；③许可被依法撤销、撤回的；④被登记管理机关依法吊销登记证书的；⑤因不可抗力导致许可事项无法实施的；⑥法律、法规规定的应当注销许可的其他情形。许可机关依法注销许可后，应当告知相关登记管理机关。

三、养老机构的登记管理

养老机构设立登记是指养老机构设立人依据法律法规的规定，向特定的主管机关申请设立，并由该机关审核并进行登记的一系列法律行为。养老机构应当取得许可并依法登记。未获得许可和依法登记前，养老机构不得以任何名义收取费用、收住老年人。目前我国的养老机构设立登记可以分为非营利性养老机构登记和营利性养老机构登记两类。

（一）非营利性养老机构登记

按照1998年10月25日起施行的《民办非企业单位登记管理暂行条例》的规定，民办非企业单位应当遵守《宪法》、法律、法规和国家政策，不得反对《宪法》确定的基本原则，不得危害国家的统一、安全和民族的团结，不得损害国家利益、社会公共利益以及其他社会组织和公民的合法权益，不得违背社会道德风尚。民办非企业单位不得从事营利性经营活动。国务院民政部门和县级以上地方各级人民政府民政部门是本级人民政府的民办非企业单位登记管理机关（以下简称登记管理机关）。国务院有关部门和县级以上地方各级人民政府的有关部门、国务院或者县级以上地方各级人民政府授权的组织，是有关行业、业务范围内民办非企业单位的业务主管单位（以下简称业务主管单位）。

1. 民办非企业单位设立登记

（1）申请登记民办非企业单位，应当具备下列条件：①经业务主管单位审查同意；②有规范的名称、必要的组织机构；③有与其业务活动相适应的从业人员；④有与其业务活动相适应的合法财产；⑤有必要的场所。民办非企业单位的名称应当符合国务院民政部门的规定，不得冠以“中国”“全国”“中华”等字样。

（2）申请民办非企业单位登记，举办者应当向登记管理机关提交下列文件：①登记申请；②业务主管单位的批准文件；③场所使用权证明；④验资报告；⑤拟任负责人的基本情况、身份证明；⑥章程草案。

（3）民办非企业单位的章程应当包括下列事项：①名称、住所；②宗旨和业务范围；③组织管理制度；④法定代表人或者负责人的产生、罢免程序；⑤资产管理和使用的原则；⑥章程的修改程序；⑦终止程序和终止后资产的处理；⑧需要由章程规定的其他事项。

（4）登记管理机关应当自收到成立登记申请的全部有效文件之日起60日内做出准予登记或者不予登记的决定。

有下列情形之一的，登记管理机关不予登记，并向申请人说明理由：①有根据证明申请登记的民办非企业单位的宗旨、业务范围不符合《民办非企业单位登记管理暂行条例》第四条规定的；②在申请成立时弄虚作假的；③在同一行政区域内已有业务范围相同或者相似的民办非企业单位，没有必要成立的；④拟任负责人正在或者曾经受到剥夺政治权利的刑事处罚，或者不具有完全民事行为能力的；⑤有法律、行政法规禁止的其他情形的。

准予登记的民办非企业单位，由登记管理机关登记民办非企业单位的名称、住所、宗旨和业务范围、法定代表人或者负责人、开办资金、业务主管单位，并根据其依法承担民事责任的方式不同，分别发给《民办非企业单位（法人）登记证书》《民办非企业单位（合伙）登记证书》《民办非企业单位（个体）登记证书》。

依照法律、其他行政法规的规定，经有关主管部门依法审核或者登记，已经取得相应的执业许可证书的民办非企业单位，登记管理机关应当简化登记手续，凭有关主管部门出具的执业许可证明文件，发给相应的民办非企业单位登记证书。民办非企业单位不得设立分支机构。民办非企业单位凭登记证书申请刻制印章，开立银行账户。民办非企业单位应当将印章式样、银行账号报登记管理机关备案。

2. 变更登记和注销登记

民办非企业单位的登记事项需要变更的，应当自业务主管单位审查同意之日起30日内，向登记管理机关申请变更登记。民办非企业单位修改章程的，应当自业务主管单位审查同意之日起30日内，报登记管理机关核准。民办非企业单位自行解散、分立、合并的，或者由于其他原因需要注销登记的，应当向登记管理机关办理注销登记。

民办非企业单位法定代表人或者负责人应当自完成清算之日起15日内，向登记管理机关办理注销登记。办理注销登记，须提交注销登记申请书、业务主管单位的审查文件和清算报告。登记管理机关准予注销登记的，发给注销证明文件，收缴登记证书、印章和财务凭证。民办非企业单位成立、注销以及变更名称、住所、法定代表人或者负责人，由登记管理机关予以公告。

3. 监督管理

登记管理机关履行下列监督管理职责：①负责民办非企业单位的成立、变更、注销登记；②对民办非企业单位实施年度检查；③对民办非企业单位违反《民办非企业单位登记管理暂行条例》的问题进行监督检查，对民办非企业单位违反《民办非企业单位登记管理暂行条例》的行为给予行政处罚。

业务主管单位履行下列监督管理职责：①负责民办非企业单位成立、变更、注销登记前的审查；

②监督、指导民办非企业单位遵守《宪法》、法律、法规和国家政策，按照章程开展活动；③负责民办非企业单位年度检查的初审；④协助登记管理机关和其他有关部门查处民办非企业单位的违法行为；⑤会同有关机关指导民办非企业单位的清算事宜。业务主管单位履行前述规定的职责，不得向民办非企业单位收取费用。

（二）营利性养老机构登记

营利性养老机构要到工商部门，按照相关企业登记管理条例的要求进行登记。依法设立的公司，由公司登记机关发给《企业法人营业执照》。公司营业执照签发日期为公司成立日期。公司凭公司登记机关核发的《企业法人营业执照》刻制印章，开立银行账户，申请纳税登记。

1. 登记管辖

（1）国家工商行政管理总局负责下列公司的登记：①国务院国有资产监督管理机构履行出资人职责的公司以及该公司投资设立并持有 50% 以上股份的公司；②外商投资的公司；③依照法律、行政法规或者国务院决定的规定，应当由国家工商行政管理总局登记的公司；④国家工商行政管理总局规定应当由其登记的其他公司。

（2）省、自治区、直辖市工商行政管理局负责本辖区内下列公司的登记：①省、自治区、直辖市人民政府国有资产监督管理机构履行出资人职责的公司以及该公司投资设立并持有 50% 以上股份的公司；②省、自治区、直辖市工商行政管理局规定由其登记的自然人投资设立的公司；③依照法律、行政法规或者国务院决定的规定，应当由省、自治区、直辖市工商行政管理局登记的公司；④国家工商行政管理总局授权登记的其他公司。

（3）设区的市（地区）工商行政管理局、县工商行政管理局，以及直辖市的工商行政管理分局、设区的市工商行政管理局的区分局，负责本辖区内下列公司的登记：①上述（1）和（2）所列公司以外的其他公司；②国家工商行政管理总局和省、自治区、直辖市工商行政管理局授权登记的公司。前述规定的具体登记管辖由省、自治区、直辖市工商行政管理局规定。但是，其中的股份有限公司由设区的市（地区）工商行政管理局负责登记。

2. 登记事项

登记事项包括：①名称；②住所；③法定代表人姓名；④注册资本；⑤实收资本；⑥公司类型；⑦经营范围；⑧营业期限；⑨有限责任公司股东或者股份有限公司发起人的姓名或者名称；⑩认缴和实缴的出资额、出资时间、出资方式。

3. 设立登记

设立公司应当申请名称预先核准。法律、行政法规或者国务院决定规定设立公司必须报经批准，或者公司经营范围中属于法律、行政法规或者国务院决定规定在登记前须经批准的项目的，应当在报送批准前办理公司名称预先核准，并以公司登记机关核准的公司名称报送批准。

（1）有限责任公司。设立有限责任公司，应当由全体股东指定的代表或者共同委托的代理人向公司登记机关申请名称预先核准。

申请设立有限责任公司，应当向公司登记机关提交下列文件：①公司法定代表人签署的设立登记申请书；②全体股东指定代表或者共同委托代理人的证明；③公司章程；④依法设立的验资机构出具的验资证明，法律、行政法规另有规定的除外；⑤股东首次出资是非货币财产的，应当在公司设立登记时提交已办理其财产权转移手续的证明文件；⑥股东的主体资格证明或者自然人身份证明；⑦载明公司董事、监事、经理的姓名、住所的文件以及有关委派、选举或者聘用的证明；⑧公司法定代表人任职文件和身份证明；⑨企业名称预先核准通知书；⑩公司住所证明；⑪国家工商行政管理总局规定要求提交的其他文件。

（2）股份有限公司。设立股份有限公司，应当由全体发起人指定的代表或者共同委托的代理人向公司登记机关申请名称预先核准。

设立股份有限公司，应当由董事会向公司登记机关申请设立登记。以募集方式设立股份有限公司的，应当于创立大会结束后30日内向公司登记机关申请设立登记。

申请设立股份有限公司，应当向公司登记机关提交下列文件：①公司法定代表人签署的设立登记申请书；②董事会指定代表或者共同委托代理人的证明；③公司章程；④依法设立的验资机构出具的验资证明；⑤发起人首次出资是非货币财产的，应当在公司设立登记时提交已办理其财产权转移手续的证明文件；⑥发起人的主体资格证明或者自然人身份证明；⑦载明公司董事、监事、经理姓名、住所的文件以及有关委派、选举或者聘用的证明；⑧公司法定代表人任职文件和身份证明；⑨企业名称预先核准通知书；⑩公司住所证明；⑪国家工商行政管理总局规定要求提交的其他文件。

以募集方式设立股份有限公司的，还应当提交创立大会的会议记录；以募集方式设立股份有限公司公开发行股票的，还应当提交国务院证券监督管理机构的核准文件。法律、行政法规或者国务院决定规定设立股份有限公司必须报经批准的，还应当提交有关批准文件。

4. 注销登记

公司解散，依法应当清算的，清算组应当自成立之日起10日内将清算组成员、清算组负责人名单向公司登记机关备案。

有下列情形之一的，公司清算组应当自公司清算结束之日起30日内向原公司登记机关申请注销登记：①公司被依法宣告破产；②公司章程规定的营业期限届满或者公司章程规定的其他解散事由出现，但公司通过修改公司章程而存续的除外；③股东会、股东大会决议解散或者一人有限责任公司的股东、外商投资的公司董事会决议解散；④依法被吊销营业执照、责令关闭或者被撤销；⑤人民法院依法予以解散；⑥法律、行政法规规定的其他解散情形。

公司申请注销登记，应当提交下列文件：①公司清算组负责人签署的注销登记申请书；②人民法院的破产裁定、解散裁判文书，公司依照《中华人民共和国公司法》做出的决议或者决定，行政机关责令关闭或者公司被撤销的文件；③股东会、股东大会、一人有限责任公司的股东、外商投资的公司董事会或者人民法院、公司批准机关备案、确认的清算报告；④《企业法人营业执照》；⑤法律、行政法规规定应当提交的其他文件。

国有独资公司申请注销登记，还应当提交国有资产监督管理机构的决定，其中，国务院确定的重要的国有独资公司，还应当提交本级人民政府的批准文件。有分公司的公司申请注销登记，还应当提交分公司的注销登记证明。经公司登记机关注销登记，公司终止。

5. 登记程序

申请公司、分公司登记，申请人可以到公司登记机关提交申请，也可以通过信函、电报、电传、传真、电子数据交换和电子邮件等方式提出申请。通过电报、电传、传真、电子数据交换和电子邮件等方式提出申请的，应当提供申请人的联系方式以及通信地址。

公司登记机关应当根据下列情况分别做出是否受理的决定：①申请文件、材料齐全，符合法定形式的，或者申请人按照公司登记机关的要求提交全部补正申请文件、材料的，应当决定予以受理。

②申请文件、材料齐全，符合法定形式，但公司登记机关认为申请文件、材料需要核实的，应当决定予以受理，同时书面告知申请人需要核实的事项、理由以及时间。③申请文件、材料存在可以当场更正的错误的，应当允许申请人当场予以更正，由申请人在更正处签名或者盖章，注明更正日期；经确认申请文件、材料齐全，符合法定形式的，应当决定予以受理。④申请文件、材料不齐全或者不符合法定形式的，应当当场或者在5日内一次告知申请人需要补正的全部内容；当场告知时，应当将申请文件、材料退回申请人；属于5日内告知的，应当收取申请文件、材料并出具收到申请文件、材料的凭据，逾期不告知的，自收到申请文件、材料之日起即为受理。⑤不属于公司登记范畴或者不属于本机关登记管辖范围的事项，应当即时决定不予受理，并告知申请人向有关行政机关申请。

公司登记机关对通过信函、电报、电传、传真、电子数据交换和电子邮件等方式提出申请的，应当自收到申请文件、材料之日起5日内做出是否受理的决定。

公司登记机关决定予以受理的，应当出具《受理通知书》；决定不予受理的，应当出具《不予受理通知书》，说明不予受理的理由，并告知申请人享有依法申请行政复议或者提起行政诉讼的权利。

公司登记机关对决定予以受理的登记申请，应当分别情况在规定的期限内做出是否准予登记的决定：①对申请人到公司登记机关提出的申请予以受理的，应当当场做出准予登记的决定。②对申请人通过信函方式提交的申请予以受理的，应当自受理之日起15日内做出准予登记的决定。③通过电报、电传、传真、电子数据交换和电子邮件等方式提交申请的，申请人应当自收到《受理通知书》之日起15日内，提交与电报、电传、传真、电子数据交换和电子邮件等内容一致并符合法定形式的申请文件、材料原件；申请人到公司登记机关提交申请文件、材料原件的，应当当场做出准予登记的决定；申请人通过信函方式提交申请文件、材料原件的，应当自受理之日起15日内做出准予登记的决定。④公司登记机关自发出《受理通知书》之日起60日内，未收到申请文件、材料原件，或者申请文件、材料原件与公司登记机关所受理的申请文件、材料不一致的，应当做出不予登记的决定。

公司登记机关需要对申请文件、材料核实的，应当自受理之日起15日内做出是否准予登记的决定。吊销《企业法人营业执照》和《营业执照》的公告由公司登记机关发布。

情境反馈

本情境中，李强有着丰富的实践经验和理论基础，在对养老事业的热情驱使下，准备创立一家养老机构，可是对于法律法规不是十分了解，不知如何入手。为进一步规范养老机构的服务与管理，为老年人提供更优质的服务，相关法律法规都有明确的规定。在条件具备的情况下，相关人员只要按照相应的法律法规规定，即可完成养老机构的设立许可和登记。随后，即可依法为老年人提供机构养老服务，让老年人颐养天年。法律法规是优质服务的制度保障。

知识链接

1.《养老机构设立许可办法》：http://www.mca.gov.cn/article/zwgk/fvfg/shflhshsw/201306/20130600480075.shtml。

2.《养老机构设立许可行政审批程序图示》：http://www.doc88.com/p-5415411058484.html。

案例分析

随着老龄化的形势日益突出，人们对于养老机构的需求也越来越强烈。济南市政府公告发布济南市 2013 ～ 2014 年养老服务业政策措施落实情况专项审计结果。从结果中看，虽然现在对养老有旺盛的需求，但现有养老公寓的床位利用率却并不高，经营状况不佳。审计中还发现，有 36 家养老公寓尚未取得养老机构许可证，面临非法经营的窘境。78 家敬老院均未进行事业法人登记，无法取得养老机构设立许可证，不利于养老服务转型。对审计指出的问题，济南市民政局积极协调消防等相关部门，对不达标的养老机构进行整改。继续与市机构编制委员会办公室协商，推进敬老院法人登记工作，为顺利取得养老机构设立许可证及成功转型奠定基础。

【分析】

《养老机构设立许可办法》和《养老机构管理办法》的颁布实施，是贯彻《老年人权益保障法》的具体体现，是对养老机构设立和管理的进一步规范。两个办法的出台，进一步强化了民政部门养老机构行业管理职责，全面规范了养老机构内部管理行为，切实保障了养老机构投资主体的合法权益。《老年人权益保障法》和两个配套办法的同步实施，是加快建设中国特色社会养老服务体系的重要成果，是推动养老机构健康有序发展的法制保证。依法加强养老机构设立许可管理能力建设，优化工作流程，认真做好许可的申请、受理、审查、决定等各个环节。只有依法对养老机构进行监督管理，按章办事，才能够保障每一位在养老机构颐养天年的老年人的合法利益。

模块二 养老机构财政和融资政策

学习情境

李强知道想投身养老行业为老年人提供优质的养老服务只有热情是不够的，要想成立一家养老院，还有很多问题需要解决。在了解了养老机构的设立许可和登记办法后，李强开始筹备养老院的建设。养老院的建设需要大量的资金，仅凭自己手中的现有资金无法满足建设的需要。他需要从其他渠道筹措资金。

情境分析

与西方发达国家不同，我国老龄化具有“未富先老”“未备先老”“孤独终老”等典型特征，养老将逐渐成为我国经济社会发展最突出、最严峻的矛盾和问题之一。国家应鼓励社会资本参与养老产业建设，全面放开养老服务市场，通过购买服务、股权合作等方式支持各类市场主体增加养老服务和产品供给，积极推广政府与社会资本合作模式，吸引社会资本参与投资、建设和运营。

相关知识

国务院 35 号文明确指出要进一步完善养老机构的投融资政策。要通过完善扶持政策，吸引更多民间资本，培育和扶持养老服务机构和企业发展。

国务院35号文对未来养老服务业的发展做出了全面部署，提出要全面建成功能完善、规模适度、覆盖城乡的养老服务体系，以及养老服务产品更加丰富、市场机制不断完善、养老服务业持续健康发展的目标。国务院有关部门出台了若干配套文件，提出了明确的发展支持举措，多措并举助力养老服务业又好又快发展。例如，在鼓励社会力量参与方面，民政部、国家发改委等部门出台了《关于鼓励民间资本参与养老服务业发展的实施意见》。在价格政策方面，国家发改委出台了《关于规范养老机构服务收费管理促进养老服务业健康发展的指导意见》。在创新投融资方面，国家发改委出台了《养老产业专项债券发行指引》。中国人民银行、民政部、中国银监会、中国证券监督管理委员会（以下简称中国证监会）、中国保险监督管理委员会（以下简称中国保监会）等部委联合发布的《关于金融支持养老服务业加快发展的指导意见》指出，到2025年，要基本建成覆盖广泛、种类齐全、功能完备、服务高效、安全稳健，与我国人口老龄化进程相适应，符合小康社会要求的金融服务体系。

一、政府补贴

养老机构建设补贴是指政府对新建、改扩建养老机构给予的专项建设资金支持。《关于加快实现社会福利社会化的意见》（国办发〔2000〕19号）中指出，制定优惠政策，引导社会力量积极参与社会福利事业。对社会力量投资创办社会福利机构，各级政府及有关部门应给予政策上的扶持和优惠。对社会福利机构的用电按当地最优惠价格收费，用水按居民生活用水价格收费；对社会福利机构使用电话等电信业务给予优惠和优先照顾。《关于鼓励和引导民间资本进入养老服务领域的实施意见》（民发〔2012〕129号）中明确规定，对民间资本举办的非营利性养老机构或服务设施提供养老服务，根据其投资额、建设规模、床位数、入住率和覆盖社区数、入户服务老人数等因素，给予一定的建设补贴或运营补贴。民间资本举办的各类养老机构或服务设施按有关规定，要与居民家庭用电、用水、用气、用热同价。

北京市人民政府办公厅《关于加快本市养老机构建设实施办法的通知》（京政办发2013号）中规定，对养老机构给予一次性建设资金支持。对新建、扩建具有护养功能的养老机构，由市政府固定资产投资给予每张新增床位2.5万元的支持；对新建、扩建普通功能的养老机构，由市政府固定资产投资给予每张新增床位2万元的支持。区（县）政府固定资产投资按1:1比例配套。对利用自有其他用途设施进行改建，且符合养老机构建设用地条件的社会办非营利性养老机构，按照改建投资总额的30%由市政府固定资产投资予以补助（按床位折算，每张床位补助最高不超过2万元）。区（县）政府固定资产投资按1:1比例配套。但租用他人现有设施改造成养老机构的，不在建设资金支持范围内。

提高对社会资本投资建设非营利性养老机构的运营补贴标准。对社会资本投资建设的非营利性养老机构接收生活能够自理老年人的，补贴标准由原来的200元/（人·月）提高至300元/（人·月）；接收生活不能完全自理老年人的，补贴标准由原来的300元/（人·月）提高至500元/（人·月）。对因提高补贴标准而产生的财政支出增量部分，由市级和区（县）财政按照1:1比例负担，同时鼓励区（县）政府对属地床位给予额外补贴。由社会资本投资建设、实际承担集中养老服务职能的全托型社区托老所，运营期间享受同等政策。

二、银行贷款

《关于开发性金融支持社会养老服务体系建设的实施意见》本着“优势互补，促进发展”的原则，要求进一步合作加大对社会养老服务体系建设的支持。

（一）指导思想

运用开发性金融的理论和方法，充分依托民政部门的组织协调优势，推动形成“政府引导、金融支持、社会参与、市场运作”的社会养老服务发展体制机制，发挥开发性金融的资金引领作用，吸引民间资本投入，秉承养老普惠的理念，共同引领以居家为基础、社区为依托、机构为支撑的社会养老服务体系建设。

（二）支持重点

申请国家开发银行贷款支持的养老项目，应通过民政部门推荐或认可。重点支持下列五个方面的项目：

1. 社区居家养老服务设施建设项目

社区居家养老服务设施建设项目主要包括城市社区日间照料中心、老年食堂、老年活动中心和养老服务信息平台；其他为改善老年人居住条件和生活环境的便利化社区养老服务设施。此类项目以市、县（区）为单位，实施整体融资支持。

2. 居家养老服务网络建设项目

居家养老服务网络建设项目主要包括支持为老年人上门提供助餐、助浴、助洁、助急、助医等涵盖生活照料、健康服务、文化娱乐、精神慰藉、法律咨询等服务的居家养老服务型小微企业以及各类规模化、连锁化、品牌化的组织发展，对于此类项目通过统贷方式批量化支持。

3. 养老机构建设项目

养老机构建设项目主要包括养老院、社会福利院、老年养护院、敬老院、养老社区等各类为老年人提供集中居住和照料等综合性服务的建筑及设施。

4. 养老服务人才培训基地建设项目

养老服务人才培训基地建设项目主要包括支持高等院校和职业院校增加养老服务相关专业和学科建设，培养相关专门人才；支持依托职业院校和养老机构开展养老服务培训实训基地建设，加强对相关人员的专业培训。

5. 养老产业相关项目

养老产业相关项目主要包括支持直接为老年人提供生活照料、健康服务、产品用品的企业。

（三）贷款条件

1. 借款人

借款人应为依法成立的实施社会养老服务体系建设的企（事）业法人及其他合格主体，具有清晰的产权关系和健全的治理结构，并具有与国家开发银行合作开展业务的相应资质。不同类型的借款人需满足相应行业的从业资质和条件。

2. 项目筹资

养老项目的资本金来源含政府补助资金、借款人自有资金和纳入项目总投资的借款人非货币资产等。资本金占比应不低于总投资的20%，不足部分可申请贷款；项目资本金应与贷款资金同比例到位。

3. 还款来源

公司融资的还款来源主要为公司自由现金流，包括但不限于借款人日常经营性收入、借款人自身拥有的资产变现产生的收益等。项目融资的还款来源主要为项目自由现金流，包含但不限于养老床位的租赁收入、各项养老服务的收费、配套商业设施的销售（或租赁）收入等。

4. 贷款利率和期限

贷款利率按照国家开发银行贷款定价模型进行测算。贷款期限根据项目偿债能力分析确定，最长不超过15年，宽限期应不超过项目建设期，且一般不超过3年。

5. 信用结构

充分利用借款人、担保人、项目自身、地方政府等相关利益方的有效资源构建信用结构，可采用资产抵押、保证担保、股权质押、收费权质押等合格担保方式。完善其他风险缓释措施，包括客户在国家开发银行建立监管账户等。

（四）操作流程及双方职责

1. 项目开发

民政部门和国家开发银行要共同建立广泛的项目入口机制，有贷款需求的借款人，可填写开发性金融支持养老服务项目申请表，说明项目建设内容、总投资额、拟申请贷款额度以及享受政府各项补贴和优惠情况等，并报民政部门提出意见。对符合国家政策和养老服务业发展方向、属于当地重点支持范围且可以纳入社会养老服务体系融资范围的养老项目，当地民政部门要予以支持，并积极向国家开发银行各分行推荐。

2. 评审及审批

国家开发银行对具备评审条件的项目，按照工作流程纳入评审计划、完成评审工作和审批程序，及时将审批结果反馈民政部门，并给予业务指导。民政部门对项目评审提供政策指导，协助国家开发银行判断当地养老市场现状和趋势，必要时共同对部分项目现场调研，并积极争取相关优惠政策。

3. 信贷管理

国家开发银行审批通过的项目，按照工作规程进行合同签订、贷款发放与支付、本息回收、贷款管理等工作。民政部门在贷款发放后对项目实施提供后续跟踪指导，同时推动落实相关优惠政策。

（五）合作机制

民政部和国家开发银行建立开发性金融支持社会化养老服务体系建设工作联动机制。民政部社会福利和慈善事业促进司与国家开发银行评审三局作为对口联系部门，负责具体事务和工作联络，建立信息共享和沟通协调机制，联合开展项目调研和课题研究工作，协商解决合作中遇到的问题。民政部和国家开发银行要不定期召开工作协调会，确定近期工作计划和方案，沟通信息，监督合作项目的执行情况，协调解决合作中出现的重大问题。各地民政部门和国家开发银行各分行可根据实际情况，建立相应的工作机制，深化双方的合作，从规划合作入手，推动区域内养老领域的投融资体系完善和融资模式创新。民政部门要及时将社会养老服务体系建设相关政策、发展情况以及有关重大事项向国家开发银行通报；国家开发银行要定期将开发性金融支持社会养老服务体系建设情况及本行相关业务情况向民政部通报。

三、老年人住房反向抵押养老保险

国务院35号文明确提出开展老年人住房反向抵押养老保险试点。2014年6月17日，中国保监会发布《中国保监会关于开展老年人住房反向抵押养老保险试点的指导意见》，选择北京、上海、广州、武汉四个城市作为试点城市。试点期间自2014年7月1日起至2016年6月30日止。2016年7月15日中国保监会印发《关于延长老年人住房反向抵押养老保险试点期间并扩大试点范围的通知》，将试点期间延长至2018年6月30日，并将试点范围扩大至各直辖市、省会城市（自治区首府）、计划单列市，以及江苏省、浙江省、山东省、广东省的部分地级市。

老年人住房反向抵押养老保险，是一种将住房抵押与终身年金保险相结合的创新型商业养老保险业务，即拥有房屋完全产权的老年人，将其房产抵押给保险公司，继续拥有房屋占有、使用、收益和经抵押权人同意的处置权，并按照约定条件领取养老金直至身故；老人身故后，保险公司获得抵押房产处置权，处置所得将优先用于偿付养老保险相关费用。投保人群为60周岁以上拥有房屋完全独立产权的老年人。

四、养老机构责任保险

养老机构责任保险是指在政府引导下，养老机构根据保险公司的保险方案自愿投保，在发生责任事故时由保险公司负责理赔的养老服务风险分担机制，具有公益性。中国保监会、全国老龄办、民政部发布的《关于推进养老机构责任保险工作的指导意见》（民发〔2014〕47号）指出，推进养老机构责任保险工作，是构建养老服务业风险分担机制的重要内容，是提升养老机构责任意识和风险意识，强化养老机构内部管理，降低运营风险，维护老年人合法权益的重要手段，是加强服务环境建设，做好养老机构责任事故善后处理，维护社会和谐稳定大局的重要保障。

五、养老服务债券

2015年，国家发改委办公厅印发了《养老产业专项债券发行指引》（发改办财金〔2015〕817号），对养老产业专项债券的发行做出了指引。

债券是一种金融契约，是政府、金融机构、工商企业等直接向社会借债筹措资金时，向投资者发行，同时承诺按一定利率支付利息并按约定条件偿还本金的债权债务凭证。养老产业专项债券是指养老服务企业为专门为老年人提供生活照料、康复护理等服务的营利性或非营利性养老项目而发行的，用于建设养老服务设施设备和提供养老服务的专项债券。

情境反馈

加快发展养老服务业，积极应对人口老龄化，已成为我国主动适应经济发展新常态和全面建成小康社会的一项紧迫任务。资金问题的解决，扫清了养老机构负责人的后顾之忧。新的建设模式，新的资金组合方式，多方合力共同助力养老产业。

知识链接

1. 胡丽丽，《四部委联合推动养老业融资多元化》：http://news.focus.cn/rizhao/2016-03-22/10769816.html。

2. 鸣涧，《“政策热、市场冷”“以房养老”单靠市场还不够》：http://liaocheng.sdchina.com/show/3692170.html。

案例分析

冯女士有桩烦心事儿，“在北京为老人找一家合适的养老院真难”。她的父亲年逾八旬，需要人看护照料。因为价钱相对便宜，她想把老人安顿到公办养老院，可问了一圈下来，有床位的养老院条件十分简陋，环境稍好的则需“排队等候”。广州的崔先生也有着同样的烦恼。无奈之下，他跑去民办养老院打探行情，结果很失望。“环境是好，但交通不便，收费更贵。”崔先生说，不少

养老院在入住时需先一次性交一笔钱，至少5 000元，再算上各类押金和按月算的床位、护理、伙食费，少说也要上万元，这还不包括以后每个月好几千元的开销，对于他这样的工薪家庭是笔不小的费用。“住不上”和“住不起”并存——这就是中国普通收入家庭寻找养老院时所遭遇的困境。

【分析】

目前我们面临养老服务体系不全、养老机构严重不足、养老服务设施严重落后等问题，现有的情况远远不能满足老年人的现实养老需要。养老服务业是一个投资周期长、前期投入大、盈利能力不太强的行业。对于养老服务主体的金融支持，面临一些法律法规的障碍，包括《中华人民共和国物权法》对公益机构贷款的资格、房产抵押的条件等都有一些限定，这些都导致养老服务发展困难。政府、金融机构、民营企业和家庭作为出资主体，需在养老服务产业的建设中发挥各自最大的优势，积极促进养老服务产业的发展。

模块三 养老机构税费支持政策

学习情境

在筹备养老院的过程中，李强听说成立养老机构可以享受一定的税收优惠。这对于李强来说，绝对是个好消息。一家新成立的养老机构，可能存在资金不足、资金周转不善等问题，税收方面的优惠不仅能够暂时缓解资金的紧张，而且对于养老机构的负责人来说也是一种莫大的精神支持。可是如何才能享受税费的优惠政策？需要做哪些准备？自己是否有资格享受此项优惠？这些都有待李强进一步了解和学习。

情境分析

养老机构社会化，按照市场化的模式进行运营将成为未来我国养老机构改革的方向，公办养老机构面临着改革和转型。符合条件的非营利性养老机构可按规定免征企业所得税。对企事业单位、社会团体和个人向非营利性养老机构的捐赠，符合相关规定的，准予在计算其应纳税所得额时按税法规定比例扣除。

相关知识

各级政府要加大投入，安排财政性资金支持养老服务体系建设。金融机构要拓宽信贷抵押担保物范围，积极支持养老服务业的信贷需求。逐步放宽限制，鼓励和支持保险资金投资养老服务领域，开展老年人住房反向抵押养老保险试点。税费优惠政策方面，对养老机构提供的养护服务免征增值税，对非营利性养老机构自用房产、土地免征房产税、城镇土地使用税，对符合条件的非营利性养老机构按规定免征企业所得税。对企事业单位、社会团体和个人向非营利性养老机构的捐赠，符合规定的，准予在计算其应纳税所得额时按税法规定比例扣除。各地对非营利性养老机构建设要免征有关行政事业性收费，对营利性养老机构建设要减半征收有关行政事业性收费，对养老机构提供养老服务也要适当减免行政事业性收费，养老机构用电、用水、用气、用热按居民生活类价格执行。境内外资本举办养老机构享有同等的税收优惠政策。

一、养老服务机构增值税

自2016年5月1日起，我国营业税改征增值税试点改革推进到全面覆盖阶段，将生活服务业、建筑业、房地产业、金融业一并纳入。根据《财务部　国家税务总局关于全面推开营业税改征增值税试点的通知》（财税〔2016〕36号）文件附件3《营业税改征增值税试点过渡政策的规定》第一条第二款的规定，养老机构提供的养老服务免征增值税。

二、养老服务机构企业所得税

根据《中华人民共和国企业所得税法》（以下简称《企业所得税法》），在我国境内的企业和其他取得收入的组织为企业所得税的纳税人，应缴纳企业所得税。应纳税额即企业的应纳税所得额乘以适用税率，减除关于税收优惠规定减免和抵免的税额后的余额。为支持养老产业发展，国务院35号文规定，对符合条件的非营利性养老机构按规定免征企业所得税。对企事业单位、社会团体和个人向非营利性养老机构的捐赠，符合相关规定的，准予在计算其应纳税所得额时按税法规定比例扣除。

《企业所得税法》及其实施条例规定，企业发生的公益性捐赠支出，在年度利润总额12%以内的部分，准予在计算应纳税所得额时扣除。企业缴纳的基本养老保险、基本医疗保险和基本失业保险允许在企业所得税前扣除。《财政部　国家税务总局关于补充养老保险费、补充医疗保险费有关企业所得税政策问题的通知》（财税〔2009〕27号）规定，企业缴纳的补充养老保险和补充医疗保险分别在不超过职工工资总额5%标准内的部分，在计算应纳税所得额时准予扣除；超过的部分，不予扣除。

三、养老服务机构房产税、城镇土地使用税

国务院35号文规定，对非营利性养老机构自用房产、土地，免征房产税、城镇土地使用税。《财政部　国家税务总局关于补充养老保险费、补充医疗保险费有关企业所得税政策问题的通知》中规定，对政府部门和企事业单位、社会团体以及个人等社会力量投资兴办的福利性、非营利性的老年服务机构自用房产、土地的房产税、城镇土地使用税暂免征收。

四、养老服务机构的行政事业性收费

各地对非营利性养老机构建设要免征有关行政事业性收费，对营利性养老机构建设要减半征收有关行政事业性收费，对养老机构提供养老服务也要适当减免行政事业性收费，养老机构用电、用水、用气和用热按居民生活类价格执行。境内外资本举办养老机构享有同等的税收等优惠政策。

情境反馈

近年来，我国养老服务业快速发展，以居家为基础、社区为依托、机构为补充的养老服务体系初步建立。国家诸多税收优惠政策也立足于助推养老服务的发展，为社会养老服务注入了新的动力。各地对非营利性养老机构建设要免征有关行政事业性收费，对营利性的养老机构要减半征收，而且对养老机构提供养老服务也要适当减免行政事业性收费。制定和完善支持民间资本投资养老服务业的税费优惠政策，对社会力量进入兴办养老机构是一个很大的利好消息。

知识链接

1.《养老机构税收优惠政策》：http://china.findlaw.cn/jingjifa/zuixinqiyesuodeshuifa/shuishouyouhui/

xingyeyouhui/83851.html。

2. 秦婷，《国务院发文支持发展养老服务业，资金土地税费优惠多》：http://finance.takungpao.com/q/2013/0913/1903881.html。

案例分析

张会计所在的老年公寓在辖区内成立最早，服务周到，口碑最好，得到了附近居民的普遍认可。一传十，十传百，这几年慕名而来的老年人越来越多，其中不乏高级知识分子和退休干部。旧的设施和楼房已经无法满足现如今的需求了。因此老年公寓的领导准备对老公寓楼进行扩建，并新增部分床位，为入住的老年人提供更加舒适的养老环境，但又担心会产生不少税费以至于扩建成本较高。张会计怀着忐忑的心情来到地方税务局咨询："我们老年公寓想扩大规模，又怕扩大规模后老年公寓会有一些新增税负，请问税收上面有什么优惠政策扶持吗？"工作人员听闻上述情况后，向张会计介绍，根据税收相关政策的规定，对政府部门和企事业单位、社会团体以及个人等社会力量投资兴办的福利性、非营利性的老年服务机构，暂免征收自用房产、土地的房产税、城镇土地使用税。因此，只要老年公寓的非营利性质不变，其新建的自用房产、土地就不会额外增加税收负担。"谢谢，谢谢。"张会计兴高采烈地说，"有了税收优惠政策的支持，我就吃了定心丸，我这就跟领导汇报去。"

【分析】

除了上述房产税、城镇土地使用税的税收优惠政策外，根据企业所得税税前扣除的政策规定，对企业通过非营利性的社会团体和政府部门向福利性、非营利性的老年服务机构的公益性捐赠支出，在年度利润总额12%以内的部分，准予在计算应纳税所得额时扣除。而老年服务机构专门指为老年人提供生活照料、文化、护理、健身等多方面服务的福利性、非营利性的机构，包括老年社会福利院、敬老院（养老院）、老年服务中心、老年公寓（含老年护理院、康复中心、托老院）等。有了税费优惠政策，消除了许多企业老板的担心，纷纷表示一定积极支持民间慈善事业，特别是养老福利事业的发展，也希望自己的企业经营状况越来越好，能够为社会多做贡献。

模块四　养老设施用地政策

学习情境

在养老机构筹备期间，李强对于一家养老机构成立应具备的条件、应做的相应准备和可以享受的优惠政策等由开始的一无所知到现在的全部清晰。养老机构地理位置的选择非常重要，它直接关系到老年人的生活质量，也对养老机构的未来发展起到重要的影响作用。接下来，李强的主要任务就是选择一块合适的用地。

情境分析

目前，各类养老服务设施的建设用地需求十分旺盛，用地供需矛盾异常突出。一个公认的现状是，我国养老服务设施普遍存在用地难题。一些养老服务设施虽然地处城区，但由于用地限制，缺乏扩建或改造的余地，导致出现床位少、空间小、入驻需排队的现象，远远不能满足需求。另外，由于缺乏规划保障，许多养老服务设施不得不建在位置偏僻、交通不便的郊区，不同程度地存在入住率低、效益低等问题。民办养老服务设施基本上无法取得划拨用地，只能通过出让的方式获取，结果过高的地价使得大多数民间资本望而却步，严重影响了养老服务设施的供给。

相关知识

国务院35号文明确指出，将通过土地供应政策倾斜吸引更多的社会资金扶持养老产业发展。为贯彻落实该意见精神，国土资源部于2014年4月17日下发文件《养老服务设施用地指导意见》，在用地范围、土地用途和年期、供地计划、供地政策、鼓励租赁供地、分类用地监管、鼓励盘活存量用地、利用集体建设用地等方面分别做出了规定，从土地政策上大力支持养老服务业发展。

经养老主管部门认定的非营利性养老用地，可采取划拨方式供地；营利性养老用地，应以租赁、出让等有偿方式供地。为降低养老服务设施建设成本，要鼓励以租赁方式供地。同时，要鼓励养老服务机构利用存量建设用地从事养老设施建设。应将养老用地纳入国有建设用地供应计划。要加强养老用地监管，防范以养老名义“圈地”以及随意改变土地用途、分割转让等方式处置养老用地行为的发生。

一、用地范围

全国各地对养老用地的界定不够统一，不少地区将其与养老产业用地混为一谈。既有将老年酒店、宾馆、会所、商场、俱乐部等商业性设施占地列入养老用地的，也有将老年人旅游休闲度假服务区用地列入的，还有将部分老年人居住的商品住宅用地也视为养老用地的。因此，有必要规范引导养老服务设施用地适用范围，不能将其随意扩大化。老年酒店、宾馆、会所、商场、俱乐部等商业性设施和商品住宅用地纳入其中是不合适的，只有与老年人生活直接相关，专门为老年人提供生活照料、康复护理、托管等服务的房屋和场地设施占用的土地，方可确定为养老服务设施用地。

二、土地用途和最高年期

《土地利用现状分类》（GB/T 21010—2007）中没有“养老服务设施用地”名称，只在一级类“公共管理与公共服务用地”下有“医卫慈善用地”和“公共设施用地”二级类；国土资源部发布的《划拨用地目录》（国土资源部令第9号）规定，非营利性社会福利设施用地中包括老年人社会福利设施用地，与养老服务设施用地有关。《养老服务设施用地指导意见》明确：规划为公共管理用地、公共服务用地中的医卫慈善用地，可布局和安排养老服务设施用地，其他用地只能配套建设养老服务设施用房并分摊相应的土地面积。养老服务设施用地以出让方式供应的，建设用地使用权出让年限最高按50年确定。在办理供地手续和土地登记时，养老服务设施用地的土地用途应确定为医卫慈善用地。

按照人均用地不低于0.1m²的标准，依据规划要求，确定养老服务设施布局和建设标准，分区分级规划设置养老服务设施。凡新建城区和新建居住（小）区，必须按照《城市公共设施规划规范》《城镇老年人设施规划规范》《城市居住区规划设计规范》等标准要求配套建设养老服务设施，并与住宅同步规划、同步建设。

三、土地供应方式

依据营利性、非营利性的性质差异，养老服务设施用地可分别采取租赁、出让等有偿方式和划拨方式供地。经养老主管部门认定的非营利性养老服务设施用地可采取划拨方式供地；营利性养老用地应以租赁、出让等有偿方式供地。为降低营利性养老服务机构建设成本，各地可制定养老服务设施用地出租或先租后让供应的鼓励政策和租金标准，鼓励以租赁方式供地。以招标、拍卖或挂牌方式供应养老服务设施用地时，不得设置要求竞买人具备相应资质、资格等影响公平公正竞争的限制条件。房地产用地中配套建设养老服务设施的，可将养老服务设施的建设要求作为出让条件，但不得将养老服务机构的资格或资信等级等作为出让条件。

四、社区配建

国务院35号文要求，凡新建城区和新建居住（小）区，要按标准要求配建养老服务设施。《住房城乡建设部等部门关于加强养老服务设施规划建设工作的通知》（建标〔2014〕23号）中对新建城区和居住（小）区配建养老服务设施的人均用地标准及国土资源主管部门监管职责做了进一步明确。为此，《养老服务设施用地指导意见》对新建城区和居住（小）区按规定配建养老服务设施做了专门规定，要求其在土地供应时按规定配建养老服务设施。依据规划用途可以划分为不同宗地的，应当先行分割成不同的宗地，再按宗地供应；不能分宗的，应当明确养老服务设施用地、社区其他用途土地的面积比例和供应方式。

五、用地规模控制

在《养老服务设施用地指导意见》制定过程中，国土资源部利用土地市场监测监管系统对全国31个省（自知区、直辖市）涉及的养老用地供应情况进行了摸底梳理。分析结果显示：2007～2013年年底，全国涉及养老的土地供应中，80%多在5hm^{2}以下，75%以上在3hm^{2}以下，5hm^{2}以上的养老用地多涉及养老示范区（基地）、养老公寓、（国际、高档）养老社区（中心）、生态疗养、休闲旅游度假养老项目、养老中心、养生养老（商住、住宅）等房地产开发或养老产业方面内容。基于摸底和分析的结果，为防范以养老用地为名变相"圈地""囤地"或改变土地用途、容积率等土地使用条件搞房地产开发，《养老服务设施用地指导意见》规定，新建养老服务设施用地，依据规划单独办理供地手续的，其宗地面积原则上控制在3hm^{2}以下；有集中配建医疗、保健、康复等医卫设施的，不得超过5hm^2。

六、用地监管

35号文要求，严禁养老设施建设用地改变用途、容积率等土地使用条件搞房地产开发。在养老服务设施用地供应和利用环节，加强监管是关键。为了使土地支持政策落到实处，防范随意改变用途、分割转让等方式处置养老服务设施用地行为的发生，《养老服务设施用地指导意见》从5个方面明确提出了监管措施，即在核发国有建设用地划拨决定书、签订出让合同和租赁合同时，应当做出以下规定或者约定：在核发划拨决定书、签订出让合同和租赁合同时，应当规定或者约定建设用地使用权可以整体转让和转租，但不得分割转让和转租。在核发划拨决定书、签订出让合同和租赁合同时，应当规定或者约定不得改变规划确定的土地用途。改变用途用于住宅、商业等房地产开发的，由市、县国土资源管理部门依法收回建设用地使用权。在签订出让合同和租赁合同时，应当约定出让或租赁建设用地使用权可以设定抵押权；在核发划拨决定书时，应当约定划拨建设用地使用权不得单独设定抵押权，设定房地产抵押权的建设用地使用权是以划拨方式取得的，应当从拍卖所得的价款中缴纳相当于应缴纳的土地使用权出让金的款额后，抵押权人方可优先受偿。对养老用地内建设的老年公寓、宿舍等居住用房，可参照公共租赁住房套型建筑面积标准，限定在40m^{2}以内。向符合养老申请条件的老年人出租老年公寓、宿舍等居住用房的，出租服务合同应约定服务期限一次最长不能超过5年，期限届满，原承租人有优先承租权。

七、鼓励盘活存量用地

鼓励盘活存量用地的措施有：①对营利性养老服务机构利用存量建设用地从事养老设施建设，

涉及划拨建设用地使用权出让（租赁）或转让的，在原土地用途符合规划的前提下，可不改变土地用途，允许补缴土地出让金（租金），办理协议出让或租赁手续。②在符合规划的前提下在已建成的住宅小区内增加非营利性养老服务设施建筑面积的，可不增收土地价款；后续调整为营利性养老服务设施的，应补缴相应土地价款。③对企事业单位、个人对城镇现有空闲的厂房、学校、社区用房等进行改造和利用，兴办养老服务机构，经规划批准临时改变建筑使用功能从事非营利性养老服务，且连续经营 1 年以上的，5 年内可不增收土地年租金或土地收益差价，土地使用性质也可不作变更。

八、利用集体建设用地

《中华人民共和国土地管理法》第十条、第四十三条规定，兴办包括养老服务设施在内的乡（镇）村公益事业建设的，可以使用农民集体所有的土地。第六十一条对包括养老服务设施在内的乡（镇）村公益事业建设需要使用土地的情况，明确了土地的申请、审核、批准主体、程序、权限和条件。国务院 35 号文进一步明确，要“切实加强农村养老服务”，要求“依托行政村、较大自然村，充分利用农家大院等，建设日间照料中心、托老所、老年活动站等互助性养老服务设施”；“民间资本举办的非营利性养老机构与政府举办的养老机构享有相同的土地使用政策，可以依法使用国有划拨土地或者农民集体所有的土地”。依据上述法律政策，《养老服务设施用地指导意见》第九条规定：农村集体经济组织可依法使用本集体所有土地，为本集体经济组织内部成员兴办非营利性养老服务设施；民间资本举办的非营利性养老机构与政府举办的养老机构可以依法使用农民集体所有的土地。针对养老产业发展存在投资额大、资金回收期长、盈利考验等风险和土地政策缺失的掣肘，国土资源部的政策在一定程度上激发了民间资本活力。

情境反馈

土地供应政策上，各地要将各类养老服务设施建设用地纳入城镇土地利用总体规划和年度用地计划，可将闲置的公益性用地调整为养老服务用地。民间资本举办的非营利性养老机构与政府举办的养老机构享有相同的土地使用政策，可以依法使用国有划拨土地或者农民集体所有的土地。对营利性养老机构建设用地，按照国家对经营性用地依法办理有偿用地手续的规定，优先保障供应，并制定支持发展养老服务业的土地政策。

知识链接

1. 李晓哲、郝圆圆，《养老机构用地不得改变用途》：http://news.hexun.com/2013-01-01/149685880.html。

2. 《国土资源部出台＜养老服务设施用地指导意见＞》：http://house.people.com.cn/n/2014/0424/c164220-24937926.html。

案例分析

北京市 2015 年首宗养老设施用地竞拍成功。与 2013 年、2014 年北京市国土资源局（以下简称北京市国土局）推出的单一养老设施用地不同，该宗养老用地供应方式是“住宅用地＋机构养老设施用地＋限价商品住房用地”配建的混合用地模式。据了解，配建混合用地模式也将成为 2015 年养老用

地的主要供应方式。据悉，在2014年12月中旬，北京市国土局曾举办过一场较大规模的养老用地出让征求意见会，会上就混合配建用地模式进行了可行性探讨，并计划推出9宗此类性质的养老用地。

【分析】

用地难是养老产业发展的一项难题。由于养老产业市场不成熟，缺乏保障，养老项目用地可能会因为城市发展规划的需要被改变用途，成为社会资本担心的另一个问题。北京市为了应对老龄化趋势、缓解用地难题，加快北京养老机构的建设，未来北京对于政府投资建设的养老机构、社会资本投资建设的非营利性养老机构，都将采用无须缴纳土地出让金的“划拨”方式供应土地。这就意味着政府投资建设的养老机构和社会非营利性的养老机构，这两类养老机构都不需要再缴纳土地买地款，也就是用土地划拨这一无须缴纳土地出让金的方式来获得土地，这样一般土地的价格会比较低或者是无偿取得从而推进北京市养老机构的建设。

模块五　养老机构服务与管理标准要求

学习情境

经过详细紧张的筹备工作，李强的天颐养老院终于通过了许可登记。在筹备的过程中，李强对我国养老机构的相应政策也有了细致的了解。现在他不仅有从事养老事业的无限热情，还有相应的政策知识储备。一家养老机构的成立，难在持续良好的发展，难在为老年人提供标准满意的服务，难在管理执行。养老机构发展多年，在服务和管理的标准上有没有相应的规定、有没有统一的标准呢？这是养老院成立后，李强要弄清的首要问题。

情境分析

成立一家养老机构的目的是为了让每一位入住的老年人都可以在这里颐养天年，享受好的养老服务。标准即方向，有了可以遵循的标准，就为如何提供服务指明了方向。没有规矩不成方圆，依规办事，不越矩，是能够获得持续发展的必要前提。

相关知识

养老机构数量上的激增凸显出养老机构尤其是民办养老机构在经营管理、服务质量等方面的问题。为了规范对养老机构的管理，促进养老事业健康发展，民政部根据《老年人权益保障法》和有关法律、行政法规，制定了《养老机构管理办法》。该办法全面规范了养老机构内部管理行为。由于我国经济社会发展情况差异性较大，养老机构的具体情况也较为复杂，该办法对养老机构设立的基本条件和管理服务等内容只是做了原则规定。各地可结合本地实际，制定和完善贯彻落实该办法的操作细则或具体办法，争取在养老机构设立床位数、资金规模、人员配比以及养老机构分类管理和服务内容等方面，提出细化、量化和具体可行的要求，方便基层操作，促进行业管理水平的不断提高。

养老机构应当依法保障收住老年人的合法权益。国务院民政部门负责全国养老机构的指导、监督和管理，县级以上地方人民政府民政部门负责本行政区域内养老机构的指导、监督和管理。其他有关部门依照职责分工对养老机构实施监督。

一、服务内容与服务协议

养老机构按照服务协议为收住的老年人提供生活照料、康复护理、精神慰藉、文化娱乐等服务。养老机构提供的服务应当符合养老机构基本规范等有关国家标准或者行业标准和规范。养老机构为老年人提供服务，应当与接受服务的老年人或者其代理人签订服务协议。

服务协议应当载明下列事项：①养老机构的名称、住所、法定代表人或者主要负责人、联系方式；②老年人及其代理人和老年人指定的经常联系人的姓名、住址、身份证明、联系方式；③服务内容和服务方式；④收费标准以及费用支付方式；⑤服务期限和地点；⑥当事人的权利和义务；⑦协议变更、解除与终止的条件；⑧违约责任；⑨意外伤害责任认定和争议解决方式；⑩当事人协商一致的其他内容。服务协议示范文本由国务院民政部门另行制定。

养老机构应当提供满足老年人日常生活需求的吃饭、穿衣、如厕、洗澡、室内外活动等服务。养老机构应当提供符合老年人居住条件的住房，并配备适合老年人安全保护要求的设施、设备及用具，定期对老年人活动场所和物品进行消毒和清洗。养老机构提供的饮食应当符合卫生要求、有利于老年人营养均衡、符合民族风俗习惯。

养老机构应当建立入院评估制度，做好老年人健康状况评估，并根据服务协议和老年人的生活自理能力，实施分级分类服务。养老机构应当为老年人建立健康档案，组织定期体检，做好疾病预防工作。养老机构可以通过设立医疗机构或者采取与周边医疗机构合作的方式，为老年人提供医疗服务。养老机构设立医疗机构的，应当依法取得医疗机构执业许可证，按照医疗机构管理相关法律法规进行管理。养老机构在老年人突发危重疾病时，应当及时通知代理人或者经常联系人并转送医疗机构救治；发现老年人为疑似传染病病人或者精神障碍患者时，应当依照传染病防治、精神卫生等相关法律法规的规定处理。

养老机构应当根据需要为老年人提供情绪疏导、心理咨询、危机干预等精神慰藉服务。养老机构应当开展适合老年人的文化、体育、娱乐活动，丰富老年人的精神文化生活。养老机构开展文化、体育、娱乐活动时，应当为老年人提供必要的安全防护措施。

二、内部管理

养老机构应当按照国家有关规定建立健全安全、消防、卫生、财务、档案管理等规章制度，制定服务标准和工作流程，并予以公开；应当配备与服务和运营相适应的工作人员，并依法与其签订聘用合同或者劳动合同。

养老机构中从事医疗、康复、社会工作等服务的专业技术人员，应当持有关部门颁发的专业技术等级证书上岗；鼓励养老护理人员接受专业技能培训。养老机构应当定期组织工作人员进行职业道德教育和业务培训。养老机构应当依照其登记类型、经营性质、设施设备条件、管理水平、服务质量、护理等级等因素确定服务项目的收费标准。

养老机构应当在醒目位置公示各类服务项目收费标准和收费依据，并遵守国家和地方政府价格管理有关规定。养老机构应当按照国家有关规定接受、使用捐赠物资，接受志愿服务。实行 24 小时值班，做好老年人安全保障工作。

养老机构应当依法履行消防安全职责，健全消防安全管理制度，实行消防工作责任制，配置、维护消防设施、器材，开展日常防火检查，定期组织灭火和应急疏散消防安全培训。应当制定突发事件应急预案。突发事件发生后，养老机构应当立即启动应急处理程序，根据突发事件应对管理职责分工向有关部门报告，并将应急处理结果报实施许可的民政部门和住所地民政部门。养老机构应当建立老年人信息档案，妥善保存相关原始资料。

养老机构因变更或者终止等原因暂停、终止服务的，应当于暂停或者终止服务 60 日前，向实施许可的民政部门提交老年人安置方案，方案中应当明确收住老年人的数量、安置计划及实施日期等事项，经批准后方可实施。民政部门应当自接到安置方案之日起 20 日内完成审核工作。民政部门应当督促养老机构实施安置方案，并及时为其妥善安置老年人提供帮助。

三、监督检查

民政部门应当按照实施许可权限，通过书面检查或者实地查验等方式对养老机构进行监督检查，并向社会公布检查结果。上级民政部门可以委托下级民政部门进行监督检查。养老机构应当于每年 3 月 31 日之前向实施许可的民政部门提交上一年度的工作报告。年度工作报告内容包括服务范围、服务质量、运营管理等情况。民政部门应当建立养老机构评估制度，定期对养老机构的人员、设施、服务、管理、信誉等情况进行综合评价。养老机构评估工作可以委托第三方实施，评估结果应当向社会公布。

民政部门应当定期开展养老服务行业统计工作，养老机构应当及时、准确报送相关信息。应当建立对养老机构管理的举报和投诉制度。民政部门接到举报、投诉后，应当及时核实、处理。上级民政部门应当加强对下级民政部门的指导和监督，及时纠正养老机构管理中的违规违法行为。

四、法律责任

养老机构有下列行为之一的，由实施许可的民政部门责令改正；情节严重的，处以 3 万元以下的罚款；构成犯罪的，依法追究刑事责任：①未与老年人或者其代理人签订服务协议，或者协议不符合规定的；②未按照国家有关标准和规定开展服务的；③配备人员的资格不符合规定的；④向负责监督检查的民政部门隐瞒有关情况、提供虚假材料或者拒绝提供反映其活动情况真实材料的；⑤利用养老机构的房屋、场地、设施开展与养老服务宗旨无关的活动的；⑥歧视、侮辱、虐待或遗弃老年人以及其他侵犯老年人合法权益行为的；⑦擅自暂停或者终止服务的；⑧法律、法规、规章规定的其他违法行为。

民政部门及其工作人员违反有关规定，由上级行政机关责令改正；情节严重的，对直接负责的主管人员和其他责任人员依法给予行政处分；构成犯罪的，依法追究刑事责任。

情境反馈

目前，我国有上万家养老服务机构，数以万计的养老相关服务提供商，如何确保日益多元化的养老服务，在供给和消费两侧形成应有的共识和默契？标准化其实就是在一定范围内，为了实现最佳效益而达成的协商一致的意见。在养老产业的发展过程中，标准可以提升服务的质量，另外，从服务提供商或者从企业角度来讲，可以促进其内部管理或者帮助其降低风险、减少成本。

知识链接

1. 《标准化：养老服务业健康发展的必然选择》：http://yanglao.chinaso.com/gd/detail/20160707/1000200032915441467856125190192158_1.html。

2.《养老机构管理办法》：http://www.mca.gov.cn/article/zwgk/fvfg/shflhshsw/201306/20130600480076.shtml。

案例分析

2015 年 5 月 25 日，河南省平顶山市某老年公寓发生特别重大火灾事故，造成 39 人死亡、6 人受伤，过火面积 745.8m^2，直接经济损失 2 064.5 万元。该老年公寓创办于 2009 年 9 月，位于县城鲁平大道西段三里河，拥有劳动部门颁发的养老护理资格证的人员三十余人，占地面积 40 亩（1 亩=666.67m^2），包括 2 个自理养老区，1 个半自理养老区，1 个不能自理养老区。“5·25”火灾之所以伤亡惨重，是因为火灾发生在生活不能自理区。养老公寓的房子主要是简陋的彩钢瓦房结构，俗称“铁皮泡沫屋”。像这样的彩钢瓦构造的房子，养老公寓里还有 2 座。事故发生后，国务院成立事故调查组，调查认定该事故为生产安全责任事故。

事故的直接原因是该老年公寓不能自理区电器线路接触不良发热，高温引燃周围的电线绝缘层、聚苯乙烯泡沫、吊顶木龙骨等易燃可燃材料，造成火灾。建筑物大量使用聚苯乙烯夹芯彩钢板（聚苯乙烯夹芯材料燃烧的滴落物具有引燃性），且吊顶空间整体贯通，加剧火势迅速蔓延并猛烈燃烧，导致整体建筑短时间内垮塌损毁；不能自理区老人无自主活动能力，无法及时自救，造成重大人员伤亡。事故的间接原因为该老年公寓违规建设运营，管理不规范，安全隐患长期存在；地方民政部门违规审批许可，行业监管不到位；地方公安消防部门落实消防法规政策不到位，消防监管不力；地方国土、规划、建设部门执法监督工作不力，履行职责不到位；地方政府安全生产属地责任落实不到位。

【分析】

失火的养老公寓都是简易板房，生活不能自理的老人也居住在简易板房里，明显不符合养老机构的建筑与安全标准。这场大火并不是个案，近几年养老机构安全事故屡屡发生，反映出目前我国养老机构普遍存在的养老设施建设缺少统一标准，监管部门疏于监管，政府对于民办养老机构政策和财政支持力度不够等问题。按照标准建设、提供养老服务，是提升养老服务水平，提高老年人生活质量的重要依据。

单元小结

银发浪潮的来临，给我国养老事业发展带来了巨大挑战。积极应对人口老龄化，大力推进老龄服务事业和产业发展，为老龄服务体系建设带来了重大机遇。近年来，我国养老机构发展迅速。截至 2014 年，已有各类养老服务床位 551.4 万张，每千名老年人拥有养老床位 26 张。养老机构在发展的过程中，不断引入市场机制，强调市场、社会、家庭和个人在社会福利领域中的责任，逐步打破政府垄断社会福利的局面，引导和支持社会力量参与到养老服务市场化进程中来，丰富了养老机构的类型。对涉及养老机构发展的土地、资金、人才等关键因素，必须要加大政策创制和落实力度，确保各项扶持政策落到实处。

实践强化

请以小组为单位，组员之间分工协作，策划成立一家养老服务机构，按照相关政策法规要求，准备相应材料。

学习单元九　医养结合制度

单元导读

随着我国社会老龄化的加快，高龄、空巢、失能、半失能等老年人数量逐渐增多。截至2014年年底，我国80岁以上的老年人达2 400多万人，失能、半失能老年人近4 000万人，这部分老年人的养老问题已成为各级政府亟待解决的重大民生问题。同时，慢性病是老年人养老过程中面临的主要问题之一。《中国卫生服务调查研究——第四次家庭健康询问调查分析报告（2008）》中指出，慢性病的患病率随着年龄的上升而增高，65岁以上老年人慢性病患病率达到64.5%，城市85.2%，农村52.4%。传统的养老服务和医疗卫生服务分立的局面越来越不适应老年人日益多样化的养老服务需求。

近年来，我国提出加快医养结合的政策规定。2013年，国务院35号文明确要求“积极推进医疗卫生与养老服务相结合”。随后，国家卫生计生委等八部门共同起草的《关于推进医疗卫生与养老服务相结合的指导意见》也正式公布，为我国医养结合服务的开展和改革提供了政策依据。其实医养结合并非我国的独创。早在20世纪后半期，全球人口老龄化问题就已经十分突出，全球平均预期寿命从1950年的46岁延长了20岁，达到66岁，预计到2050年将再延长10岁。为应对全球老龄化的挑战，境外很多国家或地区已经开始尝试进行老年人整合照料服务体系的建设工作。医养结合服务的开展，将有助于整合医疗卫生和养老服务资源，为老年人提供更为便捷、完整的养老服务。

学习目标

知识目标

1. 掌握医养结合的内涵及特点。
2. 了解我国医养结合的制度发展历程。
3. 掌握医养结合的主要形式。
4. 掌握养老机构设置医疗机构的制度规定。
5. 掌握医养结合的投融资和财税价格政策。
6. 掌握长期护理保险的内涵及特点。
7. 了解我国青岛市长期护理保险制度的发展及经验。

技能目标

1. 能够学习、领会我国医养结合的相关政策。
2. 能够在养老服务过程中探索医养结合的服务模式。

素质目标

1. 具有政策学习、应用能力。
2. 具有医养结合的服务意识。

模块一 医养结合的内涵及制度发展

学习情境

“现在养老院条件都还不错，但是就是缺少医疗。我身体不好，年岁大了最希望身边能够有医生护士帮忙照应着！”家住北京市东城区的张大妈这样说。张大妈今年80岁，平常腿脚不好，需要坐轮椅出行。前段时间，张大妈的女儿想帮母亲物色一家养老院，但是看了几家都不是非常满意，主要原因还是对养老院的医疗服务水平表示担忧。

这几天，张大妈的女儿听说北京市有一家恭和苑养老院还不错，就带着自己的母亲到这进行参观。恭和苑养老院建在双井附近，紧邻地铁，交通非常便利。这家养老机构占地1.3万m^2，有两栋楼供老年人居住。尤其让张大妈高兴的是，这家养老院对面就是双井第二社区卫生服务中心。而且在养老院院内，还有一辆标有120字样的救护车“随时待命”。经过考察和了解，张大妈决定在这家养老院生活。办理入住手续后，张大妈高兴地入住了养老院。

情境分析

2014年，北京市民政局会同9个部门联合下发《关于进一步推进本市养老机构和养老照料中心建设工作的通知》，明确提出本市所有养老机构和养老照料中心都要具备医疗条件，构建医养结合的服务模式。这种服务模式极大地便利了老年人的养老医疗，提高了老年人的晚年生活质量，受到了老年人的极大欢迎。

相关知识

一、医养结合的概念及特点

（一）医养结合的概念

医养结合是在我国人口老龄化迅速发展的社会背景下，为应对老年人多样化的养老、医疗服务需求而提出的养老服务供给方式。所谓医养结合，是指养老资源和医疗卫生资源整合、一体化发展的服务供给模式，旨在为老年人提供医疗、护理、康复、养老等相结合的、覆盖老年人晚年生活周期的、完整的服务体系，实现社会服务机制的最优化和社会资源利用的最大化。

医养结合中的“医”是指医疗、康复、护理等医疗卫生服务，具体包括医疗服务、健康咨询、健康检查、疾病诊治、护理服务、大病康复、临终关怀等传统的医疗卫生服务，而“养”则是指老年人的生活照料、精神慰藉、心理护理、文化娱乐等养老照料服务。

（二）医养结合的特点

1. 服务主体多元化

长期以来，我国的养老服务与医疗卫生服务属于不同的行业领域。但是医养结合服务则是将原来相互独立的行业资源进行整合，实现养老服务与医疗服务资源的双向互动，即养老服务机构拓展医疗服务，而医疗卫生服务则介入养老行业，分别带动两个行业的快速融合发展。医养结合的服务提供主体突破了传统养老机构的限制，将医疗服务机构纳入其中，形成了包括老年福利机构、养老院、老年公寓、护理院、临终关怀院，以及各级医院、社区卫生服务中心、社区居家养老服务中心、日间照料中心等在内的各类服务主体。

2. 服务内容多样化

医养结合要求服务提供者能够为老年人提供多样化的养老、医疗服务需求。在此之前，养老服务机构提供养老服务、医疗服务机构提供医疗卫生服务，两者具有明显的行业区分。这对服务提供者的服务能力和服务质量提出了更高的要求。养老机构需要按照医疗卫生服务的要求，设置必要的设施、配备必要的医疗卫生专业人员，医疗服务机构也需要尝试以前自己并不擅长的养老服务，或者采用适当的方式介入养老服务活动。

3. 服务对象全面性和特定性相结合

医养结合服务的对象首先具有全面性，即健康或不健康、自理或不能自理老年人均应纳入医养结合服务的范畴。但同时，医养结合服务又应重点关注不健康或生活不能自理的老年人，包括残障老年人、慢性病老年人、易复发病老年人、大病恢复期老年人以及临终老年人等。对于健康老年人而言，医养结合主要侧重于为老年人进行健康咨询、健康管理、疾病预防等服务，降低老年人患病的概率，延长老年人健康生活期的时间。而针对不健康或不能自理老年人，医养结合则主要侧重于对这些老年人提供疾病诊断、临床护理、术后康复、临终关怀、慢性病管理等服务，解决老年人突出的医疗和养老服务需求，提高老年人健康水平和生活品质。

4. 服务人员具有专业性和综合性

医养结合服务需要配置符合服务要求的专业化人员。医养结合打破了传统的行业壁垒，同时对两个行业的专业技术人才的双向流动提供了契机。养老服务机构需要吸纳大量的医疗卫生服务人员，医疗卫生机构则需要引进更多的养老服务专业人员。在服务过程中，服务团队专业上的整合常常成为影响医养结合服务质量高低的重要因素。例如，美国的“全面老年人照料项目”以成人日间照料中心为基础，由医师、执业护士、社工师以及其他辅助人员共同组成跨学科的服务团队，为老年人制定个性化的护理方案；意大利的老年病评估组织则包括注册护士、社工、物理治疗师、全科医生，并在老年病专科医生的整合下开展工作；加拿大老年人综合保健项目中心设有跨学科的服务团队，负责评估、分配以及整合老年人所需要的照料服务。这些国家服务团队建设的经验对于我国医养结合服务的发展具有很好的借鉴意义。

二、医养结合的产生背景及发展现状

1. 医养结合的产生背景

我国医养结合服务的产生及发展是在我国人口老龄化不断发展的现实背景下提出的。在本书学习单元一中，我们介绍了我国人口老龄化的基本状况。我国的人口老龄化伴随着高龄化、空巢化、失能化严重的特点。据不完全统计，2015 年我国 80 岁以上的高龄老年人达到 2 500 万人，另外失能、半失能老年人达到 3 300 万人，其中完全失能的老年人达到 1 100 万人。2015 年，国家卫生计生委发布的《中国家庭发展报告（2015 年）》显示，目前我国家庭规模小型化，2 人、3 人家庭成为家庭类型主体，空巢老年人占老年人总数的一半，其中独居老年人占老年人总数的近 10%，仅与配偶居住的老年人占 41.9%。在生活不能完全自理的老年人中，近 30% 没有获得他人照料。高龄、失能、空巢老年人养老服务的需求主要集中在健康医疗方面，对社会化服务的需求较大。但同时，我国传统的养老服务与医疗卫生服务割裂的服务格局不利于老年人养老服务需求的满足。

我国大多数养老机构仍以提供生活照料为主要服务内容，健康管理、疾病预防、慢性病管理、急性病诊治等医疗服务较少。这种服务模式一方面导致养老机构的覆盖人群出现结构性缺陷，即基本生活能够自理的老年人受到欢迎而拒绝失能、失智老年人，另一方面直接导致养老机构的床位闲置率高。2015 年，笔者对全国 16 个省（市）的 269 家养老机构的调查数据显示，养老机构平均入住率仅为 53.3%，其中 49.4%的养老机构表示其年收入处于亏损状况，另有 28.1%的养老机构年净收益低于 10 万元。同时，医疗服务机构提供的长期照料服务严重不足，加之医疗资源分布不均衡，大量基层医疗服务机构床位使用率也较低。2015 年 1 ～ 9 月，我国一级医院、社区卫生服务中心、乡镇卫生院的病床使用率分别为 61.7%、57% 和 61.7%，且均出现同比下降的趋势。相反，以提供长期医疗护理服务为主的护理院，入院人次从 2009 年的 1.55 万人次增加至 2014 年的 6.48 万人次，床位使用率始终维持在 78% ～ 80%。可见，老年人对具有医疗与养老双重功能的服务需求强烈。

2. 医养结合的发展现状

近年来，各地积极尝试开展和推进“医养结合”服务，基本形成了“整合照料”“联合运行”和“支撑辐射”三种主要的医养结合实践模式。

所谓整合照料模式，是指由单一的机构提供医养结合服务，具体可以分为具备医疗服务功能的养老机构和具备养老服务功能的医疗机构。例如，北京市第一社会福利院就是一所集养老与医疗服务于一体的养老服务机构。该院成立于 1987 年，由北京市政府投资兴办。该院是集颐养、医疗、康复、护理、老年病研究和教学为一体的大型综合性老年福利事业单位，主要接收国家优抚老人，需要照料的离、退休老人，归国华侨老人和老年病患者。而河北省优抚医院作为二级甲等医院，适时地开设了“老年养护中心”，成为全国首家由二级综合医院创办的医、护、养为一体的医疗养老护理机构。在该中心，老年人可以享受各项医疗、保健、辅助检查、治疗、康复等服务，老年人入住率较高。

联合运行模式是指一个或多个养老机构与医疗机构通过协议等方式进行合作，实现机构之间的互利共赢。例如，北京市恭和苑老年健康生活中心与双井第二社区卫生服务中心建立了长期合作关系，由该医疗机构为老年人提供诊疗、康复、中医、预防保健等诊疗项目。同时恭和苑内设立了 120 急救站，老年人在院内突发疾病或其他紧急情况，可以直接驱车到周边医院进行紧急救治。

支撑辐射模式是指医疗机构或社区卫生服务机构与周边的养老服务中心开展合作，为居家或社区老年人提供健康服务。湖州市滨湖街道社区卫生服务中心积极为周边社区的老年人提供健康服务，包括为 60 岁以上老年人进行免费健康体检。同时该中心还可以对患有慢性病长期服药的老年人进行用药和健康咨询，提高老年人的健康意识，维护自身健康。

三、医养结合的制度发展

医养结合是在近年来随着我国人口老龄化和养老服务需求日益多样化的社会背景下提出的。医养结合政策在我国经历了一个发展演变的过程。

1. 概念酝酿和初创阶段（2010 ～ 2013 年）

2010 年 10 月，党的第十七届中央委员会第五次全体会议通过的《中共中央关于制定国民经济和社会发展第十二个五年规划的建议》提出，要“拓宽养老服务领域，实现养老服务从基本生活照料向医疗健康、辅具配置、精神慰藉等方面的延伸”，这是我国首次在文件中提出将养老服务与医疗健康服务相结合。

2. 概念和地位明确阶段（2013～2015年）

2013年，国务院35号文明确指出"积极推进医疗卫生与养老服务相结合"的养老服务业发展的新措施。同年10月份，国务院又进一步发布了《关于促进健康服务业发展的若干意见》（国发〔2013〕40号），强调"加快发展健康养老服务""推进医疗机构与养老机构等加强合作""发展社区健康养老服务"，旨在形成"规模适宜、功能互补、安全便捷的健康养老服务网络"。国务院两个文件的发布明确了医养结合在我国健康服务业、养老服务业发展中的重要地位，将其明确纳入健康服务业发展的目标，促进了医养结合的快速发展。

3. 目标明确阶段（2015～2016年）

2015年，《国务院办公厅关于印发全国医疗卫生服务体系规划纲要（2015—2020年）的通知》（国办发〔2015〕14号）发布，提出"推进医疗机构与养老机构等加强合作"的医养结合要求。之后，国务院办公厅又印发《关于印发中医药健康服务发展规划（2015—2020年）的通知》（国办发〔2015〕32号），明确"积极发展中医药健康养老服务"的要求。

同年，国务院办公厅进一步转发了国家卫生计生委、民政部、国家发改委、财政部等九部委《关于推进医疗卫生与养老服务相结合的指导意见》（国办发〔2015〕84号）。该文件是为落实2013年国务院两个文件的要求，就进一步推进医疗卫生与养老服务相结合而提出的。该文件将医养结合确定为"积极应对人口老龄化的长久之计"，医养结合成为"扩大内需、拉动消费、增加就业""稳增长、促改革、调结构、惠民生和全面建设小康社会"的重要动力。该文件对我国医养结合的阶段性发展目标提出了要求。

到2017年，医养结合政策体系、标准规范和管理制度初步建立，符合需求的专业化医养结合人才培养制度基本形成，建成一批兼具医疗卫生和养老服务资质与能力的医疗卫生机构或养老机构（以下统称医养结合机构），逐步提升基层医疗卫生机构为居家老年人提供上门服务的能力，80%以上的医疗机构开设为老年人提供挂号、就医等便利服务的绿色通道，50%以上的养老机构能够以不同形式为入住老年人提供医疗卫生服务，老年人健康养老服务普及性明显提升。到2020年，符合国情的医养结合体制机制和政策法规体系基本建立，医疗卫生和养老服务资源实现有序共享，覆盖城乡、规模适宜、功能合理、综合连续的医养结合服务网络基本形成，基层医疗卫生机构为居家老年人提供上门服务的能力明显提升。所有医疗机构开设为老年人提供挂号、就医等便利服务的绿色通道，所有养老机构能够以不同形式为入住老年人提供医疗卫生服务，基本适应老年人健康养老服务需求。

为实现以上目标，该文件提出了医养结合的主要任务：①建立健全医疗卫生机构与养老机构合作机制；②支持养老机构开展医疗服务；③推动医疗卫生服务延伸至社区、家庭；④鼓励社会力量兴办医养结合机构；⑤鼓励医疗卫生机构与养老服务融合发展。

4. 全面推进阶段（2016年至今）

2016年4月，为落实《国务院办公厅转发卫生计生委等部门关于推进医疗卫生与养老服务相结合指导意见的通知》（国办发〔2015〕84号）文件要求，国家卫生计生委办公厅、民政部办公厅联合发布《关于印发医养结合重点任务分工方案的通知》（国卫办家庭函〔2016〕353号），明确了《医养结合工作重点任务分工方案》。该方案明确了36项工作任务，负责单位分别涉及民政部、国家卫生计生委、财政部等18个部门，医养结合政策开始全面推进实施。

情境反馈

本情境中，张大妈属于生活不能完全自理的介助老人。此类老人的养老服务需求往往与医疗服务需求相伴生，单一的生活照料服务难以满足此类老年人的养老服务需求。人口老龄化以及失能、半失能、慢性病老年人的增多对我国养老服务供给方式的改革提出要求，医养结合服务方式就是在这样的社会背景下产生的。我国医养结合政策主要是在“十二五”初期提出的，发展时间尚短，但医养结合服务必将成为我国“十三五”时期养老服务业发展的趋势之一。

知识链接

1. 《中央关于制定第十二个五年规划的建议》：http://news.qq.com/a/20101027/001797.htm。
2. 《国务院关于加快发展养老服务业的若干意见》：http://www.gov.cn/zwgk/2013-09/13/content_2487704.htm。
3. 《国务院关于促进健康服务业发展的若干意见》：http://www.gov.cn/zwgk/2013-10/14/content_2506399.htm。
4. 《国务院办公厅关于印发全国医疗卫生服务体系规划纲要（2015—2020年）的通知》：http://www.gov.cn/zhengce/content/2015-03/30/content_9560.htm。
5. 《国务院办公厅关于印发中医药健康服务发展规划（2015—2020年）的通知》：http://www.gov.cn/zhengce/content/2015-05/07/content_9704.htm。
6. 《国务院办公厅转发卫生计生委等部门关于推进医疗卫生与养老服务相结合指导意见的通知》：http://www.gov.cn/zhengce/content/2015-11/20/content_10328.htm。
7. 《国家卫生计生委办公厅关于印发医养结合重点任务分工方案的通知》：http://www.nhfpc.gov.cn/jtfzs/s3581c/201604/7fd1e01b21a549b9a9eaf90f372a34b3.shtml。

案例分析

爱心老年公寓成立于2007年。建院之初，该老年公寓就是简单的养老院，老年人一旦生病，就需要往医院送。院长李芳回忆说，虽然老年公寓门口就是社区医院，但是一开始老人们对社区医院并不信任，生病都要去大医院。随着社区卫生服务中心给老年人的服务越来越细致，越来越获得老年人的认可。这时李芳逐渐认识到，与门口的社区医院合作有助于老年人的看病及康复。现在，南京开始推行医养结合，爱心老年公寓与门口的红花社区卫生服务中心合作，形成“你中有我，我中有你”，资源共享、互为一体的“亲家”关系。社区医院和老年公寓“联姻”不久，住在老年公寓中的王大妈肺部又感染了。在“家门口”看病，社区医院的药品实行“零差价”，比市区大医院便宜了很多，输液的费用也减半优惠，“每次医生上门输液只花5元”。

【分析】

养老机构与医疗机构合作是我国目前医养结合的主要方式之一。大多数养老机构并不具备创办医疗服务机构所需要的经济条件、设施设备和专业人才，风险较大。与现有医疗服务机构合作，成为大多数养老机构首选的医养结合模式。医疗机构与养老机构合作不仅有助于缓解部分医疗机构床位空置的现象，更有助于提高养老机构的医疗服务水平，提高老年人的生活质量，保证老年人得到及时、便利、优惠的医养结合服务。

模块二 医养结合的制度内容

学习情境

住进北京某养老院后的张大妈发现，这家养老机构的服务非常全面。虽然张大妈每天需要坐轮椅，但这一点也不影响她的活动，她甚至可以“自驾”穿过十几米的室内走廊，到隔壁的社区卫生服务中心为自己拿药。该养老院采取的是与社区卫生服务中心合作的模式。社区卫生服务中心配备有基本诊疗、康复医学科、内外科等科室，不仅为养老院的老人提供服务，附近社区的住户也可以来此看病。

虽然住在养老院张大妈感觉医疗需求有了保证，但是到了月底结算费用时，张大妈还是吓了一跳。这家养老院每月的费用要比普通养老院高出两三倍。以一位自理老年人为例，最低收费每月是11 000元，加上餐费，每月最少需要12 650元。而张大妈作为半自理的老年人，费用就更高了。张大妈自己的养老金不够，每个月都需要由女儿补贴养老院的费用，这让张大妈感到压力很大。

情境分析

医养结合服务解决了老年人医疗和养老服务多样化的需求，但是大多数养老机构医养结合服务成本较高。以北京市为例，北京市人力资源和社会保障局与统计局公布的数据显示，2014年度北京市职工月平均税前工资为6 463元，而退休后的老年人能够拿到的养老金数额更低。2015年全国近8 000万名企业退休人员基本养老金调整后仅达到月人均2 200多元。这一收入水平难以承受高昂的医养结合服务费用。医养结合的发展必须依靠政策性的扶持措施方能实现。

相关知识

医养结合服务模式的开展离不开一系列配套制度规定的保障。这些保障性制度措施主要包括以下几方面：

一、养老机构设置医疗机构的制度规定

在医养结合服务实施推进过程中，养老机构内设医疗机构是较为常见的服务模式。养老机构设置医疗机构，应当符合国家法律法规和卫生计生行政部门、中医药管理部门的有关规定，符合医疗机构基本标准，并按照规定由相关部门实施准入和管理，依法依规开展医疗卫生服务。

（一）医疗机构设置基本规定

1994年，我国颁布《医疗机构管理条例》，对从事疾病诊断、诊疗活动的医院、卫生院、疗养院、门诊部、诊所、卫生所（室）以及急救站等医疗机构的规划布局、设置审批和登记管理提出基本要求。同年，国务院卫生部门制定了《医疗机构管理条例实施细则》，对条例的内容提出了细化要求。

1. 医疗机构的范围

按照规定，我国的医疗机构主要包括以下类别：①综合医院、中医医院、中西医结合医院、民族医医院、专科医院、康复医院；②妇幼保健院；③中心卫生院、乡（镇）卫生院、街道卫生院；④疗养院；⑤综合门诊部、专科门诊部、中医门诊部、中西医结合门诊部、民族医门诊部；⑥诊所、中医诊所、民族医诊所、卫生所、医务室、卫生保健所、卫生站；⑦村卫生室（所）；⑧急救中心、急救站；⑨临床检验中心；⑩专科疾病防治院、专科疾病防治所、专科疾病防治站；⑪护理院、护理站；⑫其他诊疗机构。养老机构设置的医疗机构主要包括老年病医院、康复医院、护理院、中医医院、临终关怀机构、医务室、护理站等。

2. 医疗机构设置规划管理要求

我国的医疗机构实行设置规划管理，即县级以上地方人民政府卫生行政部门应当根据本行政区域内的人口、医疗资源、医疗需求和现有医疗机构的分布状况，制定本行政区域医疗机构设置规划。机关、企业和事业单位可以根据需要设置医疗机构，并纳入当地医疗机构的设置规划。县级以上地方人民政府应当把医疗机构设置规划纳入当地的区域卫生发展规划和城乡建设发展总体规划。医疗机构不分类别、所有制形式、隶属关系、服务对象，其设置必须符合当地的医疗机构设置规划。养老机构设置医疗机构，同样应当符合当地医疗机构设置规划的基本要求。

3. 医疗机构设置审批管理

单位或者个人设置医疗机构，必须经县级以上地方人民政府卫生行政部门审查批准，并取得设置医疗机构批准书，方可向有关部门办理其他手续。床位在100张以上的综合医院、中医医院、中西医结合医院、民族医医院以及专科医院、疗养院、康复医院、妇幼保健院、急救中心、临床检验中心和专科疾病防治机构的设置审批权限的划分，由省、自治区、直辖市卫生行政部门规定；其他医疗机构的设置，由县级卫生行政部门负责审批。县级以上地方人民政府卫生行政部门应当自受理设置申请之日起30日内，做出批准或者不批准的书面答复；批准设置的，发给设置医疗机构批准书。医疗机构建筑设计必须经设置审批机关审查同意后，方可施工。

4. 医疗机构登记管理

医疗机构执业，必须进行登记，领取医疗机构执业许可证。其执业登记，由批准其设置的人民政府卫生行政部门办理。

申请医疗机构执业登记，应当具备下列条件：①有设置医疗机构批准书；②符合医疗机构的基本标准；③有适合的名称、组织机构和场所；④有与其开展的业务相适应的经费、设施、设备和专业卫生技术人员；⑤有相应的规章制度；⑥能够独立承担民事责任。登记机关在受理医疗机构执业登记申请后，应当按照以上条件对申请登记的医疗机构进行审查和实地考察、核实，并对有关执业人员进行消毒、隔离和无菌操作等基本知识和技能的现场抽查考核。登记机关自受理执业登记申请之日起45日内，根据条例和医疗机构基本标准进行审核。审核合格的，发给医疗机构执业许可证；审核不合格的，将审核结果和不予批准的理由以书面形式通知申请人。

5. 医疗机构校验管理

床位在100张以上的综合医院、中医医院、中西医结合医院、民族医医院以及专科医院、疗养院、康复医院、妇幼保健院、急救中心、临床检验中心和专科疾病防治机构的校验期为3年；其他医疗机构的校验期为1年。医疗机构应当于校验期满前3个月向登记机关申请办理校验手续。卫生行政部门应当在受理校验申请后的30日内完成校验。

（二）养老机构内设医务室、护理站基本标准

2014 年，为指导养老机构做好医务室、护理站的建设和管理，促进医养结合，国家卫生计生委办公厅印发了《养老机构医务室基本标准（试行）》和《养老机构护理站基本标准（试行）》，对养老机构内设医务室、护理站提出了基本要求。

1. 养老机构内设医务室的标准

养老机构医务室是设置在养老机构内，为养老机构患者提供老年保健，一般常见病、多发病诊疗、护理，诊断明确的慢性病治疗，急诊救护等服务的医疗机构。

（1）人员：①至少有 1 名取得执业医师资格，经注册后在医疗、保健机构中执业满 5 年，身体健康的临床类别执业医师或中医类别执业医师。执业医师人数≥ 2 人的，至少应含有 1 名中医类别执业医师。②至少有 1 名注册护士。养老机构床位达到 100 张以上时，每增加 100 张床位，至少增加 1 名注册护士。护理员按需配备。③其他药学、医技人员按需配备。

（2）房屋：①整体设计应满足无障碍设计要求。②建筑面积不少于 $40m^2$。③至少设有诊室、治疗室、处置室。④每室独立且符合卫生学布局及流程。其中，治疗室、处置室的使用面积均不少于 $10m^2$；如设观察室，则其使用面积不少于 $15m^2$；如设康复室，则应增加相应建筑面积（增加的建筑面积不少于 $50m^2$）。⑤应当设医疗废物存放点，与治疗区域隔开。

（3）设备：①基本设备：诊桌、诊椅、诊床、诊察凳、方盘、纱布罐、听诊器、血压计、体温表、注射器、身高体重计、视力卡、视力灯箱、压舌板、药品柜、紫外线消毒灯、高压灭菌设备、处置台、器械柜、便携式心电图机、血糖测定仪、雾化吸入器、出诊箱、轮椅、输液椅、候诊椅、医用冰箱、污物桶。设置康复室的，至少配备与康复需求相适应的运动治疗、物理治疗和作业治疗设备。开展中医药服务的，还应当配备脉枕、针灸器具、火罐、电针仪、艾灸仪等。②急救设备：心电监护仪、心脏氧源（氧气瓶 / 制氧机）、供氧设备、吸痰器、开口器、牙垫、口腔通气道、简易呼吸器。③健康教育及其他设备：健康教育宣传栏、健康教育影像设备、能连接互联网的计算机及打印设备、电话等通信设备、健康档案管理等有关设备。④有与工作需要相应的其他设备。

（4）具有与功能任务相适应的转诊制度、药品登记分发制度、健康教育制度等各项规章制度，以及急救流程、技术操作规范，制定人员岗位职责。

2. 养老机构内设护理站的标准

养老机构护理站是设置在养老机构内，为养老机构患者提供常见病多发病护理、慢性病护理、康复指导、心理护理、根据医嘱进行处置、消毒隔离指导、健康教育等服务的医疗机构。

（1）人员：①至少有 2 名具有护士以上职称的注册护士，其中有 1 名具有主管护师以上职称。养老机构床位达到 100 张以上时，每增加 100 张床位，至少增加 1 名注册护士。②至少有 1 名康复治疗人员。③按工作需求配备护理员，注册护士与护理员之比为 1:2.5。

（2）房屋：①整体设计应当满足无障碍设计要求。②建筑面积不少于 $30m^2$。③至少设有治疗室、处置室。每室独立且符合卫生学布局及流程。④应当设医疗废物存放点，与治疗区域隔开。

（3）设备：①诊桌、诊椅、诊察凳、方盘、纱布罐、听诊器、火罐、刮痧板、血压计、体温表、身高体重计、血糖测定仪、体外除颤设备、治疗车、药品柜、紫外线消毒灯、高压灭菌设备、处置台、轮椅、输液椅、医用冰箱、污物桶。②有必要的健康教育、办公和通信联络设备，有诊疗护理记录及文件保存条件。③有与工作需要相应的其他设备。

（4）具有与功能任务相适应的转诊制度、药品登记分发制度、健康教育制度等各项规章制度，

以及急救流程、技术操作规范，制定人员岗位职责。

二、医养结合的投融资和财税价格政策

为加快医养结合服务发展，我国陆续制定、完善投融资和财税价格政策。具体而言主要包括：①拓宽市场融资渠道，探索政府和社会资本合作（PPP）的投融资模式；②鼓励和引导各类金融机构创新金融产品和服务方式，加大金融对医养结合领域的支持力度；③有条件的地方可通过由金融和产业资本共同筹资的健康产业投资基金支持医养结合发展；④用于社会福利事业的彩票公益金要适当支持开展医养结合服务；⑤积极推进政府购买基本健康养老服务，逐步扩大购买服务范围，完善购买服务内容，各类经营主体平等参与。由于部分扶持政策在“学习单元八　养老机构服务与管理制度”有所阐述，在此重点介绍PPP投融资政策、金融扶持政策和政府购买服务政策。

（一）政府和社会资本合作（PPP）投融资政策

PPP是公共部门和私人部门之间的一种合作经营关系，它建立在双方各自经验的基础上，通过适当的资源分配、风险分担和利益共享机制，最好地满足事先清晰界定的公共需求。

PPP模式应用于养老服务领域是我国社会福利社会化发展的必然要求。2000年发布的《关于加快实现社会福利社会化的意见》（国办发〔2000〕19号），明确提出了推进社会福利社会化的指导思想。2010年，国务院发布了《关于鼓励和引导民间投资健康发展的若干意见》（国发〔2010〕13号）。2012年，民政部结合养老服务的发展实际，制定了《关于鼓励和引导民间资本进入养老服务领域的实施意见》（民发〔2012〕129号），鼓励民间资本参与居家和社区养老服务、举办养老机构或服务设施、参与提供基本养老服务、参与养老产业发展，并进一步明确了落实民间资本参与养老服务优惠政策和资金支持的政策。党的十八届三中全会通过的《中共中央关于全面深化改革若干重大问题的决定》明确提出：“允许社会资本通过特许经营参与城市基础设施投资和运营。”《财政部关于推广运用政府和社会资本合作模式有关问题的通知》（财金〔2014〕76号）指出，“适宜采用政府和社会资本合作模式的项目，具有价格调整机制相对灵活、市场化程度相对较高、投资规模相对较大、需求长期稳定等特点”，并将“养老服务”作为重点关注领域之一。2015年，民政部等十部门联合制定了《关于鼓励民间资本参与养老服务业发展的实施意见》（民发〔2015〕33号）。该文件明确提出“支持采取股份制、股份合作制、PPP（政府和民间资本合作）等模式建设或发展养老机构”。

（二）金融扶持政策

为进一步创新金融组织、产品和服务，改进完善养老领域金融服务，促进养老服务业发展，支持供给侧结构性改革，中国人民银行、民政部、中国银监会、中国证监会、中国保监会于2016年联合印发了《关于金融支持养老服务业加快发展的指导意见》（银发〔2016〕65号），明确了坚持“市场主导、政策扶持”“因地制宜、分类服务”“突出重点、注重实效”等三个金融支持原则。其目标是，到2025年，基本建成覆盖广泛、种类齐全、功能完备、服务高效、安全稳健，与我国人口老龄化进程相适应，符合小康社会要求的金融服务体系。促进养老服务业发展的金融组织更加多层次，产品更加多元化，服务更加多样化，金融支持养老服务业和满足居民养老需求的能力和水平明显提升。

1. 大力完善促进居民养老和养老服务业发展的多层次金融组织体系

该指导意见鼓励银行、证券、保险、基金等各类金融机构优化整合资源，创新自身的组织结构，适时设置养老金融事业部，提升养老金融服务专业化水平。同时鼓励金融租赁公司、信托公司利用

自身专业优势，积极开展养老服务业金融产品，满足养老领域的金融服务需求。同时积极培育服务养老的金融中介体系，包括融资担保、信用评级、法律、会计等机构积极参与养老服务业，鼓励运用“互联网 +”的大数据资源，提高金融服务效率。

2. 积极创新适合养老服务业特点的信贷产品和服务

针对养老服务业的特点，该指导意见鼓励金融机构根据养老服务业发展导向和经营特点，专门制定养老服务业的信贷政策，开发针对养老服务业的特色信贷产品。在贷款方式、贷款抵押担保范围等方面，鼓励金融机构探索更为灵活和多样的支持途径，在风险可控的前提下支持养老服务机构获得贷款。

3. 支持拓宽有利于养老服务业发展的多元化融资渠道

该指导意见积极推动养老服务企业上市融资、债券市场融资、PPP 融资等多种形式的融资渠道。养老服务企业可以根据自身的情况选择主板上市，或者中小板、创业板、中小企业股份转让系统上市融资，或者通过发放企业债、公司债、非金融企业债务融资工具等方式融资。鼓励银行、证券等金融机构创新 PPP 项目融资机制，通过基金模式，引导和带动社会资本加大对养老服务业的投入。

4. 推动完善养老保险体系建设，优化保险资金使用

养老保险是保障老年人晚年生活的重要制度，也是影响养老服务业发展的需求方因素。该指导意见提出进一步完善由基本养老保险、企业年金、职业年金、商业养老保险等组成的多层次、多支柱的养老保险体系。加快保险产品和服务方式创新，包括老年人住房反向抵押养老保险、长期护理保险、健康保险等保险产品，助推养老、康复、医疗、护理等服务的有机结合。养老保险的资金，应当在符合投向要求、有效分散风险的前提下进行多种渠道投资，实现资金的保值增值。

5. 着力提高居民养老领域的金融服务能力和水平

为了增强老年群体金融服务的便利性，该指导意见鼓励金融机构拓展服务网点，向养老社区、老年公寓等老年群体集中的区域延伸。同时，积极发展服务居民养老的专业化金融产品，开发可提供长期稳定收益、符合养老跨生命周期需求的差异化金融产品，提高老年人养老财富储备和养老服务的支付能力。

（三）政府购买服务相关政策

政府购买公共服务是指政府通过公开招标、定向委托、邀标等形式将原本由自身承担的公共服务转交给社会组织、企事业单位履行，以提高公共服务供给的质量和财政资金的使用效率，改善社会治理结构，满足公众的多元化、个性化需求。2013 年，《国务院办公厅关于政府向社会力量购买服务的指导意见》（国办发〔2013〕96 号）颁布。2014 年，为推广政府购买服务的战略部署，推进政府购买养老服务工作，财政部、国家发改委等部门联合发布了《关于做好政府购买养老服务工作的通知》（财社〔2014〕105 号）。

1. 政府购买服务的主体

政府购买养老服务的主体是承担养老服务的各级行政机关和参照《中华人民共和国公务员法》管理、具有行政管理职能的事业单位。纳入行政编制管理且经费由财政负担的群团组织，也可根据实际需要，通过购买服务方式提供养老服务。

2. 政府购买服务的承接主体

承接政府购买服务的主体包括依法在民政部门登记成立或经国务院批准免予登记的社会组织，以及依法在工商管理或行业主管部门登记成立的企业、机构等社会力量。承接政府购买服务的主体

应具有独立承担民事责任的能力，具备提供服务所必需的设施、人员和专业技术的能力，具有健全的内部治理结构、财务会计和资产管理制度，具有良好的社会和商业信誉，具有依法缴纳税收和社会保险的良好记录，并符合登记管理部门依法认定的其他条件。

3. 政府购买服务的主要内容

政府购买养老服务内容应突出公共性和公益性，按照量力而行、尽力而为、可持续的原则确定。凡适合市场化方式提供、社会力量能够承担的，应按照转变政府职能要求，通过政府购买服务方式提供方便可及、价格合理的养老服务。要根据养老服务的性质、对象、特点和地方实际情况，重点选取生活照料、康复护理和养老服务人员培养等方面开展政府购买服务工作。在购买居家养老服务方面，主要包括为符合政府资助条件的老年人购买助餐、助浴、助洁、助急、助医、护理等上门服务，以及养老服务网络信息建设；在购买社区养老服务方面，主要包括为老年人购买社区日间照料、老年康复文体活动等服务；在购买机构养老服务方面，主要为“三无”老人、低收入老人、经济困难的失能半失能老人购买机构供养、护理服务；在购买养老服务人员培养方面，主要包括为养老护理人员购买职业培训、职业教育和继续教育等；在养老评估方面，主要包括老年人能力评估和服务需求评估的组织实施、养老服务评价等。

4. 加强政府购买服务的监管

政府购买养老服务实行事前、事中和事后监管，确保政府购买养老服务资金规范管理和使用，不得截留、挪用和滞留。购买主体需要按照政府购买服务的操作规程，公平、公正、公开选择承接主体，建立健全内部监督管理制度，按规定公开购买服务相关信息，自觉接受社会监督。承接主体应健全财务制度，严格按照服务合同履行服务任务，保障服务数量、质量和效果。服务完成后，购买主体应委托第三方独立审计机构对金额较大、服务对象较多的项目进行审计，并出具审计报告。

三、长期护理保险制度

（一）长期护理保险的概念和特点

随着我国人口老龄化的日益加深，失能、失智等有长期护理需求的老年人规模越来越庞大。长期护理是指在一个比较长的时期内，由专业或非专业照料者对自我照料能力不完全的人提供的照料活动，以保证其生活质量和人格尊严。对于老年人而言，长期护理具有特别的意义。一般而言，老年人的护理周期较长，护理费用较高，单纯依靠个人力量解决长期护理费用问题会增大个人或家庭的经济负担。因此，国际上部分国家或地区较早地建立了长期护理保险制度。

1. 长期护理保险的概念

长期护理保险（Long Term Care Insurance，LTCI），是各国解决长期护理问题的一种有效策略。我国《健康保险管理办法》规定，护理保险是指以因保险合同约定的日常生活能力障碍引发护理需求为给付保险金条件，为被保险人的护理支出提供保障的保险。老年人长期护理保险则是指为满足患有慢性病或其他疾病需要接受长期护理服务的老年人，提供的护理费用支出保障的保险机制。

2. 长期护理保险的特点

长期护理保险除具有保险的基本特点外，还具有其特殊性：

（1）长期护理保险属于补偿性保险，不同于养老保险等给付性保险。长期护理保险具有明显的消费特征，以老年人的护理支出为前提，主要旨在弥补老年人长期护理的巨额支出。

（2）长期护理保险具有社会保险的基本属性。纵观国际相关国家的制度经验，长期护理保险一般均被纳入本国（地区）社会保障体系，作为社会保险的险种之一。

（3）长期护理保险资金一般实行个人缴费、政府支持的方式进行筹集。

（4）保险支付的范围包括机构护理、居家护理、日间照料、短期看护等多种服务。

（二）青岛市长期护理保险的制度经验

2012 年青岛市人民政府办公厅转发了人力资源和社会保障局等多部门《关于建立长期医疗护理保险制度的意见（试行）》（青政办字〔2012〕91 号），正式在青岛市实施长期医疗护理保险。2014 年，青岛市人力资源和社会保障局印发了《青岛市长期医疗护理保险管理办法》（青人社发〔2014〕23 号）。青岛市长期医疗护理保险制度主要包括以下几方面内容：

1. 长期医疗护理保险的参保人

参加职工社会医疗保险、居民社会医疗保险的参保人，可以纳入青岛市长期医疗护理保险覆盖范围。正常享受基本医疗保险统筹支付待遇的参保人，经评估鉴定后符合条件的，自核准之日起享受护理保险待遇。

2. 长期医疗护理保险资金的筹集

护理保险资金按照《青岛市社会医疗保险办法》规定标准，从基本医疗保险基金定期划转，护理保险筹资机制和标准根据经济社会发展和实际运行情况适时调整。护理保险资金按照来源，分为职工护理保险资金和居民护理保险资金，实行统一管理、分账核算，统一支付，分开核算收入、支出和结余。

3. 护理服务形式

根据参保人医疗护理需求，分别确定以下不同的服务形式：①医疗专护，是指二级及以上住院定点医疗机构医疗专护病房为参保人提供长期 24 小时连续医疗护理服务。②护理院医疗护理，是指医养结合的护理服务机构为入住本机构的参保人提供长期 24 小时连续医疗护理服务。③居家医疗护理，是指护理服务机构派医护人员到参保职工家中提供医疗护理服务。④社区巡护，是指护理服务机构（含一体化管理村卫生室）派医护人员到参保人家中提供巡诊服务。符合条件的参保职工可按规定申办上述一种护理服务形式，一档缴费成年居民、少年儿童和大学生可申办医疗专护、护理院医疗护理和社区巡护其中一种形式，二档缴费成年居民可申办社区巡护。

4. 保险支付范围与待遇标准

护理保险执行社会医疗保险相关规定。参保人享受护理保险待遇期间发生的符合规定的医疗护理费用由护理保险资金支付。护理保险待遇不设起付线，按以下标准执行：①参保职工接受医疗专护、护理院医疗护理、居家医疗护理、社区巡护服务期间发生的符合规定的医疗护理费，报销比例为 90%；②一档缴费成年居民、少年儿童和大学生接受医疗专护、护理院医疗护理、社区巡护服务期间发生的符合规定的医疗护理费，报销比例为 80%；③二档缴费成年居民接受社区巡护服务期间发生的符合规定的医疗护理费，报销比例为 40%。

参保人接受社区巡护服务期间发生的除药品费用以外的一次性医用耗材费、治疗费、出诊费等符合规定的医疗护理费用，由护理保险资金按上述标准支付；期间发生的药品、检查检验等医疗费用，按门诊大病、门诊统筹有关规定结算。

5. 护理服务机构

护理服务机构是指与社会保险经办机构签订长期医疗护理保险服务协议，为失能参保人提供医疗护理服务的二级及以上住院定点医疗机构、专业护理服务机构和社区定点医疗机构。符合条件的专业护理服务机构、社区定点医疗机构和二级及以上住院定点医疗机构，根据自愿原则，向社保经办机构提出承担护理保险相关业务的申请。其中，实行一体化管理的村卫生室限承担社区巡护业务，由所属街道（镇）卫生院、社区卫生服务中心统一向所在区（市）社保经办机构提出申请。经市和四市社保经办机构审核确认后，与符合条件的护理服务机构签订长期医疗护理保险服务协议，准予开展护理保险相关业务。

6. 护理保险费用

护理保险费用实行“定额包干、超支不补”的结算管理办法。根据护理服务形式、护理服务机构医疗资质与服务能力，分别确定包干标准。对医疗专护、护理院医疗护理、居家医疗护理费用实行床日包干管理，对社区巡护费用实行年度包干管理。六区包干额度按下列标准执行：医疗专护170元／天；护理院医疗护理65元／天；居家医疗护理50元／天；社区巡护参保职工、一档缴费成年居民、少年儿童、大学生1 600元／年（每周巡诊不少于2次），二档缴费成年居民800元／年（每周巡诊不少于1次）。资金拨付标准与护理服务机构服务数量和服务质量挂钩。四市根据本地实际情况确定结算包干标准，报市社保经办机构备案后实施。

（三）长期护理保险的发展趋势

2012年以来，青岛市的医养结合服务在长期医护保险机制的支撑下发展迅速。据统计，青岛市护理服务机构由最初的4家发展到近500家，护理床位超过3 700张，其中民营机构占95%，提供了98%的服务量，成为护理服务的绝对主体。

《关于推进医疗卫生与养老服务相结合指导意见的通知》中明确提出，探索建立多层次长期照护保障体系的保障措施。进一步开发包括长期商业护理保险在内的多种老年护理保险产品，鼓励有条件的地方探索建立长期护理保险制度，积极探索多元化的保险筹资模式，保障老年人长期护理服务需求。鼓励老年人投保长期护理保险产品。建立健全长期照护项目内涵、服务标准以及质量评价等行业规范和体制机制，探索建立从居家、社区到专业机构等比较健全的专业照护服务提供体系。长期护理保险的探索推行，必将对我国医养结合服务的发展起到重要的推动作用。

2016年6月27日，人力资源和社会保障部办公厅发布了《关于开展长期护理保险制度试点的指导意见》（人社厅发〔2016〕80号），就“十三五”期间，开展长期护理保险制度试点提出了要求。长期护理保险坚持以人为本，着力解决失能人员长期护理保障问题，提高人民群众生活质量和人文关怀水平。坚持基本保障，根据当地经济发展水平和各方面承受能力，合理确定基本保障范围和待遇标准。坚持责任分担，遵循权利义务对等，多渠道筹资，合理划分筹资责任和保障责任。坚持因地制宜，各地根据长期护理保险制度目标任务和基本政策，结合地方实际，制定具体实施办法和政策标准。坚持机制创新，探索可持续发展的体制机制，提升保障绩效，提高管理水平。坚持统筹协调，做好各类社会保障制度的功能衔接，协同推进健康产业和服务体系的发展。该指导意见要求，探索建立以社会互助共济方式筹集资金，为长期失能人员的基本生活照料和与基本生活密切相关的医疗护理提供资金或服务保障的社会保险制度。利用1～2年试点时间，积累经验，力争在“十三五”期间，基本形成适应我国社会主义市场经济体制的长期护理保险制度政策框架。长期护理保险制度试点城市名单为：河北省承德市；吉林省长春市；黑龙江省齐齐哈尔市；上海市；江苏省南通市、苏州市；浙江省宁波市；安徽省安庆市；江西省上饶市；山东省青岛市；湖北省荆门市；广东省广州市；重庆市；四川省成都市；新疆生产建设兵团石河子市。其中，吉林和山东两省为国家试点的重点联系省份。

情境反馈

本情境中，张大妈入住养老机构后，其所享受的医养结合服务费用全部由本人及其家庭承担，极大地增加了老年人的经济负担。张大妈的情况在当前我国大多数地区并非个案，医养结合服务支付机制上的欠缺制约了医养结合服务市场的发展。我国青岛市等地区已经尝试开展长期医疗护理保险制度，取得了良好的经济效益和社会效果。国外 以及我国部分地方的实践经验证明，长期护理保险机制是医养结合服务发展的重要推动力。

知识链接

1. 《上海市民政局关于转发 < 本市养老机构设置医疗机构的工作指南 > 的通知》：http://www.shmzj.gov.cn/gb/shmzj/node687/u1ai40713.html。

2. 《民政部 卫生计生委联合发文要求做好医养结合服务机构许可工作》：http://www.mca.gov.cn/article/zwgk/mzyw/201604/20160400882164.shtml。

3. 《关于鼓励民间资本参与养老服务业发展的实施意见》：http://www.js.xinhuanet.com/2015-03/03/c_1114507157.htm。

4. 《民政部联合人民银行等五部门联合下发金融支持养老服务业发展指导意见》：http://www.mca.gov.cn/article/zwgk/mzyw/201603/20160300881534.shtml。

5. 《人力资源社会保障部办公厅关于开展长期护理保险制度试点的指导意见》：http://www.gov.cn/xinwen/2016-07/08/content_5089283.htm。

6. 《海口将试点政府购买医疗服务》：http://news.ifeng.com/gundong/detail_ 2014_02/22/34079248_0.shtml。

7. 庄慧，《青岛“医养结合”养老新模式 政府负担保险费》：http://qingdao.dzwww.com/xinwen/qingdaonews/201212/t20121226_7836100.htm。

8. 戴卫东，《长期护理保险制度理论与模式构建》：http://www.npopss-cn.gov.cn/GB/230168/230169/16290690.html。

案例分析

家住青岛市的张女士，父母双双重病在床。张女士的母亲两年前突发心脏病，虽然经过医院的抢救挽回了生命，但是成了“植物人”。张女士的父亲 83 岁，先后发生多次脑梗，一直卧床在家，需要家人鼻饲护理，生活完全不能自理。张女士说：“我家附近社区医院的大夫和护士每周都上门服务，帮助我们照顾两位老人，为老人翻身、喂饭，指导老人用药、护理。”自青岛市开展长期护理保险后，张女士为父亲和母亲分别办理了相关手续。在长期护理保险的支持下，张女士父亲在享受家护服务时，只需要自己负担 10% 左右的费用，极大地缓解了失能、半失能老人住院难、看病贵的问题。

【分析】

青岛市自 2012 年推行长期护理保险制度以来，目前共覆盖 810 万城乡参保人员。参保人员因病、伤常年卧床失能的，在定点护理机构发生的医疗护理费，可以由护理保险基金支付。据统计，青岛市失能人员产生的医疗护理费用，在经过护理保险基金支付后，个人需承担的专护人员费用年均负担约为 6 000 元，其他护理服务的个人年均负担仅 2 000 元左右。目前青岛市长期护理保险基金累计支出 9.7 亿元，购买医养结合的社会化服务 1 500 多万个床日，是住院保障服务量的十几倍。长期护理保险不仅降低了失能老年人购买社会化服务的成本，更促进了医养结合机构的快速发展，护理服务机构从最初的 4 家发展到近 500 家。

单元小结

医养结合是指养老资源和医疗卫生资源整合、一体化发展的服务供给模式，旨在为老年人提供医疗、护理、康复、养老等相结合的、覆盖老年人晚年生活周期的、完整的服务体系，实现社会服务机制的最优化和社会资源利用的最大化。医养结合具有服务主体多元化、服务内容多样化、服务对象全面性和特定性相结合、服务人员专业性和综合性等特点。

养老机构设置医疗机构，应当符合国家法律法规和卫生计生行政部门、中医药管理部门的有关规定，符合医疗机构基本标准，并按照规定由相关部门实施准入和管理，依法依规开展医疗卫生服务。

医养结合投融资和财税价格政策具体包括：①拓宽市场融资渠道，探索政府和社会资本合作（PPP）的投融资模式；②鼓励和引导各类金融机构创新金融产品和服务方式，加大金融对医养结合领域的支持力度；③有条件的地方可通过由金融和产业资本共同筹资的健康产业投资基金支持医养结合发展；④用于社会福利事业的彩票公益金要适当支持开展医养结合服务；⑤积极推进政府购买基本健康养老服务，逐步扩大购买服务范围，完善购买服务内容，各类经营主体平等参与。

实践强化

实践题目：养老机构老年人医养结合服务需求调查。

要求：请同学们以小组为单位，随机选择某养老机构，对入住机构的老年人的健康状况进行调查，了解老年人对医疗服务的需求。在问卷分析、深度访谈等基础上，形成养老机构老年人医养结合服务需求的调查报告。

实践成果：养老机构老年人医养结合服务需求调查报告。

学习单元十 养老服务队伍建设制度

单元导读

“有一天我们也会变老的。”——这句话出现在电影《飞越老人院》中“关山老人院”的外墙上。谁来照护终将老去的你我？有一个职业被誉为“人类生命的经营师”，那就是养老护理员，目前全国范围内，持证上岗的养老护理员人数仅为5万余人，缺口之大可想而知。“最美不过夕阳红”，然而老年人却面临着“晚年何处安放”的困惑。随着人口老龄化的加剧，老年人长期照护和服务的需求越来越大，养老服务人才瓶颈问题表现得越来越突出。培养数量充足、素质优良、技能精湛的养老服务专业人才，是解决我国养老问题、提高养老服务水平的必要前提，也是实现养老服务事业可持续发展的重要保证。因此要在加大人才培养力度、优化人员结构、建立人才激励机制等方面进一步开拓创新，促进养老服务人才队伍建设。

学习目标

知识目标

1. 掌握养老服务人才培养培训体系的内涵。
2. 掌握养老服务相关专业教育教学质量提高的措施。
3. 了解“双证书”制度的含义。
4. 掌握养老护理员国家职业标准的基本内容。
5. 了解养老服务人才培养、使用、评价和激励制度的主要内容。
6. 了解养老机构及其工作人员的违法行为及处罚。

技能目标

1. 能够按照国家职业标准进行专业化服务。
2. 能够科学地运用使用、评价和激励制度管理养老服务人才。
3. 能够在养老服务中维护老年人的合法权益。

素质目标

1. 具备遵章守法、自律奉献的职业道德。
2. 具备依法进行养老服务和依法管理养老服务机构的意识。

模块一 养老服务专业人才培养

学习情境

颐养苑介护服务人员王某，毕业于某学院护理系，是持有护士证的“高级人员”。每天，他都要为右腿不能自理的高大爷按摩脚底、点按穴位，还要给老人绑上康复固定带，和其他人员一同搀扶老人进行站立、行走训练等。“一开始右腿都抬不起来，现在腿有知觉了，慢慢能走了。”王某高兴地说，几个月的努力见证了老人的好转。“没有接受过系统学习与专业培训的传统护工、家政人员，已无法满足老年人日益增长的康复需求和心理需求。由照顾老人到照顾好老人，需要有专业背景的高素质人员，提供全方位的养老服务。”颐养苑的负责人刘某表示，同时他也坦言高素质养老服务人才难招，一方面，传统观念将养老服务视作伺候人，行业吸引力弱；另一方面，开设养老相关专业的学校少之又少，使得人才培养又遭遇“先天不足”。

情境分析

我国拥有全球最大的养老市场，推动社会力量成为发展养老服务业的“主角”，而各种层面的养老服务专业人才严重短缺，已成为我国养老服务业健康发展的一大制约因素。只有具备了强大的人才队伍，凝聚起不竭的创新力量，“夕阳”事业才能成为蓬勃发展的朝阳产业。

相关知识

养老服务专业人才匮乏已成为制约我国养老服务事业发展的主要瓶颈之一，主要是养老服务体系发展与教育体系质量不对称。为加快发展养老服务业，不断满足老年人持续增长的养老服务需求，35号文指出，要完善人才培养和就业政策。2014年，教育部、民政部等九部门联合印发《关于加快推进养老服务业人才培养的意见》，进一步明确了关于加快推进养老服务业人才培养的总体思路、工作目标、任务措施和组织保障。

一、养老服务专业人才培养现状

目前我国已快速进入老龄化、高龄化社会，迫切需要大量养老服务人才，但由于我国的养老服务人才市场尚未形成，导致养老服务机构等养老产业人才匮乏，专业化建设滞后。这主要体现在以下几个方面：

（1）在人才数量和质量方面，开设养老服务相关专业的院校数量少，养老服务人才培养规模小，人才培养质量参差不齐，不能适应规模巨大的养老服务人才需求。我国老年服务与护理专业人才教育发展相对滞后，目前仅有60多所院校开办这一专业，每年毕业生不到3 000人，远远满足不了老龄事业发展的需求。按照《全国民政人才中长期发展规划（2010—2020年）》的目标，养老护理员数量要从2010年的3万人发展到2020年的600万人，养老护理人员缺口极大。多数院校没有开发与养老行业企业技术要求、工作流程、管理规范同步的课程体系，学校教育与行业需求不相适应，普遍面临着“招生难、培养难、就业难”等困境。

（2）在人才培养规格和体系方面，人才培养层次较为单一，科学的人才培养格局尚未形成。目前从学历层次上来看，我国老年服务与护理方面的专业人才主要为中职和高职层次，设有老年服务与管理、护理、家政服务、社区康复等4个养老服务相关专业外，本科和研究生层次均未设有专门的养老服务与管理专业，高层次的养老服务人才培养基地、科研基地更是稀缺，严重制约了高层次养老服务人才的培养和师资队伍的建设。许多学生毕业后纷纷转向其他专业，一个重要原因就是专业人才体系的设计不健全，人才培养规格低，缺乏人才学历层次升迁平台。

（3）在校企合作、师资队伍和教材建设方面，养老服务教育与养老服务行业两个领域的合作还不紧密，教育机构培养的人才满足不了行业的需求，行业的需求也无法顺利地传达到教育机构，这不仅造成了教育资源的极大浪费，也制约了养老服务行业的健康发展。由于老年教育起步较晚，很多院校的教师都是从其他专业“半路出家”，距离职业教育必需的行业工作经历、双师素质等要求还有很大差距。在教材方面，目前采用的教材有相当一部分仍然是理论性和学科性较强的教材，不能适应技能人才培养的实际需要。

二、养老服务专业人才需求

（一）数量需求

高素质的养老服务人才队伍，是养老服务事业发展的有力支撑。各种层面的养老服务专业人员人才严重短缺，已成为我国养老服务业健康发展的一大制约因素。最为缺乏的是专业护理服务人才。截至2015年，我国60岁以上老年人口达到2.22亿人，预计到2020年，60岁以上老年人口数量将达到2.48亿人，占总人口的比重为17.2%。同时，失能老人数量持续增加，目前失能（半失能）老年人总数已达4 023万人，按照老年人与护理员3:1的比例推算，需要1 300万名护理员。同时我国各地的社区日间照料中心和居家养老方式，对专业护理及服务人才的需求量也越来越大。《关于加快推进养老服务业人才培养的意见》中指出，养老服务业增加值在服务业中的比重显著提升，全国机构养老、居家社区生活照料和护理等服务提供1 000万个以上就业岗位。

（二）类别需求

《关于加快推进养老服务业人才培养的意见》中指出“教育、人力资源社会保障、民政部门要支持高等院校和中等职业学校增设养老服务相关专业和课程，扩大人才培养规模，加快培养老年医学、康复、护理、营养、心理和社会工作等方面的专门人才”。《民政事业发展第十三个五年规划》中的养老服务人员培养工程，明确指出“培养老年医学、康复、护理、营养、心理和社会工作、老年康复辅具配置等方面的专门人才，分类培养养老服务经营管理人才、专业技术人才和技能人才”，可见养老服务人才包括各类机构的管理人才、从事医疗、康复、护理、营养、心理和社会工作等方面的专业技术人才和从事养老护理等工作的技能人才三类。

1. 管理人才

养老是微利行业，养老机构输出的归根结底是服务。养老产业链的中间是实体，如机构、老年公寓、养老社区等，需要运营与管理人员，对市场进行细分，研究如何使服务对象价值最大化，这样才能提高核心竞争力。

2. 专业技术人才

专业技术人才是指依照国家人才法律法规，经过国家人事部门全国统考合格，并经国家主管部委注册备案，颁发注册执业证书，在单位从事专业技术工作的技术人员，养老服务专业技术人才主要包括：①医师，《中华人民共和国执业医师法》中，医师是指依法取得执业医师资格或者执业助理医师资格，经注册在医疗、预防、保健机构中执业的专业医务人员。医师应当具备良好的职业道德和医疗执业水平，发扬人道主义精神，履行防病治病、救死扶伤、保护人民健康的神圣职责。②康复治疗师，负责制定康复治疗方案，帮助病患者进行功能恢复等相关治疗；注意观察病情、治疗效果及反应，如有反应及时处理；负责康复治疗的相关课程开发及培训工作；提供康复理疗咨询服务。现在主要是指取得卫生专业技术“康复医学治疗技术”资格证书的专业技术人员。

③护士，《护士条例》中所称护士，是指经执业注册取得护士执业证书，依照《护士条例》规定从事护理活动，履行保护生命、减轻痛苦、增进健康职责的卫生技术人员。④公共营养师，通过国家职业资格考试认证，取得从业资格，从事营养咨询、营养测评、营养指导、营养宣教、营养管理以及从事营养教学与科研工作、营养与食品安全知识传播的特殊职业者，是促进社会公众健康工作的专业人员。⑤心理咨询师，是运用心理学以及相关知识，遵循心理学原则，通过心理咨询的技术与方法，帮助求助者解除心理问题的具有人力资源和社会保障部颁发的从业资格证书的专业人员。⑥社会工作者，是遵循助人自助的价值理念，运用个案、小组、社区、行政等专业方法，以帮助机构和他人发挥自身潜能，协调社会关系，解决和预防社会问题，促进社会公正为职业的专业工作者。

3. 技能人才

技能人才是指在生产和服务等领域一线岗位，掌握专门知识和技术，具备一定的操作技能，并在工作实践中能够运用自己的技术和能力进行实际操作的人员，养老服务技能人才主要包括养老护理员、老年辅具及用品设计员等。

三、养老服务专业人才培养措施

教育部等九部门《关于加快推进养老服务业人才培养的意见》明确提出加快推进养老服务相关专业人才培养体系建设、全面提升养老服务相关专业教育教学质量。

（一）建立养老服务专业人才培养体系

其重点表现在：①构建以职业教育为重点的人才培养体系；②提升养老服务办学层次。

1. 扩大养老服务职业教育人才培养规模

（1）发布养老服务业人才需求预测与专业设置指导报告，引导和鼓励职业院校增设老年服务与管理、社会工作、健康管理、康复治疗技术、康复辅助器具应用与服务等养老服务相关专业点。鼓励社会资本举办养老服务类职业院校，规范并加快培养养老服务专门人才。

（2）通过实行单独招生、增加招生计划等，逐步扩大人才培养规模。通过国家奖助学金、社会捐助等资金支持，吸引学生就读养老服务相关专业。

2. 加快发展养老服务本科、研究生教育

（1）鼓励引导高校主动适应国家经济社会发展需要，设置康复治疗学、护理学、应用心理学和社会工作等养老服务相关本科专业，开设老年社会工作、老年护理、老年人保健与营养、老年医学、老年心理学、生命伦理学等课程。

（2）适当增加社会工作等硕士专业学位授权点数量，鼓励和支持有条件的高校在社会学、老年学、人口学、康复治疗学、家庭发展等学科领域招收培养研究生，为养老机构和职业院校等输送业务骨干和高层次教学科研人员。

（二）提升养老服务专业人才培养质量

其主要措施包括推动实训基地、师资队伍以及教材建设等方面的改革，广泛开展国际交流与合作，重点支持一批有条件的学校开展养老服务相关专业改革试点，提升专业建设整体水平。

1. 支持养老服务实训基地建设

依托职业院校和养老机构重点建设一批养老服务实训基地。强化实践性教学环节，促进教学过程与生产过程对接，提高学生的实际操作能力。特别是学生要通过在企业的顶岗实习，熟练掌握生产一线的职业岗位技能，最大限度地确保人才培养规格、质量与企业需求相适应，从而提高学生的就业竞争能力。

2. 加强养老服务相关专业师资队伍建设

在有行业特色的高等学校和行业、养老机构、企业建立一批养老服务相关专业师资培养培训基地。在职业院校教师素质提高计划中开展养老服务相关专业教师培训，并逐步扩大培训规模。开展养老服务相关专业带头人专题培训，促进教师之间教学改革、专业建设、课程开发等方面的交流，培养造就一批业务水平高、敬业精神强、创新能力突出的教学领军人才。

3. 加强养老服务相关专业教材建设

在国家规划教材建设等项目中，加大养老服务相关专业教材建设支持力度。组织遴选、开发一批养老服务相关专业职业教育改革创新示范教材。鼓励相关院校与行业、企事业单位联合编写养老服务相关专业特色教材。引入行业、企业真实项目和案例，开发多种形式的数字化教学资源。

各地方为贯彻落实措施纷纷出台政策，如山东省教育厅出台了《关于推进养老服务业人才培养工作的实施意见》，将加快培养养老服务业人才纳入全省教育事业发展重要内容，提出到2020年，专业结构与布局更加合理，设置养老服务相关专业达到50个，相关专业在校生规模逾万人，养老服务专业学生实训基地、相关师资培训基地等实现大幅度增加。

四、养老服务职业教育发展动态

职业教育是养老服务专业人才队伍壮大的重要渠道，随着养老产业需求日益多元化的趋势，职业院校应该发挥自身办学特点，合理设置专业，提升培养水平，打造相关就业品牌。目前职业教育应对养老服务人才需要，已经积极行动，采取了以下措施：

1. 成立专业教学指导委员会

全国民政职业教育教学指导委员会老年服务与管理专业教学指导委员会于2013年年底成立，这是对全国高职高专老年服务与管理类专业教育教学发展与改革工作进行研究、指导、服务和质量监控的专家咨询组织，同时也是指导老年服务与管理专业教育与继续教育的专家组织，旨在发挥民政行业各级行政主管部门、有关院校、科研院所、社会组织、企业等单位的积极性，加强对老年服务与管理专业人才培养和教学工作的宏观指导，突出办学特色，促进人才培养质量的全面提升，不断适应我国养老服务业发展需要。

2. 推进职业教育与产业对话活动

2014年12月由中国高等教育学会、全国民政职业教育教学指导委员会、中国养老产业和教育联盟主办的全国养老服务职业教育与产业对话活动在北京举行。活动以“对接、合作、共赢、发展”为主题，旨在通过搭建职业院校和行业机构之间的交流合作平台，完善创新养老教育的产教融合机制，加快推进养老服务业人才培养，共同促进和推动中国老年福祉事业的发展。2015年5月，由全国民政职业教育教学指导委员会和中国养老产业与教育联盟主办的“京津冀协同发展·现代职业教育—养老服务业产教对接论坛”在天津举办，成立了“京津冀养老专业人才培养产教协作会”，通过京津冀职业院校的教育资源和全国养老产业优秀企业的加入，实行工学结合、校企合作，实现京津冀职业院校、养老企业在养老人才、智力、技术、设备等方面的资源共享和优势互补。

3. 开展国际交流与合作

在教学标准开发、课程建设、师资培训、学生培养等方面加强国际交流与合作，推动教育教学改革创新，提升我国技术技能人才培养的国际竞争力。中国职业技术教育学会、中国养老产业和教育联盟携手加拿大康尼斯托加理工学院，举办了老年护理专业国际化课程建设和改革的师资培训班。各职业院校也不断引进国（境）外高水平专家和优质教育资源，满足中国养老产业市场对高端技能人才的迫切需求。

情境反馈

本情境主要体现了养老服务业发展，专业人才是紧迫需求。王某属于“高级人员”一方面具有良好的专业背景和从业资格，另一方面体现在工作内容上属于康复护理，与一般临床护理有所不同，需要紧密配合康复医师和其他专业人员的工作，对康复对象进行基础护理和各种专门功能训练，减轻残疾的影响，以达到最大限度的功能改善。此外，由于生理机能退化及缺乏有效沟通，老年人在生活中容易产生焦虑、孤独、自卑等抑郁情绪，对他们的心理障碍进行及时的疏导与缓解，就需要具备专门心理慰藉技能的人员来做。这里提及的只是部分专业技术人才，养老产业的发展还需要更大范围的各类人才。

知识链接

1. 《民政部　国家发展改革委员会关于印发＜民政事业发展第十三个五年规划＞的通知》：http://images3.mca.gov.cn/www/file/201607/1467789465298.pdf。

2. 《教育部等九部门关于加快推进养老服务业人才培养的意见》：http://www.moe.edu.cn/publicfiles/business/htmlfiles/moe/s7055/201407/170939.html。

3. 《山东省教育厅关于推进养老服务业人才培养工作的实施意见》：http://www.mofcom.gov.cn/article/h/zongzhi/201501/20150100867360.shtml。

4. 《民政部关于印发＜全国民政人才中长期发展规划（2010–2020 年）＞的通知》：http://www.mca.gov.cn/article/zwgk/fvfg/zh/201110/20111000185430.shtml。

5. 《教育部办公厅　民政部办公厅　国家卫生计生委办公厅关于遴选全国职业院校养老服务类示范专业点的通知》：http://www.mca.gov.cn/article/zwgk/fvfg/shflhshsw/201502/20150200770784.shtml。

案例分析

钟山职业技术学院现代服务与管理学院，专门培养养老服务的“科班生”。学院从 2010 年起，就相继开办了“老年服务与管理”“社区康复”“社区管理与服务”“营养与配餐”“心理咨询”“医疗保险实务”等涉老专业。2013 年、2014 年，又开设“康复医疗技术”和“护理”专业。学院斥资 1.6 亿元建设完善实训培训中心，包括 3 个校内、28 个校外实习实训基地；2015 年又在省内 20 余家医院新建临床实习点，有的医院安排医生“一对一”地帮带学生；为与国际接轨，资助学生学习、考取澳大利亚“三级护理证书”。学院还将与医科大学康复医学院合作，以“3+2”模式提升学生学历。这几年，学院保持了一定的招生规模，目前“大健康”养老专业在校生人数达 1 300 名，2016 年要达到 2 000 名。以“老年服务与管理”领衔的涉老专业，培养的学生比较“抢手”。学生毕业前，学院都要组织“实习就业双向选择会”，每次场面火爆，毕业生“供不应求”。例如，2014 年 10 月，应届毕业生一共 124 人，“双向选择会”上却有上海、徐州等地的 60 家养老机构上门“抢”人才。毕业生中涌现出一批就业、创业典型，2013 届的毕业生中，有 11 人一上岗就被聘为养老院院长助理或副院长。

【分析】

案例中钟山职业技术学院是社会力量参与养老服务产业兴建的民办职业院校，根据老年人服务需求，积极开设“老年服务与管理”“社区康复”“社区管理与服务”“营养与配餐”“心理咨询”“医疗保险实务”“康复医疗技术”和“护理”等养老服务产业相关专业，不断扩大养老服务职业教育人才培养规模，构建高职、本科衔接融通的养老服务业人才培养体系；加强实验实训基地建设，提高学生实践能力，培养适应市场需求的养老服务业人才，并且积极开展与养老服务业发达国家或地区的教育合作，学习借鉴先进经验，促进养老服务业相关专业教育教学水平提高。培养的人才质量高，岗位适应能力强，晋升快，就业供不应求，其人才培养模式和体系成为职业教育服务养老产业的典型范例。

模块二　养老服务专业人才培训

学习情境

早上6点，博爱养老院的养老护理员吴某就开始了一天的工作，开始给老人擦洗穿衣，喂食早餐。吴某今年45岁，她照顾的老年人平均年龄77岁。她说，在养老院工作劳动强度比较大，工资也不是很高，她拿到的工资在1 800元左右。周围的同事绝大多数是农民工，在她工作的这两年中，周围的姐妹们已经换了好多，留下来的不到30%。在博爱养老院，像吴某一样的护理员共有37位，他们负责照护180位老人。院长陈女士说，护理员的队伍年龄偏大，40～50岁的占了86%，而且文化层次偏低，初中和小学文化的占83%，没有几个人拿到资格证书。能招聘到年轻且业务素质高的护理员一直是陈女士的愿望，但是每次招聘，应征者却寥寥无几，陈院长指出主要原因是社会地位低和待遇的问题。

情境分析

由于养老服务队伍整体素质偏低，其专业水平、业务能力、服务质量，无法满足老年人的护理需求，从业人员的职业化建设滞后，使得我国现有养老服务队伍远远不能适应养老事业发展的客观需求。

相关知识

随着社会养老服务体系的日臻完善，养老服务队伍中存在的问题也日益彰显出来。我国养老护理员短缺、人才流失等一系列问题，严重影响着养老服务业的健康发展。应大力加强养老服务培训资源的供给，抓好在职人员职业道德、专业知识和岗位技能培训，逐步提高养老服务队伍的专业化水平，积极推行养老护理员国家职业资格制度，不断优化养老服务人员队伍结构。

一、养老服务行业人才现状

养老护理员是为老年群体提供日常生活照料的服务人员，是养老服务队伍的主要组成和骨干力量。当前养老护理员的普遍现状是“三高三低一缺”。

1. 从业年龄高、文化程度低

人员年龄整体偏大，年轻人一般不愿承担此工作，养老机构的护理人员多为40～50岁年龄段，绝大多数为45岁以上的劳动者；平均文化程度普通偏低，多来自农村进城务工人员和城市失业下岗人员，学历以初中、小学为主，从业人员普遍缺乏专业护理知识，由于受教育程度和知识结构的限制，适应不了养老服务模式的转变，满足不了高层次的养老护理服务需求。

2. 劳动强度高、待遇水平低

每天的工作时间较长，平均每天工作在10小时以上，有的甚至更长，很少有休息日，逢年过节与家人团聚成为一种奢望，而且工作很辛苦，尤其是对不能自理老人的护理，100多斤的老人每天上床下床要抱好多次，而且每个护理员要护理多位这样的老人，劳动强度高、心理压力大，缺少文化娱乐活动；总体收入与福利待遇均处于较低水平，一些地区仍处于每月2 000元以下的水平，收入明显低于同等付出的其他行业。

3. 流动性高、社会地位低

在传统观念上历来对服务行业从业人员，尤其是对脏累体力劳动群体的鄙视，造成职业社会地位低，很多人不愿从事该项工作。由于养老服务人员劳动强度高、待遇水平低、社会地位低以及养老产业发展才刚刚起步，职业发展空间不明朗、晋升通道不畅等原因，导致人才难招，也加剧了人才流失。

4. 缺乏专业的系统培训

护理员只是本着初级技能加上原始本能开展日常基本生活照料工作，基本上无法实现对老人的技术护理、康复护理以及心理护理；即便开展了一定的护理培训，也存在重实际操作、轻系统理论，重日常生活照料、轻心理护理等倾向；并且在具体培训中也会时常出现精力不充沛和理解记忆能力差两种情况，由于每天工作时间较长加之平均年龄偏高，参加培训的护理员已经是身心疲惫，不同程度地存在心不在焉的情况，由于涉及多方面的基础知识，也是平均年龄高、文化程度低的大多数护理员的短板，使得护理员对培训内容的理解成为瓶颈，护理员的学习积极性就不容易提高。

二、养老服务专业人才培训措施

（一）大力加强养老服务从业人员继续教育

教育部等九部门《关于加快推进养老服务业人才培养的意见》指出，大力提升养老服务从业人员的受教育水平和职业能力，主要通过以下两个途径：

1. 积极发展各类学历和非学历继续教育

（1）重点依托相关职业院校、开放大学和本科院校，开展多样化的学历和非学历继续教育；鼓励养老服务业业务骨干在职攻读相关专业学位。

（2）开放大学要充分发挥办学优势，开设养老服务相关专业，加快信息化学习资源和平台建设，积极发展现代远程教育，探索建立面向养老服务从业人员的教学及支持服务模式。

（3）积极开展养老机构从业人员、社区养老服务人员和社区工作者培训，提高从业人员专业能力和服务水平。

养老服务专业人才培训资源供给要重点依托职业院校和职业培训机构设置相关培训项目，开辟养老服务基地，加强养老专业培训教材的开发，探索基于“互联网+”的线上与线下相结合的学习模式，提高从业人员的职业道德、业务技能和服务水平。民政部为了解决“工学矛盾”、降低培训成本、提高培训效率，组织开发了“全国民政人才远程教育系统”，专门设置了“养老护理员远程培训”模块，有效弥补了集中学习规模有限的“短板”。

2. 推进实施养老服务相关专业“双证书”制度

（1）推动职业院校与养老服务相关职业技能鉴定机构深入合作，实行专业相关课程的考试考核与职业技能鉴定统筹进行，推动职业院校学生在取得毕业证书的同时，获得相关职业资格证书。

（2）对于已取得养老服务业相关职业资格证书，且符合条件的从业人员，可由职业院校按相关规定择优免试录取，经考核合格后可获取相应学历证书。

“双证书”制度是指学历文凭和职业资格证书制度，要制定各种职业的资格标准和录用标准，实行先培训后就业，先培训后上岗的制度，在全社会实行学历文凭和职业资格证书并重的制度。《教育部关于充分发挥行业指导作用推进职业教育改革发展的意见》指出，要推进建立和完善“双证书”制度，实现学历证书与职业资格证书对接。职业院校要加强与职业技能鉴定机构、行业企业的合作，将职业岗位所需要的知识、技能和职业素养融入相关专业教学中，使相关课程考试考核与职业技能鉴定合并进行。全国民政职业教育教学指导委员会把实施“双证书”制度作为职业教育和职业资格相互衔接的重要基础工作推进。从2011年起，遴选了9家试点学校，在校内设立职业技能鉴定站（点）或开展院校专场职业技能鉴定，鼓励职业院校学生获取“双证书”。

（二）加强养老护理员培训管理

各地积极开展养老护理员职业技能培训工作，2010年天津市民政局提出，进一步加强养老机构院长和护理员培训工作，年底实现100%持证上岗。2011年河南省民政厅就开展全省养老护理员职业技能培训工作提出要求，到“十二五”末，通过大力开展培训，使全省养老护理员执证上岗率达到90%以上。2014年山东省民政厅实施“养老服务和管理人员万人培训工程”，打造适应加快发展养老服务业的专业化、职业化人才队伍，推进养老护理员和管理人员持证上岗，全省培训养老服务和管理人员1万名。2015年江苏省民政厅根据《江苏省养老护理员培训实施方案（2012—2015年）》，举办全省中高级养老护理员、养老服务机构负责人培训班，培训中高级养老护理员900名左右、养老服务机构负责人600名、中级营养配餐师120名。

民政部职业技能鉴定指导中心2014年发布了《关于做好全国民政行业养老护理员职业技能培训工作的意见》，强调2014～2015年两年是提高养老护理员数量和质量的关键期，应该建立和完善养老护理员职业技能培训基地、积极开展养老护理员在线远程培训工作、大力开展养老护理员培训队伍建设，并编写发布《养老护理员培训大纲》《职业技能鉴定培训教材》和《养老护理员考试指南》，为养老护理员职业技能培训提供技术支持和保障。

三、推进职业培训、鉴定制度

照顾老人是一项专业性、技术性较强的工作，为此我国制定了《养老护理员国家职业技能标准》，从业人员必须经过相应的培训、考试合格才颁发资格证书，然而此标准实施以来效果并不理想，目前我国持证人员仅为5万人。为加快人才培养，提升服务质量，《社会养老服务体系建设“十二五”规划》中提出，我国将推行养老护理员职业资格考试认证制度，五年内全面实现持证上岗。2015年，人力资源和社会保障部根据2013年《国务院机构改革和职能转变方案》和《国务院办公厅关于清理规范各类职业资格相关活动的通知》的精神，宣布废止《招用技术工种从业人员规定》，养老护理员不再执行持证上岗规定，可自愿参加相关职业培训和职业鉴定。经考核合格后，可取得相应等级的国家职业资格证书。

1. 养老护理员职业概况

养老护理员是指对老年人生活进行照料、护理的服务人员。职业能力特征是具有一定的学习和计算能力，手指、手臂灵活，动作协调；表达能力与形体知觉较强；有空间感与色觉能力。职业等级包括四个等级：初级（五级）、中级（四级）、高级（三级）、技师（二级）。培训要求初级不少于180标准学时；中级不少于150标准学时；高级不少于120标准学时；技师不少于90

标准学时。鉴定要求理论知识考试采用闭卷笔试方式，技能操作考核采用现场实际操作、模拟操作等方式。

2. 养老护理员基本要求

（1）职业道德、职业守则：尊老敬老，以人为本；服务第一，爱岗敬业；遵章守法，自律奉献。

（2）基础知识：①老年人护理基础知识，包括老年人生理、心理特点，老年人的护理特点，老年人的常见疾病护理知识，老年人的饮食种类及营养需求，老年人一般情况观察方法，老年人护理记录方法，老年人基本救助方法，老年人常见冲突和压力处理方法。②安全卫生、环境保护知识，包括老年人的安全防护规范及相关知识、老年人的卫生防护知识、老年人的环境保护知识、老年人居室整理及消毒隔离知识。③养老护理员职业工作须知、服务礼仪和个人防护知识，包括养老护理员职业工作须知、养老护理员服务礼仪规范、养老护理员个人防护知识。④相关法律、法规基础知识，包括《老年人权益保障法》的相关知识、《劳动法》的相关知识、《劳动合同法》的相关知识、《中华人民共和国消防法》的相关知识。

3. 养老护理员工作要求

该标准对初级、中级、高级和技师的技能要求依次递进，高级别包括低级别的要求。工作内容包括生活照料、基础护理、康复护理、心理护理、护理管理、培训指导等方面的技能要求和相关知识。

情境反馈

本情境主要体现了养老服务行业人才现状：护理员的队伍年龄偏大，40～50岁的占了86%；绝大多数是农民工，而且文化层次偏低，初中和小学文化的占83%；劳动强度高，早上6点开始工作，每天的工作时间在10小时以上，人均负责5个老人的照护；待遇水平低，工资仅有1 800元左右；流动性高，在吴某工作的这两年中，周围的姐妹们已经换了好几个，留下来的不到30%；缺乏系统培训，没有几个人拿到资格证书。由于社会地位低、待遇低、劳动强度大等原因造成养老护理员短缺、人才流失等一系列问题，严重影响着养老服务业的健康发展。

知识链接

1.《养老护理员国家职业标准》：http://www.cnsf99.com/Home/Article/index/pid/531/id/533/aid/16256。

2.《教育部关于充分发挥行业指导作用推进职业教育改革发展的意见》：http://www.gov.cn/gongbao/content/2012/content_2041868.htm。

3.《民政部职业技能鉴定指导中心关于印发＜养老护理员培训大纲＞（试行）的通知》：http://jnjd.mca.gov.cn/article/zyjd/pxjg/201404/20140400619200.shtml。

4.《关于做好全国民政行业养老护理员职业技能培训工作的意见》：http://jnjd.mca.gov.cn/article/zyjd/zxwj/201405/20140500634793.shtml。

5.《关于做好全国民政行业养老护理员职业技能鉴定工作的意见》：http://jnjd.mca.gov.cn/article/zyjd/zxwj/201405/20140500634798.shtml。

6.《民政部办公厅关于开展全国养老护理员远程培训工作的通知》：http://jnjd.mca.gov.cn/article/zyjd/zcwj/201312/20131200557366.shtml。

案例分析

2016年6月，由上海仁济专修学院、拥有老年长期照护实训实操经验的上海银康老年公寓、四川北路街道社区卫生服务中心以及上海同泰家庭服务公司共同主办的养老护理员（医疗照护）培训班结业，该课程增加了医疗照护相关知识，其中包括老年人晨晚间护理、血糖测定、生命体征观察、移动冷热敷应用等专业护理技术和老年患者简单的运动康复训练，以及出血、烫伤的紧急处理等康复与急救技术基础。结业学员将成为虹口区首批持证上岗服务人员，进入社区、家庭，为评估后需要照护的高龄老年人提供生活照护以及与生活照护密切相关的医疗照护服务。活动主办方负责人介绍，预计到2020年，虹口区全区每月需要提供650名养老护理员（医疗照护）。“本届培训班35名学员已经供不应求，不少学员还未结业就已经和用人单位签订了用工协议。”

【分析】

案例中反映了上海市探索医、养、校、企四方资源整合的培训模式，培训内容也不限于简单的生活照料，增加了基础护理、康复护理方面的技能和知识，同时体现了养老人才短缺和职业发展的乐观前景。

模块三　养老服务人才培养、使用、评价和激励制度

学习情境

银龄老年公寓里，21岁的小周在为一位入住的老人换衣服，她小心地招呼着老人，不需要老人动太多，她娴熟地帮老人换完了衣服，老人很满意。她三年前考入某高职院校老年服务与管理专业“银龄订单班”，学费由单位补贴50%，实习半年后今年一毕业就到这家老年公寓工作。当初上大学时，小周选择老年服务与管理专业就是觉得这个领域比较有前景，而且订单培养有学费补贴、有专项奖学金，工作已经提前确定，自己明确了职业发展规划。她先从一线护理做起，由于在学校学习过这些基础的实际操作，很快就熟悉和适应了工作环境，这只是她工作内容的一部分，她的另一部分工作内容是帮助院长做一些行政方面的工作，还要负责给老人举办一些文化活动。院长李女士说，她所在的老年公寓缺乏具备养老服务和管理知识的复合型人才，所以培养了一些定向人才，他们通过几年的培养锻炼，目标是成长为养老行业管理型人才，不仅要学习老年人的护理与康复，还要学习老年活动策划、老年心理咨询、老龄产业经营与管理等多项内容，毕业时100%持有中级“养老护理员”证书。

情境分析

加强养老服务人员队伍建设已经得到普遍的重视和扶持，建立学历教育与职业培训的双轨人才培养机制很有意义。高层次的养老服务专业人才匮乏，应针对该专业“冷门”的现象，建议制定专门政策，给予一定政策倾斜，吸引生源，同时完善校企合作，促进人才高质量充分就业。

相关知识

《老年人权益保障法》提出“国家建立健全养老服务人才培养、使用、评价和激励制度，依法规范用工，促进从业人员劳动报酬合理增长，发展专职、兼职和志愿者相结合的养老服务队伍”。民政部关于学习宣传贯彻《老年人权益保障法》的通知中指出，大力推行养老服务职业资格证书制度、养老机构院长资质培训制度和养老护理员持证上岗制度，全面提升养老服务职业化、专业化、规范化水平。各地政府在推进养老服务体系建设过程中，积极探索养老服务人才工作建设规划，加大资金投入，完善评价和激励制度，发挥主导和推动作用。

一、养老服务人才培养制度

（一）专业教育

1. 扩大人才培养规模

建立以职业教育为主体，应用型本科和研究生教育层次相互衔接的学历教育，增设老年服务与管理、老年社会工作、老年健康管理、康复治疗技术、康复辅助器具应用与服务等养老服务相关专业点。通过实行自主招生、增加招生计划等，逐步扩大人才培养规模。

2. 通过补贴资助吸引学生就读

通过政府补贴政策减免学费，企业订单培养资助学费或吸引社会捐助等方式，吸引学生就读养老服务相关专业，推动养老教育事业发展。2015 年中国社会福利基金会幸福养老基金为支持青年养老人才培养，每年在全国涉老高校和养老机构评选并奖励优秀青年养老人才，设立“全国优秀养老人才奖学金”，资助涉老院校进行养老教材研发，支持养老人才的培养。

3. 通过志愿服务提升学生职业认同感

积极组织职业院校、本科院校在校生到养老机构和城乡社区、家庭等进行志愿服务，开展社会实践活动，增强学生的社会责任意识，激发从事养老服务事业的热情。采取学校与城乡社区对口服务等形式，组织学生关爱、帮扶孤寡老人、空巢老人、农村留守老人。

（二）职业培训

1. 加强技能培训

按照国家有关规定实行职业资格证书制度，积极开展养老服务从业人员职业技能培训鉴定工作，实施养老服务从业人员素质提升计划，鼓励和支持养老机构、居家养老服务组织的从业人员参加相关职业技能培训和鉴定，不断提升高技能人才比例，对符合条件参加养老护理职业培训和职业技能鉴定的从业人员，按规定给予补贴。

《江苏省养老护理员培训实施方案（2012—2015 年）》提出，对包括民办养老机构在内的养老机构护理人员给予免费培训，省财政承担中、高级养老护理员的培训经费，并对各地承担的初级护理员培训经费给予补助，苏北、苏中、苏南补助标准分别为每人 1 200 元、1 100 元、1 000 元。福建省出台《养老护理从业人员岗位培训专项资金管理办法》等文件，明确对养老护理人员参加职业技能培训给予财政资金支持，省级财政按照每人每天 280 元的标准，全额承担养老机构管理人员和护理人员的培训经费，对按规定取得职业资格证书的给予 500 ～ 2 000 元的职业培训补贴。天津市实施百万技能人才培训福利计划，养老服务机构开展技能提升培训，可获得培训费、鉴定费、职工培训津贴、生活费、实习和师资培训等 6 项补贴。

2. 明确继续教育要求

依托院校和养老机构建立养老服务培训基地，依托信息化学习资源和平台建设，开展学历和非学历继续教育。今后应进一步明确在职人员继续教育的学时要求，如机构管理人员每年培训不少于40学时，其他人员每年培训不少于20学时；针对养老机构负责人、专业技术人员及护理员的不同需求，定期举办专项培训；鼓励养老服务业业务骨干参加学历教育，提升学历层次。

3. 加大就业培训

新成长劳动力、就业困难人员、退役士兵和进城务工的农村劳动力等城乡居民中，有从事养老服务工作意愿的，可参加人力社保部门组织的初级养老护理员培训，符合条件人员可按照有关文件规定，享受职业培训补贴，补贴费用可在就业专项资金中列支。

（三）志愿服务

1. 大力发展养老服务志愿者队伍

倡导机关干部、企事业单位职工、中小学生和在校大学生、大学毕业生参加养老服务志愿活动。积极开展具有本地特色的互助服务，鼓励低龄健康老年人参与社区居家养老服务，探索建立健康老年人参与志愿互助服务回报制度。

2. 加强养老服务志愿者队伍管理

积极扶持发展各类为老服务志愿组织，开展为老志愿服务活动，实行志愿者注册制度，鼓励医疗、教育、法律等领域专业技术人员每年参加规定时长的志愿者服务，形成专业人员引领志愿者的联动工作机制，探索建立“时间银行”机制和“积分奖励”制度。

二、养老服务人才使用制度

（一）岗位设置与人员配备

1. 合理设置专业技术岗位

养老机构应当科学设置专业技术岗位，重点培养和引进医生、护士、康复医师、康复治疗师、社会工作者等具有执业或职业资格的专业技术人员。城区、街道、社区三级居家养老服务机构工作人员，也要有一定比例的专业技术人员。

《老年人社会福利机构基本规范》关于人力资源配置，提出城镇地区和有条件的农村地区，老年人社会福利机构应有1名大专学历以上、社会工作类专业毕业的专职的社会工作人员和专职康复人员。为介护老人服务的机构有1名医生和相应数量的护士。北京市地方标准《养老服务机构服务质量星级划分与评定》中规定，150张床位以上，特别是入住有生活半自理老人的养老服务机构，至少有一名具备5年以上二级综合医院工作经历的护理管理人员负责照料、护理服务工作，至少有一名社会工作者负责社会工作。

2. 优化队伍结构，配备充足

养老机构要选好机构负责人，具备一定学历，有一定的管理经验，并热爱养老服务事业；养老机构内工作人员与自理老人、介护老人比例达到一定标准，居家养老服务机构人员与服务对象，也需按照一定比例配备，不断提升养老服务水平。

福建省地方标准《养老机构护理服务规范》中，为确保老年人护理服务质量和水平，提出养老机构护理服务人员应包括注册护士和养老护理员，养老护理员应在注册护士指导下开展养老护理服务工作。服务对象为完全不能自理老年人的，养老护理员和老年人配比不应低于1:4，其他不应低于1:10。

（二）就业扶持政策

1. 岗位补贴和社会保险补贴

在养老机构和社区开发公益性岗位，吸纳农村转移劳动力、城镇就业困难人员等从事养老服务。对吸纳就业困难人员就业的，按规定给予岗位补贴和社会保险补贴。就业困难人员以灵活就业方式从事居家养老服务的，可按规定享受灵活就业社会保险补贴。

2. 入职从业奖励

对养老服务专业毕业生给予一次性入职补贴，对从业人员给予长期的岗位补贴，以提高他们的劳动报酬、社会地位与职业认同，逐步缓解养老护理人才供不应求的局面。

鼓励专业对口毕业生从事养老服务业，按规定落实相关优惠政策。例如，实施入职奖励补贴制度，《浙江省老年服务与管理类专业毕业学生入职奖补办法》规定， 2013 年开始至 2015 年年底前入职各类养老服务机构的应届毕业生，工作满 5 年，采取入职奖补办法给予一次性奖补，中等职业技术学校毕业生奖补费 21 000 元，专科（高职）奖补费 26 000 元，本科及以上学历奖补费 40 000 元。《广西养老服务业综合改革试验区规划（2016—2020 年）》规定，养老服务业从业人员将享受优惠政策，对取得国家养老护理员初级工、中级工、高级工、技师职业资格证书，并在养老机构护理岗位连续从业两年以上的人员，分别给予每人 500 元、1 000 元、2 000 元、3 000 元的一次性从业奖励。

3. 引导人才合理流动

要畅通流动渠道，保障养老服务从业人员在不同举办主体的养老服务机构、组织之间有序流转。允许符合条件的医师到民办养老机构医疗机构开展多点执业。鼓励民办养老机构引入社会工作人才。对在民办养老机构就业的专业技术人员执行与公办养老机构相同的执业资格、注册考核政策。

三、养老服务人才评价制度

1. 构建以标准化服务为核心的绩效考核体系

各地根据本地实际情况，因地制宜地制定和完善符合本地需求的机构养老服务、居家养老服务等相关标准，以标准化服务为核心，加强对养老护理和管理人员的绩效考核，不断提升养老服务的规范化和标准化水平。山东省地方标准《社区居家养老服务人员管理规范》规定，服务组织应定期对护理员进行满意度调查，以检验护理员的工作情况和服务质量。对于优秀的护理员，宜制定相应的奖励或晋级措施。对于不合格的护理员，根据情节的严重程度宜采取批评告诫、再培训、降低其职业等级、解除劳动合同等措施。

2. 建立养老服务人才等级晋升制度

在养老服务机构和居家养老服务组织内科学设置养老护理、管理等不同岗位，细化岗位责任，采取“阶梯式”培养方式，实行等级晋升，形成“人员能进能出、职务能上能下、待遇能升能降、优秀人才能脱颖而出”的灵活用人机制，实现人力资源管理的科学化、规范化和系统化，对从业者自身而言，也可以有长远的职业规划和发展目标。

四、养老服务人才激励制度

1. 提高劳动保障待遇

各类养老服务机构、组织应当依法与从业人员签订劳动合同，按照“先缴后补”的原则足额缴纳社会保险费。各类养老服务机构、组织和居家养老服务照料中心（站）要积极改善养老护理员的工作条件，加强劳动保护和职业防护，提高职工工资福利待遇。

2. 建立薪酬等级制度

民办养老服务机构、组织中的从业人员薪酬待遇，应结合学历、职业资格、从业经历和岗位业绩等指标，参照当年度护理人员市场工资指导价位，由各民办机构、组织自行确定，应不低于最低工资标准，建立工资自然增长机制，带动养老服务业形成合理的回报机制，稳定和壮大养老服务队伍。

3. 建立技能等级补贴和岗位津贴制度

对持有国家职业资格证书、专业技术证书，聘用后，能运用专业技能开展服务，经考核为合格以上等次的从业人员，应分别发放相应的专业技术职务补贴。对公办养老服务机构、组织和民办非营利性养老服务机构、组织内从事养老护理等岗位的从业人员，经考核为合格以上等次的，按照年限标准发放岗位津贴。

4. 建立养老服务人才表彰机制

加强养老服务人才登记管理工作，对取得养老护理员职业水平资格证书的养老服务人员和完成养老护理专业培训的养老服务从业人员实行登记制度。通过竞赛、评比等多种形式将养老服务人才纳入地方人才表彰体系，要对表现优秀、业绩突出的养老服务人才给予多种形式的表彰奖励。对涌现出来的先进人物、先进事迹，通过报刊、电视、广播、电子网络等各类新闻媒体进行广泛宣传，进一步提高养老服务人员的社会地位。

情境反馈

本情境主要体现了社会力量为养老服务相关专业吸引生源提供有力支持，为学校专业发展提供保障，以适应社会长远需求。其主要体现在学费减免、增加专项奖学金、推荐保证就业等优惠政策，吸引更多生源，培养更多人才。通过校企合作，推动校外实训基地的建设，增加学生的学习实践机会，也保障养老服务专业学生能充分就业。

知识链接

1. 《DB37/T 1935—2011 社区居家养老服务人员管理规范》：http://www.sdmz.gov.cn/flcs/articles/ch00095/201407/018e027c-923b-408a-b8ea-62d1d34432cd.htm。

2. 《北京市地方标准 养老服务机构服务质量星级划分与评定》：http://shfl.mca.gov.cn/article/bzgf/dfbzgf/201008/20100800100707.shtml。

3. 《中华人民共和国行业标准——老年人社会福利机构基本规范》：http://shfl.mca.gov.cn/article/zcfg/zcfga/200807/20080700018535.shtml。

4. 《浙江省民政厅 浙江省财政厅 浙江省教育厅关于印发 < 浙江省老年服务与管理类专业毕业学生入职奖补办法 > 的通知》：http://mzj.yw.gov.cn/mzzc/zcfg/201308/t20130822_399977.html。

案例分析

某地《关于加强养老服务人才队伍建设的意见》中提到，加大政府扶持力度，在城市下岗职工中以及城镇农村选择一批有志于从事养老护理的适龄人员，对他们进行统一正规的免费培训，并给予一定的鉴定补贴，然后从事养老护理工作，既扩充了养老护理队伍，又可以扩大再就业；拓展培训渠道，不断提高培训的针对性、实用性和有效性，提高从业人员职业道德水平和服务意识；同时规范从业人员职业资格，推行职业技能等级待遇，人力资源与社会保障部门则应该按照护理员的工作业绩和资格证书设立合理的工资标准，可以参照最低工资标准，给予取得高、中、初级职业资格证书的养老护理员，每月工作标准达到当地最低工资的 1.6 倍、1.4 倍和 1.3 倍；通过广播、媒体等传播途径，不断宣传优秀养老护理员的先进事迹，培养全社会尊重养老服务人员的良好风气，降低养老护理员的流失。

【分析】

案例中反映了当地政府立足本地养老服务人才现状特点及发展需求，明确养老服务人才队伍建设的主要任务，包括加强养老护理人员教育培训力度，如实施养老护理人员职业培训制度，参加养老护理员培训可享受职业技能培训与鉴定补贴；加大对养老服务人才的激励力度，如建立薪酬等级制度和人才表彰机制。

模块四　养老机构及其工作人员违法行为的处罚

学习情境

陈某代理并陪同父亲陈大爷起诉了兴发养老院。入院时，三方签订了协议书，协议约定：陈某每月向被告支付护理、膳食费 1 600 元，押金 2 000 元；被告竭诚为陈大爷提供住宿、膳食、娱乐、护理和康复保健服务等。入住后，陈大爷在养老院单独下楼时，因楼梯过陡和扶手过高而摔伤，在市中心医院进行两次手术，花费医疗费 13 000 元。陈某等子女认为养老院监护不到位，应该承担一定的责任，但养老院认为不可能提供 24 小时的“一对一”服务，这个责任不应该由养老院来承担。后家属诉至法院。经查，被告开办的养老院未办理相关经营证照，相关工作人员无资质。

情境分析

养老服务是一种特殊的老年公共服务产品，直接关系到人身健康、生命财产安全。养老机构应当依法保障收住老年人的合法权益，主要是环境与设施设备要符合要求，工作人员应具有职业资格证书、专业技能过硬，加强管理（如实行 24 小时值班），做好消防安全保障等工作。

相关知识

《老年人权益保障法》规定了未经许可举办为老年人提供住宿、照料服务的养老机构的法律责任，以及养老机构及其工作人员侵害老年人人身和财产权益的法律责任。

一、养老机构违反许可设立规定的行为及处罚

（一）许可制度的要求

（1）我国对养老机构的设立及管理采用许可制度，养老机构取得设立许可后（取得养老机构设

立许可证），应当到民政、工商、编办等部门依法登记。未获得许可和依法登记前，养老机构不得以任何名义收取费用、收住老年人。

（2）设立许可证有效期为5年。设立许可证有效期届满30日前，养老机构应当持设立许可证、登记证书副本、养老服务提供情况报告到原许可机关申请换发许可证。

（3）养老机构设立分支机构，应当依照《养老机构设立许可办法》第八条、第九条和第十条的规定，到分支机构住所地的县级以上人民政府民政部门办理申请设立许可手续。

（4）养老机构变更名称、法定代表人或者主要负责人、服务范围的，应当到原许可机关办理变更手续；养老机构变更住所的，应当重新办理申请设立许可手续。

（5）养老机构自行解散，或者无法继续提供服务的，应当终止。办理注销登记前，应当依法进行清算，并在办理注销登记时交回设立许可证。

（6）许可机关应当建立健全养老机构设立许可信息管理制度，及时公布养老机构设立许可相关信息。民政部公开的《2016年政务公开工作要点》指出，推进行政审批、行政许可等事项办理信息公开；对民政部许可的养老机构违法行为实施的行政处罚信息予以公开，主动公开被处罚当事人名称、主要违法事实和处罚种类、依据，并及时回应社会的关切。

（二）法律责任

《养老机构设立许可办法》规定，养老机构未依法履行变更、终止手续的或涂改、倒卖、出租、出借、转让设立许可证的，许可机关应当依法给予警告，并处以3万元以下罚款；构成犯罪的，依法追究刑事责任。未经许可设立养老机构的，由许可机关责令改正；造成人身、财产损害的，依法承担民事责任；违反治安管理规定的，由公安机关依照《中华人民共和国治安管理处罚法》以下简称《治安管理处罚法》的有关规定予以处罚；构成犯罪的，依法追究刑事责任。养老机构违反许可设立有关规定，主要需承担以下行政法律后果：

1. 行政命令

行政命令是指行政主体依法要求相对人进行一定的作为或不作为的意思表示。未经许可设立养老机构的，由许可机关责令改正，就是行政主体对特定行政相对人做出的一种行政命令。责令改正是指国家机关或法律、法规授权的组织，为了预防或制止正在发生或可能发生的违法行为、危险状态以及不利后果，而做出的要求违法行为人履行法定义务、停止违法行为、消除不良后果或恢复原状的具有强制性的决定。责令改正既可以单独适用，也可以和行政处罚合并适用。在这里单独适用的，就是要求养老机构履行取得许可的法定义务。

《老年人权益保障法》规定，未经许可举办为老年人提供住宿、照料服务的养老机构的，由县级以上人民政府民政部门责令改正；符合法律、法规规定的养老机构条件的，依法补办相关手续；逾期达不到法定条件的，责令停办并妥善安置收住的老年人；造成损害的，依法承担民事责任。

2. 行政处罚

行政处罚是指行政机关或其他行政主体依法定职权和程序对违反行政法规尚未构成犯罪的相对人给予行政制裁的具体行政行为。对养老机构未依法履行变更、终止手续的或涂改、倒卖、出租、出借、转让设立许可证的，许可机关应当依法给予警告，并处以3万元以下罚款，明确了行政处罚的实施机关是民政部门，处罚种类是警告，并处以3万元以下罚款。

《治安管理处罚法》规定了伪造、变造或者买卖国家机关、人民团体、企业、事业单位或者其他组织的公文、证件、证明文件、印章的；或买卖或者使用伪造、变造的国家机关、人民团体、企业、事业单位或者其他组织的公文、证件、证明文件的；处10日以上15日以下拘留，可以并处1 000元以下罚款；情节较轻的，处5日以上10日以下拘留，可以并处500元以下罚款。单位违反治安管理规定的，对其直接负责的主管人员和其他直接责任人员依照《治安管理处罚法》的规定处罚。

二、养老机构及其工作人员违反服务管理规定的行为

1. 未与老年人或者其代理人签订服务协议，或者协议不符合规定

养老机构为老年人提供服务，应当与接受服务的老年人或者其代理人签订服务协议。养老服务协议就是养老服务机构接受入住老年人或其代理人的委托，向委托人提供约定服务的合同。服务内容和服务方式是合同的标的，非常重要，可以根据入住老年人的身体情况（自理、半自理和不能自理）和养老服务机构的类别来确定。费用问题最为敏感，收费的项目和标准要明确。服务期限不宜约定太长，通常是一年，合同届满之前可以续签。养老机构的权利主要是收取费用，义务则包括按照约定服务内容和标准提供服务，提供与资质等级相应的服务设施和活动场所，在提供服务的过程中保障老年人的人格尊严和人身财产安全，发生紧急情况及时通知代理人或经常联系人等；入住老年人的权利主要是享受约定服务，义务主要是自觉遵守养老机构的规章制度。

2. 未按照国家有关标准和规定开展服务

养老服务应依据国家有关规定和相关地方标准开展，《养老机构基本规范》规定了生活照料服务、膳食服务、清洁卫生服务、洗涤服务、老年护理服务、心理/精神支持服务、文化娱乐服务、咨询服务、安全保护服务和医疗保健服务十个方面的服务内容及要求。北京市地方标准《养老服务机构服务质量规范》中的服务内容更是细化到 21 项。《河南省养老服务机构服务质量标准》明确规定了各类养老服务机构的服务范围，以及养老机构的服务标准。

3. 配备人员的资格不符合规定

养老机构应当配备与服务和运营相适应的工作人员，从事医疗、康复、社会工作等服务的专业技术人员，应当持有关部门颁发的专业技术等级证书上岗。

4. 向负责监督检查的民政部门隐瞒有关情况、提供虚假材料或者拒绝提供反映其活动情况真实材料

民政部门按照实施许可权限，通过书面检查或者实地查验等方式对养老机构进行监督检查，养老机构应当于每年 3 月 31 日之前向实施许可的民政部门提交上一年度的工作报告，年度工作报告内容包括服务范围、服务质量、运营管理等情况。民政部门定期开展养老服务行业统计工作，养老机构应当及时、准确地报送相关信息。

5. 利用养老机构的房屋、场地、设施开展与养老服务宗旨无关的活动

主要是指超越行政许可服务范围进行活动，如《江西省关于进一步规范养老机构建设管理有关问题的通知》中规定，严禁以办养老服务机构的名义从事房地产开发，严禁利用养老机构的房屋、场地、设施开展与养老服务宗旨无关的活动，严禁改变机构的养老服务性质，确保养老服务资源为广大老年人服务。

6. 歧视、侮辱、虐待或遗弃老年人以及其他侵犯老年人合法权益的行为

虐待是对共同生活在一起的家庭成员经常以打骂、冻饿、限制自由、凌辱人格等方式，从肉体和精神上进行摧残迫害的行为。遗弃是指对年老、年幼、患病或者丧失劳动能力的家庭成员负有抚养、赡养义务而拒绝抚养、赡养的行为。歧视是针对老年人的偏见；侮辱是指使用暴力或者以其他方法，公然贬损他人人格，破坏他人名誉的行为。其他侵犯老年人合法权益的行为，主要有以下几种：①侵犯老年人财产所有权；②侵犯老年人生命健康权；③侵害老年人姓名权、肖像权、名誉权、荣誉权等人身权；④侵害老年人著作权、商标权、专利权、发明权、发现权和其他科技成果等知识产权。

7. 擅自暂停或者终止服务

养老机构因分立、合并、改建、扩建等原因暂停服务的，或者因解散等原因终止服务的，应当于暂停或者终止服务60日前，向实施许可的民政部门提交老年人安置方案，方案中应当明确收住老年人的数量、安置计划及实施日期等事项，经批准后方可实施。未经批准，不得擅自暂停或者终止服务。

8. 法律、法规、规章规定的其他违法行为

例如《天津市民政局、天津市财政局关于调整养老机构补贴标准的通知》提及："养老机构应当依规申请和使用补贴资金。对养老机构弄虚作假骗取补贴、违规挪用私分补贴资金的，由民政部门责令改正并追回补贴资金；情节严重的，依照国家和我市法律、法规予以处罚；构成犯罪的，依法追究刑事责任。"

三、养老机构及其工作人员违反服务管理规定的处罚

1. 行政责任

《养老机构管理办法》规定，养老机构有上述行为之一的，由实施许可的民政部门责令改正；情节严重的，处以3万元以下的罚款。针对不同行为的处罚种类，还有待进一步区别完善，如利用养老机构的房屋、场地、设施开展与养老服务宗旨无关的活动的，可以没收违法所得，并处以罚款，情节严重的，暂扣或者吊销许可证。另外，罚款幅度较大，裁量时需要量化，宁波市制定了《养老机构行政处罚裁量权细化量化参考标准》，把违法行为划分为较轻、一般、严重三个等级，明确了具体适用情形以及处罚种类和幅度。

《老年人权益保障法》规定，侮辱、诽谤老年人等侵害人身和财产权益，构成违反治安管理行为的，依法给予治安管理处罚。公然侮辱老年人或者捏造事实诽谤老年人的；处5日以下拘留或者500元以下罚款；情节较重的，处5日以上10日以下拘留，可以并处500元以下罚款；殴打老年人的，处10日以上15日以下拘留，并处500元以上1 000元以下罚款；盗窃、诈骗、哄抢、抢夺、敲诈勒索或者故意损毁老年人财物的，处5日以上10日以下拘留，可以并处500元以下罚款；情节较重的，处10日以上15日以下拘留，可以并处1 000元以下罚款。

2. 民事责任

《老年人权益保障法》规定，养老机构及其工作人员侵害老年人人身和财产权益，或者未按照约定提供服务的，依法承担民事责任。养老机构由于工作人员失职或措施不当、意外伤害、第三人伤害等原因，侵害老年人合法权益的典型案例较多，主要包括以下情形：①侵占老年人财产的，应当返还财产，无法返还的，应当照价赔偿；损坏老年人财产的，应当恢复原状或者赔偿损失。②养老服务机构未尽合理限度范围内的安全保障义务致使遭受人身损害的，养老服务机构承担相应赔偿责任；因第三人侵权导致损害结果发生的，由实施侵权行为的第三人承担赔偿责任，安全保障义务人有过错的，应当在其能够防止或者制止损害的范围内承担相应的补充赔偿责任。③老年人姓名权、肖像权、名誉权、荣誉权等人身权受到侵害，有权要求侵害人停止侵害，恢复名誉，消除影响，赔礼道歉，并可以要求赔偿损失。

3. 刑事责任

行为如果构成犯罪，就要依法追究刑事责任。刑事责任是对犯罪分子依照刑事法律的规定追究的法律责任，刑事责任也是最严厉的制裁。典型案例主要包括以下情形：①故意杀人罪，是指故意非法剥夺他人生命的行为。故意杀人的，处死刑、无期徒刑或者10年以上有期徒刑；情节较轻的，处3年以上10年以下有期徒刑。②过失伤害又称过失致人重伤罪，是指过失致人重伤的行为。犯本罪的，处3年以下有期徒刑或者拘役。③侮辱罪，是指使用暴力或者以其他方法，公然贬损他人

人格，破坏他人名誉，情节严重的行为。犯侮辱罪的，处3年以下有期徒刑、拘役、管制或者剥夺政治权利。④诽谤罪是指故意捏造并散布虚构的事实，足以贬损他人人格，破坏他人名誉，情节严重的行为。犯本罪的，处3年以下有期徒刑、拘役、管制或者剥夺政治权利。⑤盗窃罪，是指以非法占有为目的，盗窃公私财物数额较大或者多次盗窃、入户盗窃、携带凶器盗窃、扒窃公私财物的行为。盗窃公私财物，数额较大的，或者多次盗窃、入户盗窃、携带凶器盗窃、扒窃的，处3年以下有期徒刑、拘役或者管制，并处或者单处罚金。⑥诈骗罪，是指以非法占有为目的，用虚构事实或者隐瞒真相的方法，骗取数额较大的公私财物的行为。诈骗公私财物，数额较大的，处3年以下有期徒刑、拘役或者管制，并处或者单处罚金；数额巨大或者有其他严重情节的，处3年以上10年以下有期徒刑，并处罚金；数额特别巨大或者有其他特别严重情节的，处10年以上有期徒刑或者无期徒刑，并处罚金或者没收财产。

情境反馈

本情境主要体现了该养老机构违反许可设立以及服务管理的有关规定，应承担相应的法律责任。主要是以下三点违法行为：①未经许可设立养老机构；②配备人员的资格不符合规定；③楼梯设置不科学、不安全，没有提供符合老年人安全保护要求的设施、设备。依法承担行政责任，由许可机关责令改正，并处以3万元以下的罚款；造成人身、财产损害的，依法承担民事责任，赔偿医疗费、交通费、护理费、营养费等。

知识链接

1. 《养老机构管理办法》：http://www.mca.gov.cn/article/zwgk/fvfg/shflhshsw/201306/20130600480076.shtml。

2.《养老机构设立许可办法》：http://www.mca.gov.cn/article/zwgk/fvfg/shflhshsw/201306/20130600480075.shtml。

3.《养老机构基本规范》：http://www.sdmz.gov.cn/articles/ch00237/201407/cec2bc11-1ce7-4034-97ee-19f6c50c7e9c.htm。

4. 《中华人民共和国行政处罚法》：http://www.gjxfj.gov.cn/xffg/2012-05/03/c_131566258.htm。

5.《中华人民共和国治安管理处罚法》：http://www.gov.cn/flfg/2005-08/29/content_27130.htm。

案例分析

罗仁初与妻子彭细秀均在某爱心养老院当护工，至2015年2月，爱心养老院拖欠罗仁初夫妇约4万元工资。罗仁初多次找养老院院长房鸿春讨要未果。2015年2月19日（农历大年初一）凌晨2时许，罗仁初从养老院四楼阳台捡了一块红砖，先后对王金宣等九人及房鸿春之母贺细英等人头面部进行击打，后被闻讯赶来的彭细秀和护工罗解云予以制止，贺细英得以离开。罗仁初又持红砖先后对住在四楼其他房间的朱育滋等六人头面部进行击打。之后，罗仁初将手中的红砖扔在地上，走到四楼晾衣服的阳台上拿了一根不锈钢撑衣杆，进入406房间将左重学、赵淑媛打伤。打完人后，罗仁初逃离现场。

案发后，公安民警和120急救中心的医生将熊银海等18名被害人送到医院进行救治。被害人庞文臣被送至医院时已经死亡，被害人熊银海、朱仁九经抢救无效于当天死亡，后被害人李继明等六人相继死亡，其他9名被害人分别受伤。2015年2月21日10时许，罗仁初潜逃至杨雨春处。杨雨春见罗仁初饥饿，便进屋拿了水果、饮料等食物给罗仁初，同时告知罗仁初有警察在其家里蹲守，劝罗仁初自首未果后要罗仁初躲到后山，并进屋拿了几个馒头给罗仁初。当日17时许，罗仁初在杨雨春家屋后山上被公安民警抓获。

【分析】

案例中因被养老院拖欠工钱，护工罗仁初把矛头对准了在养老院安享晚年的老人，造成9死9伤。罗仁初采取暴力手段，故意非法剥夺他人生命，致9人死亡和9人受伤，其行为构成故意杀人罪；杨雨春明知罗仁初是犯罪的人而为其提供财物，帮助其逃匿，其行为构成窝藏罪，且情节严重。据此，人民法院宣告被告人罗仁初犯故意杀人罪，判处死刑，剥夺政治权利终身；被告人杨雨春犯窝藏罪，判处有期徒刑三年，缓刑四年。

单元小结

高素质的养老服务人才队伍，是养老服务事业发展的有力支撑。面对人才紧缺的现状，建立学历教育与职业培训的双轨人才培养机制十分必要。政府要发挥主导作用，进行顶层设计，科学制定人才发展规划，完善培养、使用、评价和激励制度。养老机构要依法开展服务，促进养老事业健康发展。

实践强化

1. 实地调研本地区养老服务行业人员队伍现状，包括年龄结构、学历结构、专业背景、职业资格获取情况、薪酬结构、继续教育等情况，撰写调查报告。

2. 实地调研本地区养老服务过程中出现的纠纷类型，分析其主要原因并提出建议与对策，撰写调查报告。

学习单元十一　养老服务劳动法律法规

单元导读

随着老龄化社会的来临，“老有所养”正成为越来越迫切的社会问题。国家“十三五”规划明确提出要建立以居家为基础、社区为依托、机构为补充的多层次养老服务体系。作为补充的机构养老模式将为越来越多的老人所接受，机构与居家、社区养老服务一体化将成为必然趋势，民办民营养老机构也将成为养老机构的发展主体。养老机构在为国家的养老产业做出贡献的同时，应当依法从业，规范管理。依法从业的一个重点是依法用工，而依法用工首先就是要依据《劳动法》《劳动合同法》等法律法规，与劳动者签订劳动合同，确立双方的劳动关系，明确双方的权利和义务。劳动合同应以书面形式订立，遵循平等自愿、协商一致的原则，不得违反法律、行政法规的规定。合同签订以后，养老机构要按照劳动合同规定的条件，履行义务。劳动合同依法订立后，养老机构和劳动者经过协商，在合同尚未履行或者尚未履行完毕之前，可以依法对劳动合同内容做部分修改、补充或者删减。在符合法律规定的条件下，养老机构也可以与劳动者解除劳动合同。

学习目标

知识目标

1. 熟悉我国劳动合同的法律与政策规定。
2. 掌握劳动合同签订的一般程序和具体步骤。
3. 掌握养老机构和劳动者在劳动合同履行中的义务。
4. 掌握劳动合同的变更与解除的法律规定。

技能目标

1. 能够协助养老机构和劳动者依法签订劳动合同。
2. 能够协助养老机构和劳动者依法履行、变更劳动合同。
3. 能够协助养老机构和劳动者依法解除劳动合同。

素质目标

1. 培养依法从业、依法用工的法律意识。
2. 正确认识劳动者与用人单位之间的关系。

模块一　劳动合同的签订

学习情境

北京市东城区某养老服务公司，有员工上百人，一直未签订劳动合同。2008年后由于《劳动合同法》宣传的不断深入，公司逐渐认识到签订劳动合同的重要性，于是要求员工与公司签订书面的

劳动合同。但员工洪某拒绝签订劳动合同。他认为劳动合同是对自己的束缚，因此不愿意签。公司方面无奈，让洪某写了一个声明，声明上写道："本人不愿意签订劳动合同，特此声明。"后面是洪某的亲笔签名。于是公司方面也就未再要求洪某签订劳动合同。

一年后，洪某因为加班费的问题，向北京市东城区劳动争议仲裁委员会提出了仲裁请求，要求公司支付加班费2万余元，同时要求支付未签订劳动合同的双倍工资3万余元。就未签订劳动合同的问题，公司方拿出了洪某签名的声明，认为未签订劳动合同完全是由于洪某的原因，公司不应该再对其支付赔偿。洪某承认声明的真实性，但认为不签订劳动合同的原因是公司拿出的劳动合同条款不公平。因此未签订劳动合同的实质原因还在于公司。

情境分析

作为养老服务公司工作人员，不管是从公司角度还是员工角度，都应当知晓签订劳动合同的意义，熟悉国家劳动法律的相关规定，督促双方及时签订劳动合同，明确双方的权利与义务。

相关知识

劳动合同的订立是指劳动者和用人单位经过相互选择和平等协商，就劳动合同条款达成协议，从而确立劳动关系和明确相互的权利义务的法律行为。它一般包括确定合同当事人和确定合同内容两个阶段。

一、劳动合同订立的原则

我国《劳动法》第十七条规定："订立和变更劳动合同，应当遵循平等自愿、协商一致的原则，不得违反法律、行政法规的规定。"养老服务机构在与劳动者签订劳动合同时必须遵循以下三项基本原则：

1. 平等自愿原则

平等是指双方当事人法律地位平等，都有权选择对方并就合同内容表达各自独立的意志。自愿是指劳动者与用人单位自由表达各自意志，主张自己的权益和意愿，任何一方都不得强迫对方接受其意志。凡采取欺诈、胁迫等手段，把自己的意愿强加给对方的，均不符合自愿原则。对于双方当事人来讲，平等是自愿的基础和条件，自愿是平等的表现，两者相辅相成、不可分割。平等自愿原则是劳动合同订立的基础。

2. 协商一致原则

在订立合同的过程中，劳动者与用人单位双方对劳动合同的内容、期限等条款进行充分协商，达到双方对劳动权利、义务意思表示一致。只有协商一致，劳动合同才能成立。

3. 合法原则

合法原则是指遵守国家法律、行政法规的原则。劳动者和用人单位在订立劳动合同时，不能违反国家法律、行政法规的规定，这是劳动合同得以有效并受法律保护的前提条件。依法订立劳动合同，必须符合以下几项要求：

（1）订立劳动合同的目的必须合法。当事人不得以订立劳动合同的合法形式掩盖非法意图和违法行为，以达到不良企图的目的。

（2）订立劳动合同的主体必须合法。即双方当事人必须具备法律、行政法规规定的主体资格。用人单位应是依法成立的企业、个体经济组织、国家机关、事业组织、社会团体等组织。劳动者必须具有劳动权利能力和劳动行为能力，即应是年满 16 周岁、具有劳动行为能力的中国人、外国人或无国籍人，双方主体在签约时，主体资格必须合法。

（3）订立劳动合同的内容必须合法。双方当事人在劳动合同中所设定的权利、义务条款必须符合国家法律、法规和有关政策的规定。例如，有的劳动合同规定："发生工伤事故，单位概不负责""旷工 3 天予以除名""不享受休假"等，均属于内容违法而无效的条款。对此，用人单位应承担由此而产生的法律责任。

（4）订立劳动合同的程序和形式必须合法。程序合法是指订立劳动合同要依照国家法律、行政法规规定的步骤和方式进行。在国家没有制定专门的规范劳动合同订立程序的规定前，应按现行的有关规定和合同制度的一般法则来订立劳动合同，如要经过要约与承诺两个步骤。具体方式是先起草劳动合同书草案，然后当事人协商，协商一致后签约。形式合法是指订立劳动合同必须依照法律、法规规定的形式签订。《劳动法》第十九条规定，劳动合同应当以书面形式订立。也就是说劳动合同的形式是书面协议。

（5）订立劳动合同的行为必须合法。行为合法是指订立劳动合同的双方当事人必须用自己的实际行动体现劳动合同合法。订立劳动合同不是简单地签署一项书面协议，它涉及各个方面的政策。行为违法是当事人双方事先串通好的，所以尽管是自愿的、平等的，甚至其他条件是合法的，也属于违法合同。

二、劳动合同订立的意义

一般而言，劳动合同的订立具有以下意义：

（一）通过订立劳动合同，明确双方权利、义务及责任

劳动者与用人单位之间签订劳动合同，借以形成一定的劳动法律关系。劳动法律关系同其他法律关系一样，是以合同当事人双方的权利、义务为内容的。双方当事人享有什么样的权利，应该履行怎样的义务，必须借助于劳动合同给予明确。通过签订劳动合同，一方面把法律所赋予劳动合同当事人的抽象的法律上的权利具体化，另一方面也需要依据当事人双方的平等协商创设一些法律未予明定但将给予承认并保护的权利，正是在这一意义上我们说劳动合同的签订是劳动合同成立的前提。

（二）依法订立的劳动合同对双方当事人产生法律拘束力

劳动合同经双方当事人意思表示一致而成立，当事人双方即应严格按照合同的规定履行，任何一方未经合同另一方的同意，不得擅自变更或解除劳动合同，但法律赋予一方当事人在特定情况下享有单方解除权的除外。劳动合同的效力体现在受法律保障的强制执行力，法律通过要求当事人严格履行合同，并对违反合同的当事人课处法律责任的方式，维护劳动合同的严肃性。

（三）依法订立的劳动合同是处理劳动合同争议的依据

劳动合同当事人在履行合同过程中，基于对劳动合同条款的不同认识，或者因为其他原因，难免发生争议。在处理这些劳动争议时，争议处理机关应当在查明事实真相的情况下，依照合同和法律的规定，判断是非曲直，明确当事人的责任。

（四）养老服务机构作为用人单位不签劳动合同的七大不利后果

1. 支付双倍工资

《劳动合同法》第八十二条规定：“用人单位自用工之日起超过一个月不满一年未与劳动者订立书面劳动合同的，应当向劳动者每月支付 2 倍的工资。”据此规定，如果用工单位自用工之日起超过一个月不与劳动者订立书面劳动合同的，应当向劳动者每月支付 2 倍的工资，最长为 11 个月。

2. 无法约定劳动者的试用期

用人单位不签订劳动合同，对新招员工就难以约定试用期，直接招用，不仅需要增加试用期期间的支出，而且容易带来用人风险。

3. 难以稳定员工和技术人员

如果用人单位不签订劳动合同，则职工可以说走就走，无须提前一个月给出离职报告，法律不追究其责任。

4. 难以保护商业秘密

每个企业或多或少都有商业秘密，不签订劳动合同，就无法通过劳动合同增加保密条款，很难保护企业的商业秘密。

5. 难以进行竞业限制

企业要对劳动者进行竞业限制，主要是针对高技能人才，不签订劳动合同，就无法通过劳动合同做出竞业限制，采用其他办法很难有效。

6. 被迫签订无固定期限劳动合同

《劳动合同法》第十四条第三款规定：“用人单位自用工之日起满一年不与劳动者订立书面劳动合同的，视为用人单位与劳动者已订立无固定期限劳动合同。”如果用人单位被迫与劳动者签订无固定期限的劳动合同，则对用人单位的利益将造成较大影响。

7. 在劳动争议处理中十分被动

不签订劳动合同，责任主要是在企业。一旦产生劳资争议，企业拿不出劳动合同，违法在先，按照法律规定，必须承担诸多不利后果。

三、劳动合同订立的一般程序

劳动合同的订立是劳动合同当事人就合同条款通过协商达成一致意思的过程。养老服务机构在与劳动者订立劳动合同时一般要经过要约和承诺两个阶段。

1. 要约

要约是指一方当事人以订立合同为目的向另一方就合同主要内容做出的意思表示。要约的发出人和接受人均须特定，且要约的内容足以构成合同的主要条款，同时应做出缔约的表示，否则不算有效要约。如果仅有订约的意思而未就合同主要内容做出表示，则只能称为要约邀请，不能产生要约的效力。要约仅在要约有效期内对要约人具有法律拘束力，要约期满其效力自动解除。因此，用人单位如果仅在招工启事或广告或简章中介绍自身情况，并发出招工信息，并未就合同主要内容给予说明，则该行为只能算是要约邀请，不构成有效要约。而如果用人单位在招工简章中对合同条件给予明确说明，则属于要约，一旦应招者承诺，用人单位就有义务与劳动者签订劳动合同。如应招者不同意所列条件，而提出新的条件，则属于反要约，用人单位可以承诺，也可以不予承诺而不订立合同。

2. 承诺

承诺是指受要约人完全无条件地接受要约以成立合同的意思表示。承诺必须由受要约人本人在有效期内做出，且应当完全接受要约条款。如果接受的意思与要约不一致而改变了要约的实质性内容，则只能视为反要约，不构成有效承诺。劳动者或用人单位一旦同意对方要约而做出承诺，劳动合同即告成立。

任何一个劳动合同的成立，一般都要经过上述两个阶段，但具体可能要经过要约——反要约——再要约——承诺的复杂的反复协商，最后成立合同，合同一经成立，即对双方当事人产生法律拘束力。

四、劳动合同订立的具体步骤

劳动合同的订立从理论上讲应当经过要约和承诺的订约过程，这符合合同订立的一般理论。但劳动合同有其特殊性，在具体订立时，一般包括以下几个步骤：

1. 用人单位公布招工简章

用人单位在招用合同制工人或其他人员时，应当先公布招工简章。简章一般包括以下内容：①用人单位情况介绍，包括本单位是否具有法人资格、所有制性质、经营规模、经营范围、工作地点及条件、发展规划等，借此向社会公开其自身情况，有助于劳动者了解情况，决定是否应招。但所介绍的情况应当真实，不能进行欺诈行为，否则应承担法律责任。②需招收的人员数量、岗位或工种。③各层次、各种类的岗位招用人员的条件，如男女比例、年龄、学历等；还可以就应聘人员的政治条件、身体条件、居住（户口）条件等做出相应要求。但与录用无关的条件，如是否单身、民族等不得做出要求。④被录用人员的权利、义务，主要指工作内容、工资、福利、劳动保护和劳动条件、保险和劳动纪律、民主权利等。⑤报名时间、地点，需携带和提交的证明文件、材料，报名手续等。有的招工简章中仅规定招工人数、报名条件、时间、地点、手续等内容，亦无不可。

2. 劳动者自愿报名

符合条件的应招人员，结合自身情况，有选择地自愿报名，报名时一般应提交身份及户口证明、毕业证书、工作简历及其他证明材料，并填报用人单位要求填写的各种表格。报名一般应当本人亲自到场，但特殊情况下亦可请人代为报名。用人单位根据劳动者所提交的材料，进行初步资格审查，以确定报名资格。

3. 全面考核

用人单位对于符合基本资格条件的报名者进行全面考核，着重从身体条件、业务能力、心理素质等方面考评，同时根据工作岗位需要而有所侧重。考核的具体内容、标准由用人单位确定，其方法可采取申请资料审查、背景调查、面试、笔试、实地操作、体检等多种方式。经过考核，对申请人做出尽可能合乎实际的评定结论，对于评定结论要张榜公布。

4. 择优录用

用人单位通过对报名者全面考核之后，对于合格者应张榜公布，公开录用，并通知被录用者订立劳动合同。

5. 签订劳动合同

劳动合同草案一般由用人单位提出，用人单位在草案中要注意遵守法律、法规，如对妇女及未成年人的特殊保护、最低工资规定、工作时间等。在合同草案基础上双方本着平等自愿、协商一致的原则，继续对合同条款做出修改，最后签订正式劳动合同。在履行了上述手续后，合同即依法成立。

值得注意的是，鉴证不是劳动合同订立的必经程序，劳动合同在当事人达成一致意思，签订合同后即告成立，双方可自行决定是否鉴证，是否鉴证不影响合同的成立与生效。

五、劳动合同的内容与条款

《劳动法》第十九条规定，劳动合同应当以书面形式订立，并具备以下条款：①期限；②工作内容；③劳动保护和劳动条件；④劳动报酬；⑤劳动纪律；⑥终止的条件；⑦违反的责任。除上述规定的必备条款外，当事人可以协商约定其他内容。

《劳动合同法》第十七条规定，劳动合同应当具备以下条款：①用人单位的名称、住所和法定代表人或者主要负责人；②劳动者的姓名、住址和居民身份证或者其他有效身份证件号码；③劳动合同期限；④工作内容和工作地点；⑤工作时间和休息休假；⑥劳动报酬；⑦社会保险；⑧劳动保护、劳动条件和职业危害防护；⑨法律、法规规定应当纳入劳动合同的其他事项。劳动合同除上述规定的必备条款外，用人单位与劳动者还可以约定试用期、培训、保守秘密、补充保险和福利待遇等其他事项。

对比这两部法律对劳动合同内容的规定，除了“劳动合同期限”“劳动报酬”这两项是完全相同之外，其他条款都有些差别。例如，《劳动法》就没有规定劳动合同一定要约定工作地点，而《劳动合同法》就明确了这一点；《劳动合同法》规定，劳动合同应约定“工作时间和休息休假”“社会保险”，这都是新增加的内容。另外，《劳动合同法》也减少了一些《劳动法》的必备条款，例如，取消了“劳动纪律”“违反的责任”等内容。

必备条款就是劳动合同应该具备的内容。《劳动合同法》第十七条所涉及的内容就是最基本的劳动合同。但是并不是说用人单位和劳动者只能约定这些条款，而是可以额外增加内容，如增加试用期条款、培训条款、保密条款等。

《劳动合同法》规定的劳动合同的必备条款有助于我们判断合同的性质。例如，有的企业与员工签订了聘用合同，有的企业与员工签订了劳动协议（或者叫雇佣协议），有人可能会对聘用合同或劳动协议提出疑问。其实名字并不重要，如果聘用合同或劳动协议里的内容，已经具备了《劳动合同法》规定的上述九项必备内容的话，它就是一个劳动合同。这就是必备条款的作用。

六、订立劳动合同的注意事项

养老服务机构与劳动者订立劳动合同时，应该注意以下几点：

1. 正确行使订立劳动合同过程中的知情权

在劳动合同缔结之前，用人单位和员工为了建立劳动合同关系，通常采用用人单位招聘、员工应聘的方式，来实现订立合同之前的平等协商。在这个过程中，双方当事人必须有了解对方相关信息的权利。法律赋予了双方当事人知情权。

对于劳动者来讲，用人单位在招聘劳动者时，应当告知劳动者本单位工作方面的相关内容和劳动者想了解的一些情况，这是劳动者的知情权。而用人单位也有权了解劳动者与劳动合同直接相关的基本情况，劳动者不得隐瞒，这是用人单位的知情权。

【案例 11-1】小刚今年大学毕业，正赶上就业的形势非常严峻。他好不容易才获得一家养老服务机构面试的机会，于是准备妥当参加面试，心想一定要给面试官留下一个好印象。面试的过程很紧张，面试官问了他很多问题，小刚都一一作答，他看得出面试官好像很满意。等到面试官问完问题后，小刚也想了解一下这家公司的情况，如公司的业务情况、办公条件等。可是他一张嘴，面试官就一副不耐烦的样子，冷冷地对小刚说："我没时间回答你的问题，你要是不想来我们公司就另谋高就，要是想在我们公司干，就回家等通知，你后边还有20多个人等着面试呢，我今天上午必须面试完，怎么可能有时间回答你的问题。"小刚只好知趣地告辞了。

在现实生活中，类似小刚碰到的这种情况比比皆是，很多时候，劳动者的知情权根本没办法行使。一般情况下，用人单位应该按照《劳动合同法》的规定，充分地了解员工，同时也允许员工充分地了解用人单位的情况。用人单位在行使知情权的时候，要注意不要侵犯求职者的隐私权。如果侵犯了求职者的隐私权，可能会产生一些民事纠纷。

【案例11-2】小琳今年大学毕业，正在忙着找工作，得到了一个去养老服务企业面试的机会。约定时间后，她就去这家企业面试了，面试时都是单独进行的。当天负责面试的是一个男性面试官。一开始，面试官问了小琳一些常见的问题，她都一一回答。之后，面试官开始问一些隐私的问题，甚至问小琳的三围尺寸是多少。小琳为了找工作，已经回答了一些她不愿意回答的问题。当面试官问到她的三围尺寸时，她忍无可忍，心里说："我是来应聘文秘的，又不是来应聘模特儿的，你凭什么问我这些？"但她还是咬着牙告诉面试官了。没想到面试官更过分，他从抽屉里拿出一个皮尺，要亲自量一下小琳的三围尺寸。小琳终于按捺不住，从包里掏出一个MP3，说："我要告你，我们今天的面试对话，我都录下来了……"

面试官在跟求职者沟通的时候，尽量不要去问与工作无关的问题。有时有些面试官出于好奇，很可能问一些不该问的问题，侵犯了求职者的合法权益。

2. 禁止设定担保和收取抵押金

《劳动合同法》中有禁止设定担保和收取抵押金的规定。也就是说，用人单位招聘劳动者时，不得让劳动者提供担保，或者缴纳抵押金。

【案例11-3】小孙最近找到一份工作，结果上班后，公司就向他收取押金，说是风险抵押金，不缴的话，公司就不和他签合同。没办法，小孙只好忍痛缴纳了5 000元钱。到了月底发工资时，公司却不给员工发工资。小孙去问财务科的人："为什么不给我们发工资？"财务科的人回答说："我们现在亏损，资金周转不开，没钱，以后有钱就给你补发。"小孙只好继续工作，但是一连干了三个月，都没拿到一分钱，他实在受不了了，找到公司老板："这样一直不发工资，我没办法生存，再不发我就辞职了。"老板说："你要辞职我也没办法。"小孙说："那你把我的5 000元风险抵押金还给我，并把你拖欠我的三个月工资一起支付给我。"老板说："给不了，你的押金我们都用来买原材料了，你的工资我也给不了，现在账上一分钱也没有。"小孙很生气："那怎么办？我总不能白干三个月啊，还赔了5 000元。"老板安慰他说："这样吧，你再等两个月，两个月以后，我的资金就回笼了，到时我连押金带工资一起都给你。"小孙没办法，只好回去又干了两个月。没想到，两个月以后，公司倒闭了，老板也不见了。小孙辛苦干了五个月，不但没赚一分钱，还赔了5 000元。

用人单位收取押金，其实是降低了自己的风险，但提高了员工的风险。因此，《劳动合同法》规定，用人单位不能收抵押金。如果用人单位违反了这一规定，将由劳动行政部门责令限期退还给劳动者本人，并且以每人500元以上、2 000元以下的标准处以罚款，给劳动者造成损害的，还应当承担赔偿责任。

如果用人单位发给员工某些物品，收取相应的押金是否违反规定呢？例如，某企业发给员工工作服，并不是送给他们的，而是将来要收回的。企业怕员工弄坏了，就收取等值的押金。从理论上讲，这种行为是不违法的。但是，现实工作中，往往是工作服只值 50 元，用人单位却收 500 元的押金，这就是变相地给劳动者设抵押金。只有个别行业允许员工交抵押金，如一些出租车公司，政府允许它们向出租车驾驶员收取一部分的出租车抵押金。

3. 关于试用期的相关规定

《劳动合同法》中关于试用期的规定还是沿用《劳动法》的思路，即试用期的长短受合同期限的限制：当合同期限比较短的时候，试用期就不能太长；当合同期限比较长的时候，试用期可以相对长一些。试用期期限的具体要求如表 11-1 所示。

表 11-1 试用期的期限

劳动合同期限	试用期期限
三个月以上不满一年	不得超过一个月
一年以上不满三年	不得超过二个月
三年以上和无固定期限合同	不得超过六个月

《劳动合同法》同时规定，“同一用人单位与同一劳动者只能约定一次试用期”，也就是说，企业给员工调换岗位不能再设试用期。试用期包含在劳动合同期限内。劳动合同仅约定试用期的，试用期不成立，该期限为劳动合同期限。也就是说，有的企业招来新员工后不签订正式合同，只签订一个试用期合同，新员工通过了试用期，企业认为新员工合格，再签订正式合同，这种做法是不可以的。按照《劳动合同法》的规定，如果企业与员工签订了几个月的试用期合同，那这份试用期合同就视为正式合同。也就是说，只要签劳动合同，就必须是正式的劳动合同，但可以在正式的劳动合同里面约定前几个月是试用期，而不能说先签一个试用期合同，再签正式合同。

《劳动合同法》规定，劳动者在试用期的工资不得低于本单位相同岗位最低档工资或者劳动合同约定工资的 80%，并不得低于用人单位所在地的最低工资标准。这是对员工试用期工资权益的保护。

情境反馈

本情境中，北京市东城区劳动争议仲裁委员会经审理后做出了裁决，就双倍工资问题，认定公司属于违法未签订劳动合同，应依法向洪某支付双倍工资近 3 万元。后公司向法院提起诉讼，法院仍然维持了该项裁决。《劳动合同法实施条例》第六条规定，用人单位自用工之日起超过一个月不满一年未与劳动者订立书面劳动合同的，应当依照《劳动合同法》第八十二条的规定向劳动者每月支付两倍的工资，并与劳动者补订书面劳动合同。《劳动合同法实施条例》第五条则规定，员工如果拒绝签订劳动合同，则用人单位“应当”书面通知劳动者终止劳动关系。

知识链接

1. 《劳动合同如何签订》：http://www.66law.cn/topic2012/ldhtqdzy。
2. 《签订劳动合同的十大注意事项》：http://china.findlaw.cn/laodongfa/laodong weiquan/1051978.html。

3.《签订劳动合同的流程，签订劳动合同应注意什么？》：http://www.fabao 365.com/laodong/87659。

案例分析

2015 年 3 月，江某应聘到北京一家养老服务公司，双方签订了三年期限的劳动合同，工资标准为 3 200 元 / 月，并约定了 5 个月的试用期，试用期工资为 2 800 元 / 月。2015 年 7 月底，在江某试用期期满前一天，该养老服务公司人力资源部找到江某，告知其试用期内绩效考核不合格，以试用期内被证明不符合录用条件为由，要与其解除劳动合同，并要求江某当日即办理合同解除手续。而江某表示，自己在应聘工作时，从未看到有关录用条件的说明，在签订劳动合同及此后的工作中，公司也未曾告知自己相关的绩效考核规定，况且自己也一直严格遵守工作时间和公司的相关规章制度，于是她要求公司向其支付经济补偿。在遭到公司拒绝后，江某向劳动争议仲裁院提请了仲裁，要求裁定公司违法解除劳动合同，支付其双倍经济补偿的赔偿金。

仲裁结果：审理中，养老服务公司提供了绩效考核制度规定，但由于其未能出具该制度已公示告知以及江某在试用期内不符合录用条件的证明材料，最终，劳动争议仲裁院裁决，养老服务公司与江某解除劳动合同属于违法解除，应当依法向江某支付一个月工资的赔偿金。

【分析】

本案例中，养老服务公司在试用期内与江某解除劳动关系，应当根据《劳动合同法》第二十一条和第三十九条的规定，证明江某在试用期内不符合录用条件，并向劳动者说明情况。但养老服务公司却无法提供有效的证据材料而未得到支持。根据《劳动合同法》第四条的规定，用人单位应当将直接涉及劳动者切身利益的规章制度和重大事项决定，公示或者告知劳动者。用人单位败诉的关键原因就在于其绩效考核制度未做到向所有员工公示告知，这使得其管理依据不符合法律规定，致使管理无效。

模块二　劳动合同的履行及变更

学习情境

某老年产品生产公司，其业务中有许多操作工序，其中之一就是操作起重机。有一天，该公司的起重机出现故障，送出去修理，但因为工期很紧张，就从别的单位借来一台起重机交给原来的操作员操作。操作员一看，发现这台起重机已经停用两年了，很多地方都锈迹斑斑，连钢丝绳也有轻微的损坏。于是，他就跟部门经理提出，起重机必须先进行全面的检验，合格之后才能操作。部门经理急了："现在工期那么紧，你操作的机器坏了，给你借了一个，就是为了赶工期，你还要找有关部门检验，这不是耽误工作吗？"但是，操作员坚持己见，如果起重机不经过检验的话就拒绝操作。部门经理更火了："你不操作我就找别人，你不用来了，解除你的劳动合同，因为你不履行合同义务，分配给你的工作你不做。"

情境分析

该经理的做法属于"违章指挥、强令冒险作业"。违章指挥、强令冒险作业是一种侵犯员工合法权益的违法行为，也是直接导致生产安全事故发生的重要原因。拒绝违章指挥，既是企业员工依法享有的权利，也是维护正常生产秩序、有效防止生产安全事故发生、保护从业人员自身安全的必然要求。

相关知识

养老服务机构和劳动者订立劳动合同后，就会涉及如何履行合同的问题。《劳动合同法》的第三章“劳动合同的履行和变更”主要涉及用人单位和劳动者在履行和变更劳动合同的过程中常遇到的问题，第二十九条规定：“用人单位与劳动者应当按照劳动合同的约定，全面履行各自的义务。”无论是用人单位还是劳动者，如果不履行自己的义务，按照《劳动合同法》的规定，都将受到相应的惩罚。

一、劳动合同的履行

（一）履行的含义

劳动合同的履行是指劳动合同双方当事人按照劳动合同的约定履行各自义务、实现各自权益的行为。

（二）履行的原则

劳动合同的全面履行要求劳动合同的当事人双方必须按照合同约定的时间、期限、地点，用约定的方式，按质、按量全部履行自己承担的义务，既不能只履行部分义务而将其他义务置之不理，也不得擅自变更合同，更不得任意不履行合同或者解除合同。用人单位必须按照合同的约定向劳动者提供适当的工作场所和劳动安全卫生条件，并按照约定的金额和支付方式按时向劳动者支付劳动报酬；劳动者必须遵守用人单位的规章制度和劳动纪律，认真履行自己的劳动职责，并且亲自完成劳动合同约定的工作任务。

劳动合同的亲自履行要求劳动合同主体必须亲自履行劳动合同。因为劳动关系是具有人身性质的社会关系，劳动合同是特定主体间的合同。劳动者选择用人单位，是基于自身经济、个人发展等各方面利益关系的需要；而用人单位之所以选择该劳动者也是由于其具备用人单位所需要的基本素质和要求。劳动关系确立后劳动者不允许将应由自己完成的工作交由第三方代办，用人单位也不能将应由自己对劳动者承担的义务转嫁给其他第三方承担，未经劳动者同意不能随意变更劳动者的工作性质、岗位，更不能擅自将劳动者调到其他用人单位工作。

劳动合同的全面履行，还需要劳动合同双方当事人之间相互理解和配合，相互协作履行。

（三）用人单位在劳动合同履行中的义务

1. 及时、足额支付劳动报酬

劳动报酬是劳动者为用人单位提供劳动而获得的各种报酬。劳动者一方只要在用人单位的安排下按照约定完成一定的工作量，劳动者就有权要求按劳动取得报酬。劳动报酬不仅是劳动者及其家属有力的生活保障，也是社会对其劳动的承认和评价。

用人单位在生产过程中支付给劳动者的全部报酬包括三部分：①货币工资，用人单位以货币形式直接支付给劳动者的各种工资、奖金、津贴、补贴等；根据 1990 年国家统计局发布的《关于工资总额组成的规定》，一般包括计时工资、计件工资、奖金、津贴和补贴、延长工作时间的工资报酬以及特殊情况下支付的工资等。②实物报酬，即用人单位以免费或低于成本价提供给劳动者的各种物品和服务等。③社会保险，即用人单位为劳动者直接向政府和保险部门支付的失业、养老、工伤、医疗、生育等保险金。

用人单位向劳动者发放劳动报酬还要遵守国家有关规定。

（1）最低工资制度。用人单位支付给劳动者的工资不得低于当地的最低工资标准。最低工资是指劳动者在法定工作时间或依法签订的劳动合同约定的工作时间内提供了正常劳动的前提下，用人单位依法应支付的最低劳动报酬。所谓的正常劳动，是指劳动者按依法签订的劳动合同约定，在法定工作时间或劳动合同约定的工作时间内从事的劳动。劳动者依法享受带薪年休假、探亲假、婚丧假、生育（产）假、节育手术假等国家规定的假期期间，以及法定工作时间内依法参加社会活动期间，视为提供了正常劳动。

在劳动者提供正常劳动的情况下，用人单位应支付给劳动者的工资在剔除下列各项以后，不得低于当地最低工资标准：①延长工作时间工资；②中班、夜班、高温、低温、井下、有毒有害等特殊工作环境、条件下的津贴；③法律、法规和国家规定的劳动者福利待遇等。

（2）工资应当以货币形式发放。根据《劳动法》第五十条和《工资支付暂行规定》的规定，工资应当以货币形式支付，并应当以法定货币支付，经批准可以外币支付的除外，不得以发放实物或有价证券等形式代替货币支付。

（3）劳动者的加班费也是其劳动报酬的一个重要组成部分。用人单位要严格按照《劳动法》的有关规定支付劳动者加班费。用人单位不得强迫或者变相强迫劳动者加班，不得安排未成年工、怀孕女职工和哺乳未满12个月婴儿的女职工在正常工作日以外加班。

2. 提供劳动安全卫生保护

在劳动生产过程中，存在着各种不安全、不卫生因素，如不采取措施对劳动者加以保护，就会危害劳动者的生命安全和身体健康，妨碍生产的正常进行。因此，我国严格保护劳动者在履行劳动合同、进行生产劳动过程中的劳动安全卫生权利。在建筑物、工作场所和通道的安全技术条件、机器设备的安全条件、电器设备的安全装置、锅炉和压力容器的安全设施、建筑工程的安全技术条件、矿山安全技术条件等方面我国都制定了大量的法律、法规、规程和标准，对用人单位提出了严格的义务性要求，用人单位必须遵照执行，切实保护劳动者的安全卫生权利。

目前有些用人单位特别是私营企业、外商投资企业，存在片面追求经济效益，忽视安全生产，甚至强令劳动者违章冒险作业的现象，严重危及了劳动者的生命安全和身体健康。我国有关法律明确规定了劳动者对用人单位管理人员违章指挥、强令冒险作业有权拒绝执行，在危及生命安全时，劳动者有权紧急撤离现场。这是在劳动安全卫生权利受到侵害、生命健康权受到威胁时，法律赋予劳动者的紧急处置权。《劳动合同法》第三十二条又进一步规定，劳动者拒绝执行用人单位管理人员违章指挥、强令冒险作业的行为不构成违反劳动合同的行为，并且赋予了劳动者对危害生命安全和身体健康的劳动条件有对用人单位提出批评、检举和控告的权利。用人单位不得因为劳动者行使了上述权利，对劳动者进行打击报复，否则将依法承担法律责任。

（四）履行劳动合同的相关问题

1. 有关支付令的法律规定

《劳动合同法》第三十条第二款规定，用人单位拖欠或者未足额发放劳动报酬的，劳动者可以依法向当地人民法院申请支付令。根据《民事诉讼法》的有关规定，劳动者与用人单位之间没有其他债务纠纷且支付令能够送达用人单位的，劳动者可以向有管辖权的基层人民法院申请支付令。劳动者在申请书中应当写明请求给付劳动报酬的金额和所根据的事实、证据；劳动者提出申请后，人民法院应当在5日内通知其是否受理；人民法院受理申请后，经审查劳动者提供的事实、证据，对工资债权债务关系明确、合法的，应当在受理之日起15日内向用人单位发出支付令；人民法院经审查认为劳动者的申请不成立的，可以裁定予以驳回；用人单位应当自收到支付令之日起 15 日内清偿债务，或者向人民法院提出书面异议；用人单位在前述规定的期间不提出异议又不履行支付令的，劳动者可以向人民法院申请强制执行；人民法院收到用人单位提出的书面异议后，应当裁定终结支付令这一督促程序，支付令自行失效，劳动者可以依据有关法律的规定提出调解、仲裁或者起诉。

法院受理债权人的申请后就启动了法律程序，不需要开庭审理，并且从受理、审查到发出支付令不超过 15 天，债务人提出异议的期限也是 15 天，其间债务人不提出书面异议又不履行支付令的，债权人可以向法院申请执行。

2. 有关加班或变相加班的规定

《劳动合同法》明文规定，用人单位应当严格执行劳动定额标准，不得强迫或者变相强迫劳动者加班。安排劳动者加班的话，要支付相应的加班费。

【案例 11-4】小伟最近感冒了，高烧不退。但是为了不耽误工作，不影响奖金，即使口袋里装着假条，还一直带病坚持工作。好不容易熬到下班，却听见部门经理说："今天所有人都要加班。"小伟坚持不住了，就对部门经理说："我真的加不了班，身体受不了了，你看，我是带病坚持工作的。"可部门经理却说："你不加班也可以，但是要扣当月奖金。"结果，小伟没参加加班，他的奖金也因此被扣掉了。后来，小伟不服气，去申请仲裁，结果企业败诉，如数支付小伟应得的报酬。

3. 有关抵制违章指挥的规定

《劳动合同法》第三章规定，当用人单位管理人员违章指挥劳动者冒险作业的时候，劳动者是有权拒绝的，而且这种拒绝不属于员工的过错，而是用人单位的过错。

4. 不影响合同履行的变更问题

根据《劳动合同法》第三十三条"用人单位变更名称、法定代表人、主要负责人或者投资人等事项，不影响劳动合同的履行"的规定，企业变更名称并不影响劳动合同的履行。

企业变更名称是很普遍的现象，有的企业认为，改了名字之后，需要签订劳动合同变更协议，或者把以前的合同收回，重新盖章，其实这都是不必要的行为。甚至有的企业以变更名称为由，拒绝履行以前的劳动合同，这就是违法行为。当企业变更名称的时候，只需要通知员工，最好以书面的形式："从某年某月某日起，经过工商部门的核准，劳动合同中原来甲方主体的名称，现变更为 ×× 公司。"根据我国的立法原理，当若干企业合并成一个单位而原来的单位消失的时候，新的单位必须把原来单位对他人的债权、债务和尚未履行完的合同，全部继承下来。从另一个方面来讲，员工也不能因为所在单位的合并或分立而随意解除劳动合同，并要求单位支付补偿金。用人单位的合并或分立不影响劳动合同的继续履行，劳动合同也不以各方当事人的利益为转移。如果员工不想在新的用人单位继续工作下去，可以辞职，但没有补偿金。

二、劳动合同的变更

(一) 含义

劳动合同的变更是指劳动合同双方当事人依据法律规定或约定，对劳动合同内容进行修改或者补充的法律行为。

劳动合同变更是在用人单位的客观情况发生极大变化，有必要对当事人的权利义务加以调整的情况下发生的。其可以发生在劳动合同订立后但尚未履行时，也可以发生在履行过程中。从用人单位方面来说，由于转产、调整生产结构或经营目标等客观原因，需要对产品、经营方式等进行相应调整时，劳动者的岗位也有可能做相应的调整；从劳动者方面来说，由于劳动者身体状况、劳动能力、职业技能等方面的原因，在不能适应原工作岗位的情况下，也可以要求对其岗位加以调整。

（二）变更的原则

《劳动法》规定，变更劳动合同，应当遵循平等自愿、协商一致的原则，不得违反法律、行政法规的规定。

（三）变更的情形

1. 登记事项的变更

用人单位变更名称、法定代表人、主要负责人或者投资人等事项，不影响合同的履行。

2. 合并、分立

用人单位发生合并或分立等情况，原劳动合同继续有效，劳动合同由承继其权利和义务的用人单位继续履行。

3. 劳动合同订立时所依据的客观情况发生重大变化

根据《劳动合同法》第四十条的规定，劳动合同订立时所依据的客观情况发生重大变化，致使劳动合同无法履行，经用人单位与劳动者协商，未能就变更劳动合同内容达成协议的，用人单位提前30日以书面形式通知劳动者本人或者额外支付劳动者一个月工资的，可以解除劳动合同。所谓的劳动合同订立时所依据的客观情况发生重大变化，主要是指以下几种情形：

（1）订立劳动合同所依据的法律、法规已经修改或者废止。劳动合同的签订和履行必须以不得违反法律、法规的规定为前提。如果合同签订时所依据的法律、法规发生修改或废止，而合同不变更，就可能出现与法律、法规不相符甚至违反法律、法规的情况，导致合同因违法而无效。因此，根据法律、法规的变化而变更劳动合同的相关内容是必要而且是必需的。

（2）用人单位方面的原因。例如用人单位经上级主管部门批准或者根据市场变化决定转产、调整生产任务或者生产经营项目等情况。用人单位的生产经营不是一成不变的，根据上级主管部门批准或者根据市场变化可能会经常调整自己的经营策略和产品结构，这就不可避免地会发生转产、调整生产任务或者生产经营项目的情况。在这种情况下，有些工种、产品生产岗位可能因此而撤销或者被其他新的工种、岗位所替代，原劳动合同就可能因签订条件的改变而发生变更。

（3）劳动者方面的原因。例如，劳动者的身体健康状况发生变化、劳动能力部分丧失、所在岗位与其职业技能不相适应、职业技能提高了一定等级等，会造成原劳动合同不能履行或者如果继续履行原合同规定的义务对劳动者明显不公平。

（4）客观方面的原因。这种客观原因的出现使得当事人原来在劳动合同中约定的权利、义务的履行成为不必要或者不可能。这时应当允许当事人对劳动合同有关内容进行变更。客观原因主要有：①由于不可抗力的发生，使得原来合同的履行成为不可能或者失去意义。不可抗力是指当事人所不能预见、不能避免并不能克服的客观情况，如自然灾害、意外事故、战争等。②由于物价大幅度上涨等客观经济情况变化致使劳动合同的履行会花费太大代价而失去经济上的价值。

（四）劳动合同变更的程序

1. 提出变更的要约

提出变更的要约是指用人单位或劳动者提出变更劳动合同的要求，说明变更合同的理由、变更的内容以及变更的条件，请求对方在一定期限内给予答复。

2. 承诺

合同另一方接到对方的变更请求后，应当及时进行答复，明确告知对方同意或是不同意变更。

3. 订立书面变更协议

当事人双方就变更劳动合同的内容经过平等协商，取得一致意见后，签订书面变更协议，协议载明变更的具体内容，经双方签字盖章后生效。变更后的劳动合同文本由用人单位和劳动者各执一份。

（五）劳动合同变更需要注意的事项

在对劳动合同进行变更时，应当注意以下问题：

（1）提出的一方应及时告知对方变更劳动合同的理由、内容、条件等，另一方应及时做出答复。另外，用人单位和劳动者均可能提出变更劳动合同的要求，办理劳动合同变更手续。不管哪一方提出，双方均应履行相关义务。

（2）变更劳动合同应当采用书面形式。变更后的劳动合同仍然需要由劳动合同职工当事人签字、用人单位盖章且签字，方能生效。劳动合同变更书应由劳动合同双方各执一份，同时，对于劳动合同经过鉴证的，劳动合同变更书也应当履行相关手续。

（3）对于特定的情况，不需要办理劳动合同变更手续的，只需向劳动者说明情况即可。例如，用人单位变更名称、法定代表人、主要负责人或者投资人等事项，则不需要办理变更手续，劳动关系双方当事人应当继续履行原合同的内容。

（4）劳动合同变更应当及时进行。劳动合同变更必须是在劳动合同生效后终止前进行。依照法律规定，劳动合同期满即终止，那时便不存在劳动合同变更的问题了。

综上所述，劳动合同变更的程序并不烦琐，最重要的是双方要达成一致意见。如果经过协商仍无法达成变更协议，则依法可以要求按程序解除合同。

情境反馈

案例中的公司强迫操作员冒险作业，操作员当然有权拒绝，公司不能以此为由解除操作员的劳动合同。《劳动合同法》第三十二条规定，劳动者拒绝用人单位管理人员违章指挥、强令冒险作业的，不视为违反劳动合同。

知识链接

1. 《劳动合同变更》：http://www.64365.com/baike/ldhtbg。
2. 《劳动合同变更应当遵循的程序和形式》：http://www.chinalwedu.com/new/21604a21629aa2011/20111231liuron155256.shtml。

案例分析

小林在入职的时候，劳动合同里约定了一个工作岗位，但工作一段时间以后，他所在的公司根据工作的需要给他调换了岗位，小林也同意去。当时，公司和小林之间并没有书面的岗位变更协议。但小林工作一段时间以后，公司又把他调到其他岗位了。虽然这个新岗位的级别、工资、待遇，都跟原岗位一样，但是，小林非常不愿意去新的岗位，他认为那不是他擅长的工作。小林对公司领导说：

"我不愿意去新的岗位，我不喜欢做那份工作。"但公司领导却说："这是公司的安排，不能以你的个人喜好为标准。"

迫于领导的压力，小林不得不去了新的岗位。几天以后，小林找到领导说："那个工作又脏又累，无论如何我都干不了。你必须让我回到原来的岗位。"领导明确地说："不可能，因为原来的岗位已经安排人了。"小林又要求回到第一个岗位，即合同约定的岗位，但那个岗位也早已安排其他人了。小林气愤不已，说："如果你不让我回到原来的岗位，我就去告你。"

【分析】

《劳动合同法》第三十五条规定："用人单位与劳动者协商一致，可以变更劳动合同约定的内容。变更劳动合同，应当采用书面形式。"在本案例中，小林的岗位变更以后，公司并没有与其签订书面协议，虽然当时小林同意变更岗位，但仲裁时公司仍有可能败诉。

模块三　劳动合同的解除

学习情境

宋某是一家养老服务公司的会计。一天上班时，她擅自溜出公司，到市场去买水果。被公司人力资源部经理发现，口头对其进行了批评警告。一周后的一天，宋某又在上班时，偷偷跑到外面去逛商场，不幸被公司副总经理遇见。

针对宋某这两次违反劳动纪律的行为，公司根据公司内部的《员工守则》中，"上班时间内逛商店（场）、买东西的行为，属于乙类过失……对犯乙类过失者，第一次书面警告后，第二次再犯立即解除劳动合同"的规定，做出了与宋某解除劳动合同的决定。宋某不服，认为：公司并没有给过她书面警告，所以，不能直接解除劳动合同。公司则认为，宋某两次违纪的事实清楚，证据确凿。虽然，公司对她的第一次乙类过失，没有书面警告，而是口头警告，那也只是公司处理程序上的小问题，并不能影响对她两次违纪行为的认定和给予她解除劳动合同的处理。

情境分析

劳动者与用人单位在履行劳动合同的过程中，双方当事人不仅要受劳动法律法规和劳动合同的调整，还要共同遵守企业内部的规章制度（包括《员工守则》）。如果这种规章制度不违背劳动法律法规的义务性规范和劳动合同的约定条款，那么它对双方当事人都具有约束力。

相关知识

《劳动法》中有解除劳动合同的相关条款，《劳动合同法》在涉及解除劳动合同条款的时候，借用了《劳动法》的框架。也就是说，《劳动法》里所有的解除合同条款，在《劳动合同法》里都有体现，只不过条款的内容有所扩充，但是条款的数量和框架都与《劳动法》中一样。

一、劳动合同的解除类型

解除劳动合同的类型如表 11-2 所示。

表 11-2 解除劳动合同的类型

（1）合意解除【《劳动合同法》第三十六条】		
（2）单方解除	员工单方解除权	预告解除【《劳动合同法》第三十七条】
		即时解除【《劳动合同法》第三十八条】
	用人单位单方解除权	过错性解除【《劳动合同法》第三十九条】
		非过错性解除【《劳动合同法》第四十条】
		裁员【《劳动合同法》第四十一条】

表 11-2 有助于我们理解《劳动合同法》设计解除劳动合同条款的一种思路，《劳动合同法》的第三十六条～四十三条，都是解除条款。劳动合同的解除分为两种情况：一种是合意解除或者叫作协商解除，即解除合同是双方当事人的共同意愿导致的结果，体现了双方当事人的意思自治；另一种是单方解除合同，是指订立合同的一方根本不考虑另一方是否愿意或者同意解除合同，就单方做出了结束劳动关系的行为。

《劳动合同法》中明确了劳动者和用人单位各自的单方解除合同权限，双方当事人只有在具备了单方解除合同权限的情况下，才可以和对方解除合同。

《劳动合同法》给劳动者设定的单方解除合同权利有两种：第一种是预告解除，就是我们所说的提前 30 天向用人单位预告，30 天以后解除劳动合同。第二种是当用人单位侵犯员工重大权益的时候，法律规定员工在这种情况下，可以不经预告，即时解除合同。

《劳动合同法》给用人单位设定了三种可以和劳动者单方解除合同的权利：①过错性解除劳动合同。这是基于劳动者犯过错，即劳动者有严重的违法乱纪行为的时候，准许用人单位单方和劳动者解除合同。②非过错性解除劳动合同。其特点是，劳动者本人主观上没有任何过错，但是由于一些客观原因，导致用人单位和劳动者如果继续维系劳动关系的话，用人单位使用劳动力的目的根本无法实现，因此这种合同没有继续维系的必要。在这种情况下，《劳动合同法》允许用人单位单方和劳动者解除合同，但是用人单位要支付给劳动者补偿金，并且要提前通知劳动者。③用人单位由于经营不善，或者生产经营遇到了比较严重的困难，或者用人单位需要转产，或者有重大技术革新，在这种情况下，《劳动合同法》准许用人单位对部分劳动者实施裁员，这就是所谓的裁员条款。

二、劳动合同的合意解除

从用人单位的角度来讲，用人单位必须征得员工的同意，才可以解除合同；从员工的角度来讲，如果员工想解除合同，又不用单方解除权的话，也可以向用人单位提出，用人单位同意以后，解除合同。关于双方协商解除合同需不需要支付补偿金的问题，要看具体情况：如果是用人单位首先提出，员工同意以后达成解除合同协议，那用人单位就要支付经济补偿金。反过来，如果是员工首先提出解除劳动合同，用人单位同意以后解除，用人单位就不用支付经济补偿金。

【案例 11-5】小刘是某养老服务企业的员工，一天不小心出现了一次违纪行为，但是情况并不严重，并非严重违反劳动纪律。可是他的上司知道小刘的违纪行为后，非常气愤，认为小刘的违纪行为等于是欺骗了自己，于是对人力资源部经理说：“我已经不再信任他了，所以你要解除他的劳动合同。”

但是按照企业的内部制度规定，对小刘的行为只能给一个警告，不能解除合同。如果非要解除他的劳动合同，一旦小刘申请仲裁或者诉讼，企业肯定会败诉。于是，人力资源部经理与小刘的上司交涉，小刘的上司说："反正我不想再要他了，如果不能解除合同，你就安排他到别的部门吧。"人力资源部经理说："别的部门也不要他，要是想解除他的合同，就得给他一点补偿金。"小刘的上司说："他要是没有过错，我当然会给他补偿金，但是他有过错，我凭什么支付给他补偿金？"人力资源部经理没办法，只好找到小刘，跟他协商："你有过错，我们必须同你解除劳动合同，并且不会给你补偿金。"小刘说："我虽有过错，但是不够解除合同的条件，你就不能解除，否则就必须支付给我补偿金。"于是，出现了僵局。为了尽快解决问题，人力资源部经理非常巧妙地给双方做工作——他对小刘的上司说："小刘虽然有过错，但是不足以解除合同，如果同小刘协商解除，就要支付给他 8 000 元补偿金。我可以同小刘再商量一下，让他少要点。"然后他又对小刘说："由于你有过错，所以你即使拿补偿金也不应该拿全部的。"结果，双方协商一致，支付小刘一半的补偿金，并且签订协议："双方协议一致解除合同，并由企业支付给小刘一半的补偿金。"

其实，案例中最后双方签订的协议是有问题的，将来很可能成为小刘状告企业的依据。为了规避这种风险，企业必须与小刘协商好，签订如下协议："基于小刘提出解除劳动合同，与企业协商后达成协议，企业支付给小刘若干补偿金。"如此一来，就不存在任何风险，因为法律规定，员工提出解除合同的，企业可以不支付任何补偿金。在实际工作中，要注意协商解除合同到底是由谁提出来的，两者的法律责任是不同的。

三、单方解除劳动合同

（一）试用期内的单方解除合同权

《劳动法》第三十二条规定，有下列情形之一的，劳动者可以随时通知用人单位解除劳动合同：①在试用期内的。②用人单位以暴力、威胁或者非法限制人身自由的手段强迫劳动的。③用人单位未按照劳动合同约定支付劳动报酬或者提供劳动条件的。《劳动合同法》第三十七条规定，劳动者提前 30 天以书面形式通知用人单位，可以解除劳动合同。劳动者在试用期内提前 3 天通知用人单位，可以解除劳动合同。《劳动合同法》第三十六条规定，用人单位与劳动者协商一致，可以解除劳动合同。

1. 劳动者单方解除合同的注意事项

《劳动法》规定，员工在试用期期间，可以不需要任何理由，随时通知企业解除合同。但是，《劳动合同法》规定，员工要想解除劳动合同，必须提前 3 天通知企业。这样规定，是为了避免员工当天通知企业，使企业措手不及，在一定程度上保证了企业生产经营的连续性。

员工如果可以随时离开，那么企业的生产经营可能会受影响。让员工提前 3 天通知企业，企业就有一个准备时间。无论是《劳动法》还是《劳动合同法》，都保证了试用期内员工在解除合同上有很大的灵活性，只需提前 3 天通知即可，不需要任何理由。当然，从员工的角度而言，既然《劳动合同法》最大限度地保证了员工的利益，那么员工也应该遵守法律的规定。

2. 用人单位单方解除合同的注意事项

对于企业在试用期间单方解除合同权，《劳动法》与《劳动合同法》的规定是一致的，即在试用期间劳动者被证明不符合录用条件的，用人单位可以随时解除合同。但是要注意，这里有一个前提条件即要证明劳动者不符合录用条件。如果用人单位无法证明在试用期的员工不符合录用条件，那么就不能解除其劳动合同。怎么去证明员工不符合录用条件，是关键。

用人单位要想行使这一权利，就需要设定明确的录用条件。最简单的做法是，企业首先要使岗位有一个详细的职位说明书，而且保证职位说明书里规定的内容都是可测量的，这就是考核的标准。如果员工认为自己符合录用条件，企业在录用他以后，就可以根据职位说明书的内容逐项考察，一旦发现不合格，就可以解除劳动合同。

在试用期里，除劳动者有《劳动合同法》第三十九条和第四十条第一项、第二项规定的情形外，用人单位不得解除劳动合同。用人单位在试用期解除劳动合同的应当向劳动者说明理由。也就是说，在试用期中，员工犯有《劳动合同法》第三十九条规定的过错的，企业可以解除劳动合同。而《劳动合同法》第四十条规定，非过错解除合同的情形有三种，其中的第一种、第二种可以用在处于试用期的员工上，第三种不可以。

（二）用人单位的单方解除权

1. 过错性解除

《劳动法》第二十五条规定，劳动者有下列情形之一的，用人单位可以解除劳动合同：①在试用期间被证明不符合录用条件的。②严重违反劳动纪律或者用人单位规章制度的。③严重失职，营私舞弊，对用人单位利益造成重大损害的。④被依法追究刑事责任的。在这种情况下，解除劳动合同，企业不需要提前通知员工，也不需要支付任何经济补偿金。

《劳动合同法》第三十九条除保留《劳动法》的原有内容外，又增加了两种情况：①劳动者同时与其他用人单位建立劳动关系，对完成本单位的工作任务造成严重影响，或者经用人单位提出，拒不改正的。②以欺诈胁迫的手段，或者乘人之危，使对方在违背真实意思的情况下订立合同的。

《劳动法》与《劳动合同法》对过错性解除劳动合同的规定如表 11-3 所示。

表 11-3 《劳动法》与《劳动合同法》对过错性解除劳动合同的规定

《劳动合同法》第三十九条	《劳动法》第二十五条
在试用期间被证明不符合录用条件的	在试用期间被证明不符合录用条件的
严重违反用人单位的规章制度的	严重违反劳动纪律或者用人单位规章制度的
严重失职，营私舞弊，给用人单位的利益造成重大损害的	严重失职，营私舞弊，给用人单位的利益造成重大损害的
被依法追究刑事责任的	被依法追究刑事责任的
劳动者同时与其他用人单位建立劳动关系，对完成本单位的工作任务造成严重影响，或者经用人单位提出，拒不改正的	
以欺诈、胁迫的手段或者乘人之危，使对方在违背真实意思的情况下订立劳动合同的	

2. 非过错性解除

过错性解除劳动合同主要适用于有过错的员工，而在几种特殊情况下，员工主观上没有任何过错，但是企业仍然可以解除合同。

根据《劳动法》第二十六条和《劳动合同法》第四十条的规定，非过错性解除合同有以下三种情况：

（1）劳动者患病或者非因工负伤，在规定的医疗期满后不能从事原工作，也不能从事由用人单位另行安排的工作。劳动者生病，就会影响劳动合同的履行。在这种情况下，用人单位并不能解除合同，因为《劳动法》为劳动者设定了权益——生病可以享受医疗期，在医疗期内用人单位不能解除合同。

医疗期满后，如果劳动者还不能从事原工作，则用人单位需要为其另外安排工作，如果劳动者还不能从事另行安排的工作的话，法律就允许用人单位解除合同。在医疗期满和医疗期满之前，会发生双方的权利转换，医疗期满之前是劳动者的权利，用人单位不可以解除合同，但是医疗期满后，如果劳动者还不能从事工作，那就转换成用人单位的权利，也就是说用人单位可以解除合同了。

劳动者生病是客观原因导致的，因此我国在设计用人单位的非过错性单方解除权时，就要求用人单位必须做到以下几点：①用人单位要提前 30 天，书面通知劳动者，让劳动者在解除合同之前有一个心理准备，以便他对解除合同以后的打算提前做出安排。②用人单位要向劳动者支付解除合同的经济补偿金。

（2）劳动者不能胜任工作，经过培训或调整岗位后仍然不胜任的，用人单位可以解除合同。

劳动者不能胜任工作，不是因为他消极怠工或经常违纪，而是他虽然勤勤恳恳、任劳任怨，但就是不能完成工作，主要是因为能力不够。也就是说，虽然他主观上确实想好好工作，但是客观上能力有限，达不到工作的要求，这种情形划分至非过错解除合同的范围内。《劳动法》与《劳动合同法》规定，如果员工不能胜任工作，企业不能随意解除劳动合同，而是要给员工创造条件，比如培训，或者调整岗位，如果还不能胜任工作，企业才可以解除合同，但是企业要提前 30 天通知员工，并按规定支付经济补偿金。

（3）劳动合同订立时所依据的客观情况发生重大变化，使原劳动合同无法履行，经当事人协商，不能就变更劳动合同达成协议的，用人单位可以解除合同。

这种情况是因为客观情况发生重大变化而引起的，企业可以解除这种合同，但也要提前 30 天通知员工，而且必须支付补偿金。

3. 裁员

《劳动法》规定，有两种情况出现时，企业可以裁员：①用人单位濒临破产，进行法定整顿；②生产经营发生严重困难，确实需要裁员的。企业裁员要遵循法定程序：①企业必须提前 30 天向工会，或者全体职工说明情况；②企业要听取职工或者工会的意见；③企业要向劳动行政部门报告，然后才可以裁员。《劳动合同法》第四十一条基本上把《劳动法》规定的两种可以裁员的情况，原封不动地保留下来：①依照《中华人民共和国企业破产法》（以下简称《企业破产法》）进行重整的。这等同于《企业破产法》出台之前的企业"濒临破产进行法定整顿"。②生产经营发生严重困难。这与《劳动法》的规定完全一致。

但是《劳动合同法》又增加了两种情况：一种情况是企业转产、重大技术革新，或者经营方式调整，变更劳动合同后，仍需裁减人员。这里的转产，通常是指企业本来生产一种产品，现在转而生产另外一种产品，或者说本来是服务型企业，现在要转变为生产经营型企业。另一种情况是其他因劳动合同订立时所依据的客观经济情况发生重大变化，致使劳动合同无法履行。

在裁员的过程中，《劳动合同法》还对裁减人数做了界定。其第四十一条规定，企业出现上述情况，需要裁减 20 人以上，或者是裁减不足 20 人但占企业职工总数 10% 以上的，企业要提前 30 天向工会或全体员工说明情况。听取工会或者员工的意见后，要把裁员方案报告给劳动行政部门，然后企业才可以裁员。当然如果企业裁员不足 20 人，而且所裁人数并不占员工总数的 10% 以上，就不需要经过这个程序。

在裁员的过程中，企业应该将裁员的理由充分地告诉员工，求得员工的理解。此外，裁员的方案并非企业随便制定的，最好在企业内部，通过职工代表大会，或者民主程序后确定。因为裁员对于被裁的员工和留下的员工都有很大的负面效应，所以企业要尽量做到公平合理地裁员。

但是，《劳动法》第二十九条规定了有三种人属于弱势群体，用人单位不得依据《劳动法》第二十六条、第二十七条的规定解除劳动合同。这三种人分别为：①患职业病或者因工负伤并被确认丧失或者部分丧失劳动能力的；②患病或者负伤，在规定的医疗期内的；③女职工在孕期、产假、哺乳期内的。这三种人相对于正常的劳动者是比较弱势的，因此在解除劳动合同问题上，就采用了一种保护政策。

（三）劳动者的单方解除权

《劳动合同法》对劳动者的单方解除合同权有两种界定：预告解除和即时解除。

1. 预告解除

《劳动法》第三十一条规定，劳动者解除劳动合同，应当提前 30 日以书面形式通知用人单位。《劳动合同法》第三十七条规定，劳动者提前 30 日以书面形式通知用人单位，可以解除劳动合同。劳动者在试用期内提前 3 日通知用人单位，可以解除劳动合同。而且，在这种情况下，劳动者是在依法行使权利，不能算违约。

按照《劳动合同法》的规定，用人单位不得与劳动者约定由劳动者承担的违约金，但有下列两种情形的除外：第一种是单位出资培训，并且与接受培训的员工约定了服务期，员工在服务期内违约提前离开的，可以设定违约金。第二种是劳动者违反竞业限制约定的，可以设定违约金。所谓竞业限制，是指双方在合同中约定，员工离开企业以后一年或者两年之内，不能在同行业的其他企业就职，这是在有竞争的行业里，对员工就业的限制要求。在这种竞业限制下，企业要支付给员工竞业限制补偿，并可以与员工设定违反竞业限制的违约金。

2. 即时解除

如果企业严重侵犯员工权利，员工无须提前 30 天通知企业，即时解除劳动合同。《劳动合同法》第三十八条规定，用人单位有下列情形之一的，劳动者可以解除劳动合同：①未按照劳动合同约定提供劳动保护或者劳动条件的；②未及时足额支付劳动报酬的；③未依法为劳动者缴纳社会保险费的；④用人单位的规章制度违反法律、法规的规定，损害劳动者权益的；⑤因《劳动合同法》第二十六条第一款规定的情形致使劳动合同无效的；⑥法律、行政法规规定劳动者可以解除劳动合同的其他情形。

用人单位以暴力、威胁或者非法限制人身自由的手段强迫劳动者劳动的，或者用人单位违章指挥、强令冒险作业危及劳动者人身安全的，劳动者可以立即解除劳动合同，不需要事先告知用人单位。

在上述提及的情况中，最容易出现的是如下三方面问题：①工资问题。有些企业时常不足额支付员工工资。②保险问题。有很多企业不为员工缴纳保险，有的即使缴了保险，但缴费基数不对，仍属于未依法缴纳保险。③企业制度。企业制度里可能出现一些违法条款，侵犯员工的权益。

出现上述三种情况中的任何一种，员工可以随时解除合同，这样不但会影响企业正常的生产经营，而且企业还要付经济补偿金。正常情况下，企业没有任何过错，员工提前 30 天通知企业解除合同，企业不用付补偿金。但是如果企业侵犯员工的利益，导致员工随时单方解除合同的，企业要付员工经济补偿金。

有下列情形之一，劳动者解除劳动合同的，用人单位应该支付经济补偿金：①企业未按照劳动合同约定提供劳动条件，未提供合格的安全生产条件的；②企业未及时足额支付劳动报酬的；③企业未依法为劳动者缴纳社会保险费的；④企业的规章制度违反法律、法规的规定，损害劳动者权益的；⑤企业乘人之危，使劳动者在违背真实意思的情况下订立或者变更劳动合同的；⑥企业以暴力、威胁或者非法限制人身自由手段强迫劳动者劳动的；⑦企业违章指挥、强令冒险作业危及劳动者人身安全的。

四、用人单位解除合同的法定程序

用人单位解除劳动合同，应注意法定程序，否则容易引起纠纷。《劳动合同法》第四十三条规定，用人单位单方解除劳动合同，应当事先将理由通知工会。用人单位违反法律、行政法规规定或者劳动合同约定的，工会有权要求用人单位纠正。用人单位应当研究工会的意见，并将处理结果书面通知工会。

【案例 11-6】小韩出现严重的违纪行为，按照他所在公司内部的规章制度，这种行为是要解除劳动合同的，于是该公司就同小韩解除了劳动合同。但是，小韩很不服气，就到仲裁庭申请仲裁。公司派了律师去应诉，律师出示了充分的证据，来证明小韩确实有严重的违纪行为，这个证据被仲裁员采纳了。之后，公司又出示了规章制度，小韩的行为正好完全吻合制度中关于严重违纪的规定。按理说，公司应该胜券在握。没想到峰回路转，就在这个关键的时刻，小韩也请了律师，并出示了一个证据，这个证据非常简单，就是一张纸，上面有几行字，是一个谈话的笔录。小韩聘请了律师后，在开庭之前，律师去了小韩的公司，问了工会主席两个问题。

第一个问题：“请问您知道小韩被公司解除合同这件事吗？”

工会主席回答说：“知道。”

第二个问题：“请问您是在哪一天、什么情况下知道这个消息的？”

工会主席想了想，说：“在 × 年 × 月 × 日的中午，我去食堂打饭时，看到食堂门口贴了一个布告，说小韩因违纪被公司解除劳动合同，于是我就知道了。”

律师出示这份笔录就是想证明该公司在解除小韩的劳动合同前，没有将解除的理由告诉工会。而《劳动合同法》规定，用人单位单方解除劳动合同，应当事前将理由通知工会。没有事前通知的话，用人单位就违反了法律规定的解除程序。而用人单位违反法律、行政法规规定，或者劳动合同约定的，工会有权要求用人单位纠正，用人单位应该研究工会的意见，并将处理结果再一次以书面形式通知工会。

从这个条款可以看出，工会有知情权和修改建议权。也就是说，企业可以做出单方解除合同的决定，但是工会有权建议企业修改决定，这就是修改建议权的体现。但是，所谓知情权或者修改建议权只是程序上的规定，企业可以修改也可以不修改，工会没有否决权。当然，工会也没有同企业一起研究做出决定的权利，即参加决定权。

虽然修改建议权和知情权可以理解为程序上的权利，不一定影响到实体，但是如果企业没有这样去做，就违反了法定程序的规定。

上面案例中的公司，最后因处理程序不合法而败诉了。所以，企业在实际操作过程中，要严格按照法律规定去执行。如果企业在解除劳动合同时不规范操作，就构成违法解除合同，而企业的违法成本是很高的：用人单位违反《劳动合同法》的规定，解除或终止劳动合同，劳动者要求继续履行劳动合同的，用人单位应当继续履行。劳动者不要求继续履行劳动合同，或者劳动合同已经不能履行的，用人单位应当按照解除劳动合同经济补偿金的两倍向劳动者支付赔偿金。

情境反馈

企业在对职工的违纪行为进行处理时，必须适用《员工守则》或规章制度的实体性规定和程序性规定。宋某的两次违纪行为，均属于《员工守则》中规定的乙类过失，但公司对职工的乙类过失应“第一次书面警告”，然后，第二次再犯才能“立即解除劳动合同”。即公司以乙类过失为由，解除与职工的劳动合同时，必须经过书面警告的程序。

程序规定和实体规定密不可分，程序不合法的处理决定本身也是不合法的。本案由于公司对宋某的第一次违纪行为未给予书面警告，第二次违纪行为就不能直接产生解除劳动合同的法律后果。即公司做出的与宋某解除劳动合同的决定因处理程序不合法，而应予撤销。

知识链接

1. 《解除劳动合同》：http://www.64365.com/baike/jcldht。
2. 《解除或终止劳动合同通知书范本》：http://www.66law.cn/laws/115420.aspx。

案例分析

单某（化名）是北京某知名养老公司的一名中层管理人员，2002年与公司签订了劳动合同，工作期间一直勤勤恳恳，也经常得到同事的好评。2013年7月，公司人力资源部突然接到单某的书面辞职申请，经过多次挽留无效，在辞职手续也没来得及办完的情况下，单某就毅然决然地离开了公司。2015年2月，单某的家人带着一叠厚厚的药费单据找到公司，告知公司单某已在2014年8月被送进精神病医院治疗，经某精神病专科医院鉴定，单某被诊断为“偏执型精神分裂症”，要求公司为单某办理医疗费用报销手续，并支付单某2014年8月以后的病假工资。公司认为：单某已经于2013年7月向公司提出了辞职，双方早已解除了劳动关系，此后公司不再承担劳动法律义务，单某发生的医疗费用和生病期间的待遇也不应当由公司承担，所以拒绝了单某家人的要求。2015年3月，单某的家人向北京市朝阳区劳动争议仲裁委员会提请仲裁，要求确认单某与公司的劳动合同尚未解除、公司支付单某病假工资9万余元并报销医疗费用。

2015年6月，经调解无效，北京市朝阳区劳动争议仲裁委员会裁决：由于公司未提供充分证据证明已按照《劳动合同法》规定，为单某出具解除劳动合同证明并办理相关的档案、社会保险转移手续，裁定公司解除劳动关系的处理无效。公司不服，向朝阳区人民法院提起诉讼，出具了带有公司人力资源部部长签字批准的单某的书面辞职申请作为证据，要求法院确认公司与单某的劳动关系已于2013年7月解除，无须支付病假工资，无须办理医疗费报销手续。2015年11月，朝阳区人民法院第一审判决：公司自判决生效后7日内，按北京市最低工资标准支付单某自2014年8月25日住院以后的病假工资；为单某办理医疗费报销手续；由于公司未履行法定解除程序，公司与单某双方的劳动关系并未解除。

【分析】

用人单位是否做到严格履行法定解除程序，直接决定着双方关系是否解除，它是用人单位对离职劳动者结束履行劳动法律义务的关键。即使是劳动者主动提出解除或者终止劳动合同，用人单位也决不能掉以轻心。劳动者提出解除或者终止劳动合同有两种主要形式：口头辞职和书面辞职。用人单位要注意区别对待和处理。同时，用人单位还应当注意完善自身关于劳动关系解除的管理制度及工作程序，明确各部门的职责和权限，学会使用《劳动合同法》维护用人单位的合法权益。同时，用人单位在管理过程中，还应加强对员工工作、生活情况的关怀，及时了解员工的身体、精神状况，以便采取适当的管理措施，降低劳动争议风险。

单元小结

本单元遵循“依法用工，规范管理”等理念，通过劳动合同的签订、劳动合同的履行及变更和劳动合同的解除三个模块，分别介绍了养老服务机构与劳动者签订、履行、变更及解除劳动合同的法律法规内容。

实践强化

1. 某养老服务公司需招用一批拥有护理专长的劳动者，后经招聘程序，张某被录用，并于2016年1月办理了入职手续。该企业在办理入职手续时提出张某的试用期为两个月，支付试用期工资，试用期满经业绩考核合格后再签订书面劳动合同。张某在该企业工作两个月后，人力资源部又通知其将再延长两个月的试用期，并将延长试用期的通知发到张某手中。2016年5月，该企业与张某订立了两年的书面劳动合同。在签订合同时，张某要求企业为其补缴1～4月的社会保险，人力资源部以劳动合同签订之日为建立劳动关系之日为由，拒绝为其补缴。

为此，张某向劳动争议仲裁委员会申请仲裁，请求确认2016年1～4月双方存在劳动关系，并由企业支付未签订书面合同的双倍工资。

问题：

（1）该养老服务公司是否可以在试用期满经业绩考核合格后再与张某签订书面劳动合同？为什么？

（2）张某在该企业工作两个月后，人力资源部又通知其将再延长两个月试用期的做法是否合法？为什么？

（3）张某能否要求企业支付2016年1～4月未签订书面合同的双倍工资？

2. 王某是某养老服务公司的员工，与该公司签订了为期2年的劳动合同，期限为2013年5月1日～2015年4月30日，月工资3 500元。2014年10月5日，该公司向王某出具了一份解除劳动合同通知书，内容是王某违反了该公司《员工手册》中的“合同期内不准结婚”的规定，故决定与王某解除劳动关系。王某不服，向劳动争议仲裁委员会申请仲裁。

问题：

（1）王某认为单位未提前30天通知解除劳动关系，应额外支付一个月工资，这一请求劳动争议仲裁委员会是否会支持？为什么？

（2）养老服务公司解除与王某劳动合同的依据是否成立？为什么？

（3）王某认为养老服务公司无法定理由解除劳动合同，在支付经济补偿金外还应额外支付经济赔偿金，这一请求是否合法？为什么？

学习单元十二　境外老年服务法律法规

单元导读

在精神赡养老年人方面，日本有套独特的办法。许多日本老人选择与子女住在一起，因为日本有一种社会习俗，即只有父母与已婚孩子共同生活才被认为是正常的、能给人以安宁的生活形态。即使老人与子女分开居住，为保证子女“常回家看看”，日本还提倡“一碗汤距离”原则，即父母和孩子两家之间的最佳距离是“煲好一碗汤送过去刚好不凉”。

日本是一个较典型的“男子中心主义”社会，妇女一直是赡养照顾老人的重要力量。但在20世纪70年代，在工业化和都市化的迅猛冲击下，传统的“男主外，女主内”的家庭观念发生了深刻的变化，越来越多的妇女走出了家门，参加各种社会活动，家庭的“空巢”现象十分严重。于是，伦理学家提出了“一碗汤距离”的概念，即子女与老人的居住距离不要太远，以送过去一碗汤不会凉为标准。这样，子女既有自己的世界，又能够方便照顾长辈。

后来，有人发展了这一理论，提出“最近为一碗汤距离，最远为一炷香时间”。正是由于子女与老人分开居住的距离不远，从而保障了子女能够“常回家看看”。如今，这一口号还被运用到楼市设计中，将适于年轻人居住的户型和适于老年人居住的户型结合到一个小区内，从而使“一碗汤距离”的小区成为人们居住的最佳地点。

学习目标

知识目标

1. 了解具有代表性的境外地区或国家在老年服务法律法规方面的特点。
2. 了解各个国家或地区老年政策的发展历程。
3. 掌握各个国家或地区老年政策法律法规中具有代表性的法律法规及主要内容。

技能目标

1. 能够在养老服务实践过程中借鉴境外经验教训。
2. 能够运用所学知识为我国的养老政策提出建设性的意见或建议。

素质目标

1. 具备较好的养老服务意识。
2. 具备一定的境外养老政策借鉴和运用能力。

模块一　我国港澳台地区老年服务法律法规

学习情境

现年61岁、移民加拿大的朱国琴因先生、儿子都在台湾工作，2015年决定回流与家人团聚。

近年来不少台湾移民大举回流养老，单在台湾桃园长庚养生文化村的600个住客中，一半都是自美国、加拿大回流，加拿大驻台北贸易办事处（CTOT）还特地就此向政府表达关切。驻温哥华“台北经济文化办事处”侨务组主任表示，健全的医疗及物价较低，估计是许多移民选择回流的原因。朱国琴原是大温哥华地区三联市某协会前理事长，因两个儿子在本地完成教育后选择回台湾工作，且拿加拿大枫叶卡的丈夫又一直在台湾从事建筑师工作，才决定选择回流与家人团聚。她的朋友吴杨庆琳，则因为两个女儿已经出嫁，也选择回流陪从事律师工作的丈夫。朱国琴说：“加元回台湾很好用，朋友又多，天气暖和，家人又在旁边，当然要回流。”

情境分析

人有生老病死，台湾的养老政策的优势就在于其全球称许的健保制度。此外，台湾大部分地区的生活节奏都比较缓慢，气候也比较暖和，而且台湾人又非常友善，所以老年人一般都会很喜欢台湾，愿意回到台湾安度晚年。

相关知识

随着人口老龄化，老年人的福利保障越来越受到重视。为解决养老问题，我国港澳台地区制定了各项政策法规来保障老年人的生活。

一、我国香港地区老年服务法律法规

1. 涉老政策法律法规

英国殖民主义对香港的统治持续了很长一段时间，这就导致香港社会养老服务体系的构建不可避免地带有英国的烙印。同时，香港是中国不可分割的一部分，其政策制定、决策形成等必然要受到中国传统文化的影响。

香港人口老龄化持续加剧，截至2016年，香港65岁以上老年人口占总人口的比例为14%。由于香港的强制性公积金制度（以下简称强积金制度）是2000年12月1日开始在全香港推行，所以现在的多数老年人并没有国家保障的养老金，因此香港社会在养老保障问题上更多地依赖于服务保障。随着人口老龄化程度的日益加深，香港养老服务体系日趋完善，形成了独具特色的服务体系。

香港的老年人福利政策包括医疗券、强积金、公积金、综合援助计划等，以保障个体有一定的养老资金。香港政府对于养老服务的公共用地采用划拨的方式，这为公共养老服务提供了有力的支持。香港政府还在探索一种新型的安老按揭计划，通过抵押房产实现以房养老。

社会福利署自2000年11月起，开始推行“安老服务统一评估机制”。这一机制是由经认定的评估员（均为专业人士，如社会工作者、护士、职业治疗师和物理治疗师等）采用一套国际认可的评估工具，就申请人的自我照顾能力、身体机能、记忆及沟通能力、行为情绪等方面的受损程度、健康状况、环境危机和应付日常生活的能力等方面做全面的评估，从而识别申请人的长期护理需要，并编配合适的长期护理服务。统一评估机制的推行极大地增加了安老服务编配的合理性，有利于真正需要服务的老年人能得到适宜的服务，成为香港安老服务的一大特色。

在社会保障方面，香港社会主要是按照“老有所养”的政策目标，满足老年人最基本的生活需求。

其中最重要的制度就是综合社会保障援助，以及作为补充的公共福利金计划（涉及老年人的主要是高龄津贴）。在强积金计划开始实施前，这是香港老年人获得现金援助最主要的两个项目。同时，在房屋方面，通过香港房屋协会及房屋委员会分别推出的“长者安居乐住屋计划”和四项长者优先配屋计划，为不同收入阶层的老年人提供了住房方面的保障，尤其是四项长者优先配屋计划，为大部分低收入老年人群体解决了住房问题。此外，通过“老有所为”活动计划的实施，政府还积极鼓励老年人参与社会，保持活力。

近年来，香港政府不断尝试推出新举措以缓解养老难题。行政长官梁振英施政报告的重点之一为“安老”，并于2013年9月正式试行“长者小区照顾服务券”计划。根据这项计划，一些身体机能中度缺损的老年人，可领取每月2 500～5 000港元的服务券，用于购买非政府机构的家居照顾服务，包括日间护理中心服务，或者日间护理中心和家居照顾服务的混合模式，期望增加老年人或其家人选择服务时的弹性。

2. 安老院舍类别及入住条件

根据老年人的身体状况差异，香港地区的安老院舍可以分为长者宿舍、安老院、护理安老院及护养院四种：长者宿舍的服务对象是能够照顾自己的老年人，为他们提供群体住宿及活动场所；安老院为老年人提供住宿、膳食和有限度的起居照顾；护理安老院则是专门提供护理的养老院，主要为健康欠佳或伤残中度、精神残障的老年人提供日常起居照顾和其他护理服务；护养院是为不能自我照顾起居、健康状况欠佳的老年人提供照料服务。床位由社会福利署提供津贴，年龄达65岁或以上的老年人，经过政府安排、评估员评估其护理需要，并符合有关要求（如有社交或住屋需要、体格及精神状况适合过群体生活等），便可等待入住养老院。

二、我国澳门地区老年服务法律法规

2016年，澳门老年人占总体人口的比例为9%，已达到联合国规定的老龄化社会标准。老化指数又称老少比，是指同一人口整体中，老年人口与少年儿童人口数的相对比值，用来反映人口年龄结构上下两端相对变动的趋势。澳门老年人人数每年都在增加，老化指数亦已由2003年的39.8升至2015年的75.6，显示澳门同其他地方一样，已步入老龄化社会。

（一）涉老政策法律法规

1. 养老金

1989年政府建立了供款式的社会保障体系，即社会保障基金由雇主和雇员按一定比例共同缴纳，不论双方收入的高低，均采用定额供款。1990年澳门社会保障基金正式投入运作，主要保障就业人口。社会保障基金在不同时期有不同的保障功能，在2003年“非典”时期以失业救济为主，而现时养老金是社会保障基金主要的福利开支，占整体福利发放金额的七成。缴纳养老保险费用的雇员在年满65岁时每月有权领取养老金全额1 700澳门元。由于近年社会强大的诉求，因为有部分人士在65岁以前就退休了，可能原因是长期病患、科技发展而引起的劳动力结构变化，而政府对老年人的福利发放又大多以65岁为界，因而造成老年人保障的缺口。有鉴于此，澳门政府从2008年9月1日起下调了养老金的领取年龄，凡年届60岁但未满65岁的缴纳养老保险人士经审核确认后，可按比例领取养老金，最少可取得基本金额的75%。

2. 社会救济金

社会救济金原由社会保障基金受理，再将个案转介至社会工作局。由于具有明显的社会救助性质，此项援助在2007年7月已交由社会工作局办理，条件是申请人年满65岁，不符合领取养老金或残疾金条件的老年人及残疾人士，以及没有从事任何有报酬的活动，且缺乏维生方法以满足其基本需要的条件者，每月可获发1 150澳门元。

3. 敬老金制度

敬老金是社会工作局向年满65岁的澳门永久性居民每年发放的一次性津贴，不需供款或入息审查，主要是体现政府敬老的精神，原意并不是作为扶贫或者弥补养老金金额的不足。2009年发放金额为每人每年5 000澳门元，每月平均只有417澳门元，一些因没供款而未能领取养老金且又不符合申请社会工作局社会救济金的老年人只能视其为微薄的生活津贴。

（二）澳门养老保障制度改革

澳门政府先后在2007年和2008年提出了《社会保障和养老保障体系咨询方案》和《社会保障和养老保障体系改革方案》，2009年公布了《社会保障制度》法律草案及《开立及管理中央储蓄制度个人账户的一般规则》。此次出台的双层式社会保障制度调整了有1989年起实行了近30年的社会保障制度，希望确保现时领取养老金的老年人不受影响的同时，务求使过去的"双无"（既没有养老金，又申请不到经济援助）居民都能获得最基本的退休保障，以及通过非强制性公积金为居民提供较宽裕的生活保障。

三、我国台湾地区老年服务法律法规

1980年1月26日，台湾地区首部《老人福利法》面世。该法历经30余年，前后修订8次，条款已由起初的21条，增至目前的55条，条款数量激增，内容也更加丰富翔实。台湾地区在面对人口急剧老化的过程中通过法律的方式，制定了较为完善的养老服务体系。像《护理员法》《长期照顾十年计划》《全民养老保险政策》等法律法规的出台，进一步规范了整个养老服务行业。台湾地区的养老工作走在了整个亚洲的前列，有很多可供借鉴的经验。

（一）涉老政策法律法规

1. 经济安全政策

台湾地区自20世纪50年代开始建立社会保险制度，经过几十年的努力，已形成以劳工保险、农民保险和国民年金制度为主干的社会保险网。近年来，出于对老年人中困难群体的特殊考虑，先后实行了以下三项津贴制度：

（1）中低收入老人生活津贴：发放对象为年满65岁及以上，生活困难或子女无力扶养，且未由政府收容安置的老年人。发放标准主要参照家庭人均收入水平。凡家庭人均收入低于最低生活保障标准1.5倍者，每人每月发给津贴6 000元台币；在1.5倍以上2.5倍以下者，每人每月发给3 000元台币。该项制度自1993年7月开始实施。

（2）中低收入失能老人特别照顾津贴：核发对象为经市、县主管机关指定或委托的评估组织评定为重度失能，已领取中低收入老人生活津贴，但未接受政府提供的机构安养和日间照料的老年人。其目的在于弥补此类家庭因照料失能老人而增加的经济支出，补贴标准为每人每月5 000元台币。

（3）原住民敬老生活津贴：原住民是台湾社会中相对弱势的族群。为了体现对这一族群的特别关爱，从2002年起对原住民中55～65岁未领取养老金的相应人员实施了补贴制度。

2. 健康维护政策

台湾地区的全民健康保险制度是较为完善的。在此基础上，近年来，台湾地区又针对老年人健康保护问题，采取了以下三项重要的优惠措施：

（1）老年人预防保健服务制度：根据修订颁布的《老人福利法》第二十一条的规定，台湾地方各级政府主管机关应定期举行老人健康体检及保健服务，并依据体检结果和老年人意愿，提供追踪服务。2007年台湾地区有关部门下发《老人健康检查保健服务及追踪服务准则》，将这项工作进一步细化。

（2）中低收入老年人安装假牙补助制度：据台湾地区进行的调查估算，台湾地区65岁以上老年人全口无牙比例高达21.5%。由于假牙费用属健康保险不予给付项目，为减轻老年人经济负担，台湾地区于2008年公布《中低收入老人补助装置假牙实施计划》，从2009年起，由财政转移支付，为中低收入老年人及由政府全额补助安置的老年人中经医院评估确需安装活动假牙者，按其假牙类别，提供每人最高1.5万～4万元台币补助。

（3）中低收入老年人重病住院看护补助：这一项目是为公费入住福利机构的低收入老年人专设的。凡这部分老年人因重病住院即可申请获得每人每日最高1 800元台币，每年最高21.6万元台币的护理补助费。

3. 生活照料政策

台湾地区于2007年公布《长期照顾十年计划》，将日常生活需他人协助的下列四类失能者列为长期照料服务的重点对象：① 65岁以上老年人；② 55岁以上山地原住民；③ 50岁以上身心障碍者（失智、失能）；④工具性日常生活功能（IADL）受限且独居的老年人。对这部分老年人所需服务项目，按失能程度分为轻、中、重度三级，并根据失能者家庭经济状况提供标准不一的补助。家庭人均收入在最低生活保障标准1.5倍以下者，全额补助；家庭人均收入在最低生活保障标准1.5倍以上2.5倍以下者，补助90%；一般户补助60%。

（二）台湾养老照护服务模式

台湾地区一般将养老照护服务模式分为机构式、社区式及特殊性三种。

1. 机构式长期照护服务模式

所谓机构式长期照护服务，指的是24小时皆有照顾人员照顾老年人的生活起居，又可分为以下几种：

（1）护理之家：收住对象为日常生活上须协助或是插有管路（尿管、气切管、胃管）的老年人，通常是由护理人员负责，24小时均有人员照顾，必须向所在地的卫生局申请，属于护理机构。

（2）长期照护机构：收住的对象与护理之家相似，亦是24小时提供照顾服务，不同之处是设立的负责人非护理人员，并且必须向所在地社会局申请，属于老年人福利机构。

（3）养护机构：收住生活自理不便，但不带有管路的老年人，同样属于老年人福利机构，不过现有的养护机构有些老年人插有胃管或尿管。

（4）赡养机构：收住日常生活能力尚可的老年人，亦属老年人福利机构。

（5）荣民之家：收住对象为荣民（退伍军人），大部分属于日常生活能力尚佳的荣民，为“退辅会”（国军退役官兵辅导委员会）所属机构。

2. 社区式长期照护服务模式

社区式长期照护服务指的是老年人留在自己熟悉的生活环境中，接受不同专业的服务。

（1）居家照护：老年人出院后，仍继续留在家中，接受所需的照顾，仍可与家人维持良好互动，并由专业人员提供服务，主要有以下几种：

1）居家护理：为居家照护服务中最早发展的照护模式，由护理人员及医师定期前往老年人家中访视，协助家属解决照顾上的问题，并视老年人的需要，协调各方资源，如申请低收入户补助。目前为所有长期照护服务中有健保给付服务模式，依照健保的规定，护理人员每两周或一个月视老年人情形访视一次，医师则是每两个月访视一次。

2）小区物理治疗：最早推出的为台北市，后因为“921 地震”，各灾区均有了小区物理治疗相关服务。由物理治疗师至老年人家中协助老年人进行物理治疗及协助居家环境评估，目的是使老年人或行动不便者可掌控自己家中的环境，增加生活满意度及独立感。

3）居家职能治疗：由职能治疗师至家中评估老年人的需要后，拟订其所需的治疗计划，主要活动包括日常生活、工作或是休闲活动三大类。希望协助老年人在有限的能力或是居家环境障碍中仍可从事活动，维持老年人的活动力，以延长在家中居住的时间，预防失能的状况更为恶化。

4）居家营养：由营养师至家中提供服务，评估老年人的营养需要，拟订老年人所需的热量、菜单；并教导照顾者制作老年人食物或协助选择合适的管灌品。

（2）居家照顾：由非专业人员所提供的服务，提供的主要服务偏重于日常生活所需。

1）居家服务：由照顾服务员依老年人失能程度的不同，提供不同的服务，主要服务包括家务及日常生活的照顾（如陪同就医、家务服务、打扫环境等）、身体照顾服务（如协助沐浴、陪同散步等）。

2）送餐服务：对于独居的老年人提供的服务，现行有数种方式：一种为定点用餐，即由小区发展协会及各老人中心或是公益团体，提供固定的地方，老年人自行于固定时间前往用餐；另一种为照顾服务员至家中协助老年人准备饭菜，及协助用餐；也有通过出租车驾驶员将盒饭每日定时送至独居老年人家中。

3）电话问安：主要服务对象亦为独居老年人，主要是由社工或是专业人员不定时打电话至独居老年人家中关心老年人，借以防范意外事件的发生。目前有业者提供类似手表紧急联络装置，可防范独居老人意外事件的发生。

（3）日间照护：一种介于老人中心及护理之家的照护，顾名思义是白天提供照护，晚上老年人即回到家中，享受天伦之乐，就如同小孩上幼儿园一样，服务对象为日常生活能力尚可的老年人。在日间照护机构中亦提供照护、复健和各项活动，可供老年人选择。

3. 特殊性长期照护服务模式

（1）失智症的照护：针对失智老年人提供的照护服务。依其性质也可分为小区式、机构式及居家式三种。

（2）另类疗法：目前应用较为人熟悉的有怀旧疗法、芳香疗法、音乐疗法、宠物疗法等。上述各种治疗方式均须接受各相关专业的训练后，方可对需治疗者提供服务。

情境反馈

不少台湾移民都是在 1996 年台海导弹危机前后移民国外的，如今孩子差不多都长大成人，或另组家庭，或选择回台湾工作。这些第一代移民退休后，干脆选择落叶归根，其原因包括台湾健保制度的完善，不像国外医疗服务需长期轮候。除此之外，物价低廉、语言沟通无障碍也使台湾移民回流潮仍将持续。

知识链接

1. 张旦、王铮，《台湾地区养老保障制度启示与借鉴》：http://blog.sina.com.cn/s/blog_bfa592ac01018yji.html。

2. 《台湾养老机构经营管理经验和模式》：http://blog.sina.com.cn/s/blog_918938de0100y70g.html。

3. 《移居香港生活指南：了解香港养老制度》：http://www.worldwayhk.com/newsdetail204699.html。

案例分析

57岁的麦女士，借助手杖，慢慢地移动着不很灵便的腿脚来到绿杨长者日间护理中心的办公室，坐在记者对面开始叙述她5年来的康复经历。

麦女士生病前是赌场“发财巴”（免费大巴）的记录员，后来因高血压、中风造成身体行动功能严重受损。2011年，她坐着轮椅来到了这家隶属于街坊总会的护理中心。她说，“家里请了钟点工负责接送，每天在护理中心活动、接受治疗。从当初只能坐轮椅到现在生活基本可以自理。这里的各种活动我都喜欢，午餐前有生果时间，之后还有下午茶。周五有卡拉OK，周六还有电影看。没有他们的帮助，我不知自己今天会是怎样的情形。”护理中心的负责人许小姐告诉记者，麦女士当时中风之后又逢丈夫去世，她刚来时情绪很低落。护理中心每半年会评估一次老人们的身体状况，严重的2～3个月评估一次。现在麦女士对自己很有信心，她相信会有奇迹出现：“我会行动得更好。”类似绿杨长者日间护理中心这样的由街坊总会、工联总会、明爱等社团设立的老人中心及日间护理中心目前在澳门有5家，它们为体弱及缺乏家人照顾的人士提供包括送膳、家居清洁、洗澡、购物、护理复康等服务。让老年人在得到适当护理服务的同时，可继续留在熟悉的小区中，与家人或亲友共聚，保持身心健康。此外，还有长者日间中心12家，以长者康乐活动为主的颐康中心23家。

【分析】

随着澳门步入老龄化社会，政府秉承“以人为本”的施政理念，在应对人口老龄化方面，提出了“家庭照顾，原居安老；积极参与，跃动耆年”的长者工作原则，推出了多项养老措施及政策，如现金分享计划、医疗券计划、经济房屋政策、公务人员公积金制度、中央储蓄制度以及强制性与任意性之双层式社会保障制度等，着力构建具有澳门特色的养老服务体系。

模块二 东亚国家老年服务法律法规

学习情境

相传，古代日本，由于生活贫困，口粮有限，在一些老百姓中便有“六十一过，糟蹋粮食货”的说法。在民间传说中，某些地方年过60的老人会被儿子背到山里扔掉，时间长了，这座山便成了“弃老山”。1956年，日本作家深泽七郎还以“弃老山”为原型，创作了风俗小说《楢山小调考》，这部由小说改编的影片，获得了1983年戛纳电影节金棕榈大奖。

养老问题，首先是一个财富问题。在任何一个物质贫困的社会，养老问题都会变得异常困难。在漫长的时间内，日本社会对老年人的奉养，更多地取决于家人心中“孝道”的多寡。至于社会保障，直到第二次世界大战前都处于零星状态，只有诸如军人等一些特定群体才能享受。然而，传统的人伦，终究敌不过工业化浪潮带来的生活模式的变化。1953年，日本著名导演小津安二郎创作的经典影片《东京物语》，便描述了一幅具有代表性的社会图景：一对老年夫妇前往东京看望儿女，大儿子太忙，没时间照顾他们，女儿十分吝啬，生怕为父母花一分钱，两人来回踢皮球，推卸责任。在品尽了世态炎凉后，老夫妇返程回家，母亲很快因病去世，老父亲孤独地坐在家中，感叹着“一个人度过一天，特别漫长”。

情境分析

在古代日本经济落后的情况下，老年人作为社会上的弱势群体，难以凭自己的力量抵御生存风险的冲击。由于物质贫乏，很多老年人在丧失劳动能力后被遗弃荒山。随着日本工业化的发展，人们的生活方式发生了很大的变化，子女们忙于各种社会活动，很少陪伴老年人，出现很多“空巢”现象，亟须强有力的政策保障、改善老年人的生存状况。

相关知识

为解决养老问题，东亚各国根据国情制定了各项政策法规来保障老年人的生活。

一、日本老年服务法律法规

为了适应人口老龄化的变化，日本政府对养老保险政策不断做出调整，从而有效缓解了由于人口老龄化给社会带来的压力。日本和中国同属于亚洲国家，其生活习惯、生理特点及其所处的自然环境都有相似之处，而且两个国家都面临人口老龄化的问题，日本的养老经验会给我们提供一些有效的借鉴。

（一）涉老法律法规

日本应对老龄化的政策措施在亚洲地区处于领先水平。1970年，日本成为亚洲第一个老龄化国家。从20世纪50年代末起，日本政府便挑起担子，着手解决全社会的养老问题。日本政府把老龄工作纳入社会经济发展规划，并以立法做保证。日本的老年社会保障，一开始就走上了法制化的轨道。

1. 《老人福利法》

《老人福利法》是日本政府在老龄社会到来之前颁布的一部老年人福利大法，被日本各界称为“老人宪章”。1963年7月《老人福利法》的颁布和实施，标志着日本老年人福利走上了法制化的轨道。该法主要包括以下几方面内容：①国家以及地方公共团体负有增进老年人福利的责任和义务。②国家规定每年9月15日为敬老日，9月15～21日一周为敬老周。③市、镇、村在执行该法规定时，必须开展以下工作：一是尽最大努力掌握有关老年人福利的实际情况；二是提供老年人福利相关的必要信息，同时接受相关咨询，进行必要的调查和指导，并妥善处理与其相关的附带工作。

2. 《老人保健法》

《老人保健法》设立的目的在于在保障医疗服务的同时，加强疾病预防、治疗及功能训练等综合性保健，以提高国民的保健水平和加强老年人的福利事业。《老人保健法》的内容表明了日本的医疗保健服务将由国家包揽型向地方分权型转换的主旨，也表明日本老年人福利保健将由设施福利向居家福利转化。

《老人保健法》提出了“40 岁保健，70 岁医疗”的原则。它强调老年人疾病的预防保健应从中年开始。为此，规定凡年满 40 岁以上的国民都可免费享受疾病的预防诊断、检查、保健治疗，使疾病早发现、早治疗。对于 70 岁以上的老年人则以医疗为主，规定 70 岁以上的老年人在支付必要的医疗费用之外，原则上享受免费医疗。以预防为主，建立和完善一套面向全体国民的保健体系，这也是日本在长期实践的过程中摸索出的一套保健和医疗相结合的合理体系。

3.《长期介护保险法》

2000 年，日本开始推行养老护理保险制度——介护保险制度。国民需要交纳一定的保险费，65 岁后就可以接受这项保险提供的服务。老年人需要介护时可提出申请，经审查确认后可享受不同等级的服务，被保险人只需承担 10% 的费用。日本的长期介护保险制度是由三部分组成的（如图 12-1 所示），即《长期介护保险法》《要介护认定的方法论》和《介护服务计划》。《要介护认定的方法论》和《介护服务计划》可以看作是对《长期介护保险法》的补充，主要强调了介护士的地位和重要作用。日本的《长期介护保险法》自实施起，取得了明显的效果。

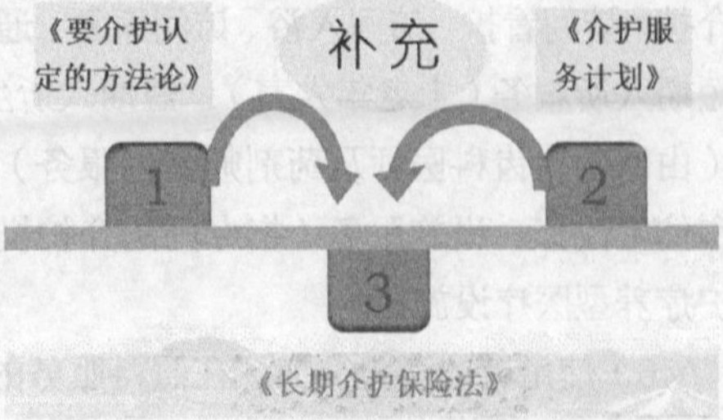

图 12-1　日本长期介护保险制度体系

（1）《长期介护保险法》的目的和理念。《长期介护保险法》的目的和理念有：①维护需要照料者的尊严：尊重老年人的基本人权、防止对老年痴呆老人的虐待等基本理念。②减少需要照料者的数量以及重视预防：首先重视预防，使老年人尽量减少照料需求。另外，在处于需要照料状态时，为了防止恶化要迅速提供服务，并且加强照料预防、生活支援事业和关联政策的配合，重视康复措施的利用等其他多方面因素。③护理的综合化：保健、医疗、服务一体化。④依据需要照料者的选择，提供合适的、有效的、高效的服务：使用者可以自由地选择设施，服务提供机构要提供完善的照料服务，要以使用者为本。为了使居家的需要照料者能够安心舒适地使用，由居家照料支援协会制订照料服务计划，引进居家照料的组织等一系列管理组织和方法。⑤多种事业者以及设施提供多样的服务：对于需要照料者来说，如果可以选择多种事业者以及设施多样的服务，他们的愿望会得到更大的满足。照料保险制度是由居家服务、农业协会组合、生活协同组合、地方非营利组织、民间组织等多种组织共同提供各种服务。⑥居家养老重视日常生活的自立：大部分老年人习惯于在熟悉的环境中生活，长期介护保险制度因此而正在朝着居家服务高质量的方向而努力。另外，《长期介护保险法》规定，即使被保险者进入了需要照料的状态，也要尽可能使老年人锻炼自立的能力。

（2）《长期介护保险法》的主要内容

1）保险者。保险金的支付、征收，是由地方行政机关来办理的。另外，由数个行政机关联合来实施的形式也在展开。国家、地方政府、医疗保险者、年金保险者通过各自的力量在为照料保险事业的运营提供支持。

2）被保险者。被保险者分为第一被保险者和第二被保险者。长期介护保险制度的参保人为 40 岁以上的国民，参保人在交付保险费用的同时，在符合条件的情况下也可以享受保险制度提供的保险费。在参保人中，65 岁以上的为第一被保险者，40 岁以上而未满 65 岁的为第二被保险者。

3）保险费和保险财政。第一被保险者的保险金分为 7 个级别，是根据收入的比例来决定的。以负担能力来负担是一项原则。第二被保险者的保险金是根据参与的医疗保险制度的规则计算的。长期介护保险制度是在社会连带基础上形成的新的社会保障制度，支付所需的必要资金由各级行政机关的公费和被保险者的保险金组成。

4）需要照料的认定以及需要支援的认定。参保人领取保险金时，先持保险证去当地机关申请，申请人在申请地接受政府部门的面试和调查，听取医生的意见。申请人持所得到的调查结果以及医生的意见书，向保健医疗福利的照料认定审查会提出保险支付申请，审查结束后，审查结果从申请日开始 30 日以内由相应行政机关通知。

5）长期介护保险支付对象的服务。访问或通所服务（把老年人接来介护后再送回去）：访问介护、访问看护、访问入浴、访问康复、通所介护服务、通所康复、福利用具的借与及购入补助等；短期入所服务（上老年人家）：短期入所生活介护和短期入所疗养介护；其他服务：居宅疗养管理（由医师、齿科医师及药剂师提供服务）、痴呆对应型共同生活管理、特定设施入所者生活介护和住宅改修。设施服务（指专门的介护机构），包括介护老人福利设施、介护老人保健设施和介护疗养型医疗设施。

6）使用者的负担。为了在照料服务的使用者和非使用者之间，在经常使用照料服务的人和不太经常用的人中取得平衡，根据使用者的次数采取 10% 的负担比例。照料设施服务在采取 10% 的负担比例以外，伙食费、住宿费、日常生活费等由本人负担。另外，为了减轻使用者的负担，国家会给予一定的补助。

（二）养老机构与养老分级

1. 养老机构

目前，日本老年人有三种养老形式，即居家养老、养老院养老、居家日间服务。日本为老年人提供服务的机构大体分为两种：民营的老人福利设施和私立的高端养老院。两者经过政府批准后由民间企业来经营，但民营机构接受政府补贴。为了保证养老院的良性运转和避免虐待老年人现象的出现，政府在老年人服务机构自我检查的基础上，引入更为客观和公正的第三方评价体系，包括硬件上的建筑、设备、人员配置以及软件上的服务质量、老年人评价等。这些评价不是通过简单的检查、打分来达到警示督促的作用，而是在分析养老院现实的基础上由专业机构提出更好的改善方法。

2. 养老护理分级

日本的养老护理制度是一种“按需养老护理”，将需护理程度分成了不能站立、不能步行、不能脱穿裤子、不能排便、不能用餐、不能吞咽食物、不能记忆等级别，并按照这些不同的级别提供登门访问型、赴养老机构一日型、短期入住型、入住特别养老机构型、入住老人福利院等不同服务。

结合上述的分级护理制度，日本目前正在推进一项“地区综合护理服务系统”。具体来说，就是要打造“30 分钟养老护理社区”，在距离大概 30 分钟路程的社区内，建设配备小型养老护理服务设施的新型服务社区，推行小规模多功能型自家养老护理和登门访问看护。

二、韩国老年服务法律法规

韩国的公共养老保障制度体系主要由公共年金制度（社会保险性质）和养老保障制度（隶属社

会福利服务范畴）两部分组成。公共年金制度是由正处在收入活动状态的人们缴纳一定金额的保险费，当其因年老、突发事故、疾病、残疾或死亡导致收入中断时，为被保险人及其家属支付年金，使其能够维持稳定生活的收入保障制度。而养老保障制度主要依靠政府预算经营，由保健福利部和地方政府相关部门主管并提供服务。

1. 涉老法律法规

1981 年 6 月，韩国制定了《老年人福利法》，1989 年 12 月对其进行全面修改，1993 年 12 月又进行了部分修改。韩国《老年人福利法》的框架同日本 1963 年制定的《老年人福利法》很相似。修改后的韩国《老年人福利法》规定，国家或地方政府向 65 岁以上老年人支付老龄津贴，老龄津贴的支付对象由总统令来决定。根据《2009 年老年人保健福利事业指南》，养老保障事业涵盖老年补充收入及娱乐活动、老年人疗养及健康保障、提高赡养老年人意识、独居老年人保护及殡葬服务等在内的 5 个领域 32 项事业，养老保障内涵极为丰富。2015 年，韩国 65 岁以上的老年人口占总人口的比例超过 12%，老龄化程度逐年加快。据预计，到 2018 年韩国老龄人口将达到总人口的 14%，2026 年将达到超老龄社会的标准 20%。

2. 其他政策

韩国强调儒家文化价值观，坚持“家庭照顾第一，公共照顾第二”的养老政策。因此，韩国制定了较为细致的税收优惠政策鼓励和支持家庭养老。对于赡养老年人 5 年以上的三代同堂家庭，在继承遗产时给予税收额 90% 的减免；每赡养一个老年人即可扣除 3 000 万韩元的遗产税；对于需赡养 60 岁（女 55 岁）以上直系亲属的纳税人，每年可扣除 48 万韩元的所得税。

韩国建设交通部发布的《住房认购制度改革方案》规定，那些赡养父母、岳父母、祖父母或外祖父母的家庭将获得优先购房权，最高可在申购房屋时加 3 分。这项规定一方面缓解了孝顺子女的购房压力，另一方面也鼓励了赡养老年人的良好社会风气。

情境反馈

同中国老年人一样，对于受东方文化熏陶的日本老年人来说，能够“死在自家的榻榻米上”才算是比较像样的晚年。然而，随着工业化和城市化进程，祖孙几代生活在一起的传统大家族逐渐解体，年轻人摇摆在“事业”与“孝道”之间，《东京物语》中那种冷漠的家庭关系并不鲜见，这难免让老年人产生幻灭感。根据 20 世纪 60 年代的一项统计，60 岁以上的老年人中近 40% 不知如何打发余生，60% 以上的老年人靠看电视消磨时光。为此，1963 年，日本颁布实施了第一部关于高龄者福利的专门法——《老年人福利法》。该法着重推行养老的社会化，如成立“老人之家”等养护福利机构、建立老年人定期体检制度、向老年人家庭派遣服务员等。值得一提的是，该法连同《老年人保健法》等法案，都强调了家庭与亲属进行赡养的义务。随着日本老年政策法规的不断完善，日本老年人的社会福利保障得到了很大的提高。

知识链接

1. 王晓枫，《各国如何应对老龄化：日本出台法律英国社区养老》：http://www.ccln.gov.cn/zizheng/zhengcefagui/wgfljd/162642-1.shtml。

2. 蒋林，《鼓励“居家养老”：发达国家各有招》：http://intl.ce.cn/zgysj/201101/09/t20110109_22123559.shtml。

案例分析

1995 年，日本横滨市一个名叫“互助 · 泉”的社区互助组织在调查中发现，大多数老年人和残疾人在吃饭上都存在很大的困难。为此，这个组织开始提供餐饮配送服务。它们设立了一个餐饮制作场所，专门为此类人群售卖廉价的快餐。与此同时开展的还有“接送服务”。于是，一些行动不便的老年人和残疾人得以乘坐组织的专车，走出长年闭门不出的家。由于其高度的公益性，“互助·泉”得到了当地居民的认可，该组织几乎所有相关设施都是在居民们的支援下建立起来的。

在日本，这种活跃于民间的非营利组织还有很多。由于扎根民间，他们对政府触及不到又迫切需要的服务往往有着第一手的观察，并能在第一时间寻找解决之道。更重要的是，这种组织往往还有上下沟通的作用。例如，活跃在川崎市的“玲之会”，是一个由家庭主妇组成的非营利组织。平时，她们除了组织老年人唱歌、做游戏、做手工、健康讲座等，还会通过一个名为“Diamond Club”（钻石俱乐部）的活动，联系不同社区的志愿者和老年人，了解他们的需要，并试图传达至相关部门。“互助 · 泉”的理事长吉川则子也曾向横滨市政府递交一份关于推动社区建设事业的提案，并被采用。

【分析】

非营利组织能够整合社会福利服务，提高老年人福利服务的供给效率，满足不断变化的老年人需求，它能在政府、市场和非正规部门之间起到桥梁、中介、协调和沟通的作用，不但能缓解各种社会矛盾，而且能为不同的部门提供合作机会，整合不同部门之间的社会福利资源，优化组合。使得老年人既实现了在家养老的愿望，又减轻了家庭的负担，解决了家庭成员没有时间或者能力照料老年人的问题，解放了大量劳动力，同时又提供了一些工作岗位，使得社区中失业或就业困难人员有了新的就业机会。通过整合社会福利资源，非营利组织弥补了政府在居家养老服务提供上的不足，为老年人提供了更为多样化的服务，服务的价格相对低廉，服务人员专业，服务质量有保证，开创了新的养老途径，非营利组织参与居家养老服务具有一定优势，值得我国借鉴。

模块三　北美国家老年服务法律法规

学习情境

67 岁的莫特是美国佛罗里达州的一名退休公务员，在政府部门工作 30 年后，他退休了。退休前，他的年薪是 7.5 万美元。如今，他每年可领取社会安全金 23 000 余美元，退休金 24 700 余美元，收入总和与退休前的年薪存在差距。不过，由于他在退休前购买了许多商业养老保险，退休后所得的保险收益将这一差距进行了弥补，“退休前后收入已经相差无几”。

情境分析

和莫特一样，大部分美国老年人退休后养老金来源多样，主要包括社会安全金、退休金、个人资产收益等。社会安全金是政府主导的社会保障体系，它由单位和员工缴费累积而成，类似于我国的社会养老保险。工作超过 10 年的人到一定年龄退休就可每月领取。退休金通常有两种基本形式：一种是确定领取型形式，即按照工作人员退休前的年薪等计算出退休金额度，政府部门多实行这种；另一种是确定缴费型形式，主要代表形式是 401（K）计划，即企业与员工共同出资购买退休基金一直到个人退休，本金和所得收益即是退休金，但投资风险个人自负。

相关知识

北美国家根据国情制定了各项政策法规来保障老年人的生活，采取了多种形式的养老模式来保证养老事业的健康稳定发展。

一、美国老年服务法律法规

1. 涉老法律法规

美国老年社会保障制度创建于 20 世纪 30 年代。当时的经济危机使美国政府认识到，要保持社会稳定，必须为人民生活提供一定保障。1935 年美国国会通过了《社会保障法》，旨在为工作人员及其家属提供老年人、残疾人、生存者保险。历经 80 多年的实践和 1950 年、1983 年、1994 年、2000 年的 4 次修正与改进，美国社会已形成了较完善的社会保障法律体系。这为美国人口老龄化的到来奠定了坚实的社会保障基础，表明了美国在社会保障方面对人口老龄化的到来做到了“未雨绸缪”。

在美国众多涉老法案中，最为重要的是《美国老年法》。1965 年美国针对老年问题出台了第一部专门性法律《美国老年法》，该法的出台为美国社会成立全国性老龄行政机构提供了法律依据，同时也标志着美国已将老年工作纳入国家的法制建设当中。为完善老年政策法规体系，美国政府又相继出台了《医疗保障法》《健康照顾计划》两部法律。至此，美国社会在政策法规、医疗保健、社会福利等方面已建立了较健全的法规体系，为美国人口老龄化社会的到来做好了政策、机构、教育、医疗、福利等方面的准备工作。

而提到美国的养老政策，不得不提的是 401（K）计划。401（K）计划取名自 20 世纪 70 年代末美国《国内税收法》第 401 条第（K）项，也称为“现金或递延安排”（CODA）计划，是政府、企业、个人三方为员工退休养老分担责任的典型制度设计。迄今为止，401（K）计划走过了 30 多年的发展历程，它从美国企业养老金体系中处于次要地位、补充性的养老计划快速崛起为无可替代的中流砥柱，根本原因在于其顺应经济结构转型的潮流，契合企业养老金改革和发展的方向。

2. 《美国老年法》

《美国老年法》于 1965 年 7 月 14 日获正式批准，分 6 章 16 条，对老龄工作的宗旨、机构设置、机构职能、社区计划、为老服务、经费使用、研究发展、培训计划等方面均做了较为明确详细的规定，为美国此后几十年的老龄工作提供了有力的法律依据和切实可行的行动框架，开拓了老龄工作的视野。《美国老年法》在深刻理解老年人需求基础上，提出了明确的工作目标。这一点在该法第 1 章第 1 条的 1～10 款中有明确的体现。第 1 款规定，老年人退休后应当有适当的收入，足以维持美国的生活标准。第 2 款规定，在科学许可的范围内，老年人应获得生理和心理的健康，不受经济状况的影响。第 3 款和第 4 款规定，私人住房和公共养老设施应考虑到老年人的特殊需求。第 5 款规定，禁止企业在用人过程中歧视老年人。第 6 款强调社会对退休老年人价值的承认和尊重。第 7～10 款分别对老年人的精神文化生活和社区活动提出了设想、目标和相关规定。

《美国老年法》第2章规定了老龄行政机构的设置和职能，为老龄工作的开展提供了法律依据。《美国老年法》第3章规定了各州和地方的行动计划，经费的使用原则，该原则兼具刚性和灵活性。第4章规定了美国老龄工作的研究和发展计划，这一章更体现出专业性非营利组织对老龄工作的意义，突出了政府购买服务、非政府组织积极参与研究和项目发展的工作理念。第5章强调专业人员的培训。预见到随着人口老龄化的发展，专业服务、护理和研究人员的培训将成为老龄工作日益突出的领域，本章规定了培训项目的经费支出原则。第6章为总则，规定了老龄工作咨询委员会的工作模式、人员构成以及任期等情况。从以上情况可以看出，《美国老年法》是一部对美国乃至世界老龄工作都具有深刻影响的法律，从当今的角度来看，该法的立法原则、框架和具体指导方法仍然具有相当大的借鉴意义。

日本目前很多养老政策就是借鉴了美国已有的政策法规，结合自身实际情况来制定的，而美国的政策受自身世界第一大经济体的身份的影响，更偏重于资本方面，但在实际照护模式上又与日本有异曲同工之处。

3. 养老方式

美国人目前的养老方式大体分为以下四种：

（1）社会养老：美国的城市里一般都有一个养老中心，这些中心里老年人的饮食和活动安排一般都事先征求每个人的意见，如每周征求一次。

（2）社区养老：在老年人所在社区建立养老村。养老村完全以社区内需要服务的老年人为对象，并由需要服务的老年人联合经营，提供日间照料、护理和老年活动。

（3）家庭养老：由家庭成员、社工或志愿者为老年人提供帮助，也就是我们说的居家养老。

（4）工作养老：美国没有法定退休年龄，65岁以后可以领取退休金，只要愿意可以一直工作。

美国绝大多数老年人选择家庭养老，由社区或许可的服务机构开展上门服务，如送饭到家，专业护理人员也定时到家里探望。另一种方式是集中式居住在同一区域，各有自己的房间和卫生设备，仍保持相对独立。这类居住环境里一般有服务人员帮助做饭、打扫卫生等，也设有专门的护理人员，但不需要24小时连续照顾。还有一类是护理院，通常分中等护理和专业护理两类。中等护理是指一般护工就能完成的护理工作，主要是日常生活帮助等。专业护理则指护士以上级别的护理，如理疗、静脉注射、吸氧、人工呼吸等。

二、加拿大老年服务法律法规

1. 涉老法律法规

加拿大的涉老法律和政策属于相对较新的领域。从20世纪80年代开始，一些加拿大的大学已经提出了涉及老年法的问题，大都涉及老年学、犯罪学和健康科学。这些问题主要集中在智能、监护权和临终关怀等方面。以前，涉老的法律问题大都是有关遗嘱、遗产和继承问题，而如今加拿大法律界开始将老龄化作为法律的一个研究领域。

截至2015年，加拿大年龄超过65岁的人口达到16.1%，预计到2030年，将有20%的加拿大人为老年人。退休储蓄是养老头等重要的事情。

加拿大老年保障制度被设计成一种全民性（普遍性）的支出计划，即所有达到国家规定年龄（最早是70岁，后来修改为65岁）的在加拿大定居的人都能享有。它实际上是一种财政收入的转移政策，即全部由联邦政府负责财政资助。最初是由某些税收的专项支出来提供资金支持，后来则公开设立了专项基金以确保项目的顺利开展，但不久这个策略失败了，以至于现在老年保障制度仍然由政府的一般税收收入来进行支付。具体而言，在老年保障制度中包括基本养老金、保证收入补贴、补助金和遗属补助。

加拿大与美国比邻，但社会保障制度却与美国相异，其走的是英式福利国家道路。在整个社会保障体系中，养老保险无疑是最重要的制度安排。如今加拿大已进入老龄化社会，其养老保险制度也遭遇着人口老龄化带来的严峻挑战。

加拿大养老金计划（Canada Pension Plan，CPP）创建于 1966 年 1 月。更准确地说，1965 年通过的一项名为《针对老年养老金及辅助收益综合法案》的议会法案为此提供了基础。加拿大养老金计划的覆盖范围包括除了魁北克之外的加拿大所有工作者（加拿大驻魁北克省部队以及皇家骑警属于加拿大养老金计划的覆盖范围）。在没有经过议会同意并获得至少 2/3 的省份赞成的情况下，不能随意对加拿大养老金计划进行修改。

需要说明的是，加拿大养老金计划并不是老年保障体系的唯一构成部分及来源。鉴于此，加拿大养老金计划的收益水平处于最低的合理范围，以此来为超出该部分的个人储蓄和对私人养老金的投资留出空间。

2. 养老护理

老年人的护理问题，以及围绕养老院设立的养老体系日益引起政府和全社会的关注。迄今，加拿大的养老院已形成多种体制下的多层次服务形式。

最为普遍的是各种档次的“独立生活”老年人公寓，也称退休人士之家，接收的住客是生活能完全自理的退休老年人。这类老年人公寓楼中除了一般公寓楼所拥有的设施外，还提供医疗监测和应急支持等老年人所需的服务。

这类公寓分别在私营、非营利机构和政府补贴三种管理体制下运行，房租的标准也差别很大。在温哥华西区，一家私营“老年人公寓”一室一厅的月租金是 3 500 加元。但对低收入的老年人来说，他们可申请“老年人补贴住房”，这类老年人公寓房租低廉，是居住者月收入的 30%。在不列颠哥伦比亚省，一室一厅的月租金是 300 加元左右（约合 2 000 元人民币）。退休人士之家实为集体老年人公寓的性质。有护士 24 小时监护。每天接受一个小时的医检和护理。社区医生定期巡访，费用不高。如病情恶化，可转至下述两种老人院。

再上一个层次的是“辅助生活”老年人公寓，也称“护士中心”。这里的住客在生活方面基本上能自理，在“护理安老院”病情好转的老年人，会被送到这里，但每天的餐饮和自我照顾需要一些特别的帮助。这类公寓配备专职护士，每天 24 小时值班，医生也定期到访，每天提供两顿饭，每周提供清理房间的服务。住在这里的老年人如果身体状况恶化，会随时被转送医院。住户通常需要交纳其收入的 70% 作为租金。

最高层次的是“特许护理”养老院，也称“护理安老院”。这类养老院的入住者为完全丧失独立生活能力的老年人，需由护工 24 小时照顾，住院费用全免。一般为医院附属单位。其存在的主要问题是床位太少，申请入院者往往要排队 6 年左右。

情境反馈

截至 2014 年，美国 65 岁以上人口约占总人口的 13%，为解决养老问题，美国探索出“三条腿板凳”（政府主导的社会保障体系、退休金体系、个人资产收益）式养老保障体系。为使晚年生活更有质量，不少人退休前后都会在赢得退休金和个人资产收益最大化方面下功夫。由于美国的 401（K）计划也是投资计划，因此，业内人士普遍认为美国人的养老金体系其实是“逼”人终生理财。

知识链接

1. 《美国社会保障体系和养老保险制度》：http://www.360doc.com/content/12/0410/12/9696140_202436381.shtml。
2. 《美国的养老制度》：http://blog.sina.com.cn/s/blog_15215c2fe0102vyg1.html。

案例分析

芝加哥 67 岁的格勒戈女士在一家老年中心做兼职工作，她觉得自己的身体很硬朗，根本不需要这么早就退休。而且家里生活的开支也越来越大，为了有更好的生活条件，她一直坚持在工作岗位。格勒戈说：“现在什么东西都比过去贵，我希望到 70 岁的时候再退休。”

【分析】

由于美国经济不景气，除了“三条腿板凳”外，越来越多的老年人选择晚退休，或退休后继续工作以取得收入，避免晚年生活质量下降。调查显示，在所有退休的美国老年人中，约 1/4 的人继续从事全职或兼职工作。其中，“养家糊口”“手头更宽裕”是他们不愿闲下来的两大原因。

模块四　欧洲国家老年服务法律法规

学习情境

在德国的德累斯顿，有一种由当地政府和福利机构合资建造的“老人之家”，体现了互助式养老理念。那里有公用的厨房和大餐厅，还有专门的人员负责维护和管理。有一些单身的老年人选择了到那里结伴而居，他们在一起相互照顾，结伴游玩，既填补了孤独的情怀，也节省了生活的费用。“老人之家”还有一种老少同堂、混搭互助的模式，也别具特色。很多单身老年人，缺乏的不是物质上的衣食住行，而是一种家的温情。也有一部分年轻的单身父亲或母亲，既要照顾孩子，又要工作，很难兼顾，同样需要人的帮助。于是，具有不同需求的这两部分人就可以住进“老人之家”，组建一个临时“家庭”，互补互助，其乐融融。

情境分析

虽然德国具有完善健全的养老保障制度，可以保证老年人衣食无忧，许多城镇还有规模不等的养老院，但是对于很多丧偶、子女不在身边的单身老年人来说，他们是不愿意住进养老院的。陌生

的生活环境和饭菜口味，僵化、固定的起居时间都让他们很难适应。因此，有些早已习惯了家居生活的老年人，宁可独守空房，也不搬进养老院。

相关知识

一、德国老年服务法律法规

1. 涉老政策法律法规

德国是最早实施社会保障制度的国家之一，其社会保障制度法制健全、互济共助。目前，德国的社会保障制度开支中，有 1/3 的资金用于法定养老保险的开支。德国的养老保障制度是德国社会保障制度的重要组成部分。德国 1889 年颁布了《养老金保险法》，经过 100 多年的发展，逐步形成了一套包括社会保险、社会赡养、社会救济和社会补贴在内的历史悠久、内容丰富、体系健全、完备成熟、执行有序的社会保障制度。而养老保障是其整个社会保障体系中一个最重要的组成部分。截至 2015 年，德国 65 岁以上老年人的比例为 21.5%。现在，德国每 100 个职工承担着 50 名退休人员的养老金，而到 2040 年，他们必须养活 84 个老年人。德国养老保障制度的基本原则叫作“多代养老契约”，即今天在职人员交纳的养老保险用来支付已退休人员的养老金。将来这一代人退休了，他们的养老金则由下一代在职人员负担。

与其他经济合作与发展组织成员国相比，德国的养老保障体系被认为是在支付方面最“慷慨大方”的老年制度安排之一。毋庸置疑，德国的退休金制度在改善老年人经济状况方面是成功的。根据经济合作与发展组织的统计数据，德国年龄在 60 ～ 80 岁的老年人的消费水平相当高，只比在职雇员低 4%。据战略和研究中心计算，包括政府医疗福利在内，老年人与非老年人的人均税后收入比率为 1.25：1，明显老年人居优。但是，需要注意的是，实际上看上去比较高的收益支付水平在受益层面并不平均。因此，该体系在再分配方面的作用比德国政府所宣称的要小得多。作为建立时间最长的养老保障体系之一，研究学者们质疑较多的并不是德国的养老金体制的充分性，而是主要集中在其可持续性方面。

德国联邦统计局 2009 年 9 月 24 日公布的数据表明，德国人平均预期寿命达历史最高水平，男性为 77.2 岁，女性为 82.4 岁，这就意味着平均养老金支付时间在增加。德国的养老保障体系面临着由于低出生率和预期寿命水平的不断提高所带来的人口老龄化的严峻挑战。2008 年，德国的平均失业率为 7.3% ，对于德国的不同地区而言，所表现出的失业率并不相同，原东德地区比较高，处于 15% ～ 19% 的水平，而原西德地区比较低，仅为 5% ～ 6%。就业人口比重在男性中占到 64.6% ，而在女性中占到 58.6%。国际化竞争给德国就业市场带来的冲击对德国现有养老保障制度的可持续发展造成了一定程度的压力。

由于德国政府规定个人可以在正式退休年龄之前就提出支取养老金的要求，虽然也做一些扣减，但是个人往往会选择在正式退休年龄达到之前就进行养老金偿付的申报。不仅如此，很多企业也在该政策基础上制定了自己企业的一些其他有关鼓励提前退休的制度措施，通过这种方式来完成本企业劳动力结构的重新安排，并且实现年轻化改革。因此，人们对于就业和退休的生活方式选择的改变和提前退休的相关制度安排都使得德国养老保障体系养老保障方面的支出增加，给社会保险体系带来了严重的融资负担。德国的养老保障制度仍然面临着问题，还需要实施一些改革，从而降低养老金支出的增长率。针对人口老龄化引起的经济负担，在政府、企业、个人之间进行合理的分配。

2. 创新举措及服务模式

除了从资金来源、支出分配上确立一套较为完整严密、具有前瞻性的养老保险制度外，德国政府还从人文关怀、社会关爱、康残互助、全员护理的视角和现实需要出发，切实采取措施，认真着手解决养老保障制度中日益突出的“人力需求”矛盾。

首先，从个人消费支出上预留空间。从1995年开始，德国根据社会需求，在社会养老保障体系中增加了一个新险种——护理保险。每月交纳的护理保险费为雇员工资的1.7%。此保险由雇主和雇员各缴50%，并规定凡参加法定医疗保险者必须同时参加护理保险。目前，德国参加法定医疗保险人口的覆盖率已达90%以上。德国法律规定，凡雇员加入法定医疗保险，其赡养人口也视为同时加入。因此，德国的医疗保险和护理保险几乎可以覆盖全社会人群，有效地减轻了中低收入家庭在未来步入老龄阶段或遭遇病残时购买护理服务的经济负担，切实有效地保障了老年人和病残者应该享有的基本护理权利，体现了一种社会公平。

其次，适时推出“储存个人服务时间”制度。凡年满18岁的公民，均可利用公休或节假日义务到老年公寓、老人院和老年病康复中心提供各种护理服务。不拿报酬，但服务时间可随时储存在服务者个人档案中，以备将来自己需要接受护理服务时，将这些服务时间提取出来免费享用。这项制度深受德国公众欢迎，因为它既避免了年轻公民人力资源的浪费，增强了人们的社会责任感，也为年老和病残公民的自我救助提供了一种选择。在某种意义上也是“转移支付”原则在人力资源合理分配使用上的具体应用。除此之外，德国还有一种新的养老模式——“多代同堂”。从形式上看，德国的“多代同堂”有点像我国的社区活动站，它的服务对象是各个年龄段的居民，但以老年服务为重点。经费主要来自社会团体、政府部门和企业的资助与赞助。此外，通过有偿服务和经营自身资产，如出租房屋等，也能解决一部分资金问题。

德国的老年护养上门服务有两种模式：一种是专门的老年医疗护理服务。对象大都是患有严重疾病、丧失行动或生活自理能力的老年人。因此，这种机构的护理员必须受过专业培训，具备相应的知识和技能。另一种是向老年人提供24小时的家政服务和简单的护理工作，如给老年人做饭、喂药、按摩、洗澡、代购物品以及料理家务等。

二、荷兰老年服务法律法规

（一）涉老法律法规

荷兰养老保障体系稳定性较强，两部养老保障领域的核心法案是1957年创立实施的《一般养老金法案》及1952年颁布的《养老金和储蓄基金法案》。后者在实施55年之后，才被2007年1月1日生效的《养老金法案》所取代。

荷兰生命科学研究院根据多年的调查最终认为，最有可持续性的养老模式，是让老年人尽可能长地保持健康和积极的自理生活（包括部分失能、失智老年人），直到高龄、身体机能衰竭，然后没有痛苦地很快过世。因此，机构注重的是如何平衡老年人的运动和营养，积极训练老年人的自理能力，增加其社交活动。而不是让老年人长期卧床，让人伺候。这样的生活方式对老年人而言无比痛苦，对机构及其家庭而言不堪重负。

荷兰社会福利政策法规体系可以分为三大类，即收入保障、照料服务保障和对机构的规范管理标准。第一大类以国家老年金计划（AOW）为主，包括为工作但后来失业的人（包括老年人）提供福利金计划（WW）、为工作过但因残不能再工作的人（包括老年人）提供福利金计划等。第二大类以保健融资系统计划为主，这个计划主要分为两方面内容，其一为包括家庭医生在内的医疗保险。其二为著名的特殊医疗费用（AWBZ）保险金，该基金涵盖老年人社会福利服务的全部内容，是荷兰高福利的特征之一。第二大类内容还包括个人预算计划（ICS）、参与法、病人权利法、保健照料投诉法等。第三大类以老年人福利服务评估制度为主，包括养老机构管理办法、老年人住宅建筑设计标准等。这三类丰富的法律内容形成了荷兰社会福利政策法规体系，保障了老年人社会福利服务方面应有的各项权利，从而也确保了荷兰老年人社会福利事业法制化的发展方向。

（二）荷兰养老产业细分及要素

1. 居家护理

居家护理的常见方式是每天上门服务 0.5 ～ 2.5 小时。服务内容主要分家政服务、护理服务和辅助医疗服务（如康复、保健等），由于无管理人员监督，成败的关键在人，因此对服务人员的专业素质和道德水准要求很高。

2. 失智症老人日托中心

失智症老人日托中心的主要对象是有一定活动能力的失智症老人，老年人白天在日托中心活动和吃饭，晚上回家睡觉。

3. 康复中心

康复中心的对象主要是50岁以上、需要康复的人群。康复中心对建筑、设备和人的要求很高（康复中心所使用的装修色彩都是对人体康复有帮助的治疗性色彩），如果没有100% 的入住率，很难保证可持续发展。

4. 护理宾馆

护理宾馆是可以提供护理服务的宾馆。其主要对象是产后、术后、大病后需要静养，但是家里没有条件或者保姆不专业的客户。护理宾馆对硬件、软件要求都很高，不仅要求舒适，空气干净清新，温度适宜，而且要求服务人员懂护理，并有酒店管理的素质。

5. 失智症老人住宅：小住宅，大世界

失智症老人住宅针对各个阶段的失智症老人，每个老年人有自己的卧室，8 ～ 9 个老年人共用 1 个大起居室。老年人在专业人员引导下过集体生活，一起做力所能及的家务，如洗衣、做饭等。有规律的集体生活可以大大减缓智障进程，保证老年人的生活质量，减轻家人负担。

6. 传统护理院

传统护理院主要针对低收入阶层，在欧洲属于“托底”的机构，有保险覆盖、国家政策扶持。因此收费低廉，能够为老年人提供基本的护理服务。

7. 高端私立养老院（公馆）

高端私立养老院专门为有身份地位、财力雄厚的老年人打造。对软件、硬件的投资都很高（如餐厅由米其林星级厨师打造），收费也很高。

8. 适老性住宅

适老性住宅主要为还能自理的中产阶级老年人打造。全部供出租，采用无障碍设计，配备完整的监控和警报系统，和医院、居家护理机构联系紧密。

三、瑞典老年服务法律法规

1. 涉老政策法律法规

瑞典是世界上最早建立全民养老金体系的国家之一，一度被许多国家奉为学习的典范。瑞典议会于1994年对养老保险制度的改革达成协议，并于1999通过了改革法案，从2001年开始实施。瑞典社会保障制度的形成与该国形形色色的改良主义思想密切相关，福利经济学及在此基础上产生的福利国家理论、瑞典学派的经济理论、妥协的政治价值观和中间道路的思想都对其福利国家的建立产生了积极影响。瑞典在20世纪30年代被卷入世界性资本主义经济危机之后，政府进行了一系列自上而下的社会改革。在第二次世界大战后，瑞典在英国“贝弗里奇报告”的影响下，颁布了退休、失业等一系列新法规。瑞典议会1956年通过的《社会福利法》明文规定，子女和亲属不再负有赡养和照料老年人的义务。到20世纪60年代，瑞典已建立了一套比较完善的高福利的社会保障制度，涉及老年人、残疾人、儿童、妇女、贫困家庭等不同群体，保障项目几乎无所不包，瑞典也因此被称为“福利国家的橱窗”。经过近半个世纪的努力，瑞典的养老制度已变得更加完善，各级政府为老年人撑起了一把把安度晚年的保护伞。

瑞典养老保险费用主要由国家负担，国家实施高税收政策，退休金也由国家统一划定。这种由征税方式代缴保险费的好处在于强制性强，负担公平，有利于提升社会保障的社会化程度。基本年金和补充年金构成了瑞典的退休养老金，两者的主要区别在于，基本年金与物价水平相联系而与退休者退休前的工资水平无关，而补充年金只与退休前的工资水平相联系，与物价水平无关。凡居住在瑞典的瑞典公民，从年满65岁的当月起，均有资格按规定领取基本年金。瑞典的养老基金筹资模式采取的是现收现付制，这种“现收”是一般性的国家高额税收。建立个人账户，个人和公司所缴部分养老基金计入个人账户，但个人账户内的基金只是名义上的，真正的资金被用于发放当前退休者的养老金，因而它也是一种现收现付制筹资方式。政府采用这种模式主要是想调动和激励员工工作的积极性，增加人们对工作的热情。

瑞典老年政策包括所有提供老年人拥有较好质量的独立生活的措施。许多措施体现在一般性的政策而不是直接针对老年人的政策中，主要由市政府根据《社会服务法》和《健康与医疗服务法》来执行。政府老年政策的方向是老年人及其家人必须对获得有尊严的社会照料和高质量的医疗保健有信心。特别的关注点放在那些最虚弱的老年人和那些很难发出自己声音的老年人，如老年痴呆症患者、母语不是瑞典语的老年人，以及受多种疾病折磨的人。

2. 涉老法律规定

社会有义务确保老年人享受到高质量的社会与健康服务。家庭成员的贡献是自愿的，应被当作公共服务的补充。然而，事实上，家人、亲友和邻居依然要为行动不便的老年人提供相当多的帮助和服务。政府层面还制定了如下法律规定：

《健康与医疗服务法》规定了市政府的健康保健与医疗服务职责。根据这项法律，健康保健应当在平等原则的基础上为社会的全体成员提供高标准的服务。此外，该法律要求市政府为居住在特殊住房中的老年人提供良好的健康服务。市政府有责任雇佣人员以实现这项工作。《社会服务法》规定了市政府向老年人提供服务的义务。根据这项法律，任何人如果在生计或者更一般的生活问题上遇到困难，就有资格享受援助。为此，市政府需要根据《行政程序法》进行生活环境调查。如果一名老年人对符合《社会服务法》要求的社会服务不满意，可以向行政法院起诉。《社会服务法》

进一步规定，市政府应当尽力保证老年人能够在安全的环境、充分尊重其自主决定和隐私的条件下独立地生活。此外，市政府应当为老年人继续生活在自己的家中提供便利，并为家庭成员照顾老年人提供便利。

瑞典各地方政府眼下都在大力推行居家养老的形式，争取让所有人在退休后尽可能长时间地在自己的家里安度晚年，这主要是因为居家养老比较人性化，也很个性化，更能给人以安全感。

3. 高福利下的弊端

“福利和发展”是瑞典模式社会保障的代名词，高福利给社会带来了高度稳定，也给每个公民提供了经济上的安全网，为瑞典的经济发展及增长提供了可靠的保障，取得的成就为世界所公认。但这种高福利也难免会出现常见的“福利病”。因瑞典的高福利政策过分注重公平原则，在很大程度上忽视了效率，并无法避免给效率带来损伤，也是很多失业人员宁愿待在家里领取福利救济而不愿出去工作的直接原因。市场一旦缺乏效率，公平竞争就会受到影响，从而影响整个经济的增长。高额的保障税也给企业带来了沉重的负担。企业为减轻负担，不得不把高额的保障税转嫁到消费者头上，提高了产品的价格，同时也降低了瑞典产品的国际竞争力，影响了整个国民收入。为解决高福利带来的一系列问题，瑞典也在积极地进行养老制度方面的改革，如延迟退休年龄，降低一些福利的支出水平及养老金替代率，尽量使养老金不再与物价上涨因素挂钩，而与劳动者退休前的收入相联系等。由于养老保险金具有只能上升不能下降的刚性性质，降低福利支出和养老金替代率目前比较困难，而使养老金与劳动者工作收入挂钩可以调动劳动者的积极性，也会促使一些不愿工作只想领福利的偷懒者去工作。

情境反馈

对于任何一个国家来说，养老都是一个无法绕过的大问题。妥善解决老年人问题，似乎没有一个一劳永逸的公式可套，它需要的是不断地探索。而对于老年人来说，晚年最需要的也许不仅仅是衣食无忧的物质满足，而是一种家的感觉和温情。德国的养老制度很健全，老年人物质生活得到了保障，然而，精神生活却没有得到满足。在这种渴望心灵陪伴的需求下，“老人之家”的养老模式在当地得到了发展，这也使老年人的内心不再孤单。

知识链接

1. 邹丽莉，《德国的养老保险制度》：http://www.china.com.cn/xxsb/txt/2007-07/16/content_8533251.htm。

2.《德国迈向老龄化社会 实行灵活养老政策》：http://www.china.com.cn/v/news/2013-10/14/content_30282141.htm。

案例分析

在德国，许多老年人因志趣相投而自愿组合在一起，过起了“同居”的晚年生活。70岁的施密特女士就是其中一位，她和5个伙伴结伴住进德国东部城市德累斯顿的一座老年公寓里。平时，他们各做各的饭，但每周至少一次在公共厨房聚餐，有集体活动时则共同参与——要么到附近城市旅游，要么到剧院听戏。一次，施密特跌倒后伤了腿，同伴们主动承担了帮她购物的事情。目前，施密特女士过的“同居生活”已受到德国众多老年人的欢迎。一项调查显示，到2050年，德国至少会有一半老年人选择去老年公寓结伴养老。

【分析】

在大多数德国家庭，儿女结婚后都不会和父母住在一起，而很多老年人又厌倦养老院里的单调生活。于是，德国出现了新的养老模式，一些老年人因志趣相投自愿组合在一起，过起“同居”的晚年生活。为了让老年人不离开原地就能实现结伴养老，德国一些城市现在正在对一些老年人的原有住宅进行改造，在改造时留出一间公共会客厅。老年人之间相互帮助、相互关心，即使老年人身体出现状况也能及时被发现并得到救护。

单元小结

香港社会在养老保障问题上的解决更多依赖于服务保障。随着人口老龄化程度的日益加深，香港养老服务体系日趋完善，形成了独具特色的服务体系。澳门出台的双层式社会保障制度调整了由1989年实行至今近30年的社会保障制度，确保了现时领取养老金的老年人不受影响的同时，也使过去的“双无”居民能获得最基本的退休保障。我国台湾地区在面对人口急剧老化的过程中通过法律的方式，制定了较为完善的多层级连续照护养老体系。日本涉老法律法规主要包括《国民年金法》《老人福利法》《老人保健法》和《长期介护保险法》。它们共同支撑着日本老年人福利保障体系，其中以《老人福利法》为基本依据。韩国从政策、税收方面给予老年人很大倾斜，并且以孝道为本，提升全社会养老意识。美国并不是养老法规最完善的国家，也不是养老政策最优惠的国家，但却是最实际有效的国家之一。美国的养老政策直接或间接地影响了许多新兴国家。加拿大涉老问题起步较晚，但是也因此借鉴了很多其他发达国家的经验，结合自身逐步形成了一套完整的体系，并且具有自己的特色。德国是社会立法保障的先驱者，老年保障更是其重中之重。“转移支付”和“时间银行”是其特点。同样荷兰作为较早针对养老保障立法的国家，从收入、照料、管理等多个标准设立了相应的法规，有效保证了政策的执行。瑞典被称为“福利国家的橱窗”，其各项福利政策健全，国家保障完备，真正做到了养老无忧，但也因此产生了一些负面影响。

实践强化

实践题目：基于境外养老制度构建我国养老改革的模式

要求：请同学们以小组为单位，随机选择某养老机构，调查机构养老的政策法规现状。在基于境外养老制度的基础上，形成我国养老改革模式的报告。

实践成果：我国养老改革模式的报告。

参考文献

[1] 刘利君. 老年人权益的法律保障 [M]. 北京：北京大学出版社，2013.

[2] 杨立新. 婚姻家庭继承法 [M]. 北京：北京师范大学出版集团，2010.

[3] 李健. 养老机构的经营与管理 [M]. 南京：南京大学出版社，2016.

[4] 杨大文. 婚姻家庭法 [M]. 北京：中国人民大学出版社，2015.

[5] 关怀. 劳动法 [M]. 北京：中国人民大学出版社，2006.

[6] 杨贞贞. 医养结合——中国社会养老服务筹资模式构建与实证研究劳动法 [M]. 北京：北京大学出版社，2016.

[7] 张国平. 农村老年人居家养老服务体系研究 [M]. 北京：中国社会科学出版社，2015.

[8] 邓大松. 社会保险 [M]. 3 版. 北京：中国劳动社会保障出版社，2015.